□ 그림으로 풀이한

東醫寶鑑

藥學博士　　　　　　　　監修
臺北醫學院教授　　　　濟民漢醫院

顔 焜 榮 著　　院長 李 璇 潽

圖書
出版 **恩 光 社**

사람의 온몸 뼈대(骨格)

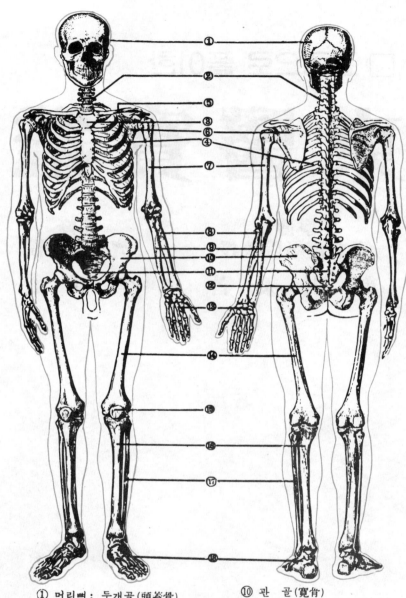

① 머리뼈 ; 두개골(頭蓋骨)

② 등 뼈 ; 척추골(脊椎骨)

③ 가슴뼈 ; 흉골(胸骨)

④ 갈비뼈 ; 늑골(肋骨)

⑤ 빗장뼈 ; 쇄골(鎖骨)

⑥ 견주뼈 ; 견갑골(肩胛骨)

⑦ 윗팔뼈 ; 상완골(上腕骨)

⑧ 요 뼈 ; 요골(橈骨)

⑨ 자 뼈 ; 척골(尺骨)

⑩ 관 골 ; (寬骨)

⑪ 선 골 ; (仙骨)

⑫ 미 골 ; (尾骨)

⑬ 손뼈 ; 수골

⑭ 대퇴골 ; (大腿骨)

⑮ 무릎뼈 ; 슬개골(膝蓋骨)

⑯ 경 골 ; (脛骨)

⑰ 비 골 ; (腓骨)

⑱ 발뼈 ; 족골(足骨)

뇌(腦)와 신경(神經)

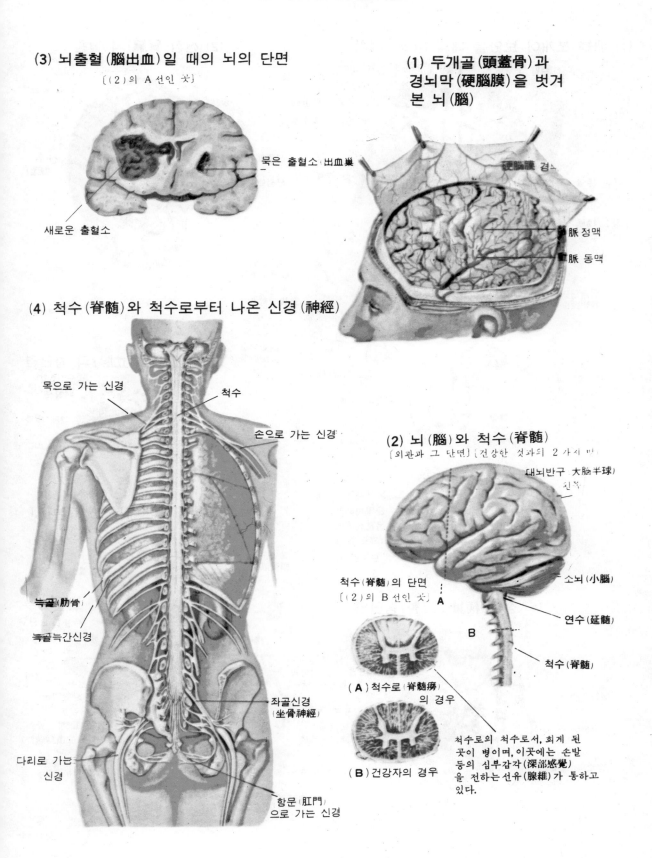

(3) 뇌출혈(腦出血)일 때의 뇌의 단면
〔(2)의 A선인 곳〕

묵은 출혈소(出血巢)

새로운 출혈소

(1) 두개골(頭蓋骨)과 경뇌막(硬腦膜)을 벗겨 본 뇌(腦)

硬腦膜 경뇌막

脈 정맥

脈 동맥

(4) 척수(脊髓)와 척수로부터 나온 신경(神經)

목으로 가는 신경

척수

손으로 가는 신경

늑골(肋骨)

늑골늑간신경

좌골신경
(坐骨神經)

다리로 가는
신경

항문(肛門)
으로 가는 신경

(2) 뇌(腦)와 척수(脊髓)
〔외관과 그 단면〕〔건강한 것과의 2가지 면〕

대뇌반구(大腦半球)
진육

척수(脊髓)의 단면
〔(2)의 B선인 곳〕 A

소뇌(小腦)

연수(延髓)

B

척수(脊髓)

(A) 척수로(脊髓癆)
의 경우

(B) 건강자의 경우

척수로의 척수로서, 회게 된
곳이 병이며, 이곳에는 손발
등의 심부감각(深部感覺)
을 전하는 선유(腺維)가 통하고
있다.

신장(腎臟)·비뇨기(泌尿器)·남자성기(男子性器)

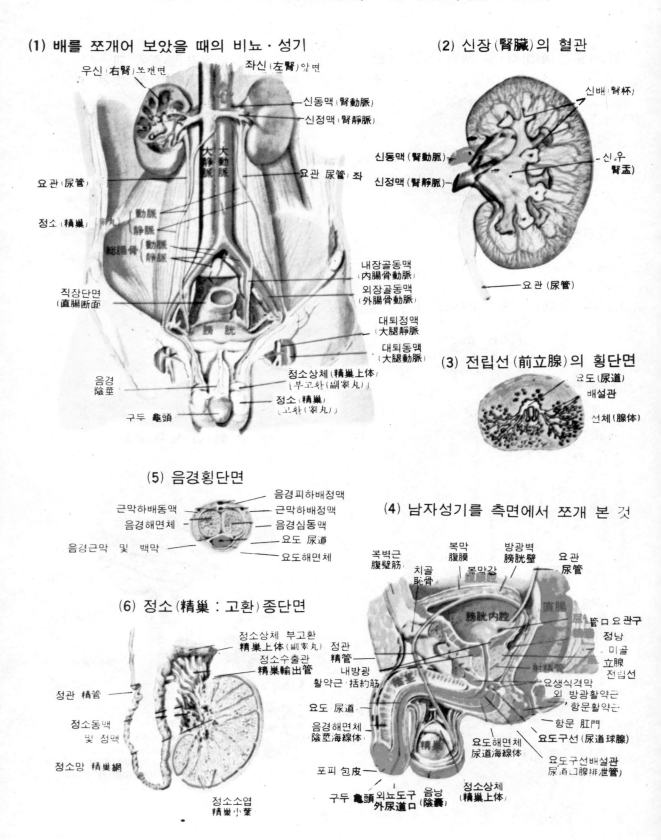

(1) 배를 쪼개어 보았을 때의 비뇨·성기

- 우신(右腎)쪼갠면
- 좌신(左腎)앞면
- 신동맥(腎動脈)
- 신정맥(腎靜脈)
- 대동맥 大動脈
- 대정맥 大靜脈
- 요관(尿管)
- 요관 尿管 좌
- 정소(精巣) 睾丸
- 동맥 動脈
- 정맥 靜脈
- 총장골 総腸骨 동맥 動脈/정맥 靜脈
- 내장골동맥(内腸骨動脈)
- 외장골동맥(外腸骨動脈)
- 직장단면(直腸断面)
- 대퇴정맥(大腿靜脈)
- 대퇴동맥(大腿動脈)
- 방광 膀胱
- 음경 陰莖
- 구두 亀頭
- 정소상체(精巣上体) 부고환(副睾丸)
- 정소(精巣) 고환(睾丸)

(2) 신장(腎臟)의 혈관

- 신배(腎杯)
- 신동맥(腎動脈)
- 신정맥(腎靜脈)
- 신우(腎盂)
- 요관(尿管)

(3) 전립선(前立腺)의 횡단면

- 요도(尿道)
- 배설관
- 선체(腺体)

(5) 음경횡단면

- 근막하배동맥
- 음경피하배정맥
- 음경해면체
- 근막하배정맥
- 음경심동맥
- 음경근막 및 백막
- 요도 尿道
- 요도해면체

(4) 남자성기를 측면에서 쪼개 본 것

- 복벽근 腹壁筋
- 복막 腹膜
- 방광벽 膀胱壁
- 요관 尿管
- 치골 恥骨
- 복막강
- 방광강
- 직장
- 방광내강 膀胱内腔
- 요관구 요관구
- 정낭
- 미골
- 립선 立腺
- 전립선
- 사정관
- 요생식격막
- 외 방광활약근
- 항문활약근
- 항문 肛門
- 요도구선(尿道球腺)
- 요도구선배설관 尿道口腺排泄管
- 음경 陰莖
- 내방광 활약근 括約筋
- 요도 尿道
- 음경해면체 陰莖海線体
- 포피 包皮
- 구두 亀頭
- 외뇨도구 外尿道口
- 음낭 陰囊
- 요도해면체 尿道海線体
- 정소 精巣
- 정소상체 (精巣上体)

(6) 정소(精巣 : 고환)종단면

- 정소상체 부고환 精巣上体(副睾丸)
- 정소수출관 精巣輸出管
- 정관 精管
- 내방광 활약근 括約筋
- 요도 尿道
- 음경해면체 陰莖海線体
- 정관 精管
- 정소동맥 및 정맥
- 정소망 精巣網
- 정소소엽 精巣小葉

내장 (內臟)

(1) 깊은 곳의 내장　　　　　　(2) 얕은 곳의 내장

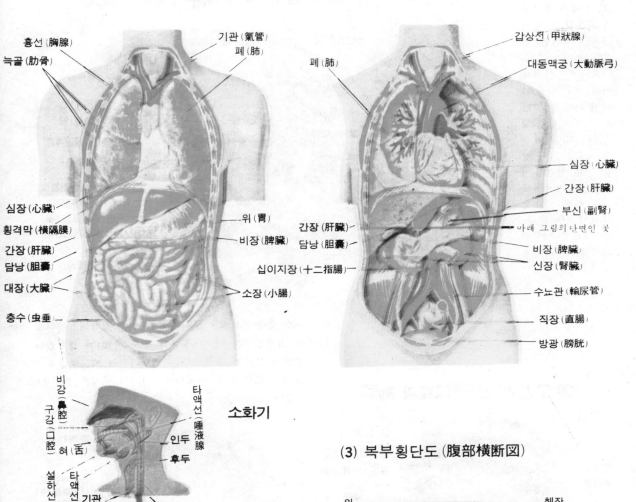

흉선 (胸腺)
늑골 (肋骨)
기관 (氣管)
폐 (肺)
심장 (心臟)
횡격막 (橫隔膜)
간장 (肝臟)
담낭 (膽囊)
대장 (大腸)
충수 (虫垂)
위 (胃)
비장 (脾臟)
십이지장 (十二指腸)
소장 (小腸)

폐 (肺)
갑상선 (甲狀腺)
대동맥궁 (大動脈弓)
심장 (心臟)
간장 (肝臟)
간장 (肝臟)
담낭 (膽囊)
부신 (副腎)
아래 그림의 단면인 곳
비장 (脾臟)
신장 (腎臟)
수뇨관 (輸尿管)
직장 (直腸)
방광 (膀胱)

소화기

(3) 복부횡단도 (腹部橫斷図)

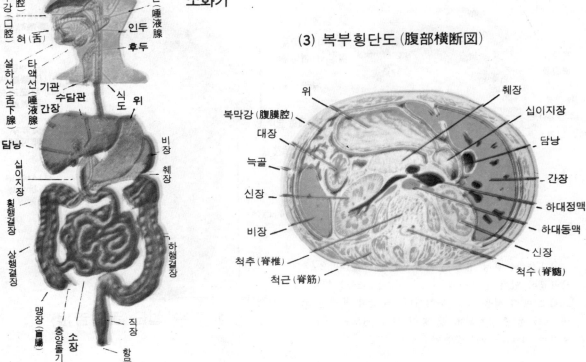

비강 (鼻腔)
구강 (口腔)
혀 (舌)
타액선 (唾液腺)
인두
후두
설하선 (舌下腺)
타액선 (唾液腺)
기관
수담관
간장
담낭
십이지장
횡행결장
상행결장
맹장 (盲腸)
충양돌기
소장
식도
위
비장
췌장
하행결장
직장
항문

위
복막강 (腹膜腔)
대장
늑골
신장
비장
척추 (脊椎)
척근 (脊筋)
췌장
십이지장
담낭
간장
하대정맥
하대동맥
신장
척수 (脊髓)

입안과 혀

오른쪽 그림은 코, 귀을 제외하고, 볼에서 목까지의 피부와 그 밑의 근육을 제외한 내부를 보이는 것임.

목에서 안견과 뇌에 가는 혈관, 타액선 뇌에서 말단으로 가는 신경 및 국소의 임파절이 보임. 이와 턱의 앞 음은 이 신경이 전달하며 세균능에 대한 방어는 이 임파선이 담당한다. 암이 생기면어 임파선에 전이하기 쉽나.

(1)볼과 상하 턱의 내부

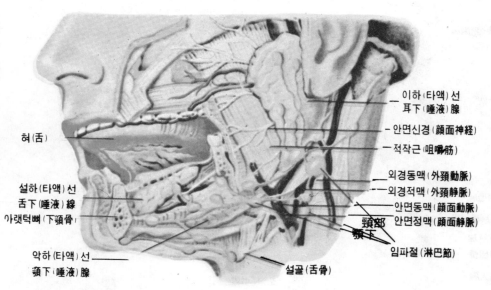

- 혀(舌)
- 설하(타액)선 舌下(唾液)線
- 아랫턱뼈(下顎骨)
- 악하(타액)선 顎下(唾液)腺
- 이하(타액)선 耳下(唾液)腺
- 안면신경(顔面神経)
- 적작근(咀嚼筋)
- 외경동맥(外頸動脈)
- 외경적맥(外頸静脈)
- 안면동맥(顔面動脈)
- 안면정맥(顔面静脈)
- 頸部 頸下
- 임파절(淋巴節)
- 설골(舌骨)

혀는 운동근으로 이루어지고 표면은 점막에 쌓이고 혀의 상면(舌背)에는 다종류의 유두(乳頭)가 생겨있다. 염증이 생기면 유두가 비후(肥厚)하여 백, 적, 흑(白, 赤, 黒)색으로 변색한다. 미각의 신경은 혀의 2/3에 있다.

(2) 구강과 인두 (口腔과 咽頭)

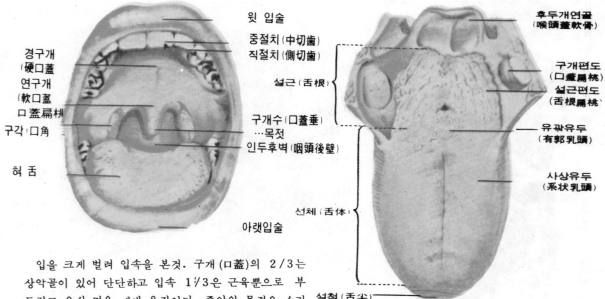

- 경구개 (硬口蓋)
- 연구개 (軟口蓋)
- 口蓋扁桃
- 구각 口角
- 혀 舌
- 윗 입술
- 중절치(中切歯)
- 직절치(側切歯)
- 설근(舌根)
- 구개수(口蓋垂)
- …목젓
- 인두후벽(咽頭後壁)
- 아랫입술
- 후두개연골(喉頭蓋軟骨)
- 구개편도 (口蓋扁桃)
- 설근편도 (舌根扁桃)
- 유곽유두 (有郭乳頭)
- 사상유두 (糸状乳頭)
- 선체(舌体)
- 설첨(舌尖)

입을 크게 벌려 입속을 본것. 구개(口蓋)의 2/3는 상악골이 있어 단단하고 입속 1/3은 근육뿐으로 부드럽고 음식 먹을 때에 움직인다. 중앙의 목젓은 소리 낼 때와 음식 넘길때에 잘 움직인다. 편도는 염증을일으키면 커지고 붉게 붓는다.

(3) 혀와 설근 (舌과舌根)

手背表層(수배표층)의 神経(신경) 및 血管(혈관)
足(발)의 皮神経(피신경) 및 皮静脈 (피정맥)

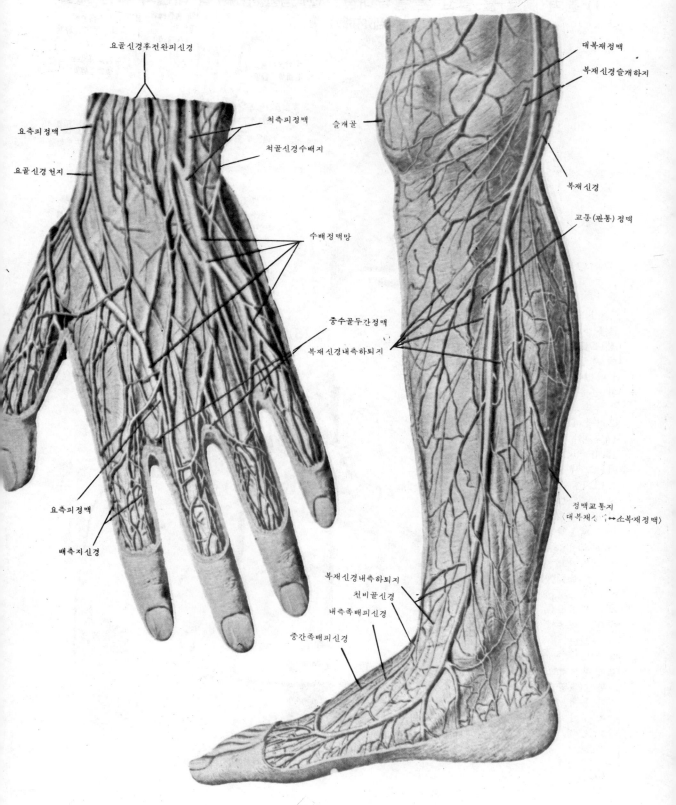

요골신경후전완피신경

척측피정맥

척골신경수배지

요측피정맥

요골신경천지

수배정맥망

중수골두간정맥

복재신경내측하퇴지

요측피정맥

배측지신경

복재신경내측하퇴지

천비골신경

내측족배피신경

중간족배피신경

대복재정맥

복재신경슬개하지

슬개골

복재신경

교통(관통)정맥

정맥교통지
(대복재 ↔ 소복재정맥)

폐(肺)와 심장(心臟)

(1) 흉벽(胸壁)을 열고 본 흉부내장 (胸部內臟)

(2) 심장(心臟)의 내면과 혈관(血管)

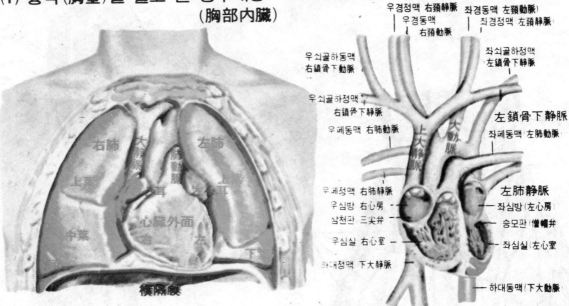

右肺　大静脈　肺血管　左肺
上葉　　　　　上葉
中葉　心臟外面　右　左　下
橫隔膜

우경정맥 右頸靜脈　좌경동맥 左頸動脈
우경동맥 右頸動脈　좌경정맥 左頸靜脈
우쇄골하동맥 右鎖骨下動脈　좌쇄골하정맥 左鎖骨下靜脈
우쇄골하정맥 右鎖骨下靜脈
上大静脈　大動脈
우폐동맥 右肺動脈　左鎖骨下静脈
좌폐동맥 左肺動脈
우폐정맥 右肺靜脈　左肺静脈
우심방 右心房　좌심방(左心房)
삼천판 三尖弁　승모판 僧帽弁
우심실 右心室　좌심실(左心室)
하대정맥 下大靜脈
하대동맥(下大動脈)

(1)흉강(胸腔)에는, 심
장(心臟),폐(肺) 거기
에 출입하는 혈관등이
들어있어 늑골 (肋骨)
과 근육(筋肉)으로 보
호되고 있다.
(2)심장(心臟)은 좌우
(左右)의 심방 (心房)
과 심실(心室)로 이루
어지고 우심방에는 상
하(上下) 두개의 대정
맥(大静脈)이 드러가
서 우심실(右心室)에
서는 폐동맥(肝動脈)
이 나와서 좌우의 폐
에 들어가고 폐에서의
폐동맥(肺動脈)은 좌
심방(左心房)에 드러
가고 좌심실(左心室)
에서는 대동맥(大動脈)
이 나간다.
(3)폐(肺)는 스폰지와
같이 부드럽고 그안에
기관지(気管支)의 가
지와 동맥, 정맥이 가
늘게 잔가지를 분포시
키고 있다.

(3) 폐(肺)

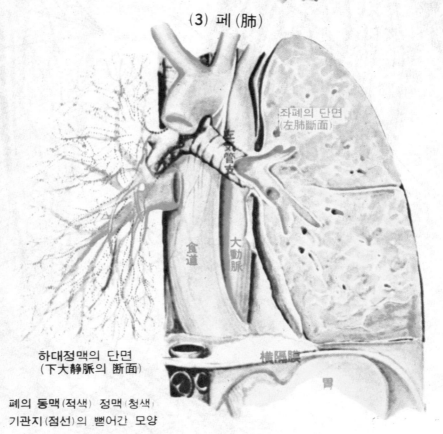

左支管支　좌폐의 단면
(左肺斷面)
食道　大動脈
橫隔膜
胃

하대정맥의 단면
(下大静脈의 斷面)

폐의 동맥(적색) 정맥(청색)
기관지(점선)의 뻗어간 모양

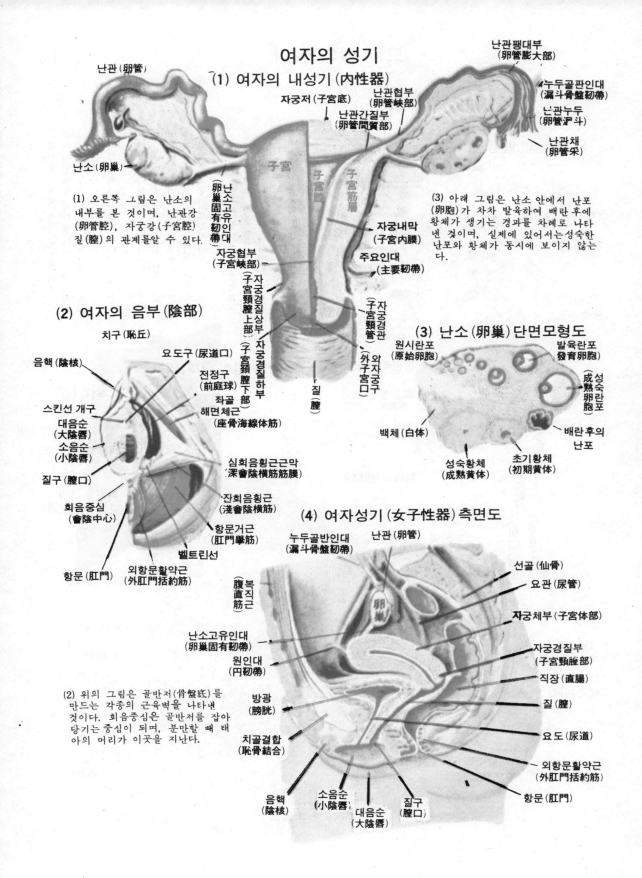

여자의 성기

(1) 여자의 내성기 (内性器)

난관 (卵管)

난관팽대부 (卵管膨大部)

자궁저 (子宮底)

난관협부 (卵管峽部)

난관간질부 (卵管間質部)

누두골판인대 (漏斗骨盤靭帯)

난관누두 (卵管沪斗)

난관채 (卵管朵)

난소 (卵巢)

子宮

子宮腔

子宮筋層

난소고유인대 (卵巢固有靭帯)

(1) 오른쪽 그림은 난소의 내부를 본 것이며, 난관강 (卵管腔), 자궁강 (子宮腔) 질 (膣) 의 관계를 알 수 있다.

자궁내막 (子宮内膜)

주요인대 (主要靭帯)

자궁협부 (子宮峽部)

자궁경질상부 (子宮頸膣上部)

자궁경질하부 (子宮頸膣下部)

자궁경관 (子宮頸管)

외자궁구 (外子宮口)

질 (膣)

(3) 아래 그림은 난소 안에서 난포 (卵胞) 가 차차 발육하여 배란후에 황체가 생기는 경과를 차례로 나타낸 것이며, 실제에 있어서는 성숙한 난포와 황체가 동시에 보이지 않는 다.

(2) 여자의 음부 (陰部)

치구 (恥丘)

음핵 (陰核)

요도구 (尿道口)

전정구 (前庭球)

스킨선 개구

좌골 (坐骨)

대음순 (大陰脣)

해면체근 (座骨海線体筋)

소음순 (小陰脣)

질구 (膣口)

심회음횡근근막 (深會陰横筋筋膜)

회음중심 (會陰中心)

잔회음횡근 (淺會陰横筋)

항문거근 (肛門擧筋)

벨트린선

항문 (肛門)

외항문활약근 (外肛門括約筋)

(3) 난소 (卵巢) 단면모형도

원시란포 (原始卵胞)

발육란포 (發育卵胞)

성숙란포 (成熟卵胞)

백체 (白体)

배란후의 난포

성숙황체 (成熟黄体)

초기황체 (初期黄体)

(4) 여자성기 (女子性器) 측면도

누두골반인대 (漏斗骨盤靭帯)

난관 (卵管)

복직근 (腹直筋)

난소고유인대 (卵巢固有靭帯)

원인대 (円靭帯)

방광 (膀胱)

치골결합 (恥骨結合)

선골 (仙骨)

요관 (尿管)

자궁체부 (子宮体部)

자궁경질부 (子宮頸膣部)

직장 (直腸)

질 (膣)

요도 (尿道)

외항문활약근 (外肛門括約筋)

항문 (肛門)

음핵 (陰核)

소음순 (小陰脣)

대음순 (大陰脣)

질구 (膣口)

(2) 위의 그림은 골반저 (骨盤底) 를 만드는 각종의 근육벽을 나타낸 것이다. 회음중심은 골반저를 잡아 당기는 중심이 되며, 분만할 때 태아의 머리가 이곳을 지난다.

모체 안의 태아

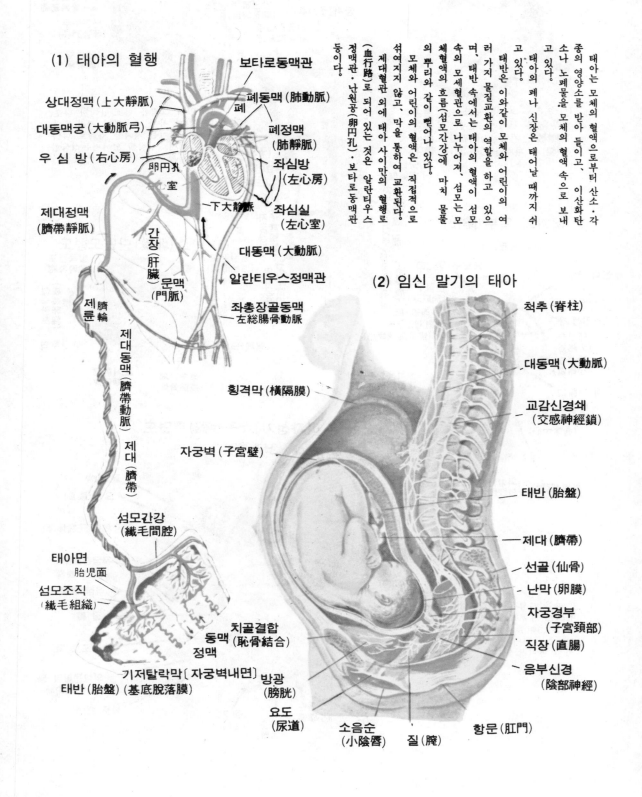

태아는 모체의 혈액으로부터 산소·각 종의 영양소를 받아 들이고, 이산화탄 소나 노폐물을 모체의 혈액 속으로 보내 고 있다.

태아의 폐나 신장은 태어날 때까지 쉬 고 있다.

태반은 이와같이 모체와 어린이의 여 러 가지 물질교환의 역할을 하고 있으 며, 태반 속에서는 태아의 혈액이 섬모 속의 모세혈관으로 나누어져, 섬모는 모 체혈액의 흐름(섬모간강)에 마치 물풀 의 뿌리와 같이 뻗어나 있다.

모체와 어린이의 혈액은 직접적으로 섞여지지 않고, 막을 통하여 교환된다.

제대혈관 외에 태아 사이만의 혈행로 (血行路)로 되어 있는 것은 알란티우스 정맥관·난원공(卵円孔)·보타로동맥관 등이다.

(1) 태아의 혈행

- 보타로동맥관
- 폐동맥(肺動脈)
- 폐
- 상대정맥(上大靜脈)
- 대동맥궁(大動脈弓)
- 우심방(右心房)
- 卵円孔
- 室
- 폐정맥(肺靜脈)
- 좌심방(左心房)
- 下大靜脈
- 좌심실(左心室)
- 제대정맥(臍帶靜脈)
- 간장(肝臟)
- 문맥(門脈)
- 대동맥(大動脈)
- 알란티우스정맥관
- 제륜(臍輪)
- 제대동맥(臍帶動脈)
- 제대(臍帶)
- 좌총장골동맥(左總腸骨動脈)
- 횡격막(橫隔膜)
- 자궁벽(子宮壁)
- 섬모간강(纖毛間腔)
- 태아면(胎児面)
- 섬모조직(纖毛組織)
- 치골결합(恥骨結合)
- 동맥
- 정맥
- 기저탈락막(基底脫落膜)〔자궁벽내면〕
- 태반(胎盤)
- 방광(膀胱)
- 요도(尿道)

(2) 임신 말기의 태아

- 척추(脊柱)
- 대동맥(大動脈)
- 교감신경쇄(交感神經鎖)
- 태반(胎盤)
- 제대(臍帶)
- 선골(仙骨)
- 난막(卵膜)
- 자궁경부(子宮頸部)
- 직장(直腸)
- 음부신경(陰部神經)
- 소음순(小陰唇)
- 질(腟)
- 항문(肛門)

눈·귀·코·목구멍(目·耳·鼻·咽頭·喉頭)

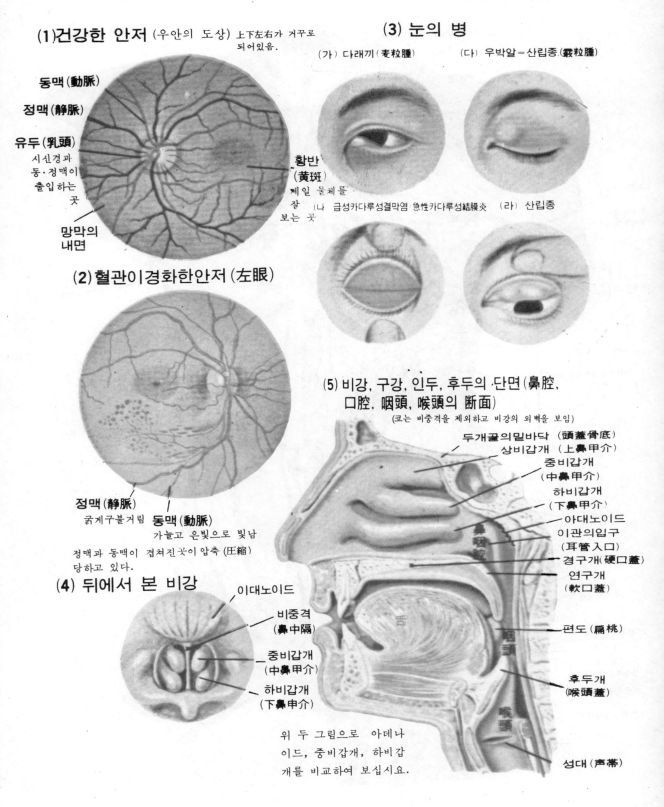

(1)건강한 안저 (우안의 도상) 上下左右가 거꾸로 되어있음.

동맥(動脈)

정맥(静脈)

유두(乳頭)
시신경과
동·정맥이
출입하는
곳

망막의
내면

황반
(黄斑)
제일 물체를
잘
보는 곳

(2)혈관이경화한안저(左眼)

정맥(静脈)
굵게구불거림

동맥(動脈)
가늘고 은빛으로 빛남

정맥과 동맥이 겹처진곳이 압축(圧縮)
당하고 있다.

(4) 뒤에서 본 비강

이대노이드

비중격
(鼻中隔)

중비갑개
(中鼻甲介)

하비갑개
(下鼻甲介)

(3) 눈의 병

(가) 다래끼(麦粒腫)   (다) 우박알＝산립종.(霰粒腫)

(나 급성카다루성결막염 急性카다루성結膜炎   (라) 산립종

(5) 비강, 구강, 인두, 후두의 단면(鼻腔,
口腔, 咽頭, 喉頭의 断面)

(코는 비중격을 제외하고 비강의 외벽을 보임)

두개골의밑바닥 (頭蓋骨底)
상비갑개 (上鼻甲介)
중비갑개
(中鼻甲介)
하비갑개
(下鼻甲介)
아대노이드
이관의입구
(耳管入口)
경구개(硬口蓋)
연구개
(軟口蓋)

편도(扁桃)

후두개
(喉頭蓋)

성대(声帯)

위 두 그림으로 아데나
이드, 중비갑개, 하비갑
개를 비교하여 보십시요.

前胸壁 (전흉벽)과 腹壁 (복벽)의 神経 (신경) 및 血管 (혈관)

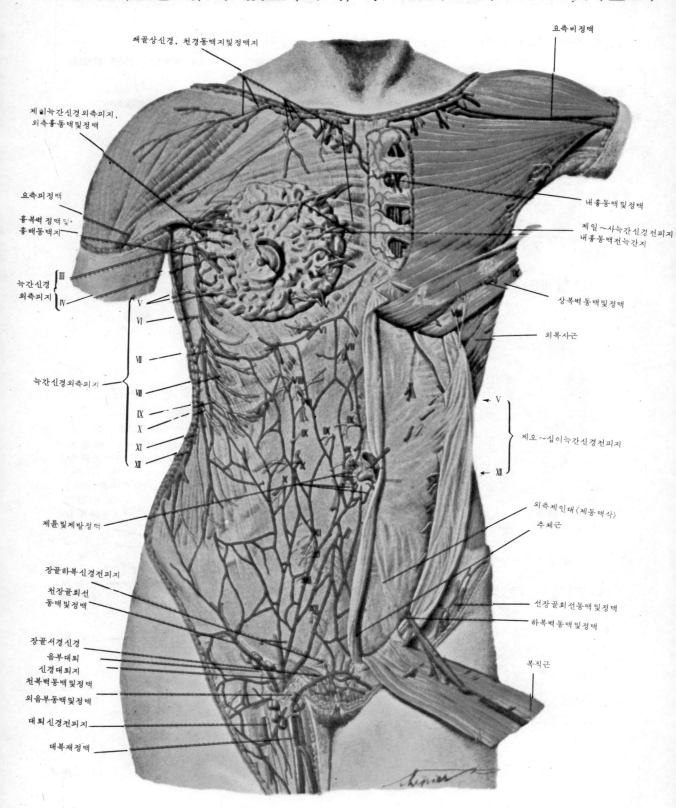

쇄골상신경, 천경동맥지및정맥지

요측비정맥

제1늑간신경 외측피지,
외측흉동맥및정맥

내흉동맥및정맥

요측피정맥

제일~사늑간신경전피지
내흉동맥전늑간지

흉복벽 정맥 및
흉배동맥지

늑간신경 Ⅲ
외측피지 Ⅳ

Ⅴ
Ⅵ

상복벽동맥및정맥

Ⅶ

외복사근

늑간신경외측피지

Ⅷ
Ⅸ
Ⅹ
Ⅺ
Ⅻ

Ⅴ

제오~십이늑간신경전피지

Ⅻ

외측제인대 (제동맥삭)

추체근

제륜및제방정맥

장골하복신경전피지

천장골회선
동맥및정맥

선장골회선동맥및정맥

하복벽동맥및정맥

장골서경신경
음부대퇴
신경대퇴지
천복벽동맥및정맥
외음부동맥및정맥

복직근

대퇴신경전피지

대복재정맥

咽頭周圍神経(인두주위신경) 및 血管(혈관)

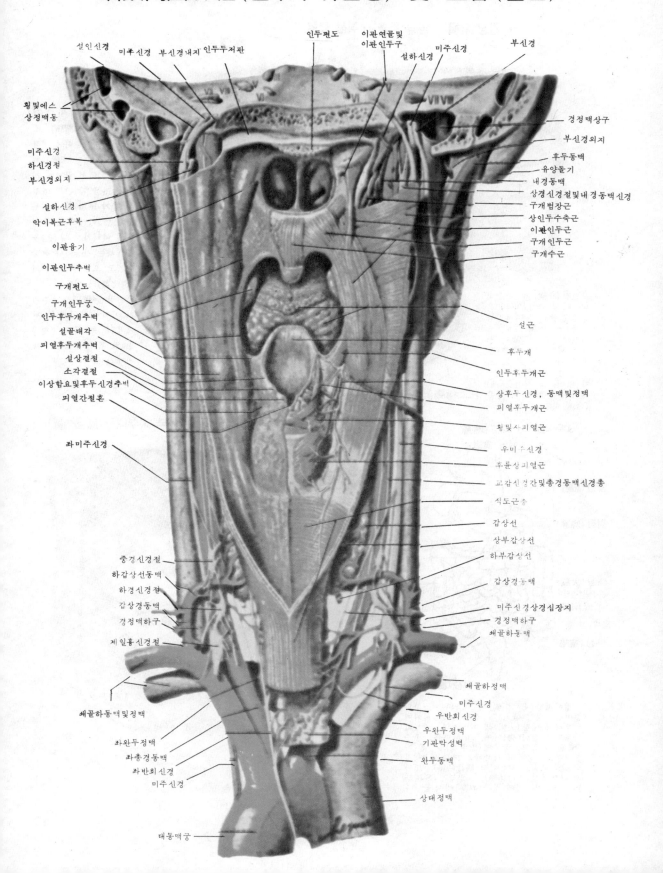

설인신경
미주신경
부신경내지
인두두저판
인두편도
이관연골및
이관인두구
설하신경
미주신경
부신경

횡및에스
상정맥동

미주신경
하신경절
부신경외지

설하신경
악이복근후복

이관융기

이관인두추벽
구개편도
구개인두궁
인두후두개추벽
설골대각
피열후두개추벽
설상결절
소각결절
이상함요및후두신경추벽
피열간절흔

좌미주신경

중경신경절
하갑상선동맥
하경신경절
갑상경동맥
경정맥하구
제일흉신경절

쇄골하동맥및정맥
좌완두정맥
좌총경동맥
좌반회신경
미주신경

대동맥궁

경정맥상구
부신경외지
후두동맥
유양돌기
내경동맥
상경신경절및내경동맥신경
구개범장근
상인두수축근
이관인두근
구개인두근
구개수근

설근

후두개
인두후두개근
상후두신경, 동맥및정맥
피열후두개근
횡및사피열근
우미주신경
후륜상피열근
교감신경간및총경동맥신경총
식도근층
갑상선
상부갑상선
하부갑상선
갑상경동맥
미주신경상경경심장지
경정맥하구
쇄골하동맥

쇄골하정맥
미주신경
우반회신경
우완두정맥
기관막성벽
완두동맥

상대정맥

소화기(消化器)

(1) 간장(肝臟)·담낭(膽囊)·취장(膵臟)

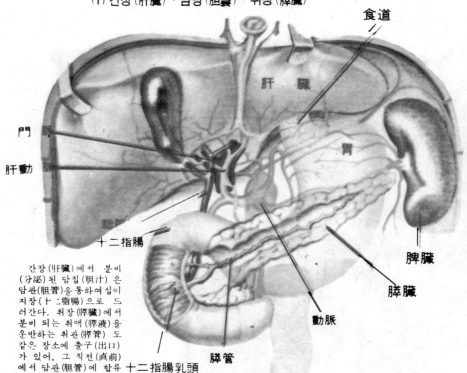

食道

肝臟

門

肝動

胃

十二指腸

脾臟

膵臟

動脈

膵管

十二指腸乳頭

식도(食道)에서 위(胃) 십이지장(十二脂腸), 소장(小腸)을 통하여 대장(大腸)의 말단(末端), 항문(肛門)에서 끝날때 까지의 관상(管状)의 연결된 장기(臟器)를 소화관(消化管)이라 하고, 소화관에 여러가지 액(液)을 분비하는 간장이나 취장 까지도 포함하여 소화기(消化器)라 한다.

비장(脾臟)은 소화기와 가깝게 위치하나 관계(関係)는 없고, 혈액(血液)의 조절(調節)에 관계가 있다.

간장(肝臟)에서 분비(分泌)된 담집(膽汁)은 담관(膽管)을 통하여 십이지장(十二脂腸)으로 드러간다. 취장(膵臟)에서 분비 되는 취액(膵液)을 운반하는 취관(膵管)도 같은 장소에 출구(出口)가 있어, 그 직전(直前)에서 담관(膽管)에 합류(合流)하고 있다.

(3) 우(右)의 약도(略圖)

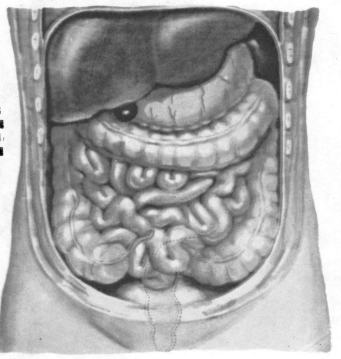

식도(食道)

담낭(膽囊)

취장(膵臟)

간장 肝臟

비장 脾臟

위 胃

대장 大腸 (횡행결장 - 橫行結腸)

대장 (大腸) (하행결장 - 下行結腸)

소장 (小腸)

대장 (大腸) (상행결장 - 上行結腸)

충수 (虫垂)

맹장 (盲腸)

S상결장 S状結腸

직장 (直腸)

십이지장(十二脂腸)에 시작되는 소장의 길이는, 성인(成人)의 경우 5~6m이며 구부러져 대장(大腸)에 이어진다. 대장의 처음이 맹장(盲腸)이며, 그 하단에 충수(虫垂)가 있고, 충수염(虫垂炎)을 잘 이르킨다. 맹장에서 시작되는 대장은 상행결장(上行結腸), 횡행결장(橫行結腸), 또나시 하행결장(下行結腸), S상결장(S状結腸)으로 이어지며 직장(直腸)에서 끝난다.

(2) 복벽(腹壁)을 절개(切開)하여 본 복부내장(腹部内臟)

序

    한방의학은 사회나 생활이 과학화된 오늘날인데도 세상 사람들의 주목을 한결 더 끌고 있다. 다시 말하자면 현대의 의학, 의료면에서 그저 예사로만 보아오던 그 가치관과 진수를 고쳐 생각하게 된 것이다. 이것은 한방의학연구의 방법론이 진보되었다는 것과, 서양의학에서 쓰이는 약에 대한 기대가 어긋난 결과, 그 불만을 한방의학에서 찾게 된 데에 원인이 있다고 생각된다.

    한방약의 작용은 대부분이 완화하며, 상승적 또는 상가적으로 작용하며, 때로는 경합하기도 한다. 이와 같은 작용은 서양의학에서 볼 수 없는 훌륭한 특징이라 할 수 있다.

    한방의학에 있어서의 진료는 「證」과 「方」을 직접 결부 시킨다.

    증후의 진단이 곧 처방에 직결되어 「진단, 즉 치료」가 된다. 다시 말해서 수증치료로서 「방증상대의학」이며 「처방학」이기도 하다.

    종래의 한방방제의 해설서는 여러가지가 있으며, 모두 독자적인 특색이 있다. 그런 가운데 본서를 감히 집필하게 된 것은, 본서나름의 특색을 살려 한의사는 물론, 개국약제사 또는 서양의학에종사하는 분들로서 한방에 흥미를 가진 분들에 이르기까지 되도록이면 알기 쉽게, 더구나 실제진료에 임해 일목요연하게 임상선방이되도록 저작하였다. 조금이라도 건강관리의 일조로 도움이 된다면 큰 영광이겠다. 하지만 글 중에 잘못되었거나 불비한 점이 다소 있을 것으로 생각되는데, 보시는 분들의 질정과 지적, 그리고 지도있으시기를 바라는 바이다.

    본서의 저작에 있어, 교열과 갖가지의 지도를 베풀어주신 사계의 선배님들에게 깊이 감사를 드리는 바이다.

台北医学院教授   顔 焜 熒
薬 学 博 士

그림으로 풀이한 동의보감 / 목차 ─────────────

범례(凡例) ……………………………23

Ⅰ. 증(証) …………………………… 26
Ⅱ. 상한(傷寒) …………………… 26
  1. 한열·음양(寒熱·陰陽) … 26
  2. 허실(虛実) ……………… 26
  3. 병위(病位) ……………… 27
     표증 / 반표반리증 / 이증
     (表証 / 半表半裏証 / 裏証)
  4. 삼음삼양(三陰三陽) …… 28
     삼양병 / 삼음병 (三陽病 / 三陰病)
Ⅲ. 잡병(雜病) …………………… 29
  1. 병인(病人)의 허실(虛実)과 방제
     (方剤)의 허실(虛実) ……… 29
  2. 기·혈·수(気·血·水) …… 29
     기대증(気帶証) / 어혈증(瘀血証)
     / 담음증(痰飲証)
Ⅳ. 사진(四診) ………………………… 31
  1. 망진(望診) ………………… 32
  2. 문진(聞診) ………………… 32
  3. 문진(問診) ………………… 33
  4. 절진(切診) ………………… 33
     맥진(脈診) / 복진(腹診)

병명별 치료편 ………………………… 35
Ⅰ. 내과질환(內科疾患) ……………… 36
1. 호흡기병(呼吸器病) ……………… 36
  1. 감모(感冒) ………………… 36
  2. 유행성감모(인플루엔자) … 37
  3. 기관지염(기관지카다르) … 38
  4. 기관지천식 ………………… 39
  5. 폐렴(염) …………………… 40
  6. 폐결핵 ……………………… 41
  7. 폐괴단(肺壊疽) …………… 42
  8. 흉막(늑막)염(胸膜(肋膜)炎) 43
2. 순환기병 …………………………… 44
  1. 심내막염(心内膜炎) ……… 44
  2. 심장판막증(心臓弁膜症) … 45
  3. 심장성천식(心臓性喘息) … 46
  4. 협심증(狭心症) …………… 47
  5. 동맥경화증(動脈硬化症) … 48
  6. 고혈압증(高血圧症) ……… 49

  7. 저혈압증(低血圧症) ……… 50
3. 소화기병(消化器病) ……………… 40
  1. 구강(口腔)〈구내(口内)염(炎) 51
  2. 식도협착증(食道狭窄症) … 52
  3. 위염(胃炎) ………………… 53
  4. 위(胃) ……………………… 54
  5. 위하수증 …………………… 55
  6. 위산과다증 ………………… 56
  7. 위궤양·십이지장궤양 …… 57
  8. 장염 ………………………… 58
  9. 충수염·맹장염 …………… 59
  10. 간염 ……………………… 60
  11. 간경변증 ………………… 61
  12. 담석증·담랑염 ………… 62
  13. 복막염 …………………… 63
4. 비뇨기병 …………………………… 64
  1. 신염(腎炎)·급성·만성 … 64
  2. 위축신(萎縮腎) …………… 66
  3. 신맹염(腎盂炎) …………… 67
  4. 신·방광결석(腎·膀胱結石) 68
  5. 방광염(膀胱炎) …………… 69
  6. 유정·음위(遺精·陰萎) … 70
5. 신진대사병과 내분비병 ………… 71
  1. 빈혈증 ……………………… 71
  2. 비만증(지방과다증) ……… 72
  3. 각기 ………………………… 73
  4. 당뇨병 ……………………… 74
6. 운동기병 …………………………… 75
  1. 관절염 ……………………… 75
  2. 견관절주위염(肩関節周囲炎) 76
  3. 류우머티 …………………… 77
7. 신경계병 …………………………… 78
  1. 뇌일혈과 뇌연화증 ……… 78
  2. 신경증(노이로오제) ……… 79
  3. 신경통 ……………………… 80

Ⅱ. 소아과질환 ………………………… 81
  1. 마진(麻疹) ………………… 81
  2. 백일해 ……………………… 82
  3. 구내염 ……………………… 83
  4. 소화불량증 ………………… 84
  5. 허약체질(선병질) ………… 85
  6. 야체증(夜啼症)과 야경증(夜驚症)… 86

目 次

Ⅲ. 외과질환 ················· 87
  1. 타박증 ················· 87
  2. 열상(熱傷) ············· 88
  3. 동상(凍傷) ············· 89
  4. 절·옹(癤·癰) ··········· 90
  5. 경선결핵(頸腺結核)〈라력(瘰癧)〉 ··· 91
  6. 골결핵(카리에스) ········· 92
  7. 치질환 ················· 93
  8. 탈항·탈장 ············· 94

Ⅳ. 산부인과질환 ············· 95
 1. 산과 ··················· 95
  1. 악조(惡阻) ············· 95
  2. 유산과 조산 ··········· 96
  3. 유선염 ················· 97
 2. 부인과 ················· 98
  1. 월경이상 ············· 98
  2. 자궁내막염 ··········· 99
  3. 불임증 ················ 100
  4. 갱년기장해 ··········· 101
  5. 혈도승 ··············· 102

Ⅴ. 피부·성병과 질환 ·········· 103
 1. 피부과 ················· 103
  1. 습진 ················· 103
  2. 피부소양증(皮膚瘙痒症) ··· 104
  3. 담마진 ··············· 105
  4. 면포·좌창(面皰·痤瘡)여드름)〉 ··· 106
  5. 간반(肝斑) ············· 107
  6. 완선〈(頑癬)버짐〉 및 한포상백선(汗
     疱状白癬) 무좀)〉 ········· 108
  7. 표피각질증(表皮角質症) ··· 109
  8. 원형탈모증(円形脱毛症) ··· 110
 2. 성병 ················· 111

Ⅵ. 안과질환 ··············· 112
  1. 맥립종(다래끼) ········· 112
  2. 안검연염(진무른 눈) ····· 113
  3. 결막염 ··············· 114
  4. 백내장 ··············· 115
  5. 녹내장 ··············· 116
  6. 안저출혈 ············· 117

Ⅶ. 이비인후과질환 ············ 118

  1. 외이염 ··············· 118
  2. 중이염 ··············· 119
  3. 비 염 ··············· 120
  4. 부비강염(축농증) ······· 121
  5. 편도염 ··············· 122
  6. 인후염 ··············· 123

Ⅷ. 치과질환 ··············· 124

증후별치료편(症候別治療篇) ··· 125
  1. 더위 먹은 데 ··········· 126
  2. 유뇨(침소변) ··········· 127
  3. 황단(달) ············· 128
  4. 구토 ················· 129
  5. 구역질 ··············· 130
  6. 견응(肩凝) ············· 131
  7. 해수〈(咳嗽)기침〉 ········ 132
  8. 흉통(胸痛) ············· 133
  9. 홀역〈(吃逆)딸꾹질〉 ······ 134
  10. 역상(逆上) ············· 135
  11. 경련·경풍(痙攣·驚風) ···· 136
  12. 혈뇨(血尿) ············· 137
  13. 혈변(血便) ············· 138
  14. 하리(下痢) ············· 139
  15. 현운〈(훈(眩暈)〉 ········· 140
  16. 구갈·구건(口渴·口乾) ···· 141
  17. 구취·미각이상(口臭·味覚異常) ··· 142
  18. 호흡곤란(呼吸困難) ······ 143
  19. 고장(鼓腸) ············· 144
  20. 자궁출혈(子宮出血) ······ 145
  21. 쉰목소리 ············· 146
  22. 시력장해(視力障害) ······ 147
  23. 식욕부진(食欲不振) ······ 148
  24. 동계〈動悸〉심계항진(心悸亢進)〉 ··· 149
  25. 진전〈震顫(떨림)〉 ········ 150

  26. 비혈(육혈) 鼻血(衂血) ····· 151
  27. 두통(頭痛) ············· 152
  28. 다뇨·핍뇨(多尿·乏尿) ···· 153
  29. 요폐·배뇨곤란(尿閉·排尿困難) ··· 154
  30. 수족(手足)의 번열(煩熱) ··· 155
  31. 토혈·각혈(吐血·喀血) ···· 156

32. 인두이물감(咽頭異物感) ……………… 157
33. 발열·오한(発熱·悪寒) ……………… 158
34. 냉증(冷症) ……………………………… 159
35. 피로권태감 ……………………………… 160
36. 복수(腹水) ……………………………… 161
37. 복통(腹痛) ……………………………… 162
38. 불면증 …………………………………… 163
39. 부종(浮腫) ……………………………… 164
40. 변비(便秘) ……………………………… 165
41. 마비(麻痺) ……………………………… 166
42. 이명(耳鳴) ……………………………… 167
43. 불안감(不安感) ………………………… 168
44. 요통(腰痛) ……………………………… 169
45. 가슴이 쓰림 …………………………… 170
46. 다한증(多汗症) ………………………… 171
47. 메니엘 증후군(症候群) ……………… 172
48. 정력감퇴(精力減退) …………………… 173
49. 치통(歯痛) ……………………………… 174
50. 출혈(出血) ……………………………… 175

대표적처방도해편(代表的処方図解篇)
……………………………………………… 177

Ⅰ. 체질개선(体質改善) ………………… 178
1. 충실형(대시호탕) …………………… 178
2. 역상충실형(황련해독탕) …………… 179
3. 비만형(방풍통성산) ………………… 180
4. 중등형(소시호탕) …………………… 181
5. 허약형(보중익기탕) ………………… 182
Ⅱ. 감모 ………………………………… 183
1. 급성감모(갈근탕) …………………… 183
2. 감모후기(시호계지탕) ……………… 184
Ⅲ. 기관지천식 ………………………… 185
1. 천명령(소청룡탕)〈喘鳴型(小青竜湯)〉
……………………………………… 185
Ⅳ. 고혈압증 …………………………… 186
1. 충실형(삼황사심탕) ………………… 186
Ⅴ. 위장질환 …………………………… 187
1. 위장허약(사군자탕) ………………… 187
2. 위통·숙취(황련탕) ………………… 188
3. 위장약(인삼탕) ……………………… 189
4. 위장통(반하사심탕) ………………… 190
5. 복통(계지가작약탕) ………………… 191

Ⅵ. 비뇨기질환 ………………………… 192
1. 신염(腎炎)·네프로오제 오령산(五苓散) ……………………………… 192
2. 신염·네프로오제(소시호탕가감썹) · 193
3. 잔뇨감(저령탕) ……………………… 194
4. 요로감염증(오림산) ………………… 195
Ⅶ. 당뇨병 ……………………………… 196
1. 신허(팔미지황환)〈腎虚(八味地黄丸)〉
……………………………………… 196
Ⅷ. 운동기병 …………………………… 197
1. 류우머티〈마행의감탕(麻杏薏甘湯)〉· 197
Ⅸ. 신경통 ……………………………… 198
1. 경련(작약감초탕) …………………… 198
Ⅹ. 신경증 ……………………………… 199
1. 신경쇠약증 시호가룡골모려탕(柴胡加竜骨牡蠣湯) ……………………… 199
2. 노이로오제 …………………………… 200
3. 신경불안증〈반하후박탕(半夏厚朴湯)〉
……………………………………… 201
4. 자율신경불안정증(령계출감탕) …… 202
Ⅺ. 부인과질환 ………………………… 203
1. 생리불순(도핵승기탕) ……………… 203
2. 양증구이어혈제(계지복령환)〈陽証駆瘀血剤(桂枝茯苓丸)〉…………… 204
3. 음증구어혈제(陰証駆瘀血剤) ……… 205
3. 갱년기장해 …………………………… 206
5. 혈도증(온청음)〈血道症(温清飲)〉… 207
Ⅻ. 피부병 ……………………………… 208
1. 알레르기체질개선(십미패독탕) …… 208
ⅩⅢ. 치질환 …………………………… 209
1. 치행〈을자탕(乙字湯)〉……………… 209
ⅩⅣ. 신체하부제출혈(身体下部諸出血)· 210
1. 빈혈성(궁귀교예탕) ………………… 211
ⅩⅤ. 허약체질 ………………………… 211
1. 병후의 쇠약(황기건중탕) …………… 211

目 次

부록(附錄)…………………213
Ⅰ. 처방집(処方集 286処方)………214
　표 1 상용 방제의 분류(表 1 常用方剤의
　分類)………………235
Ⅱ. 민간요법(民間療法)………237
　제 1 장　어린이의 병………238
　제 2 장　소화기(消化器)의 병………247
　제 3 장　호흡기의 병………260
　제 4 장　순환기(循環器) 및 운동기(運動
　　　　　器)의 병………265
　제 5 장　비뇨기(泌尿器)의 병………268
　제 6 장　뇌(脳), 신경(神経)의 병………270
　제 7 장　눈, 귀, 코, 목구멍의 병………276
　제 8 장　이(歯)・구강(口腔)의 병………277
　제 9 장　부인병(婦人病)………277
　제10장　피부병(皮膚病)………284
　제11장　외과(外科)………294
　제12장　성병(性病)………296
　제13장　전염병(伝染病)………301

Ⅲ. 지압요법(指圧療法)………305
　제 1 장　지압요법(指圧療法)………306
　2. 각종수기(各種手技)에 따른 치료법
　　　　　(治療法)………308
　제 3 장　지압요법(指圧療法)의 특징(特
　　　　　徴)………309
　1. 수지(手指)의 기법(技法) 누르는법・
　　사용법………311
　2. 지압(指圧)의 자세………313
　3. 두부(頭部)의 지압법………314
　4. 안면(顔面)의 지압법………315
　5. 상지(上肢)의 지압법………318
　6. 하지(下肢)의 지압법………323
　7. 후체부(後体部)의 지압법)………**327**
　8. 척추의 조정법(脊椎調整法)………332
　9. 횡와(横臥)의 지압법………**333**
　10. 흉부(胸部)의 지압법………335
　정력 증강및 성기능 강화법………337
　성감대의 애무 지압………344

凡　例

1. 本書는 일반용 의약품으로 증인된　상용한방 210 처방을 주로 도해 (図解) 한 것이다.

2. 본서는 총론 (総論) 으로서 한방의학의 진단, 본론을 병명별치료편 (病名別治療篇), 증후별치료편 (症喉別治療篇), 대표적처방도해편 (代表的処方図解篇) 으로 유별 (類別) 하고 부록으로 Ⅰ. 処方集, Ⅱ. 민간요법 Ⅲ. 민간지압요법의 3 항목을 추가하였다.

3. 본론 3 편의 처방도해는 시계바늘의　진행방향을 따라 실증에서 허증으로 향하도록 처방을 배열 (配列) 하고, 1. 2. 3 의 번호를 붙였다.

4. 본서를 이용하려는 분은 먼저 총론의 「한방의학의 진단 (漢方医学의 診断)」을 읽고 한방의학특유 (漢方医学特有) 의 진단방법을 요해 (了解) 하고나서 본론이하를 적의 이용하기 바란다.

5. 병명별치료편에서는, 근대의학에 의한 병명을 8 대분류하고, 다시 세분해서 88항목으로　나누었다.

　「증상」란 (欄) 에서는 그 병의 증후 (症候) 를 논하고, 〈주 (註)〉에서는 한방치료에 관한 보족설명 (補足説明) 이나 주의사항 (主意事項) 을 기술하였다. 이용자는 먼저 이것으로 예비지식을 얻은 다음, 각 처방의 가지 (지 : 톱니모양) 에 주증상 (主症状) 을 적었으므로, 환자의 호소를 듣고 거기에 맞는 처방을 찾아내어 확인이 되게 하였다.

예를 들면, 「감모 (感冒)」 항에서, 중등도 (中等度) 의 사람이 감기가 더쳐 미열이 계속되고 구고 (口苦), 흉협고만 (胸脇苦満) 의 증상이 어느 처방의 증상에 가장 잘 합치 (合致) 하는가를 조사해 가면 소시호탕 (小柴胡湯) 의 처방이 나오는데 이것을 조제 (調剤) 하면 된다. 그리고 부록Ⅱ 민간요법을 참조하면　일반인들도 충분한 이용의 가치가 있다.

6. 증후별치료편 (症候別治療篇) 에는　50항목으로 분류했다. 병명이 뚜렷하지 않을 경우, 주 증상을 따라 가장 적절한 처방을 결정한다. 증상란 (症状欄) 에서는 증후 (症候) 의 원인을 해설하였고, 주 : 액서는 한방 치료상의 부가적 설명이나 주의사항을 기술하였다.

예컨대, 홀역 (吃逆) 의 환자인 경우, 증상란에서 원인을 파악하고, 도표의 가지 (枝) 중에서 환자가 호소하는 주증상을 찾아 합치되는 처방을 끄어낸다. 먹으면 구역질〈토기 (吐気)〉이 나고 홀역 (吃逆) 〈딸꾹질〉이 나며, 수족이 냉하는 호소라면 오수유탕 (呉茱萸湯) 이 된다.

7. 대표적방제도해편 (代表的方剤図解篇) 에서는 일반증상에 잘 쓰이는 대표처방 33처방을 선택 해설하였다.

고혈압증 (高血圧症) 으로 충혈형 (充血型) 으로서 역상 (逆上) 과 정신불안을 수반하는 환자에게 삼황사심탕 (三黄瀉心湯) 을 예로 들어본다면, 출전을 명확하게 하였고, 목표 : 에서는 필수목표, 확인목표를 기술하였으며, 응용에서는 효능을 열거하였고, 주에서는 한방적부가설명 (漢方的附加説明) 이나 주의사항을 해설하고, 처방 내용에서는 구성성분 및　분량을 밝혔다. 대표 처방을 중심으로 유사처방구별 (類似処方区別) 을 분명히 하고 가감법을 화살표로 추가하였다.

8. 부록Ⅰ 처방집은 본서에 나오는 처방을 가나다 순으로 배열하였다. 여기에 표시한 분량은 대인 1일량의 표준량으로 그램 (g) 단위이다. 12세 전후는 대인량의 1/2, 6세 전후는 1/3, 2세 이하는 1/4이하의 양을 쓴다 (목표도 부가하였다).

9. 중국에서는 고래 (古来) 로 한방약의 가공을 중시하고 있다. 일반적으로 이것을 포제 (炮製)〈수치 (修治)〉라 말한다.

漢方医学의 診断

한방의학의 진단

1 証

한방약은 「증」의 의학이라고 말한다. 「증」을 진단해서 증에 따라 치료법을 결정하는 것이 한방의 장점이다. 즉 증을 판정해서 이에대한 방제(方劑)를 주고 방증(方証)이 바르게 상대응했을 때 질병은 치유에의 경과를 걷게되는 것이다.

증은 다음에서 보는바와같이 진단에 의하여 명칭이 붙여진다. 〈질병치료의 지시로서 방제명을 붙힌것들〉 예를 들자면 갈근탕증(葛根湯証)이라면 갈근탕(葛根湯)의 적응증이라는 의미로 갈근탕을 쓰면 치유될 징후가 갖추어져 있다는 말이다. 갈근탕증에는 이러 이러한 병상이 있기 때문에 이러 저러한 증상이 있으면 갈근탕증을 써야 한다고 진단하게 된다. 방제가 병명 대신 역할을 한다. 한방의학의 진단은 치료법의 진단이라고도 할 수 있다.

〈질병으로 인해 일어나는 병인에 대해서 말할 경우〉

기체증(気滯症)·어혈증(瘀血証)·담음증(痰飮証)(기·혈·수) 등.

〈상한(傷寒)의 경우 병상의 형성에 관계있는 제 인자에 대해서 말할 경우〉

표열증(表熱証), 반표반리증(半表半裏証)·이열증(裏熱証) 등.

Ⅱ 傷寒

상한이란 여러종류의 급성열성병(急性熱性病)의 총괄적명칭(総括的名稱)이다. 중풍이란 감기(감모)를 대표적인 것으로 하는 경증으로 치유되기 쉬운 질병을 지칭하지만 협의의 상한은 중증으로서 치료에 신중을 필요로 하는 질병을 말한다.

상한을 치료하려면 먼저 그 병상을 진찰해서 그 병상을 형성하고 있는 일종의 인자를 추정하고 각 인자에 대응할 수 있는 치료법을 택하지 않으면 안된다. 그 인자라 함은 음양(陰陽), 한열(寒熱), 허실(虛実), 표리내외(表裏内外)인것

이다.

한편 질병이 전 형적인 그러한 경과를 보였을 때는 일정한 추이(推移)를 나타내는 것이다. 이 추이는 어느 시점(병기)에 있어서 혹종(或種)의 유형적인 병상을 나타낸다. 이 병상에 대해서 어떤 종류의 병명이 붙혀있기도 하다. 이것이 **삼음삼양(三陰三陽)**인데 이것 또한 치료법의 하나의 목표가 된다.

11. 한열(寒熱)·음양(陰陽)(병상)

한(寒)이라 함은 발열을 수반하지 않은 한냉증후(寒冷証候)를 말하는 것이다. 한증후를 나타내는 경우를 한증(음증)이라고 한다. 한증에 쓰는 약은 부자(附子)로 이것이 배합된 대표적인 방제로서는 **사역탕(四逆湯), 진무탕(真武湯) 마황부자세신탕(麻黄附子細辛湯)** 등을 들 수 있다.

열이라 함은 발열을 수반하는 증후(症候), 즉 염증의 의미다. 발열 수반하지 아니하는 경우도 열의 측면에 속하는 증후를 열증(양증)이라한다. 양증에 쓰는 약은 마황(麻黄), **계지(桂枝), 석고(石膏)** 등등으로 대표적 방제로서는 **마황탕(麻黄湯), 갈근탕(葛根湯), 계지탕(桂枝湯), 백호탕(白虎湯)** 등을 들수 있다.

2. 허실〈병체의 대항력의 강도와 병후의 완긴도(緩緊度) 구분〉

질병초기에 일반증세가 격하게 되는 것은질병에 대하는 대항력이 충실하지 못한 탓이며 질병 후기에 일반증상이 진정상태에 들어가는 것은 병체의 대항력이 이미 상실되어서 병원(病源)의 힘과 투쟁할 수 없어서 그 때문에 투병반응이 저하된 것이다.

이 병체의 대항력이 충분히 있을 경우 및 결렬한 투병반응을 이르키고 있는 상태를 실증이라 하고 공격적 치료제를 쓴다. 예컨대 **마황탕(麻黄湯), 갈근탕(葛根湯)** (표실증), 대시호탕(大柴胡湯), 대승기탕(大承気湯)(이 실증) 등.

이에 반해서 병체의 대저력이 없는 사람, 투

병반응이 저하돼 있는 상태를 허증이라하며 보제(補剤)를 쓴다. **계지탕가감법(桂枝湯加減法)**〈표허증〉, **진무탕(真武湯)**, **인삼탕(人蔘湯(, 사역탕(四逆湯)**〈이허증) 등이다.

3. 병위(病位)〈포리(表裏)·내외〉

감기기운〈병사(病邪)〉가 있는 위치와 그 성질을 알아야 하는 것은 상한을 치료할 때의 하나의 기준이 된다. 병사의 위치를 표리·내외라고 표현한다.

1) 표〈기(肌)〉증

a) 표혈허증(表熱虚証)

표열증에서 맥부약(脈浮弱)·자한(自汗)의 상태를 말하여 평소에 체력이 허약한 사람에게 나타나기 쉽다. 해기제(解肌剤)로는 **계지탕가감법(桂枝湯加減法)**이 대표적인 방제이다.

도(図) 1 표리내외(表裏内外)의 관계

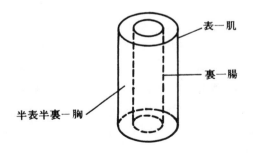

表—肌
裏—腸
半表半裏—胸

d) 표열실증(表熱実証)

표열증에서 맥부긴, 자한하는 일없고 평소 체력이 왕성한 사람에 많다. 발한제로서는 마황을 배합한 **마황탕(麻黄湯), 갈근탕(葛根湯) 등이 있다.**

2) 반표반리증(半表半裏証)〈흉격(胸隔)〉

발병해서 4～5, 6일 지나면 위가 침병된다. 증상으로는 악심(기분이 공연히 언짢아 진다), 구토, 입이 쓰고 허에 태(苔)가 생긴다. 식욕이 없고 심하비경(心下痞硬) 등이 보여진다.

이것은 병사(감기기운)가 체표에서 점차로 신체내부 이(裏)로 침입되거나 아니면 이(裏) 까지는 도달하지 않고 표와 이의 사이에 있으면서 표의 반분과 이의 반분을 침범하였다고 생각한 것이다. (図1 參照)

반표반리(半表半裏)의 열증에서는 오한과 열한들이 교호(交互) 발래하기 때문에 왕래한열(往来寒熱)이라고 부른다. 복증에 흉협고만이 있다.

이상을 **반표반리열실증(半表半裏熱実証)**인 것이며 시호(柴胡)를 써서 열을 화해하여 주면된다. 대표적 방제로는 소시호탕(小柴胡湯), **시호계지건강탕(柴胡桂枝乾姜湯), 대시호탕(大柴胡湯** 등이 있다.

반표반리열허증(半表半裏熱虚証)에서는 흉협고통이 나타나지 않고 심번(짜증이 나며 괴로운)이나 흉중오롱(胸中懊恨)이 보여지며 신열(오한을 함께 하지 않은 신체의 열감)을 수반한다. **치자고탕류(梔子鼓湯類)**가 있다.

3) 이증(裏証)〈장(腸)〉

병사는 다시 내부에 침입해서 장이 침범당한 증상을 수반하게된다. 발병후 10일정도 지나서부터이지만 때로는 3일쯤에서 1주간쯤에 이 병태가 나타나기도 한다.

장장해(腸障害)의 주된 증상은 복만, 복통, 변비(하리=설사) 등이지만 주병상으로는 조열(潮熱 잠꼬대(헛소리), 신중(몸이 무겁다), 구갈(입술이 탄다), 요리감소(尿利減少) 등에서 보여진다.

병사가 신체내부에 침입했을 경우가 이열증이지만 상술한 것처럼 열형을 수반하는 병상이 였을때 장장해를 반드시 동반하지 않는 경우도 있다. 그래서 장장해를 동반하는 것을 병사가 가장 내부에 달했다고 생각해서 그곳까지 닿지 않은것을 이열증(裏熱証)으로서 구별한다.

a) 내열실증(内熱実証)

맥은 침으로서 힘이 있고, 복부도 긴장력이 충분히 있다. **대승기탕(大承気湯)**으로 설사하도록 함으로써 내열을 없앤다.

b) 내열허증(内熱虚証)

조위승기탕(調胃承気湯)으로 완화시켜서 내열을 제거한다.

c) 이열증(裏熱証)

내열증만큼 심부에 도달하여 있지 않아서 장장해의 증후가 없고, 대갈(大渇), 설건조(舌乾燥)

를 갖어오게 된다. 이같은 경우는 내열증 보다는 허증으로 내려서는 안되기 때문에 석고가 배합된 백호탕(白虎湯)으로 청열을 내리게 한다.

＊이상 열증의 경우에 대해서 해설하였지만 병체에 「한(寒)」이 있는 것이 한증이다. 자각적으로는 한기나 수족의 냉기가 몸에 오고 타각적으로는 맥이 침지(沈遲)해서 힘이 없어지고 안색이 창백하며 혀에는 태가 없이 습윤해 진다. 한증은 평소 허약한 사람이 병사가 침입했을때 병상이 진행되어서 병체의 대항력이 쇠하였을 경우, 나타나게 된다.

한방의학에 있어서 증이라는 것에 대하여 표리(병위), 열한(병성), 허실(병세)은 이러한 분류가 제일 기본적인 것이다(表1).

표(表)1　증(証)의 팔강분류(八綱分類)

陰陽	病位 병위	病性 병성	病勢 병세
陽 양	表 표	熱 열	実 실
陰 음	裏 이	寒 한	虛 허

또 열한, 실허의 나누는 방법을 도해로 나타내면 각각 표2, 표3과 같다(승수·판본: 양씨의 이론한법의 학에서)

표2　열한(熱寒)의 분류(표증)

	惡 寒 오한·熱 感 열감	口 渴 구갈	飲料 음료의 嗜好 기호
表 熱 표열	熱感 열감＞惡寒 오한	有 유	차거운 飲料 음료
表 寒 표한	熱感 열감＜惡感 오감	無 무	뜨거운 飲料 음료

열한(熱寒)의 분류(이증)

	主 症 狀 주증상	尿 뇨	脈 맥
裏熱 이열	口渴 구갈 熱感 열감 煩燥 번조	黃 황 量少 소량	沈 數 침수
裏寒 이한	嘔吐 구토, 下痢 하리, 四肢厥冷 사지궐냉	透明 투명, 量多 다량	沈遲 침지

표3　실허의 분류방법

	自汗(盜汗) 자한 도한	脈 맥		自汗(盜汗) 자한 도한	脈 맥
表熱実 표열실	無 무	强(実) 강실	表寒実 표한실	無 무	强(実) 강실
表熱虛 표열허	有 유	弱(虛) 약허	表寒虛 표한허	有 유	弱(虛) 약허

	裏의 程度 이 정도	苦 痛 고통	熱 型 열형	舌苔 설태	脈 맥
裏熱実 이열실	裏 이	腹内苦 복내고	弛張熱 이장열	黃厚 황후	强(実) 강실
裏熱虛 이열허	半表半裏 반표반리	心胸悶 심흉민	間歇熱 간헐열	白薄 백박	弱(虛) 약허

	脈 맥
裏寒実 이한실	强(実) 강실
裏寒虛 이한허	弱(虛) 약허

4.　삼음삼양(三陰三陽)〈병태의 구별〉

열한과 표리내외와의 조직관계의 틀림으로 인한 여러가지의 병상은 대체로 질병의 경과여하에 따라서 추이(推移)된다. 그 전형적인 병태를 삼음삼양이라 명칭한다.

1) 삼양병(三陽病)

a) 태양병〈기열병(肌熱病＝표열병(表熱病)〉

기부에서 열증후를 나타내는 경우 전기한 표열증에 상당된다. 맥은 부(浮)하고 두통 혹은 항강의 그것처럼 표열외종이 있고 다시 발열, 오한이 있는 경우를 말한다. 여기에서 표열실증을 발한의 적응으로 마황탕(麻黃湯) 같은것을 쓴 표열허증은 계지탕등의 적용이다.

b) 소양병(少陽病)〈흉열병(胸熱病)＝반표반리열병(半表半裏熱病)〉

흉격부(胸隔部)에 있어서 즉 내장및 그 관련부에 열증후를 나타내는 경우로서 흉만, 흉통, 심중오뇌, 심번, 해수, 심계항진, 호흡촉박, 악심, 구토, 식욕부진등이 있으나 복진하여 보면 흉협고만, 심하비경을 인정 하게 된다.

실증은 대시호탕(大柴胡湯)을 쓰고 중간허는 소시호탕을 쓴다. 허증 심계항진, 도한, 두한이 있는 사람은 시호계지강탕(柴胡桂枝姜湯)을 쓴다. 그래도 다시 허한 사람은 치자고탕증(梔子鼓湯証)이 있다.

c) 양명병 (장열병＝이열병)

장부에서 열증후를 나타내는 경우인데 이열증(裏熱証)〈내열증〉 상당된다. 맥은 지(遲)〈느리다〉로 복만 혹은 복급결처럼 장열외증이 있고 조열불오한의 경우를 말하는 것이다. 복진(腹診)하여 보니 복부는 충실했었다. 실증은 승기탕(承氣湯)으로 내리게 하고 허증은 백호탕(白虎湯)으로 청열시킨다.

2) 삼음병(三陰病)

a) 태양병(太陽病)〈장한병(腸寒病)＝이한병(裏寒病)〉

장부에서 한증후를 나타내는 경우로서 복만, 구토, 하리(설사), 복통이 있을 때이다. 태음병의 복만은 허만이어서 양명병의 실만과는 다르며 복부의 긴장력이 없고 맥도 약하다.

실증으로는 **계지가작약탕(桂枝加芍芝湯)**을 쓰고 허증에는 **사역탕(四逆湯), 진무탕(真武湯)** 등을 쓴다.

b) 소음병(少陰病)〈기한병(肌寒病)＝표한병(表寒病)〉

기부에서 한증후를 나타내는 경우로서　별로 아프거나 괴로운곳이 없고 다만 기력이 쇠약해서 누워있는 경우인데 이 외에도 쇠약의　것으로는 신체통, 두통, 오한 족냉등이 있고 이한의 것으로는 복통, 심번, 하리, 변비, 소변자리 등이 있다. 표한증에서 실할것은 **마황부자감초탕(麻黃附子甘草湯)**을 쓰고 그 보다 허한 것으로는 **마황세신부자탕(麻黃細辛附子湯)**을 쓰게 된다.

이한(裏寒)에서 실하는 것은 **대황부자탕(大黃附子湯)**을 쓰고 그 보다도 허한 것으로는 **사역탕(四逆湯)**을 쓴다.

c) 궐음병(厥陰病)〈흉한병(胸寒病)〉

흉부에서 한증후를 나타내는 경우로서　수족의 궐냉(厥冷) 흉중의　작열적동통(灼熱的疼痛) 공복(배가 고프면서도)인데도 먹고 싶지않고 먹으면 토하고 만약 잘못되어서 먹었다고 하면 즉시 하리(설사)가 끊기지 않는등의 상열하한의 상을 정시(呈示) 하는 것이다. 사역탕(四逆湯)이나 진무탕(真武湯)을 쓰는 경우가 가장 많이 있지만 때로는 그 중에서도 실한 것으로서 건강황령황련인삼탕(乾姜黃苓黃連人参湯) 등을 쓰는 일도 있다.

Ⅲ 잡병(雜病)

잡병(무열의 만성병일반)의 경우 증의 판정에 필요한 인자에는 음양, 허실외에 기(気)·혈(血)·수(水)가 있다. 잡병의 음양허실은 상한(傷寒)(급성열성병)일 때의 표리내외의 허실과는 약간 취의를 달리하는 것이나 주로 병자의 체질적 전신적인 힘의 보유도를 의미한다.

음증, 허증에는 온보제를 양증, 실증에는 사제(瀉剤)〈공격제〉를 쓰는것은 상한의 경우와 같은 것이다.

1 . 병인(病人)의 허실(虚実)과 방제(方剤)의 허실(虚実)

방제와 증이 대응해서 비로소 효과를 얻게되는 것이다. 이것을 「방증상대(方証相対)」라고 한다. 그러하기 때문에 환자의 허실과 방제의　허실을 상대시켜주지 않으면 안 된다. 즉 환자의 허실에 상당하는 방제를 선택하지 않으면 안 된다.

또 허실이라 하더라도 그것은 거의　단계적으것은 사실이다. 따라서 방제의 허실도 단계적으로 나눌수 있다. 그러한 관계를 도표로 나타내면 표 4 에서 보는바와 같다.

2 . 기(気)·혈(血)·수(水)

기·혈·수는 일송의 병인론이며 또 진단의 근거이기도 하며 또한 치료에 직결되는 성격을 갖고 있다. 그래서 여기에 기·혈·수의 의의, 병태상, 써야할 약물, 방제등을 술(述)한다.

1) 기대증(気帯証)

기는 형태는 없고 활동만이 있는 것이지만 이것이 울체(鬱滞)하면 질병이 된다는 사상이 「여씨춘추」에서 보여주고 있다.

인체에 대하여 정신면으로는 마음이라 던가 기분이 되고 육체적으로는 혈이나 수(체액) 순환으로 대표되는 신체기능의 원동력이 되는 것이다. 기가 울체하면 기분은　우울해지고　매핵기라고 부르는 인후의 폐색감이 생겨서 혈이나　수의 운행도 삽체(渋滞)해서 부종이 생기는 일도 있다.

한방약에는 기의 운행을 원활하게 하는 약물이 있다. 이것을 기제(気剤)라고 한다. 예컨데 기가 상충하면 계지(桂枝)를 쓴다. 질병이 되면 기는 올라가기 쉽다. 기가 높아지면 족이 냉해서 격앙증(激昻症), 두통이 나기도 하며 현기증이 나

표 4　한방의 허실〈산전광윤(山田光胤) : 한방처방 l응용의 실제〉

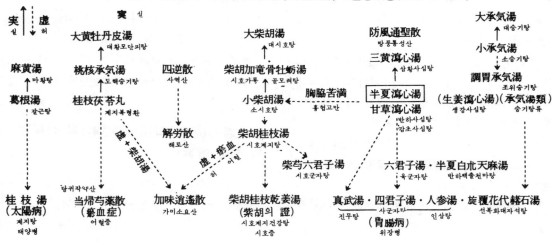

고 동계(動悸)가 생긴다. 이같은 경우에는 계지의 배합된 **계지탕(桂枝湯)**, **영계출감탕(苓桂尤甘湯)**, **오령산(五苓散)**, **계지가룡골모려탕(桂枝加龍骨牡蠣湯)** 등을 쓰게된다. 또 질병이 되면 기가 울체한다. 고인이 매핵기((梅核氣)라고 부른 증상(노이로제환자에 흔히 볼 수 있는)은 기의 울체에 의하여 생기는 것이기 때문에 기의 순환을 좋게하는 **반하후박탕((半夏厚朴湯)**을 쓰게하는 것으로서 소산(消散)케 한다.

기가 울체(鬱滯)하면 수·혈도 운행이 나빠지기 때문에 방제중에는 기제외에도 물이나 피에 잘듯는 약물도 동시에 배제돼 있다. **대승기탕(大承気湯)** 같은 것도 기의 순환을 좋게하는 후박(厚朴)을 배합하여 두고 있다. 승기의 의미는 순기한다는 것이라고도 한다.

2) 어혈증(瘀血証)

피의 변조가 혈증인 것인데 특히 어혈증이 중요하다. 어혈이란 정체(停滯)되는 혈액이란 의미로서 그 징후(徵候)는 구건(口乾), 다뇨열감이 있다. 구신(口唇)이나 설(舌)이 암자색을 노정(露呈)한다. 피부가 검게되고 피부갑착(皮膚甲錯, 정맥로장(静脈怒張) 제종(諸種)의 출혈경향등이 보여지며 대변이 흑색으로 변하며 냄새가 심하게 나는가하면, 여성은 월경이상도 된다.

어혈증에는 독특한 복증이 보인다. 하복부에 압통을 동반한 종류를 촉지케 한다. 이런 경우에 쓰여지는 대표적 방제로는 먼저 허증에는 **당귀작약산(当帰芍薬散)** 중간증에는 계지복령환 실증에는 **대황모단피탕(大黄牡丹皮湯)** 등이 쓰여진다.

또 하나의 복증은 소복급결(小腹急結)이다. 좌장골설부근(左腸骨窩附近)에 일종의 압통과민한 색상물이 있는가하면 그 부근에 과민한 압통을 인정하게 되며 찰과상의 압진에 대해서도 민감하게 반응되는 일종의 피부과민대(皮膚過敏帶)가 있는 것들이다. 소복급결일때는 **도핵승기탕(桃核承気湯)**의 증인 것이다.

구어혈제(駆瘀血剤)로는 도인(桃仁), 모단피((牡丹皮), 수질(水蛭), 맹충(蟲虫), 서충(庶虫) 등이 있고 또 완화된 구어혈작용이 있는 것으로는 당귀(当帰), 천궁(川芎), 작약(芍薬)등이 있다.

3) 담음증(痰飲証)

한방의학에서 말하는 담이라는 것은 물을 말하는 것으로 체액을 지칭한다. 담을 말할때 담음(痰飲)이라고도 한다. 광의의 의의는 체액을 지칭하는 것이지만 협의로는 위내의 정수(停水)를 말한다.

수의 대사에 장해가 이러나서 그 운행 분포의 상태가 원활하지 못하면 여러가지 증상이 나타난

다. 또 외사(外邪)에 의하여 체내의 수분대사에
변조가 생겨난 상태를 풍습(류마치)라고 한다.
수 변조에 의하여 생기는 병태는 동시에 기나 혈
의 변화를 동반하는 일이 많고 그 징후는 천변
만화(千変万化)로 상당히 다양하지만 그중에도
가장 돋보이는 증상으로는 다음과 같은 것들이 있
다.

심하부의 진수음(振水音), 복중뇌명(腹中雷鳴)
하리(설사), 구토, 변비, 요리감소, 다뇨, 부종,
동계, 현기증, 귀울림(이명), 두통, 권태감, 객
담(喀痰) 및 타액(唾液)의 분비과다, 관절통, 천
명(喘鳴), 해수(咳嗽), 구갈(口渴), 다한(多汗),
무한(無汗) 등이다.

수분대사의 조정을 살펴준다〈사(司)〉고 생각되
는 약물을 구수제(駆水剤)라고 하여 복령(茯苓),
출택사(尤沢瀉), 저령(猪苓), 마황(麻黄), 목방
기(木防己), 황기(黄耆), 세신(細辛), 반하(半
夏), 목통(木通) 등이 가장 번용되고 있다. 이러
한 것들이 배합된 방제의 대표적인 것을 들어보
면 **오령산(五苓散), 저령탕(猪苓湯), 방기황기탕
(防己黄耆湯), 소청룡탕(小青竜湯)** 등이 있다.

이상 기·혈·수에 의한 처방분류를 총괄하여
표로 나타내면 표6처럼 된다.

**표5 기·혈·수제〈산원한법(山元漢法)
약물분류표〉**

<緩 剤>			<緊 剤>	
気剤 기제	気水剤 기수제	血水剤 혈수제		血剤 혈제
				阿膠 아교
茵蔯蒿 인진호	赤石脂 적석지	橘皮 귤피	尤 령	
		粳米 갱미	杏仁 행인	山薬 산약
艾 애	滑石 활석	黄柏 황백		鶏子黄 제자황
白頭翁 백두옹	芒硝 망초	知母 지모	呉茱萸 오재유	枳実 지실	栝呂実 괄려실
			莞花 원화	薏苡仁 의이인	酸棗仁 산조인	桃仁 도인
柴胡 시호	牛楮石 대자석	川芎 천궁	黄連 황련	葶藶 정력	防己 방기	芒虫 망충
厚朴 후박	薤白 해백	竜骨 용골	葛根 갈근	瓜蔞 과루	甘遂 감수	大黄 대황
桂枝 계지	石膏 석고	生姜 생강	瓜呂根 과려근	五味子 오미자	栀子 치자	大棗 대조
	竜胆 전경	黄芩 황령	麻黄 마황	山茱萸 산수유	猪苓 저령	
牡丹皮 모단피	細辛 세신	附子 부자	人参 인삼	乾姜 건강	香鼓 향고	水蛭 수질
蜀椒 촉초	桔梗 길경	当帰 당귀	茯苓 복령	地黄 전황	沢瀉 택사	膠飴 교이
甘草 감초	牡蛎 모려	貝母 구모		黄耆 황기		芍薬 작약
蘇葉 소엽	秦皮 태피	半夏 반하		大戟 대극		

표6 기·혈·수에 의한 처방분류

理 氣 의 剤	理血 의 剤	除 痰 의 剤
蘇子降気湯(和剤局方) 소자강기탕 화제국방	芎帰調血飲(万病回春) 궁귀조혈음 만병회춘	二陳湯(和剤局方) 이진탕 화제국방
烏薬順気散(和剤局方) 오약순기산 화제국방	連珠飲(本間棗軒) 연주음 본간조헌	温胆湯(千金方) 온담탕 천금방
釣藤散(本事方) 조등산 대사방	疎経活血湯(万病回春) 소경활혈탕 만병회춘	半夏白尤天麻湯(李東垣) 반하백출천마탕 이동원
九味檳榔湯(浅田家法) 구미빈랑탕 천전가법	十味剉散(易簡方) 십미좌산 이간방	清湿化痰湯(寿世保元) 청습화담탕 수세보원
鶏鳴散加茯苓(時方歌括) 계명산가복령 시방가괄	女神散(浅田家法) 여신산 천전가법	瓜呂枳実湯(万病回春) 과려지실탕 만병회춘
安中散(和剤局方) 안중산 화제국방	疎肝湯(万病回春) 소간탕 만병회춘	橘皮半夏湯(張氏医通) 귤피반하탕 장씨의통
神秘湯(外台秘方) 신비탕 외대비요방	桃核承気湯(傷寒論) 도핵승기탕 상한론	利膈湯(名古屋玄医) 이격탕 명고옥현의
延年半夏湯(外台秘方) 연년반하탕 외대비요방	大黄牡丹皮湯(金匱要略) 대황모단피탕 금궤요약	小陥胸湯(傷寒論) 소함흉탕 상한론
桂枝湯(傷寒論) 계지탕 상한론	桂枝茯苓丸(金匱要略) 계지복령환 금궤요약	麻黄湯(傷寒論) 마황탕 상한론
半夏厚朴湯(金匱要略) 반하후박탕 금궤요약	折衝飲(産論) 절충음 산론	小青竜湯(傷寒論·金匱要略) 소청룡탕 상한론 금궤요약
大·小承気湯(傷寒論·金匱要略) 대소승기탕 상한론 요략	抵当湯(傷寒論) 저당탕 상한론	越婢加朮湯(金匱要略) 월비가출탕 금궤요약
分心気散(和剤局方) 분신기음 화제국방	当帰芍薬散(金匱要略) 당귀작약산 금궤요약	五苓散(傷寒論·金匱要略) 오령산 상한론 금궤요약
旋覆花代赭石湯(傷寒論) 선복화대석탕 상한론	温経湯(金匱要略) 온경탕 금궤요약	猪苓湯(傷寒論) 저령탕 상한론
定喘湯(摂生衆妙方) 정천탕 섭생중묘방	芎帰膠艾湯(金匱要略) 궁귀교애탕 금궤요약	茯苓飲(金匱要略) 복령음 금궤요약
		木防己湯(金匱要略) 목방기탕 금궤요약

Ⅳ 사진(四診)

진단으로 "패턴"을 결정하는 방법은 사진(四
診)이라고 말하고 망진(望診), 문진(聞診), 문
진(問診), 절진(切診)이 그것(사진)이다. 그리고
이러한 것들의 진단방법과 진단순서에 따라서 병
후 패턴을 결정하기도 한다.

망진이라고 하는 것은 의사의 시각으로서 진단
하는 것이며, 병자의 정신상태, 거동, 전신 혹은
국부의 이상등을 진찰하는 것이다.

문진이라함은 의사의 청각과 후각에 의하여 병
후 패턴을 결정하는 것으로서 호흡 해수등의 성
음과 구후(口嗅), 체후(体嗅), 배설물등으로 진
찰하게 된다.

문진은 의사의 물음에 대하여 답하는 환자의
질환상태에 따라 진찰하는 방법으로서 고통 부위
고갈의 유익 땀〈한(汗)〉의 상태등등을 묻게 된
다.

절진이라함은 의사의 촉각으로서 진단하는 방법인데 대별해서 촉진과 맥진으로 나눌수 있다. 촉진은 의사의 손으로 병자의 신체를 만져서 진단하는 방법으로 예를 들자면 수족의 온도를 의사의 손으로 검사하거나 혹은 복부를 눌러서 그 단단함을 본다거나 하는 것이다. 맥진은 맥을 집혀서 진단하는 방법으로 맥의 깊이(심(深)〉 빠름〈속(速)〉 셈〈(強)〉을 진단하는 것이다.

사진에 의하여 병후 패턴을 결정하는 경우는 각진단방법의 사이에서 확실한 병후 패턴의 우선순서가 없어서는 안 된다. 대체로 망진에 의한 결과를 제일 우선으로 잡고 이하 순서는 문진과 문진(問診) 그리고 절진의 순이 된다.〈주단계(朱丹溪) : 격치여론(格致余論)〉

1 1. 망진(望診)

망진에서는 환자의 영양상태, 골격, 피부의 상태, 혈색, 황단(황달), 부종, 환자의 기거 동작 대소변의 색등을 관찰한다.

① 골격이 튼튼해서 영양상태가 좋고 근육이 단단하여 살찐 사람에도 실증이 많다. **대시호탕 (大柴胡湯), 방풍통성산(防風通聖散), 대승기탕(大承気湯)**

② 살이 찌고 비만하지만 근육이 단단치 못하고, 말하자면 물주머니처럼 보이면서 혈색이 희고 골격도 연약하고 피부 결이 좋은 사람에는 허증이 많다. **방기황기탕(防己黃耆湯)**

③ 수척하면서 혈색이 나쁜 사람엔 한증으로 더욱이 허증인 사람도 많다. **인삼탕(人蔘湯), 사군자탕(四君子湯), 진무탕(真武湯)**

④ 수척하지만 근육이 단단하고 굳으며 엷게 검은 혈색의 사람에게는 **사물탕(四物湯), 팔미환(八味丸).**

⑤ 안면이 홍조색을 띄고 있으며 열이 올라서 기분이 설렌다거나 불안한 느낌이 있는 사람은 열증이다. **삼한사심탕(三寒瀉心湯), 황련해독탕(黄連解毒湯)**

⑥ 붉이 홍도색으로 물들인듯 붉고 얼굴전체는 희며 수족이 냉한 사람은 상열하한으로 허증이다.

맥문동탕(麥門冬湯), 당귀사역탕(当帰四逆湯)

⑦ 어혈 때문에 조홍색을 띠고 있으며 모세혈관이 그물눈처럼 투명하게 보이는 것은 어혈의 증이다. **도핵승기탕(桃核承気湯), 계지복령환(桂枝茯苓丸)**

⑧ 노인이나 대병후의 사람 당뇨병, 위축신환자는 피부가 말라서 고조상(枯燥状)을 띠고 있다. 허증으로 체액이 자윤(滋潤)을 잃고 있다. 이런 사람에겐 **팔미지황환(八味地黄丸), 맥문동탕(麥門冬湯), 자음강화탕(滋陰降火湯), 자음지보탕(滋陰至宝湯)** 등

⑨ 혀가 말라서 목이 마를 때는 열증인 경우가 많다. **백호탕(白虎湯)**

⑩ 설(舌)이 습해서 마르자 않을시는 한증의 사람이 많다. **인삼탕(人蔘湯), 사역탕(四逆湯), 진무탕(真武湯)**

⑪ 혀에 백태가 끼고 입이 떫으며 목이 약간 마르고 쓸때는 열 허증 이다. **소시호탕(小柴胡湯)**의 적응증.

⑫ 혀에 다갈색의 태가 끼어서 마르고 변비하는 듯한 생각이 들면 열증으로 실해있는 것이라 할 수 있다. **대시호탕(大柴胡湯)**

이상 여러가지로 방제를 들어보았는데 한, 열, 허, 실의 판정에 따라서 한방의 치료방침이 좌우되는 것이다.

2. 문진(聞診)

문진은 문진(問診)·절진(切診)등의 병용으로서 비로소 진단이 성립한다. 문진에서는 환자의 기침, 음성을 듣고 대소변 기타의 배설물의 취기 체질등을 맡아 본다.

① 열증 환자의 기침은 담을 적게 들이키며 목구멍이 말라(들어가는것 같은 느낌이 생긴다. **죽엽석고탕(竹葉石膏湯), 자음강화탕(滋陰降火湯)**

② 한증 환자의 기침은 수양의 엷은 담이 많고목이 마르지 않는다. **영감강미신하인탕(苓甘姜味辛夏仁湯), 청습화담탕(清湿化痰湯)** 등.

③ 허증 환자의 기침은 기침에 힘이 없어 보이고 약하디 약하다. 그외에도 허증의 징후가 있다.

보중익기탕(補中益気湯), 시호계강탕(柴胡桂姜湯)등

④ 실증환자의 기침은 기침에 힘이 있고 복부 특히 상복부가 팽만해서 가벼우며 체력이 있다. 대시호탕(大柴胡湯), 과려지실탕(瓜呂枳実湯)

3. 문진(問診)

문진은 의사가 환자에 질문하는 것이다. 표리(表裏), 열한, 허실을 결정하는 순서로 진행한다. 〈고통의 부위〉〈열형〉〈오한 열감의 정도와 구갈 유무〉〈찬기침 음식, 구토, 변뇨, 월경〉등의 상태에 대하여 질문한다.

① 고통의 부위는 두통, 배요통, 체표통이 있으면 표증이며 구강통, 흉통, 복통, 내장통이 있으면 이증이다.

② 열형에서는 계류열(稽留熱)이면 표증, 이장열(弛張熱)이나 간헐열(間歇熱)이면 표증, 이장열이나 간헐열이면 이증이다.

③ 오한이란 한기가 치밀어오는 것이며 열감이란 신체에 흑흑다는 느낌을 갖게되는 것이다. 오한은 가벼우나 열감에 심한 것은 표한증이다. 구갈이 있으면 열증이며 냉한 음료를 심하게 마실려고 하는 것은 이한증인 것이다. 구갈의 유무는 열감을 구별하는데 중요한 것이 된다.

④ 식욕에 이상이 생기는 것은 이증이다. 식욕부진은 이열증, 구토가 있으면 이허증이 된다. 땀은 무한(無汗)은 표한증이며 자한(自汗)이나 도한(盜汗)은 표허증인 것이다.

4. 절진(切診)

1) 맥진(脈診)

맥진의 방법은 병자의 손을 상향시켜 놓은다음(손바닥을 위로) 의사가 제2지, 제3지, 제4지로 병자의 팔목의 친지하부(親指下部)〈엄지손가락 아래편〉를 눌러서 요골동맥(骨動脈)을 측정한다.

① 맥의 깊이에는 부(浮)와 침(沈)이 있고 맥의 빠름에는 수(数)와 지(遅)가 있다. 손가락을 약간 대기만해도 감각이 잡혀지지만 강하게 눌러도 감각이 잡혀지지 않는 것이 부맥이고 약간 촉지하는 것으로는 감각을 잡을 수 없고 강하게 눌러서 감각을 잡을수 있는 것을 침맥이라고 한다.

② 맥의 빠름에 대하여는 1호흡에 4회이하로 뛰는 맥이 지맥, 1호흡에 5회이상 뛰는 맥을수맥(数脈)이라고 한다.

③ 맥의 강함을 말할때는 눌러 짚은 손가락이 튀어나올 정도의 탄력으로 재게 되는 것인데 강한 맥의 실맥, 약한 맥이 허맥이다.

*부맥은 표증·침맥이면 이증, 수맥이면 열증 지맥이면 한증, 허맥이면 허증으로 진단한다.

2) 복진(服診)

복진의 목적은 허실을 알기 위함이다.

① 상복각(上腹角)…좌우 늑골궁(肋骨弓)이 삼각의 이변(二辺)처럼 되어서 지어진 각도이다. 상복각(上腹角)의 넓은 사람은 흉위(胸囲)도, 복위(腹囲)도 일반적으로 크고 체력이 좋아서 실증의 경우가 많다. 상복각의 좁은 사람은 흉위 복위도 작아서 마른형으로 허증인 사람이많다. 복벽이 엷고 근육이 박약한 사람은 대체로 허증이다.

③ 복부의 긴장도…복부가 적당하게 긴장해서 탄력이 없는 사람은 실증인 것이다. 복부가 일체로 연약하고 무력해 보이며 탄력이 없는 사람은 대다수가 허증이다.

④ 심하부진수음(心下部振水音)…제(臍)의 위(상위의 부분을 가볍게 치면 물을 뿌리는것 같은 소리가 날 때가 있는데 이것은 수음을 의미하는 것이며 대다수는 허증이다. 복령음(茯苓飲)인삼탕(人参湯), 복령택사탕(茯苓沢瀉湯), 반하후박탕(半夏厚朴湯)등

⑤ 이급(裏急)…이급을 나타내는 환자는 허증이다. 소건중탕(小建中湯), 대건중탕(大建中湯)

⑥ 심하계(心下悸), 제하계(臍下悸)…복부대동맥의 박동이 항진하는 것인데 이같은 환자는 허증이다. 자감초탕(炙甘草湯), 계지가룡골모려탕(桂枝加竜骨牡蠣湯), 영계출감탕(苓桂尤甘湯)

반하후박탕(半夏厚朴湯) 등.

⑦ 흉협고만(胸脇苦満)····계륵부(季肋部)에 충만감이 있으며 괴롭고 타각적으로 이 부에 저항압통이 증명한다. **시호제(柴胡剤)**의 적응증

⑧ 심하비경(心下痞硬)····심하부가 막혀서 울증이 생기며 저항감이 있는것. **삼황사심탕(三黄瀉心湯), 감초사심탕(甘草瀉心湯), 반하사심탕(半**

夏瀉心湯) 등

⑨ 심하비(心下痞)···명치가 꽉 막힌다는 증상으로 가끔가다가 진수음이 있다. **사군자탕(四君子湯), 인삼탕(人参湯)** 등

⑩ 소복구급(小腹拘急)〈신허(腎虚)의 복증〉···· 하복부가 구련(拘攣)해 있는 상태. **도핵승기탕(桃核承気湯)**

病名別治療篇

병명별 치료편

1呼吸器病 호흡기병   1 內科疾患 내과질환   ❶感冒 감모

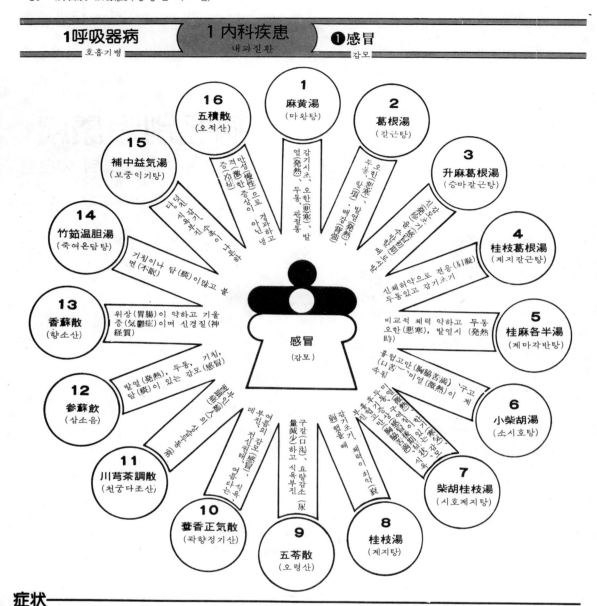

症状

감모(感冒)의 증상(症狀)은 각자(各自)에 따라 다소(多少) 다르며, 코가 막히거나, 콧물이 나오거나 하여 비염증상(鼻炎症狀)을 나타내는 것이 있는가 하면, 인후(咽喉)가 아프고 기침이 나오거나 하여 인후염(咽喉炎)의 증상을 나타내는 것도 있다. 또는 장염 증상(腸炎症狀)을 나타내어 식욕(食慾)이 줄거나 구역질토기), 하리(下痢)를 하는 수도 있다. 그러나 대개의 경우는 호흡기의 점막(粘膜)이 손상된다.

註: 감모(感冒)의 한방치료는 급성병(急性病)에 대한 한방의학(漢方醫學)의 기본에 따른 것으로서, 응용법위도 넓고 중요한 것이다. 체질, 증상에 따른 처방을 예로 들면, 감모초기(感冒初期)는 갈근탕 (葛根湯), 자기회복력(自己回復力)이 강한 사람에게는 마한탕(麻漢湯), 질퍽하게 땀을 내게 되면 계지탕(桂枝湯), 식욕이 없고 열이 있으면서 한기(寒氣)가 드는 데는 시호계지탕(柴胡桂枝湯), 병이 더 친 데는 소시호탕(小柴胡湯)을 쓴다. 소시호탕(小柴胡湯)으로도 낫지 않고 1개월이상이나 오래 가면 보중익기탕(補中益気湯)이 좋다.

1 呼吸器病 (호흡기병) — I 内科疾患 (내과질환) — ❷流行性感冒(인플루엔자)

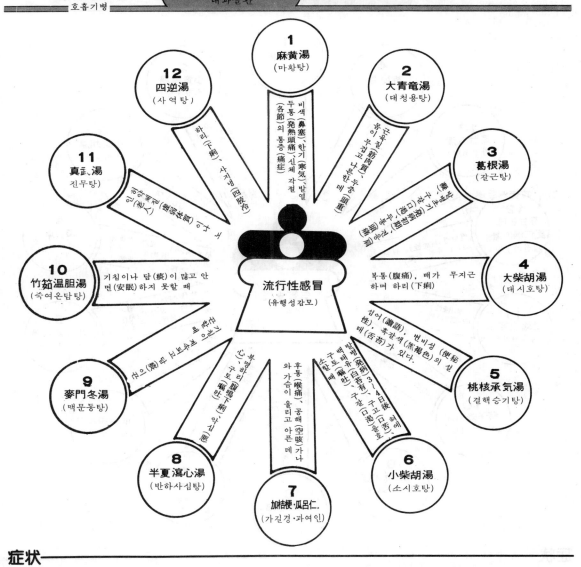

中央: 流行性感冒 (유행성감모)

1 麻黃湯 (마황탕) — 비색(鼻塞), 한기(寒気), 발열(発熱)두통(発熱頭痛), 신체 각절(各節)의 통증(痛症)

2 大青竜湯 (대청용탕) — 오한(悪寒), 근육통(筋肉痛), 나른한 두통 메 무거움(頭重)

3 葛根湯 (갈근탕)

4 大柴胡湯 (대시호탕) — 복통(腹痛), 배가 무지근하며 하리(下痢)

5 桃核承気湯 (결핵승기탕) — 섬어(譫語), 변비성(便秘性), 흑갈색(黒褐色)의 설태(舌苔)가 있다.

6 小柴胡湯 (소시호탕)

7 加桔梗·瓜呂仁. (가길경·과여인)

8 半夏瀉心湯 (반하사심탕)

9 麥門冬湯 (맥문동탕)

10 竹茹温胆湯 (죽여온담탕) — 기침이나 담(痰)이 많고 안면(安眠)하지 못할 때

11 真武湯 (진무탕)

12 四逆湯 (사역탕) — 하리(下痢), 사지냉(四肢冷)

症状

인플루엔자는 바이러스로 인해 일어난다고 하는데, 호흡기의 점막(粘膜)으로부터 침입하여 3, 4일간의 잠복기를 거친 다음, 갑자기 한기나 떨리는 증세와 함께 고열(高熱)이 나고, 심한 두통을 호소하며, 수족(手足)의 관절(關節), 배(背), 요(腰)등이 빠질 듯이 통증이 온다. 그와 함께 식욕이 없어지고, 구토나 구강(口渴)을 호소하기도 한다.
인플루엔자가 소화기를 침해하면 악심(悪心)〈토기〉, 구토, 하리(下痢), 복통(腹痛)을 일으켜, 때로는 적리(赤痢)를 닮은 증상을 나타내는 수도 있다.

註 : 인플루엔자라고 판단되면 따뜻하게 해서 누워 있는 것이 가장 중요하다. 발병(發病) 2, 3日째에 하열(下熱)했을 때 괜찮은 줄 알고 일어나 무리를 하면 병이 더치고 폐렴(肺炎)이 되는 수가 있다. 인플루엔자라도 그다지 고열(高熱)이 아닌 것은 보통의 감모(感冒)와 같은 치료법으로도 된다.

1 呼吸器病
호흡기병

Ⅰ 内科疾患
내과질환

❸気管支炎(気管支카타르)
기관지염 (기관지)

1 麻黄湯
(마황탕)
급성기의 초기에 감기같은 오한, 발열로 이증상이 있다.

2 小青竜湯
(소청룡탕)
기관지염의 초기로 묽고 많은 담(痰)과 콧물이 나오는 것

14 神秘湯
(신비탕)
점담(粘痰)이 적고 호흡곤란을 호소

3 小柴胡湯
(소시호탕)
미열, 식욕부진, 때때로 구역질이 나고 담(痰)이 많은 것

13 炙甘草湯
(자감초탕)
땀을 흘리고 초조하며 피로한 사람의 해소(咳嗽)

4 柴朴湯
(시박탕)
인후(咽喉) 식도부(食道部)에 이물감(異物感), 현훈(眩暈), 동계(動悸)(구역질이 있다)

12 苓甘姜味辛夏仁湯(영감강미신하인탕)
빈혈성(貧血性), 위장(胃腸)이 약한 사람

5 麻杏甘石湯
(마행감석탕)
위장(胃腸)이 튼튼하고 천해(喘咳), 발작시(發作時)에 발한(發汗), 구갈(口渴)

11 滋陰至宝湯
(자음지보탕)
만성(慢性)으로 심하게 소약(衰弱)해 있는 것

6 瓜呂枳実湯
(과려지실탕)
만성으로서 담(痰)이 많다

10 蘇子降気湯
(소자강기탕)

7 湯肺湯
(청폐탕)
후두(喉頭) 심부(深部)가 건조, 담이 나오기 어려우며 양(量)이 적은것

9 滋陰降火湯
(자음강화탕)

8 麦門冬湯
(맥문동탕)

気管支炎
(기관지염)

症状

급성기관지염(急性気管支炎)의 초기는 감기모양으로 몸이 나른하고, 열이 나거나 한기가 드는 수도있다. 기침이 나온다는 것이 특징이지만, 처음부터 기침을 한다하여 담(痰)이 나오지는 않는다. 인후(咽喉)아래나 가슴속이 근질근질한 느낌이 드는 수가 있다. 이어 묽고 투명(透明)한 담(痰)이 나오게 되며, 차츰 황색(黄色)을 띤 농담(濃痰)이 나오고, 그 양(量)도 많아진다.

만성기관지염(慢性気管支炎)은 열(熱)을 수반하는 일은 없고, 주증상(主症状)은 기침과 담(痰)인데, 병세(病勢)가 진행되면 호흡곤란을 일으키는 수가 있다.

註: 기관지염(気管支炎)의 유사증(類似症)으로서 기관지확장증(気管支擴張症)과 폐기종(肺気腫)이 있다. 기관지확장증(気管支擴張症)은 기관지(氣管支)의 선단(先端)이 넓어져, 거기에 담(痰)이 고이는 것. 폐기종(肺気腫)은 심장으로부터 폐(肺)로의 혈액순환이 곤란해져서 우심실(右心室)에 부담(負擔)이걸려 심장기능(心臓機能)이 쇠약해지는 위험한 질환인데 좀처럼 낫지 않는다. 이와 같은 병에 대해 한방에서는 감기에 대한 것과 거의 같은 생각으로 보고 있다.

1 呼吸器病
호흡기병

Ⅰ 内科疾患
내과질환

❹気管支喘息
기관지천식

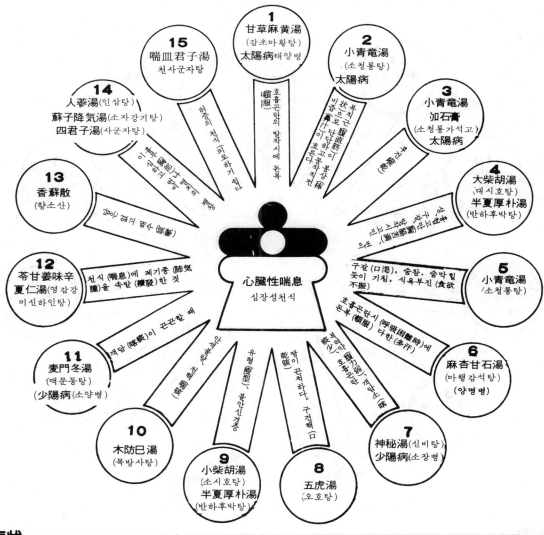

1 甘草麻黄湯 (감초마황탕) 太陽病태양병

2 小青竜湯 (소청룡탕) 太陽病

3 小青竜湯 加石膏 (소청룡가석고) 太陽病

4 大柴胡湯 (대시호탕) 半夏厚朴湯 (반하후박탕)

5 小青竜湯 (소청룡탕)

6 麻杏甘石湯 (마행감석탕) (양명병)

7 神秘湯 (신비탕) 少陽病(소장병)

8 五虎湯 (오호탕)

9 小柴胡湯 (소시호탕) 半夏厚朴湯 (반하후박탕)

10 木防巳湯 (목방사탕)

11 麦門冬湯 (맥문동탕) (少陽病(소양병)

12 苓甘姜味辛 夏仁湯(영감강 미신하인탕)

13 香蘇散 (향소산)

14 人蔘湯(인삼탕) 蘇子降気湯(소자강기탕) 四君子湯(사군자탕)

15 喘皿君子湯 천사군자탕

心臟性喘息
심장성천식

症状

기관지천식(氣管支喘息)은 호흡곤란이 발작적으로 일어나는 병이다. 이것은 호기때 고통스럽다.

註: 기관지천식(気管支喘息)에 쓰이는 빈용처방(頻用処方)

太陽病 (태양병)	少陽病 (소양병)	陽明病 (양명병)	太陰病 (태음병)	少陰病 (소음병)
小青竜湯(소청룡탕) 小青竜湯加石膏 (소청룡탕가석고) 甘草麻黄湯 (감초마황탕)	小柴胡湯(소시호탕) 大柴胡湯(대시호탕) 半夏厚朴湯(반하후박탕) 麦門冬湯(맥문동탕) 神秘湯(신비탕) 苓甘姜味辛夏仁湯 (영감미미신하인탕)	(마행감석탕) 麻杏甘石湯 竹葉石膏湯(죽엽석고탕)	(인삼탕) 人参湯 桂枝人参湯 (계지인삼탕) 八味丸 (팔미환)	真武湯(진무탕) 四逆湯(사역탕)

＊ 麻黄劑→柴胡劑→虚證의 喘息(喘四君子湯)
마황제 시호제 허증 천식 천사군자탕

1 呼吸器病 호흡기병 ／ Ⅰ 内科疾患 내과질환 ／ ❺肺炎 폐염 (폐렴)

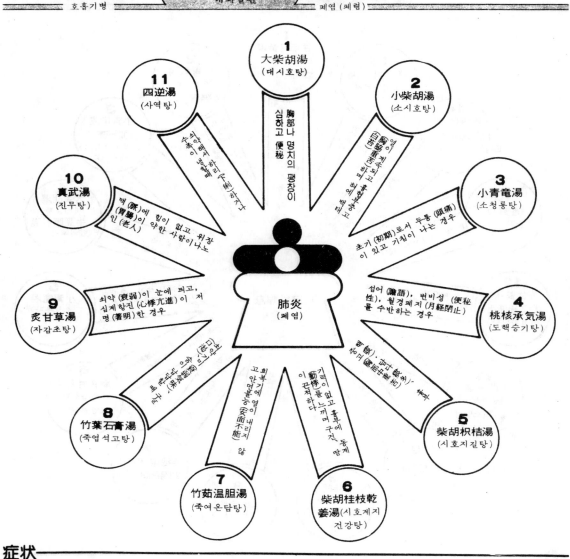

1 大柴胡湯 (대시호탕) — 胸部나 명치의 팽창이 심하고 便秘
2 小柴胡湯 (소시호탕) — 胸脇苦滿이 있고 식욕이 감퇴되며 입이 씀
3 小青竜湯 (소청룡탕) — 초기(初期)로서 두통(頭痛)이 있고 기침이 나는 경우
4 桃核承気湯 (도핵승기탕) — 섬어(譫語), 변비성(便秘性), 월경폐지(月経閉止)를 수반하는 경우
5 柴胡枳桔湯 (시호지길탕) — 기력이 없고 흉부에 동계, 구건, 담
6 柴胡桂枝乾姜湯 (시호계지건강탕) — 동계(動悸)를 느끼며 기력이 없고 흉부에 구건, 담
7 竹茹温胆湯 (죽여온담탕) — 회복기에 열이 내리지 않고 안면불능(安面不能)
8 竹葉石膏湯 (죽엽석고탕)
9 炎甘草湯 (자감초탕) — 쇠약(衰弱)이 눈에 띄고, 심계항진(心悸亢進)이 저명(著明)한 경우
10 真武湯 (진무탕) — 맥(脈)에 힘이 없고 위장(胃腸)이 약한 사람이나 노인(老人)
11 四逆湯 (사역탕) — 쇠약해서 허리 수족(手足)이 찬구다

肺炎 (폐염)

症状

그룹(group) 성폐렴(性肺炎) : 폐렴쌍구균(肺炎雙球菌)의 감염이 원인이 되어 일 어나는 폐렴(肺炎)이다. 갑자기 한기(寒氣)가 들고 떨리며, 39도이상의 고열(高熱)이 나며 맥(脈)도 빨라지고 두통이 따른다.

기관지폐염(気管支肺炎) : 기관지염(気管支炎)등에 이어 일어나는 것으로서, 서서히 열이 높아져 38~40도 정도가 계속된다. 맥(脈)도 빨라지고, 호흡도 고통스럽고 흉통(胸痛)도 호소하게 되고 기침이나 담(痰)도 나오게 된다.

1 呼吸器病
호흡기병

I 内科疾患
내과질환

❻肺結核
폐결핵

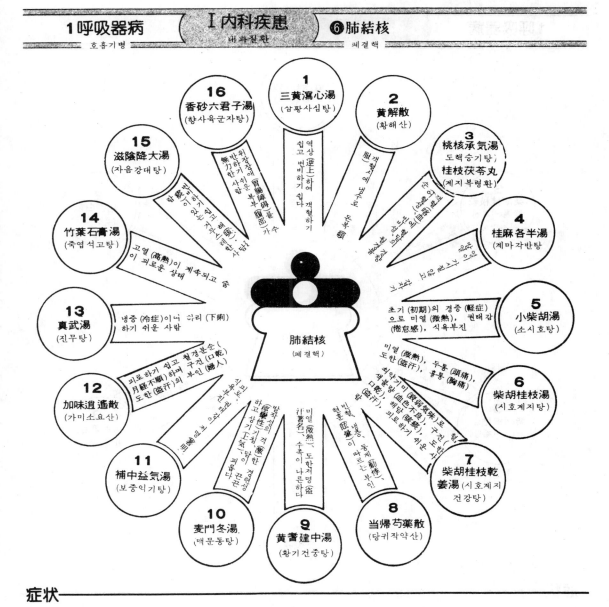

症狀

발병할 때, 전신이 피로권태감, 식욕부진, 열감(熱感), 두통(頭痛), 견응(肩凝) 등을 자각(自覺)하지만, 특별한 자각증상(自覺症狀)이 없을 때도 있다.

註 : 폐이외(肺以外)의 신체각부에 합병증을 일으키는 수가 있다. 가장 많은 것은 장결핵(腸結核)으로 그밖에도 늑막염(肋膜炎), 후두결핵(喉頭結核), 복막염(腹膜炎), 신염(腎炎), 방광결석(膀光結石) 칼리에스 등을 일으킨다.

★ 적확(適確)한 화학요법(化学療法)도 중요하지만, 자연의 치유력(治癒力)을 고쳐잡아 증강시키는 목적으로 한방약을 복용한다.

1 呼吸器病 (호흡기병) | **I 內科疾患** (내과질환) | **❼肺壞疽** (폐괴저)

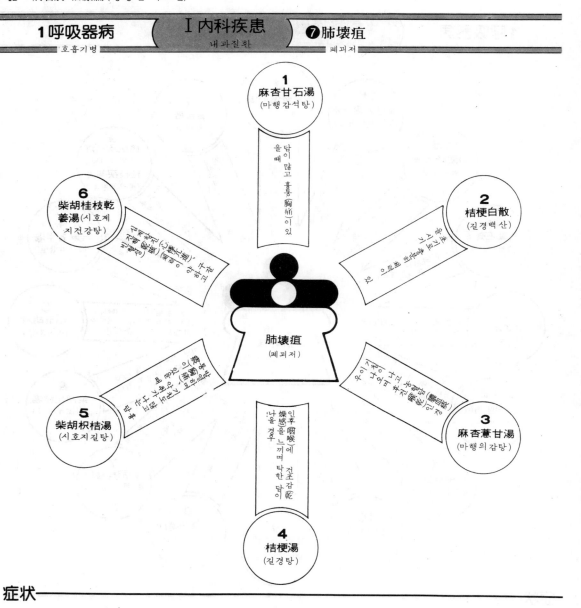

症狀

부패균(腐敗菌)으로 인해 폐조직(肺組織)이 썩어드는 병이다. 심한 기침, 객혈(喀血) 흉통(胸痛), 호흡곤란 등이 수반되는 수도 있다. 또한 담(痰)을 그대로 삼키거나 하여 식욕부진, 구토, 하리(下痢)등을 일으키므로 쇠약하기 쉽다.

註 : 만성의 병이기는 하지만, 초기에 적당한 치료를 하지않으면 전치(全治)되기가 어렵다.

1 呼吸器病 호흡기병 ｜ Ⅰ 內科疾患 내과질환 ｜ ❽ 胸膜(肋膜)炎 흉막(늑막)염

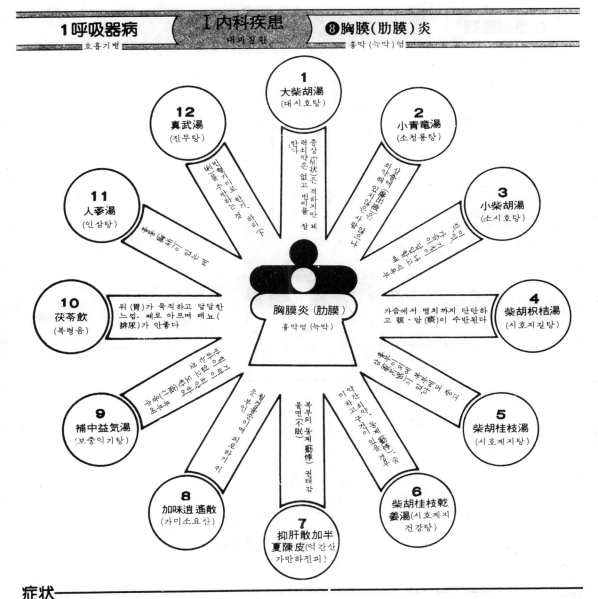

중앙: 胸膜炎(肋膜) 흉막염(늑막)

1 大柴胡湯 (대시호탕)
2 小青竜湯 (소청룡탕)
3 小柴胡湯 (소시호탕)
4 柴胡枳桔湯 (시호지길탕)
5 柴胡桂枝湯 (시호계지탕)
6 柴胡桂枝乾姜湯 (시호계지건강탕)
7 抑肝散加半夏陳皮 (억간산가반하진피)
8 加味逍遙散 (가미소요산)
9 補中益気湯 (보중익기탕)
10 茯苓飲 (복령음)
11 人蔘湯 (인삼탕)
12 真武湯 (진무탕)

(4) 가슴에서 명치까지 단단하고 咳·담(痰)이 수반된다

(10) 위(胃)가 묵직하고 답답한 느낌. 때로 아프며 배뇨(排尿)가 안좋다

症状

습성능막염(濕性肋膜炎) : 늑막강내(肋膜腔内)에 삼출액(滲出液)이 고이는 것은 단시일내 호흡곤란이 심해진다.

근성늑막염(乾性肋膜炎) : 삼출액(滲出液)이 고이지 않는 것은 늑간신경통(肋間神經痛)으로 잘못 알기 쉬우나, 미열(微熱)이 있다. 대개 흉통, 배통(背痛)이 있다.

註 : 대부분은 결핵성으로서, 폐(肺)의 결핵초감염(結核初感染)에 속발(續發)하는 수가 많다. 처음에 흉통(胸痛)이 있는데, 특히 호흡시에는 측흉부(側胸部)에 통증(痛症)을 느낀다. 발열하고, 가벼운 기침이나 호흡곤란도 일어나며, 전신권태감, 식욕부진 등을 호소하게 된다. 폐결핵과 합병(合併)하는 수가 많다.

2 循環器病 순환기병 | **I 内科疾患** 내과질환 | **❶心內膜炎** 심내막염

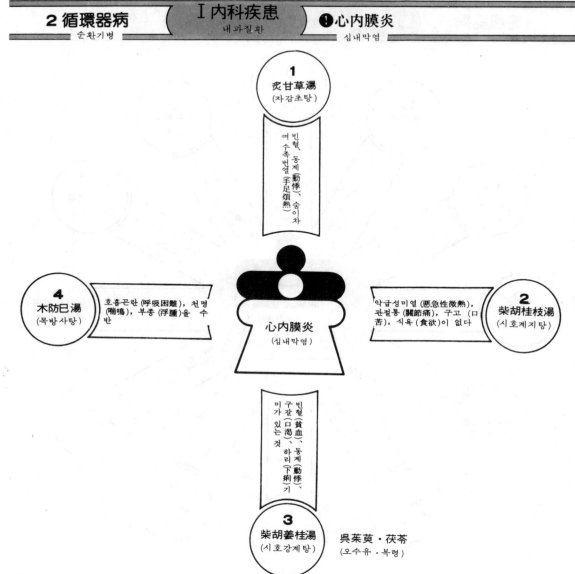

1
炎甘草湯
(자감초탕)

빈혈, 동계 (動悸) 、숨이차며 수족번열 (手足煩熱)

4
木防已湯
(목방사탕)

호흡곤란 (呼吸困難) , 천명 (喘鳴) , 부종 (浮腫) 을 수반

心內膜炎
(심내막염)

악급성미열 (惡急性微熱) , 관절통 (關節痛) , 구고 (口苦) , 식욕 (食欲) 이 없다

2
柴胡桂枝湯
(시호계지탕)

빈혈 (貧血) 、동계 (動悸) 、구갈 (口渴) 、하리 (下痢) 기미가 있는 것

3
柴胡姜桂湯
(시호강계탕)

吳茱萸・茯苓
(오수유・복령)

症状

단순성심내막염(單純性心內膜炎) : 심장부(心臟部)에 동통(疼痛), 압박감을 호소하며 빈혈, 찌아노오제, 호흡곤란 등을 일으킨다. 급성관절류머티가 원인이 되는 수가 많다.
급성세균성내막염(急性細菌性心內膜炎) : 피혈증(敗血症)의 증상을 나타내며 고열을 발하고, 관절이 아프며 피부나 점막(粘膜) 등에 홍반(紅斑)이 생기고, 혹은 소내출혈(小內出血)을 일으킨다.
아급성세균성심내막염(亞急性細菌性心內膜炎) : 초기에 미열(微熱)이 있는 수도 있지만, 열이 없는 수도 있다. 안색은 창백하며, 빈혈, 권태, 피로감, 관절통이 있다. 피부점막의 출혈, 호흡곤란 부종이 있는 수가 있다.

註 : 단순성, 급성세균성, 아급성세균성(亞急性細菌性)으로 나눈다. 단순성의 것은 급성관절 류우머티에 원인되는 수가 많고, 세균성의 것은 일종의 패혈증(敗血症)이다.

2 循環器病 (순환기병) ― I 內科疾患 (내과질환) ― ❷心臟弁膜症 (심장변막증)

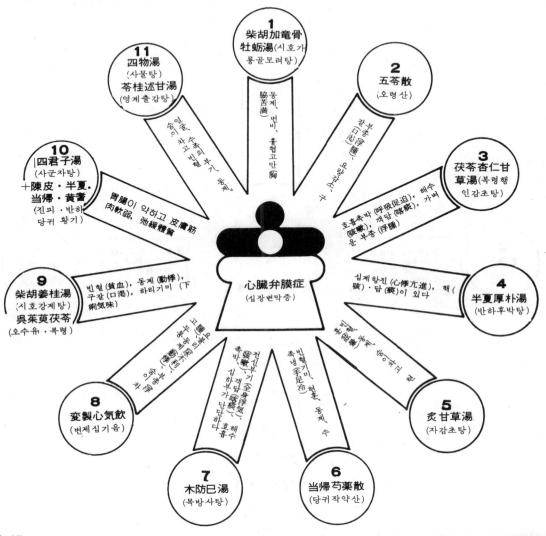

症状

심장변막(心臟弁膜)에는 승모변(僧帽弁), 삼첨변(三尖弁), 대동맥변(大動脈弁) 폐동맥변 등이 있읍니다. 변막증(弁膜症)에는 변(弁)이 찢어져 역류(逆流)하는 것과 혈액이 통과하는 공(孔)이 좁아져 흐르지 않게 된 것이 있다. 즉, 패색부전(閉塞不全)과 혈착(狹窄)이 그 각각에 있는 것으로서 증상도 여러가지이다. 변막증(弁膜症)이 악화(惡化)되면 부종(浮腫)이 나타나고, 호흡이 고통스럽고, 소변이 적어지고 현훈(眩暈)이 일어나며, 찌아노오제라 하여 볼 협(頬)이나 입술, 지선(指先) 등(等)이 자색(紫色)으로 된다.

註 : 이상의 처방이외에도 비만한, 특히 변비하기 쉬운 사람에게는 방풍통성산(防風通聖散), 명치가 막혀 단단해져 손으로 누르면 아프며, 변비(便秘)하기 쉬운데다 상복(上腹)이 차가운 데는 대시호탕(大柴胡湯), 위장이 약하고, 빈혈, 냉증이 있는 허약체질에는 육군자탕(六君子湯)을 쓴다.

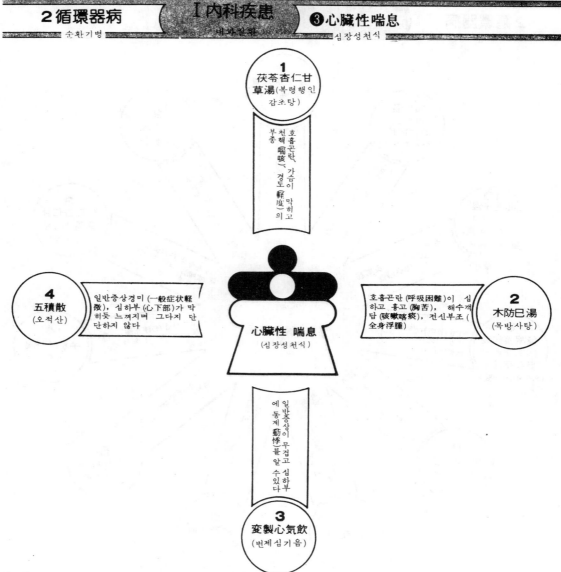

1
茯苓杏仁甘
草湯(복령행인
감초탕)

호흡곤란, 가슴이 막히고 喘咳(천해), 輕度(경도)의 浮腫(부종)

4
五積散
(오적산)

일반증상경미(一般症状軽微), 심하부(心下部)가 막히듯 느껴지며 그다지 단단하지 않다

心臟性 喘息
(심장성천식)

호흡곤란(呼吸困難)이 심하고 흉고(胸苦), 해수객담(咳嗽咯痰), 전신부조(全身浮腫)

2
木防已湯
(목방사탕)

일반증상이 무겁고 심하부에 동계(動悸)를 알 수 있다

3
変製心気飲
(번제심기음)

症状

심장병환자에게 발작성으로 나타나는 호흡곤란을 말한다. 대동맥변폐색부전(大動脈弁閉塞不全)이나 관상동맥경화(冠状動脈硬化), 고혈압이나 신질환(腎疾患) 때문에 좌심실부전(左心室不全)이 되었을 때 나타난다.

발작시는 호흡곤란뿐만 아니라, 심할 고민과 불안을 호소하며, 식은 땀(冷汗)을 흘리기도 한다.

註: 치료기간동안은 안정을 하고, 불안을 없애도록 한다.

2 循環器病
순환기병

Ⅰ 内科疾患
내과질환

❹ 狭心症
협심증

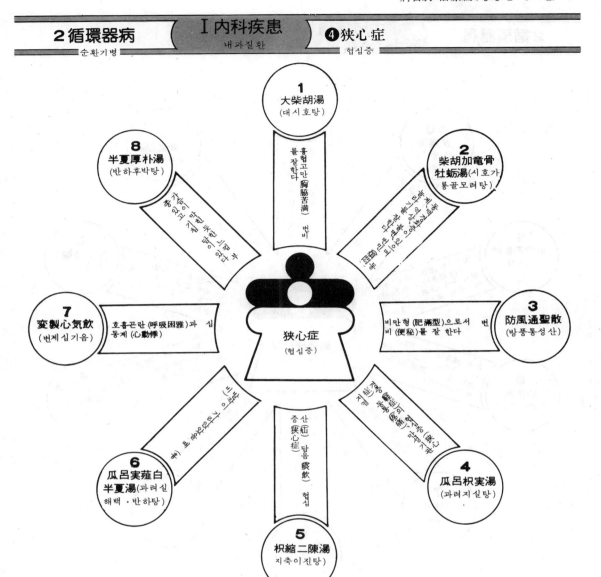

1
大柴胡湯
(대시호탕)

를 흉협고만(胸脇苦満)
잘한다
변비

8
半夏厚朴湯
(반하후박탕)

2
柴胡加竜骨
牡蛎湯(시호가
룡골모려탕)

7
変製心気飲
(변제 심기음)

호흡곤란(呼吸困難)과 심
동계(心動悸)

3
防風通聖散
(방풍통성산)

비만형(肥満型)으로서 변
비(便秘)를 잘 한다

狭心症
(협심증)

6
瓜呂実薤白
半夏湯(과려실
해백·반하탕)

증산(症) 담을(痰飲) 협심
狭心症)

4
瓜呂枳実湯
(과려지실탕)

5
枳縮二陳湯
(지축이진탕)

症状

경색협심증(梗塞狭心症) : 관상동맥(冠状動脈)의 가는 세 부위(部位)에서 혈액이 응고되어 동맥을 폐색(閉塞)해 버린다.

진성협심증(眞性狭心症) : 관상동맥(冠状動脈)의 일시적(一時的) 경련(痙攣)으로 인해 심근(心筋)에 허혈(虚血)이 생긴다.

신경성협심증(神経性狭心症) : 심전도(心電圖)에 소견(所見)이 없으며, 동작에 의해서 악화되지 않는다.

✱ 한방(漢方)에서는 수독(水毒)을 제(除)하여 증상을 가볍게 한다.
 수독(水毒)에 의한 증상(症状)으로는 부증(浮症), 요(尿)의 이상(異常), 냉(冷) 현훈(眩暈), 두통(頭痛), 동계(動悸), 이명(耳鳴)이 있고 기침이나 담(痰)이 나온다. 다한(多汗), 무한(無汗), 관절통(關節痛), 구갈(口渴), 구역질(吐気) 등이다.

註 : 협심증(狭心症)의 원인은 대개 심장(心臟)을 에워싸고 있는 관상동맥(冠状動脈)의 병변(病變) 특히 동맥경화(動脈硬化)로 인한 혈관(血管)의 협착(狹窄)에 원인이 있다고 한다.

2 循環器病
순환기병

Ⅰ內科疾患
내과질환

⑤動脈硬化症
동맥경화증

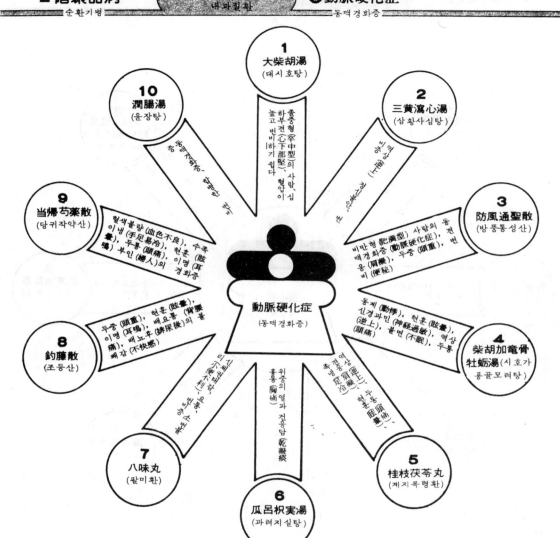

1 大柴胡湯 (대시호탕)

2 三黃瀉心湯 (삼황사심탕)

3 防風通聖散 (방풍통성산)

4 柴胡加竜骨牡蛎湯 (시호가룡골모려탕)

5 桂枝茯苓丸 (계지복령환)

6 瓜呂枳実湯 (과려지실탕)

7 八味丸 (팔미환)

8 釣藤散 (조등산)

9 当帰芍薬散 (당귀작약산)

10 潤腸湯 (윤장탕)

動脈硬化症 (동맥경화증)

症状

동맥경화증환자(動脈硬化症患者)는 불면(不眠), 두통(頭痛), 현훈(眩暈)을 호소하며 신경쇠약유사증(神經衰弱類似症)을 나타내는 수도자주 있다. 그리고 사지냉(四肢冷) 경련양(痙攣樣)의 동통(疼痛), 이상감각(異常感覺)이 일어난다. 흉통(胸痛), 요통(腰痛) 견통(肩痛), 두통(頭痛) 등으로 시달린다.

註 : 동맥경화증은 노화현상의 하나라고 보고 있다. 따라서 본병(本病)의 치료는 단순히 약물치료에만 의존할 것이 아니라, 근본적으로는 일상생활을 개선하지 않으면 안된다.
　　동맥경화(動脈硬化)가 전신에 나타나면 혈압항진(血圧亢進)을 초래하고, 혈압항진(血圧亢進)은 다시 동맥벽(動脈壁)에 유해(有害)하게 작용해서 동맥경화(動脈硬化)를 더욱 악화시키게 되고, 점점 더 병세를 진행시키는 악순환을 되풀이한다.

2 循環器病 (순환기병) | Ⅰ 内科疾患 (내과질환) | ❻ 高血圧症 (고혈압증)

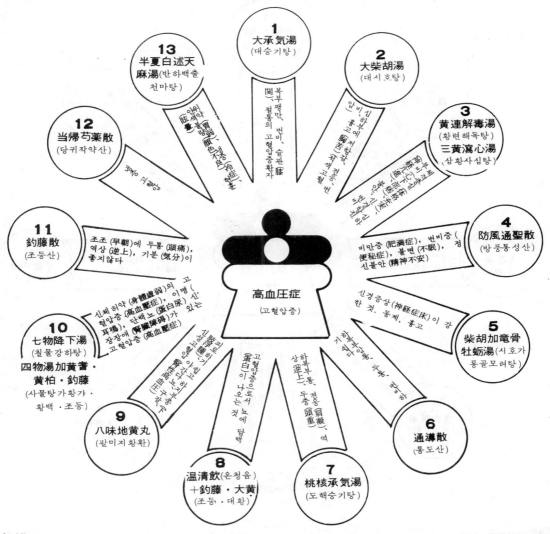

症状

　　고혈압(高血壓)은 신장병(腎臟病)이 발병(發病)할 때 잘 일어나는데, 신장(腎臟)에는 병이 없이 혈압이 높은 것을 본태성고혈압증(本態性高血壓症)이라 부르고 있다. 고혈압증(高血壓症)의 자각증상(自覺症狀)으로는 두통, 편두통, 불면, 이명(耳鳴), 현훈(眩暈), 불안감(不安感), 건망(健忘), 피로(疲勞) 등의 뇌신경증상(腦神經症狀)과 동계(動悸), 신장부압박감(心臟部壓迫感), 흉내고민(胸內苦悶), 숨이차거나 하는 순환기증상(循環器症狀)이 나타나며, 기타 견응(肩凝), 변비(便秘), 빈혈(鼻血), 하지(下肢)의 저림, 류머티 양동통(樣疼痛)이 따르고, 증상(症狀)이 진행되면 협심증(狹心症), 심장성천식(心臟性喘息), 하지(下肢)의 부종(浮腫), 야간빈요(夜間頻尿) 등을 볼 수 있다.

　　註 : 한방에 의한 고혈압증의 치료는 단순히 혈압을 내리는 것만을 겨냥하고 있는 것이 아니다. 고혈압의 성질을 밝혀, 그 성질에 따라 계획적으로 치료를 한다. 전신상태(全身狀態)를 개선해 나가면서 정상으로 되돌리는 것이다. 한방에서 쓰이는 고혈압처방은 근기(根氣) 있게 장기에 걸쳐 복용하므로써 혈압을 안정시키고, 동맥을 강화해서 뇌(腦), 심장(心臟), 신장(腎臟)의 부담(負擔)을 경감(輕減)하고 생명의 위기를 회피하여 예방하는 효과가 있다.

2 循環器病 순환기병　**I 內科疾患** 내과질환　**❼低血圧症** 저혈압증

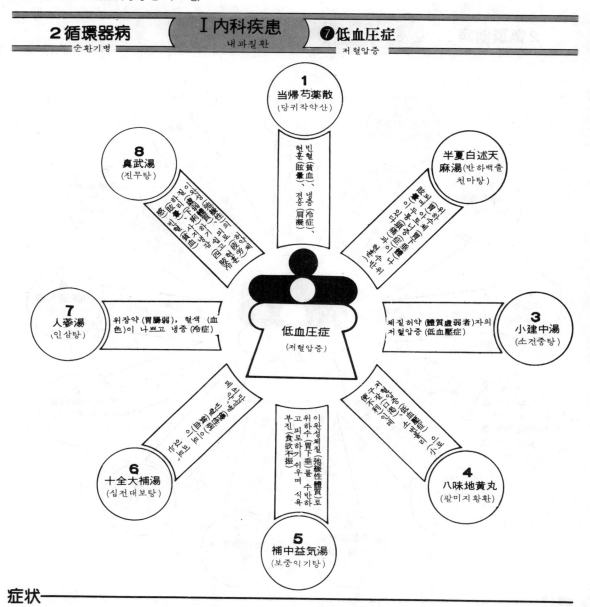

症状

　　성인으로서 최고혈압이 100밀리이하의 것을 일반적으로 저혈압증이라 부른다.
　　대개 저혈압의 환자는 심신(心身) 공(共)히 피로(疲勞)하기 쉽고, 권태감　석약감이 있으며, 두통, 현훈(眩暈), 사지냉감(四肢冷感), 견응(肩凝), 심계항진(心悸亢進) 등을 호소하는 경우가 많다. 정신신경증상이 강한 것, 위장증상이 많은 것, 순환기의 증상을 호소하는 것 등, 여러가지가 있다.

　　註: 이상의 처방이외에도 두통(頭痛), 역상(逆上), 현훈(眩暈), 일어섰을 때의 현기증, 심계항진 (心悸亢進) 등이 있고, 요량(尿量)이 감소되는 경우에 **영계출감탕(苓桂朮甘湯)**, 머리가 무겁고 신경쇠약 기미(神経衰弱気味)인 경우는 **반하후박탕(半夏厚朴湯)**, 변비(便秘)가 심하고 명치가 단단하며　불면 (不眠)이 있을 경우는 **대시호탕(大柴胡湯)**, 미열(微熱), 도한(盜汗), 흉통(胸痛) 또는 복통(腹痛) 이 있을 경우는 **시호계지탕(柴胡桂枝湯)**, 쇠약해서 미열(微熱)이 있고, 도한(盜汗), 두중(頭重), 식욕부 진(食欲不振) 등을 호소하는 경우는 **시호계지건강탕(柴胡桂枝乾姜湯)** 등을 쓴다.

3 消化器病 (소화기병) ─ Ⅰ 內科疾患 (내과질환) ─ ❶ 口腔(口内)炎 (구강 구내 염)

- 1 三黃瀉心湯 (삼황사심탕) ── 초기변비(初期便秘), 격(激)한 염중(炎症)
- 2 茵陳蒿湯 (인진호탕) ── 변구강(便口腔)이 갈(口膜)한 느낌으로 대소변 ...
- 3 葛根黃連黃芩湯 (갈근황련황금탕)
- 4 黃連解毒湯 (황련해독탕) ── 구신(口唇)과 구강내(口腔内)의 궤양(潰瘍)
- 5 調胃承気湯 (조위승기탕) ── 구취(口臭)가 강하고 변비(便秘)하는 자(者)
- 6 三物黃芩湯 (삼물황금탕)
- 7 温清飲 (온청음)
- 8 甘草湯 (감초탕)
- 9 竜胆瀉肝湯 (용담사간탕)
- 10 柴胡淸肝湯 (시호청간탕)
- 11 清熱補血湯 (청열보혈탕) ── 구내열감(口内熱感), 피부가 잘 트며 신병염후(腎盂炎後)의 구내궤양
- 12 四物湯 (사물탕) ── 산후쇠약(産後衰弱)으로인한 구내염(口内炎)이나 설(舌)(혀)이 진무르는 것
- 13 十全大補湯 (십전대보탕) ── 구야가진(久野加疹)·혈류(血流)의 ...
- 14 附子理中湯 (부자리중탕) ── 체력(體力)이 나쁘고 혈(血)
- 口腔炎 (口内炎) (구강염 · 구내염)

症状

　구강내(口腔内)의 점막(粘膜)이 자극이나 체력의 쇠약으로 인해 세균감염을 받아 염증을 일으키는 병이다.

　작열감(灼熱感), 동통(疼痛), 악취(悪臭)가 있다. 염증이 더해지면 발열과 유연(流涎)이 있고, 현저하게 쇠약한다. 구강내(口腔内)를 깨끗이 하도록 주의해야 할 것이며, 그와 동시에 치료를 받도록 한다.

註 : 한방에서는 구내염(口内炎)의 원인으로서 내장기관(内臓器官)과의 관계를 생각하므로, 내장(内臓) 특히 소화기계통의 장애유무(障碍有無)를 살펴 그 조정에 포인트를 둔다. 점막(粘膜)이 염증(炎症)으로 인해 과민해 있으므로 자극성의 음식물이나 뜨거운 것, 차가운 것을 피하고, 구강내(口腔内)의 청결을 유의하면서 치료를 한다.

3 消化器病 소화기병　　Ⅰ 內科疾患 내과질환　　❷ 食道狭窄症 식도협착증

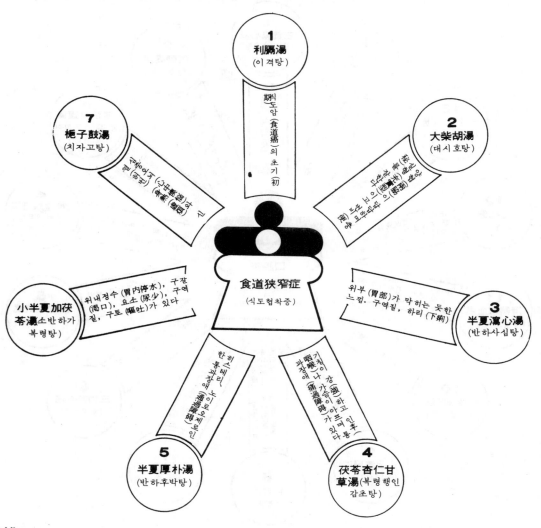

1 利膈湯 (이격탕)
식도암(食道癌)의 초기(初)

2 大柴胡湯 (대시호탕)

7 梔子鼓湯 (치자고탕)

3 半夏瀉心湯 (반하사심탕)
위부(胃部)가 막히는 듯한 느낌. 구역질, 하리(下痢)

小半夏加茯苓湯 소반하가복령탕)
위내정수(胃内停水), 구갈(渴口), 요소(尿少), 구역질, 구토(嘔吐)가 있다

5 半夏厚朴湯 (반하후박탕)

4 茯苓杏仁甘草湯 (복령행인감초탕)

食道狭窄症 (식도협착증)

症状

　　식도(食道)의 염증이나 궤양, 주위로부터의 압박이나 경련등에 의한 양성(良性)의 것과, 식도암(食道癌)이나 육종(肉腫)과 같은 악성종양(惡性腫瘍)으로 인해 협착(狭窄)이 일어난다.
　　양성(良性)의 것은 연하곤란(嚥下困難), 식물(食物)의 통막장애(通過障碍)를 호소하며, 토역(吐逆)하는 수도 있다.
　　악성(惡性)의 특히 종양(腫瘍)에 의한 경우는 전기(前記)의 증상(症状)이 차츰 진행되어 쇠약한다.
　　히스테리로 인한 협착(狭窄)의 경우, 히스테리치료도 겸한다.

註: 식도협착(食道狭窄)에는 신경성으로 인해 일어나는 것과 암으로 인해 일어나는 것이 있다.

3 消化器病
소화기병

I 内科疾患
내과질환

❸ 胃炎(胃카타르)
위염

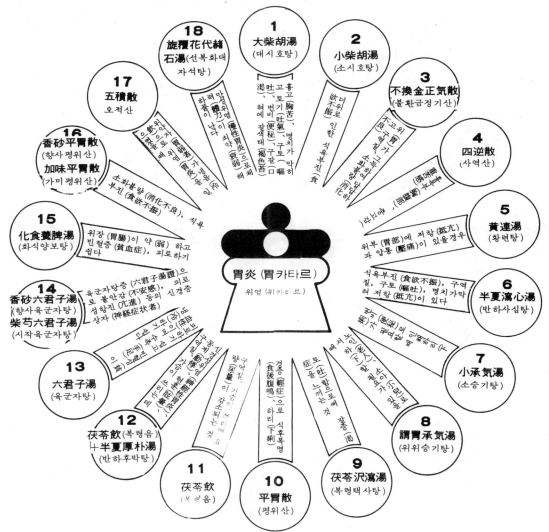

胃炎 (胃카타르)
위염 (위카타르)

1 大柴胡湯 (대시호탕)
2 小柴胡湯 (소시호탕)
3 不換金正気散 (불환금정기산)
4 四逆散 (사역산)
5 黄連湯 (황련탕)
6 半夏瀉心湯 (반하사심탕)
7 小承気湯 (소승기탕)
8 調胃承気湯 (위위승기탕)
9 茯苓沢瀉湯 (복령택사탕)
10 平胃散 (평위산)
11 茯苓飲 (복령음)
12 茯苓飲 (복령음) ↳半夏厚朴湯 (반하후박탕)
13 六君子湯 (육군자탕)
14 香砂六君子湯 (향사육군자탕) 柴芍六君子湯 (시작육군자탕)
15 化食養脾湯 (화식양보탕)
16 香砂平胃散 (향사평위산) 加味平胃散 (가미평위산)
17 五積散 오적산
18 旋覆花代赭石湯 (선복화대자석탕)

症状

급성(急性) : 단순성(單純性) 폭음폭식(暴飲暴食)으로 인한 위염(胃炎) - 위부압박감(胃部壓迫感), 하품, 구토(嘔吐), 위통(胃痛), 권태감(倦怠感)

중독성(中毒性) 그밖에도 입속이 진무르고, 구토(嘔吐), 전신(全身)의 허탈증(虛脫症) 중증(重症)인 경우는 위출혈(胃出血), 궤양(潰瘍)을 볼 수 있다.

만성(慢性) : 식사(食事)의 불섭생(不攝生이 주원인(主原因). 위(胃)는 불룩하고, 가벼운 압통(壓痛)이 있으면서 가슴이 쓰리고, 하품이 세게 나오며, 피로권태감(疲勞倦怠感)이 있다.

〈上記以外의 方剤〉

[구토] 대반하탕, 소반하가복령탕, 이진탕, 인삼탕, 사군자탕, 생강사심탕, [식욕부진] 십전대보탕, 인삼영양탕, 곽향정기산, 삼령백출산, 복중익기탕, 연년반하탕, [위염] 황연해독탕, 건강인삼반하환, 안중산, 견중탕, 계지인삼탕, 향사양위탕, [소화불량] 계비탕, 전씨백출산, 위풍탕

3 消化器病 소화기병 ／ Ⅰ 內科疾患 내과질환 ／ ❹ 胃아토니 위

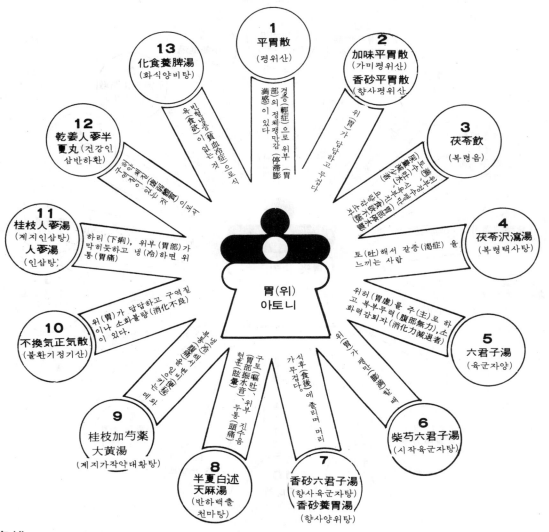

1 平胃散 (평위산)
2 加味平胃散 (가미평위산) 香砂平胃散 (향사평위산)
3 茯苓飮 (복령음)
4 茯苓沢瀉湯 (복령택사탕)
5 六君子湯 (육군자탕)
6 柴芍六君子湯 (시작육군자탕)
7 香砂六君子湯 (향사육군자탕) 香砂養胃湯 (향사양위탕)
8 半夏白述天麻湯 (반하백출천마탕)
9 桂枝加芍藥大黃湯 (계지가작약대황탕)
10 不換気正気散 (불환기정기산)
11 桂枝人蔘湯 (계지인삼탕) 人蔘湯 (인삼탕)
12 乾姜人蔘半夏丸 (건강인삼반하환)
13 化食養脾湯 (화식양비탕)

胃(위) 아토니

症狀

위근육(胃筋肉)의 긴장이 쇠퇴되어 위의 운동이 약해지는 병, 위가 무력하고 근육의 긴장이 약하므로 식사를 하면 위가 불룩해지고, 팽만감(膨滿感)과 압중감(壓重感)을 호소한다. 하품, 트림, 구역질이 있다. 공복시(空腹時)에는 고통이 거의 없는 것이 특색이고 일반적으로 식욕부진.

註 : 위하수(胃下垂)나 위(胃)아토니도 다분히 체질적증상(体質的症狀·無力, 장신(長身), 유형(瘦型)이므로, 한방(漢方)에서는 전신적(全身的)으로 기능이 저하된 상태를 개선시키는 약을 투여하는 치료법을 고려한다. 즉 수독(水毒)「수분의 대사장애」, 정체를 제거(除去)시키는 약(藥)이다. 또한 위하수(胃下垂)나 위(胃)아토니가 있는 사람은 위(胃) 그 자체의 증상(症狀)보다도 신경증상(神經症狀)으로 피로와하는 사람이 많다. 즉 현훈(眩暈), 두통(頭痛), 불면(不眠), 사고력(思考力)이나 기억력((記憶力)의 감퇴감(減退感), 불안감, 동계(動悸), 역상(逆上) 등이다. 한방에서는 이러한 신경증상도 완화시키고 치료하는 한방을 고려한다.

3 消化器病 (소화기병) ‖ 内科疾患 (내과질환) ❺ 胃下垂症 (위하수증)

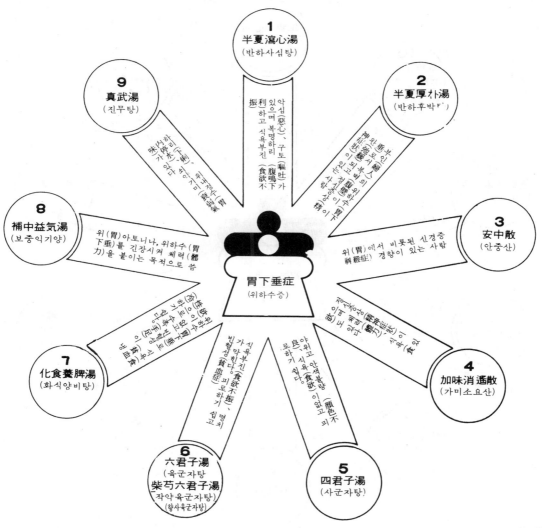

症狀

위(胃)아토니나 위확장(胃擴張)을 합병(合倂)하는 수가 많다. 중증의 경우는 신경증상(神經症狀)을 발(發)한다. 증상(症狀)으로는 위(胃)의 충만감, 가슴이 쓰리고, 하품, 변통불조(便痛不調), 식욕이상(食欲異常), 위통발작(胃痛發作) 등을 볼 수 있으며, 신경증상(神經症狀)으로는 불면, 두중, 기억력감퇴를 보인다. 병세가 진행되면 음식이 위에 정체(停滯)해서 발효한다.

본증(本症)은 위(胃)아토니, 위확장증(胃擴張症)과 거의 같은 처방을 쓴다.

註 : 이상의 처방이외에도 수족(手足)이 냉(冷)하고, 식후(食後)에 수족이 나른하며, 잠이 오는 데는 시호계지탕(柴胡桂枝湯), 현훈(眩暈), 숨참, 동계(動悸)가 있고 배를 두들기면 소리가 난다. 그리고 배료량(排尿量)이 적은 데는 영계출감탕(苓桂朮甘湯), 견응(肩凝), 복통(腹痛), 하리(下痢)가 있으면 소건중탕(小建中湯)이나 계지가작약탕(桂枝加芍藥湯)을 쓴다.

3 消化器病 · Ⅰ 內科疾患 · ❻ 胃酸過多症
소화기병　　내과질환　　위산과다증

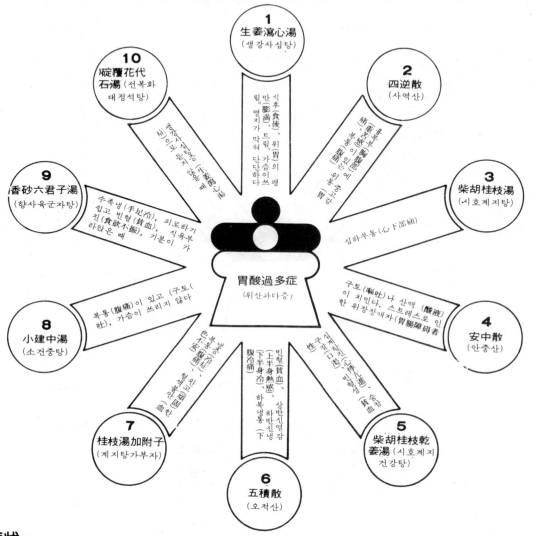

1 生姜瀉心湯 (생강사심탕)

식후(食後), 위(胃)의 팽만(膨滿), 명치가 막히고, 가슴이 답답하다고 쓰릴 때

2 四逆散 (사역산)

복(腹), 흉(胸)의 중압감(重壓感), 복통(腹痛)이 있고 위(胃)의 경련

3 柴胡桂枝湯 (시호계지탕)

심하부통(心下部痛)

4 安中散 (안중산)

구토(嘔吐)나 산액(酸液)이 치민다. 스트레스로 인한 위장장애자(胃腸障碍者)

5 柴胡桂枝乾姜湯 (시호계지건강탕)

식후위경련(食後胃痙), 구갈(口渴), 피로성(疲勞性), 빈혈(貧血)

6 五積散 (오적산)

빈혈(貧血), 상반신열감(上半身熱感), 하반신냉감(下半身冷), 하복냉통(下腹冷痛)

7 桂枝湯加附子 (계지탕가부자)

안색불양(顔色不良), 허약하고 쉬 피로, 허한(虛寒), 어혈(瘀血)

8 小建中湯 (소건중탕)

복통(腹痛)이 있고 (구토嘔吐), 가슴이 쓰리지 않다

9 香砂六君子湯 (향사육군자탕)

수족냉(手足冷), 피로하기 쉽고 빈혈(貧血), 식욕부진(食欲不振), 기분이 가라앉은 때

10 碇覆花代石湯 (선복화대정석탕)

딸꾹질, 속쓰림, 오심(惡心)이란 때 (구토嘔吐)

胃酸過多症 (위산과다증)

症状

　　위액(胃液) 속에 포함된 위산의 이상으로 위산분비가 많은 것이 과다증이다. 신경질환 위장질환, 여자생식기질환 등에 함께 일어나는 수가 있으며, 술, 담배, 자극성식품(刺戟性食品)의 과다성섭취(過多攝取)도 원인이 되는 수가 많다. 식사후(食事後), 트림, 가슴이 쓰린데 이어 위통(胃痛)을 일으키고 공복시에도 통증이 강하다. 대개 변비(便秘), 구갈(口渴)이 있다.

　　註：과소증(過少症)도 같은 분비장애(分泌障碍)이므로 위(胃)의 기능(機能)을 회복(回復)시켜 분비(分泌)를 정상하게 하는 의미로는 처방상 뚜렷한 구별은 없다. 그리고, 위궤양의 처방과 공통의 것이 많으므로 참조할 것.

3 消化器病 (소화기병) — I 内科疾患 (내과질환) — ❼ 胃潰瘍・十二指腸潰瘍 (위궤양・십이지장궤양)

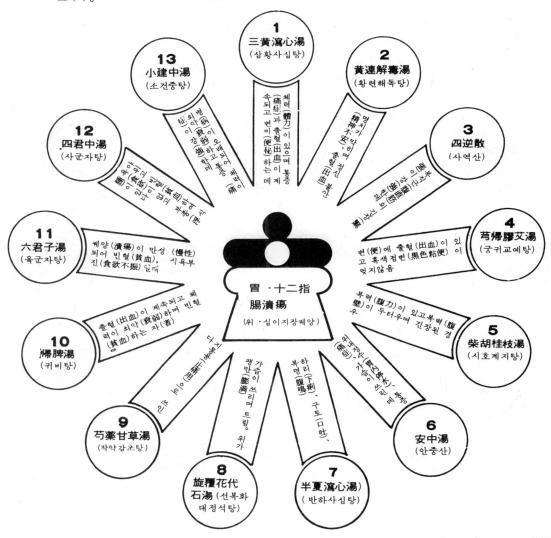

胃・十二指腸潰瘍 (위・십이지장궤양)

1 三黃瀉心湯 (삼황사심탕) — 체력(體力)이 있으며 통증(痛症)과 출혈(出血)이 계속되고 변비(便秘)하는데

2 黃連解毒湯 (황련해독탕) — 정신(精神)이 불안(不安)하고 정신(精神)이 흥분(興奮)하여 출혈(出血)과 충혈(充血)

3 四逆散 — 명치가 막히며 가슴이 답답하고 복부(腹部)에 동통(疼痛)이 있는

4 芎歸膠艾湯 (궁귀교예탕) — 변(便)에 출혈(出血)이 있고 흑색점변(黑色粘便)이 멎지않음

5 柴胡桂枝湯 (시호계지탕) — 복력(腹力)이 있고 복벽(腹壁)이 두터우며 긴장된 경우

6 安中湯 (안중산) — 위무력(胃無力), 위산과다(胃酸過多), 위하수(胃下垂), 구토(嘔吐), 하리(下痢), 복명(腹鳴), 구토(口吐),

7 半夏瀉心湯 (반하사심탕)

8 旋覆花代石湯 (선복화 대정석탕) — 팽만감(膨滿)이 쓰리며 트림, 위가

9 芍藥甘草湯 (작약감초탕) — 단지 위가 아플 때(痛)

10 歸脾湯 (귀비탕) — 출혈(出血)이 계속되고 체력이 쇠약(衰弱)하며 빈혈(貧血)하는 자(者)

11 六君子湯 (육군자탕) — 궤양(潰瘍)이 만성(慢性)되어 빈혈(貧血), 식욕부진(食欲不振)할때

12 四君中湯 (사군자탕) — 위약(胃弱)으로 위가 아프고 식욕(食欲)이 없으며 빈혈(貧血)과 경련(痙攣)이 있을때

13 小建中湯 (소건중탕) — 병(病)이 만성(慢性)이 되어 허약(虛弱)하며 피로(疲勞)하기 쉽고 변비(便秘)와 복통(腹痛)이 있는 증상(症)

症狀

위궤양의 주증상(主症狀)으로는 위통, 구토, 위산과다를 볼 수 있다. 만성위염, 위산 과다층과 같은 증상이 오래 계속되는 수가 많고, 수척하며 빈혈, 피부건조, 불면이나 신 경쇠약이 있다.

십이지장궤양은 위궤양을 닮았으나 구토는 적고, 토혈도 드물며, 대변에 섞여 나오는 수가 많다. 야간이나 공복시에는 상복부(上腹部)에 동통을 느낀다.

註: 위궤양과 십이지장궤양은 모두 닮은 증상으로서, 한방에서는 특별히 구별을 필요로 하지 않는다. 위궤양, 십이지장궤양은 두뇌노동(頭腦勞動)을 하는 사람이나 정신긴장(精神緊張)이 오래 계속되었을 때 일어나기 쉽다. 따라서 정신적인 안정이 중요하며, 되도록이면 정신을 긴장시키지 않도록 노력해 여야 한다.

3 消化器病 ─ 소화기병 ─ **Ⅰ 内科疾患** 내과질환 **❽腸炎(腸카타르)** 장염 ─ (장)

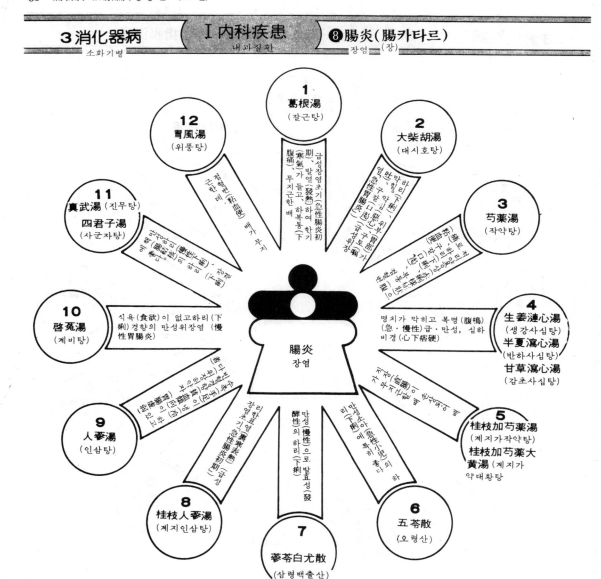

症狀

　　장염(腸炎)은 손상돼 있는 부위에 따라 그 증상이 달라진다.

　　경증(輕症)의 경우는 열은 없지만, 세균이나 바이러스의 감염으로 인한 것은 고열이 나는 수가 있다. 장(腸)과 함께 위(胃)가 동시에 손상되면 식욕이 없어지고 악심, 구토가 따르게 된다.

　　급성의 것이 오래도록 낫지 않으면 만성장염이 되어 복부의 불쾌감, 팽만감, 동통, 복명(腹鳴)을 호소하며 하리(下痢)도 한다.

註：하리(下痢)가 주증후(主症候)인데, 염증(炎症)이 소장(小腸)에 국한(局限)되어 있을 때에는 하리(下痢)를 하지 않을 때도 있고 결장(結腸)에 염증(炎症)이 있을 때는 산통양(疝痛樣)의 복통(腹痛)이 있고, 직장(直腸)이 손상되면 이급후중(裏急後重)이 온다.

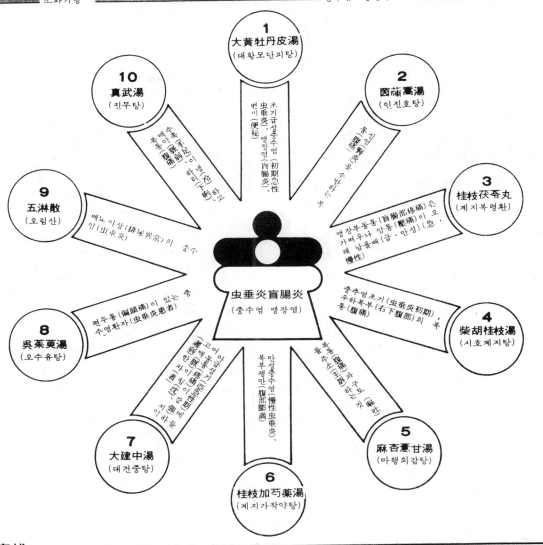

3 消化器病
소화기병

Ⅰ 内科疾患
내과질환

❾虫垂炎・盲腸炎
충수염・맹장염

1
大黃牡丹皮湯
(대황모단피탕)

2
茵蔯蒿湯
(인진호탕)

3
桂枝茯苓丸
(계지복령환)

4
柴胡桂枝湯
(시호계지탕)

5
麻杏薏甘湯
(마행의감탕)

6
桂枝加芍藥湯
(계지가작약탕)

7
大建中湯
(대건중탕)

8
吳茱萸湯
(오수유탕)

9
五淋散
(오림산)

10
真武湯
(진무탕)

虫垂炎盲腸炎
(충수염 맹장염)

초기 급성충수염(初期急性虫垂炎)、맹장염(盲腸炎)、변비(便秘)

복통(腹痛)이 심한 것

맹장부동통(盲腸部疼痛)은 가벼우나 압통(壓痛)이 오래 남을때(급・만성)(急・慢性)

충수염초기(虫垂炎初期)、우하복부(右下腹部)의 복통(腹痛)

복통(腹痛)과 구토(嘔吐)를 수반(隨伴)하는 것、변비(便秘)

만성충수염(慢性虫垂炎)、복부팽만(腹部膨滿)

고열(高熱)과 오한(惡寒)、맥침(脈沈)、복통(腹痛)이 심(甚)한 것、냉(冷)하면 복통(腹痛)이 심하고 설사(泄瀉)를 하는

편두통(偏頭痛)이 있는 충수염환자(虫垂炎患者)

배뇨 이상(排尿異常)의 충수염(虫垂炎)

수족(手足)이 냉(冷)하고 복통(腹痛)、맥약(脈弱)、하리(下痢)

症状

충수염(虫垂炎)은 충양돌기(虫樣突起)에 염증을 일으키는 병이다. 급성일 때는 명치를 중심으로 심하게 아프며, 구토가 있을 때도 있다.

맹장염은 충수염(虫垂炎)과 증상이 닮았으나 일반적으로 증상이 가볍다.

註 : 충수염(虫垂炎)이라도 통증이 우하복부(右下腹部)에 한정된다고만 볼 수는 없다. 제하(濟下)에 통증이 있을 경우도 있다. 충수부(虫垂部)의 화농(化膿)이 심해져 이 부분이 파(破)해지면 복막(腹膜)에 염증(炎症)이 미친다.

급성증(急性症)이 一時 경쾌(輕快)된 다음, 만성(慢性)으로 이행(移行)하는 것이 있다. 만성충수염(慢性虫垂炎)에서는 우하복(右下腹)의 둔통(鈍痛), 요통(腰痛), 피로권태, 변비(便秘) 등이 오래 계속된다. 만성증(慢性症)은 결핵성(結核性)의 복막염(腹膜炎)과 착오되는 수가 있다.

3 消化器病 — 소화기병 　　Ⅰ 内科疾患 내과질환　　❿肝炎 간염

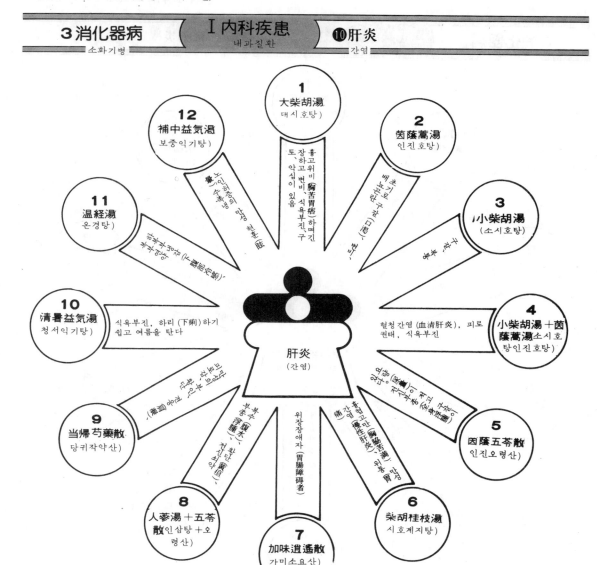

症状

　유행성간염(流行性肝炎·바이러스성간염A) 혈성간염(血性肝炎·바이러스성간염B) : 카타르성황단(性黄疸)의 태반(殆半)은 유행성간염(流行性肝炎)이다. 이 병은 전구기(前駆期)에 현저하게 식욕이 없어지고 구역질, 두통, 우계늑부(右季肋部)의 통증(痛症) 이나 압박감(壓迫感)이 있으며 간장이 부어오른다.

　황단(黄疸)을 수반하지 않는 경우는 열이 내리더라도 권태감, 식욕부진, 연변(軟便), 두통(頭痛), 우계(右季), 늑부(肋部)의 통증(痛症), 요통(腰痛) 등이 속되는 수가 많다.

　만성간염은 피로하기 쉽다. 몸이 나른하다는 등의 가벼운 자각증상이 있다. 악화되면 식욕부진(食欲不辰), 불면(不眠) 등의 급성간염(急性肝炎)과 같은 증상(症狀)을 볼수 있다.

　약물성간염(藥物性肝炎)은 강(強)한 황단증상(黄疸症狀) 이외에도 발진(發珍), 가려움 위장장애(胃腸障碍) 등의 증상(症狀)이 나타난다.

3 消化器病 소화기병 **I 内科疾患** 내과질환 **⑩ 肝硬変症** 간경변증

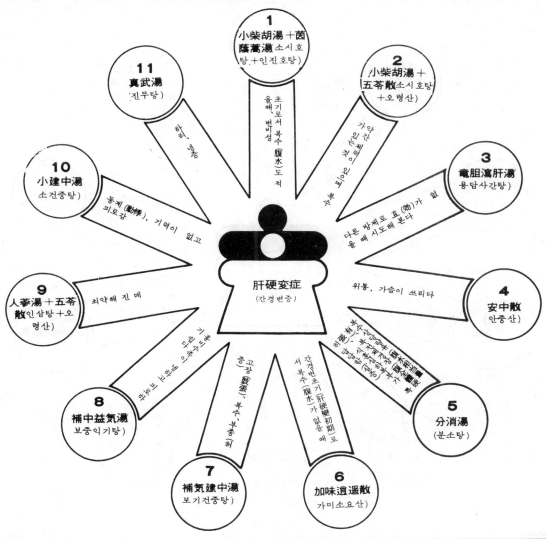

症状

간경변증(肝硬變症)의 자각증상(自覺症狀)으로는 복부팽만감(腹部膨満感), 복통(腹痛), 악심(惡心), 구토(嘔土), 비출혈(鼻出血), 피로(疲勞), 식욕부진(食欲不辰)으로 피부는 황색을 띠며 깨끗치 못한 색을 나타낸다. 특히 저명한 증상은 문맥순환장애(門脈循環 障碍)로서, 복벽정맥확장(腹壁静脈擴張), 신로장(腎怒張)이 나타난다. 복수(腹水)도 저명(著明)하고 위장장애(胃腸障碍)를 일으킨다.

註: 한방에서는 급성간염(急性肝炎)을 특히 구별하는 일이 없이 치료한다.
간장에 여러가지의 독소가 오랫동안 장애(障碍)를 주고 있으면, 간세포는 차츰 파괴되어 섬유성(繊維性)의 여문 세포가 증식해서 간장은 군어 작아진다. 이것을 간경화증이라 부른다.

3 消化器病 소화기병 ┃ 内科疾患 내과질환 ⑫胆石症・胆嚢炎 담석증・담랑염

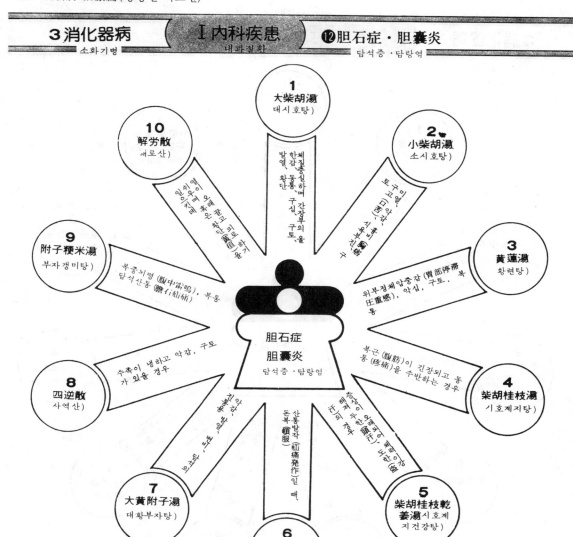

1 大柴胡湯 (대시호탕)
체질이 충실하며 한열감, 늑골하통, 황단, 구심, 구토, 울

2 小柴胡湯 (소시호탕)
토기미열, 구심, 복부수진증

3 黄蓮湯 (황련탕)
위부정체압중감(胃部停滞重感), 악심, 구토, 복통

4 柴胡桂枝湯 (시호계지탕)
복근(腹筋)이 긴장되고 동통(疼痛)을 수반하는 경우

5 柴胡桂枝乾薑湯 (시호계지건강탕)

6 芍藥甘草湯 (작약 감초탕)
산통발작(疝痛発作)일 때, 돈복(頓服)

7 大黃附子湯 (대황부자탕)

8 四逆散 (사역산)
수족이 냉하고 악감, 구토가 있을 경우

9 附子粳米湯 (부자갱미탕)
복중뇌명(腹中雷鳴), 복통, 담석산통(膽石疝痛)

10 解労散 (해로산)

담석症 胆嚢炎 담석증・담랑염

症状

담낭염(胆嚢炎) : 담관(胆管) 혹은 담낭(胆嚢)의 점막(粘膜)에 염증(炎症)을 일으킨 것이다. 위부(胃部)의 중압감(重壓感), 팽만감(膨漸感), 우계늑부(右季肋部)의 자발통(自發痛), 압통(壓痛)이 일어나며 단단하게 긴장(緊張)해 온다. 악심(惡心), 구토(嘔土), 식욕부진(食欲不辰), 변비(便秘)를 일으키고 황단(黃疸)을 일으키는 수도 있다. 담낭염(胆嚢炎)이 있으면 담석(胆石)이 되기 쉽고, 담석(胆石)이 있으면 담낭염(胆嚢炎)을 일으키기가 쉽다. 시호를 주제(主劑)로 한 방제(方劑)가 많이 쓰인다.

담석증(胆石症) : 본증(本症)은 담낭(胆嚢)이나 간관(肝管), 담낭관(胆嚢管), 총 담관(總胆管) 등 속에 담즙(胆汁)이 울체(鬱滯)되어 돌(石)을 형성(形成)함으로써 일어난다. 주증상(主症狀)은 간장부(肝臟部)의 격통(激痛)과 발열(發熱)과 황단(黃疸)이다.

註 : 담석증(胆石症)과 위경련(胃痙攣)과의 차이는, 담석증(胆石症)은 그 통증이 상복부(上腹部)의 오른쪽을 중심으로 일어나는데, 위경련(胃痙攣)은 위의 부위에 통증이 발생한다. 한방에서는 발작에 대한 대증요법(對症療法)과, 체질을 개선해가는 원인요법의 두 면에서 치료를 한다.

3 消化器病 소화기병 **Ⅰ 內科疾患** 내과질환 **⓭ 腹膜炎** 복막염

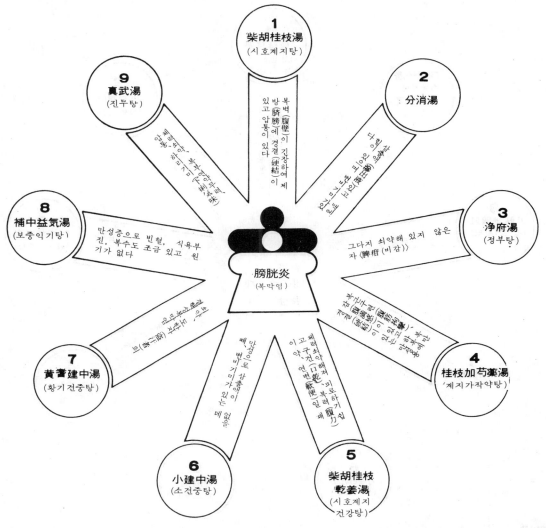

症狀

급성복막염(急性腹膜炎) : 가장 많은 것은 충수염(虫垂炎)의 아공(穿孔)으로 인한 것이다. 기타 위・십이지장궤양, 장티푸스, 적리(赤痢), 장결핵(腸結核) 등이 아공(穿孔)해서 병원균이(病原菌)이 복강내(腹腔內)에 퍼져 일어나는 수도 있다. 증상으로는 격심(激甚)한 동통(疼痛)이 일어나고 쇼크증상이 나타난다. 대개 발열(發熱)이 따르며 복부(腹部)는 긴장(緊張)되어 복부전반(腹部全般)에 동통(疼痛)이 있고, 구토 딸꾹질이 일어난다.

만성복막염(慢性腹膜炎) : 대부분은 결핵성이며, 전신권태감, 식욕부진, 미열(微熱)이 있고 차츰 복부가 팽만해 온다. 변비하는 수가 많으나 때로는 하리(下痢)를 하는수도 있다. 오래 하리(下痢)하는 것은 장결핵(腸結核)이 합병(合倂)되었을 때에 많다.

註 : 한방치료는 만성복막염의 경우에 잘 적용한다.

4 泌尿器病
비뇨기병

I 內科疾患
내과질환

❶腎炎·네프로오제(急性)
「신염·네프로오제 급성」

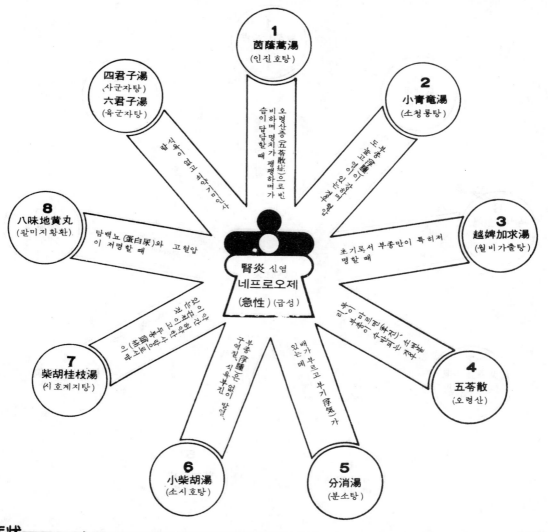

症状

네프로제: 신장상피(세뇨관)(腎臟上皮(細尿管)에 병변(病變)이 시작되는 상태를 말한다. 징후(徵候)는 담백뇨(蛋白尿)와 부종(浮腫)이다. 요량(尿量)도 적어지고 안면(顔面)도 창백(蒼白)하며 부종상(浮腫狀)이 되고, 전신(全身)의 권태감(倦怠感)을 호소한다.

신염(腎炎): 신장(腎臟)속의 사구체(糸球体)로 시작되는 상태를 말한다. 부종(浮腫), 담백뇨(蛋白尿) 말고도 혈뇨(血尿)도 수반된다. 중증의 경우 신장부통(腎臟部痛), 발열(發熱), 호흡곤란(呼吸困難), 심장부(心臟部)의 압박감 특히 혈압항진(血壓亢進)을 볼 수 있다.

註: 한방(漢方)에서는 신기능(腎機能)의 장애(障碍)는 수독「水毒」 때문이라고 한다. 신기능(腎機能)의 약한 사람은 수독체질(水毒体質)이라고 보는 것이다. 한방에서는 환자의 체질, 병의 진행도 혹은 증상에 따라 각각 약을 선택한다. 신염(腎炎)이나 네프로오제도 마찬가지로 한방으로 효과가 주효하고 있고 소시호탕(小柴胡湯), 당귀작약산(當歸芍藥散), 오령산(五苓散) 등이 대표적인 약방(藥方)으로서, 특히 어린이의 급성신염(急性腎炎)에는 오령산(五苓散)이 잘 듣는다.

4 泌尿器病 비뇨기병 ── **Ⅰ 内科疾患** 내과질환 ── **❶腎炎·네프로오제(慢性)** 신염 만성

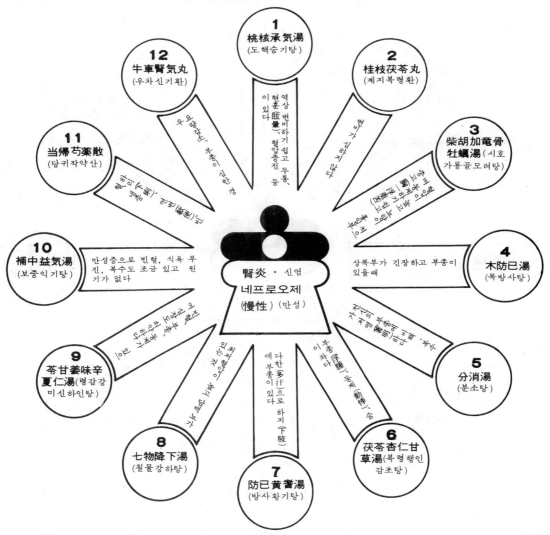

症状

만성증(慢性症)으로는 부종(浮腫), 담백뇨(蛋白尿), 고혈압 등의 징후(徵候)가 보인다. 그외에도 두통, 현훈(眩暈), 호흡곤란, 식욕부진, 변비(때로 하리「下痢」) 등의 증상이 수반된다.

* 급성의 경우에 든 방제(方劑)도 만성의 경우에 써서 좋을 때도 있다.

註 : 이상의 처방이외에도 신염(腎), 네프로오제, 신맹염(腎盂炎)으로 배뇨회수(排尿回數)가 많고, 배뇨통(排尿痛), 배뇨곤란(排尿困難)이 있으며, 혈뇨(血尿)가 나오는 데는 적령탕(猪苓湯), 두통(頭痛), 미열(微熱), 악심(惡心), 식욕부진(食慾不振)이 있을 때는 시호계지탕(柴胡桂枝湯), 만성신염(慢性腎炎)에서는 소시호탕가복령황련(小柴胡湯加茯苓黃連)을 쓰는 경우가 있다.

* 신염에 쓰이는 한방약(漢方藥)〔항보체작용「抗補体作用」을 가리킴〕: 마황(麻黃), 목단피(牡丹皮), 계피(桂皮), 축사(縮砂), 택사(澤瀉), 진피(蔯皮), 지실(枳實), 용담(龍胆), 연교 신이(連翹 辛夷).

4 泌尿器病
비뇨기병

Ⅰ 内科疾患
내과질환

❷ 萎縮腎
위축신

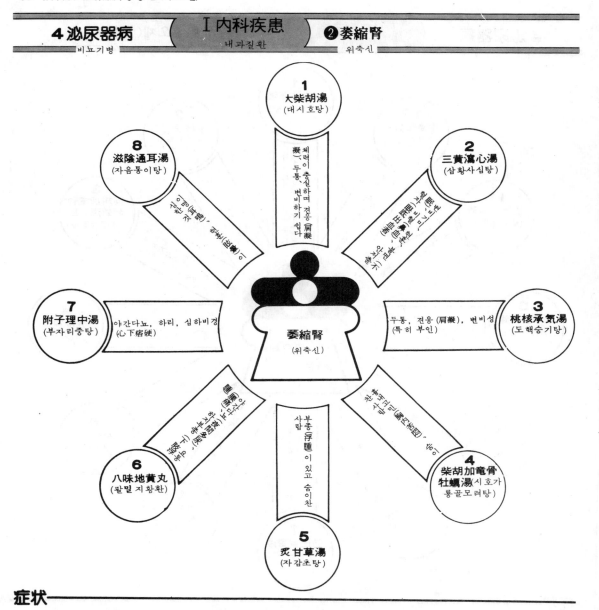

1
大柴胡湯
(대시호탕)
체력이 충실하며 경응(肩凝), 두통, 변비하기 쉽다

2
三黃瀉心湯
(삼황사심탕)

3
桃核承気湯
(도핵승기탕)
두통, 견응(肩凝), 변비성(특히 부인)

4
柴胡加竜骨
牡蠣湯(시호가
룡골모려탕)

5
炙甘草湯
(자감초탕)
사람 부종(浮腫)이 있고 숨이 찬

6
八味地黃丸
(팔밀지황환)

7
附子理中湯
(부자리중탕)
야간다뇨, 하리, 심하비경(心下痞硬)

8
滋陰通耳湯
(자음통이탕)

萎縮腎
(위축신)

症状

　신장(腎臟)의 조직이 파괴되어 신전체(腎全体)가 위축되는 병이다. 고혈압증이나 만성신염후(慢性腎炎後)에 속발(續發)하는 수가 있다. 두통, 이명(耳鳴), 견응(肩凝), 현훈(眩暈), 불면(不眠) 등을 호소하게 된다. 또한 비혈(鼻血)이 계속되거나 안저출혈(眼底出血)을 일으키기도 한다. 다리가 나른하고 부증(浮症), 후건(喉乾), 요통(腰痛) 등의 호소도 있다. 야간(夜間)에는 요(尿)가 많이 나오게 된다. 대개 맑은박(薄) 요(尿)가 많이 나온다. 혈압도 대체로 높다.

4 泌尿器病
비뇨기병

Ⅰ 內科疾患
내과질환

❸腎盂炎
신맹염

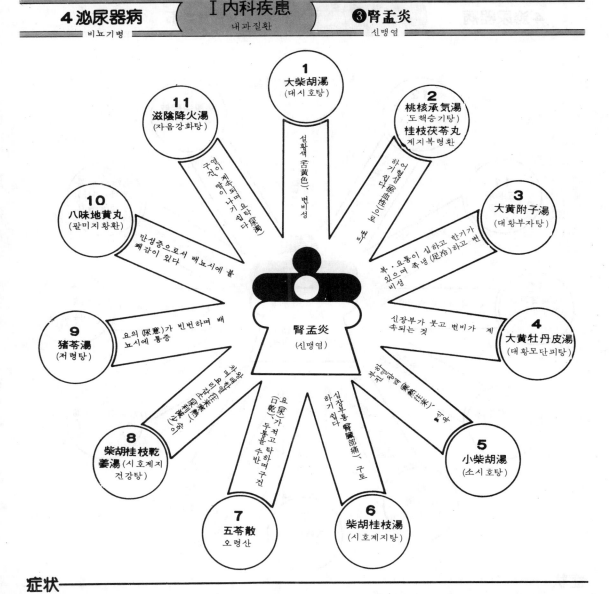

症狀

신장내 (腎臟內)의 신맹 (腎盂)에 염증이 생긴 병이다. 급성증 (急性症)은 요량 (尿量) 이 적고 점액, 농즙, 세균, 혈액 등이 요 (尿)에 섞여 탁 (濁) 해 온다. 요의 (尿意)가 빈 번 (頻繁) 하다. 만성증 (慢性症)은 요량 (尿量)이 부정 (不定), 요탁 (尿濁)도 그다지 없다. 전신증상 (全身症狀)으로는 우선 발열 (發熱)이 있다. 두통, 전신권태감, 식욕부진 등도 일어나고 인건 (咽乾), 변비 (便秘)하는 상태도 많다.

4 泌尿器病
비뇨기병

Ⅰ 內科疾患
내과질환

❹腎・膀胱結石
신·방광결석

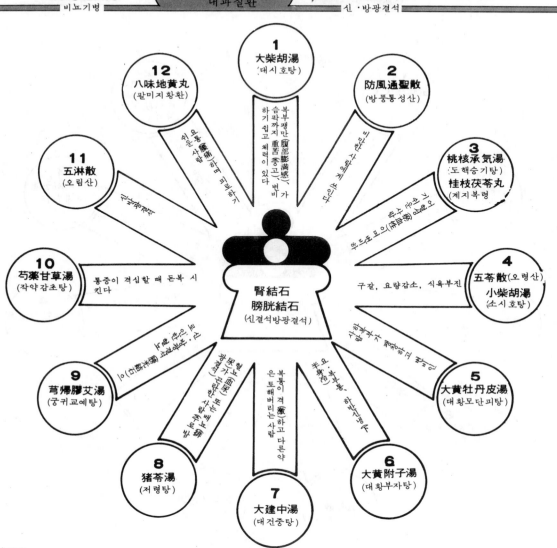

1
大柴胡湯
(대시호탕)

2
防風通聖散
(방풍통성산)

3
桃核承気湯
(도핵승기탕)
桂枝茯苓丸
(계지복령)

4
五苓散(오령산)
小柴胡湯
(소시호탕)

5
大黃牡丹皮湯
(대황모단피탕)

6
大黃附子湯
(대황부자탕)

7
大建中湯
(대건중탕)

8
猪苓湯
(저령탕)

9
芎帰膠艾湯
(궁귀교애탕)

10
芍薬甘草湯
(작약감초탕)

11
五淋散
(오림산)

12
八味地黃丸
(팔미지황환)

腎結石
膀胱結石
(신결석방광결석)

복부팽만, 腹部膨滿感), 변비가 있다

구갈, 요량감소, 식욕부진

통증이 격심할 때 돈복 시킨다

症状

　신석 (腎石)이 요관 (尿管)에 들어가 폐쇄되면 격통발작 (激痛發作)이 일어난다. 통증 (痛症)은 요관 (尿管)에 연 (沿)해서 일어나며, 방광 (膀胱)에서부터 음부 (陰部), 항문 (肛門), 또는 동쪽으로도 방산 (放散)한다. 발열 (發熱), 요의 (尿意)의 빈번 (頻繁), 구토 (嘔吐), 변비 (便秘) 등이 따른다. 요관폐쇄 (尿管閉鎖)가 불완전 (不完全)하면 혈요 (血尿)가 나오게 된다.

　결석 (結石)이 방광 (膀胱)으로 나오면 방광염 (膀胱炎)의 증상을 일으킨다.

註：서양의학에서의 치료법은 주로 외과적방법이다. 작은 돌은 기구로 파쇄해서 씻어내리지만, 큰 돌은 수술로 꺼낸다. 한편, 한방 (漢方)에서는 크든 작든 저령탕 (猪苓湯)이 매우 잘 듣는다.

4 泌尿器病
비뇨기병

Ⅰ 内科疾患
내과질환

❺膀胱炎
방광염

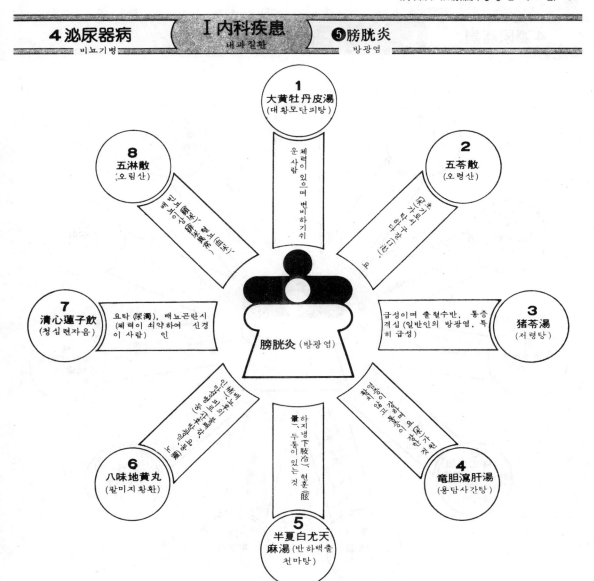

症状

　급성, 만성 모두 세균감염으로 인한 방광결막 (膀胱結膜)의 염증이다. 방광부위에 압박감과 통증이 있다. 배료(排尿)하고 싶은 느낌이 강하고 회수도 많다. 그러면서도 요(尿)는 조금밖에 나오지 않는다. 희게 탁(濁)해 있으며, 배료시 (排尿時)에 통증 (痛症)이 심하다.

　註 : 한방에서는 방광염도 수독 (水毒)에 의한 것이라고 보고 있다. 한방요법은, 썰파제를 먹으면 곧위장이 나빠지거나, 항생물질에 과민한 체질의 사람에게는 특히 효과적이다. 그리고 비료기질환에 대한 한방요법은 무력체질의 사람의 경우, 전신의 기능이 조정되므로 더욱 효과가 크다고 할 수 있다.

4 泌尿器病
비뇨기병

Ⅰ 內科疾患
내과질환

❻遺精·陰萎
유정·음위

1
大柴胡湯
(대시호탕)

2
柴胡加竜骨
牡蠣湯(시호가
룡골모려탕)

11
補中益気湯
(보중익기탕)

10
抑肝散
(억간산)

3
四逆散
사역산

9
八味地黄丸
(팔미지황환)

4
桂枝加竜骨
牡蠣湯(계지가
룡골모려탕)

8
当帰四逆加
呉茱萸生姜湯
(당귀사역 가오
수유생 강탕)

5
桂枝湯
(계지탕)

7
帰脾湯
(귀비탕)

6
平胃散
(평위산)

遺精, 陰萎
(유정·음위)

응, 변비, 이명(耳鳴), 경통(肩) 흉협고만胸脇苦滿

신경과민(神経過敏)

족요냉, 가벼운 정신불안, 변비

성적과로, 유정(遺精), 음위(陰萎), 배에 동계(動悸)를 느끼는 것

족요냉, 피로권태 하면서 위장(胃腸)은 건전(健全)한 구갈자

위장증상이 현저(顯著)한 것

체력도 증상모(體力)도, 불면, 정신피로나 동계 등

의체와 과소(過少), 증상(症)이 있다. 불면, 정신피로나 동계 등

症状

　음위(陰萎)는 성적신경쇠약(性的神經衰弱)의 일종이다. 조루(早漏), 발기불능(勃起不能), 성욕감퇴(性欲減退), 음부(陰部)의 이상감(異常感)과 함께, 불면(不眠), 두중(頭重), 기억력감퇴(記憶力減退), 불안(不安), 역상(逆上), 동계(動悸) 등의 신경증상(神經症狀)이나 식욕부진(食欲不振), 하리(下痢), 변비(便秘) 등의 위장증상(胃腸症狀)도 따른다.

　註:소건중탕(小建中湯), 황기건중탕(黃耆建中湯)은 비교적 젊은 사람으로서 하반신이 피로하기 쉽고, 복(腹)이 연약하면서 도한(盜汗)이 나는 경우 좋다. 십전대보당(十全大補湯), 보중익기탕(補中益氣湯)은 전신적으로 피로해 있을 경우에 적응한다. 팔미환(八味丸)은 연배자(年輩者)로서 신계질환 腎系疾患)을 가지고 있는 사람에게 효과가 있다. 일반적으로는 무려(牡蠣), 용골(龍骨)을 중심으로 계지(桂枝)나 시호(柴湖)를 조합한 약이 쓰인다.

5新陳代謝病과内分泌病 신진대사병과내분비병　　**Ⅰ內科疾患** 내과질환　　**❶貧血症**

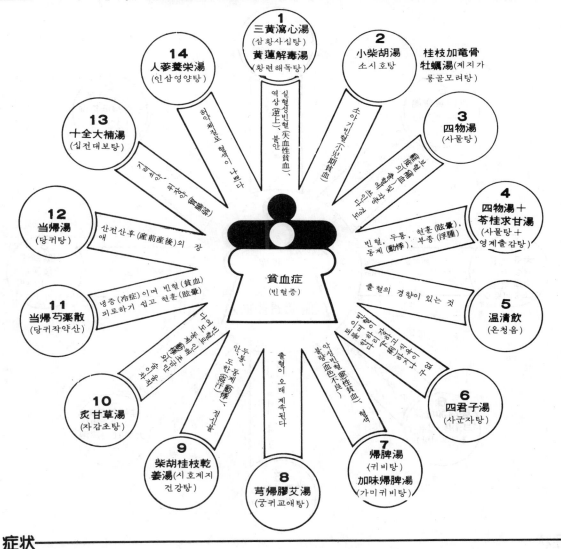

　　빈혈이란, 혈액중의 적혈구, 또는 적혈구중 (赤血球中) 헤모구로빈이 적은 것을 말한다. 빈혈이 일어나면 피부 (皮膚), 안검결막 (眼瞼結膜), 구신 (口唇) 등의 점막 (粘膜) 이 창백해진다. 증상으로는 신체가 나른하고 피로하고, 현훈 (眩暈), 동계 (動悸), 숨이 차고, 이명 (耳鳴), 두통 (頭痛), 견응 (肩凝) 등을 호소한다. 때로는 열이 나거나 트림이나고, 딸국질, 하품도 나오는 수가 있다. 수족 (手足)은 차고, 요량 (尿量)은 증가된다.

　　註 : 한방에서는 혈액을 만드는 장기, 즉 골수를 튼튼하게 하고, 위장도 좋게 하지 않으면 안 된다고 생해서 기타의 내장과 함께 전신의 조정을 중요시한다.
　　치료는 사물탕 (四物湯), 사군자탕 (四君子湯)을 원방 (原方)으로 하여 여기에 몇가지의 약물을 가미한 처방이 주로 쓰인다. 이밖에도 위궤양 등으로 인한 질출혈 (疾出血)의 지혈에는 황련해독탕 (黃年解毒湯), 삼황사심탕 (三黃瀉心湯) 등이 있다.

5 新陳代謝病과 內分泌病 （신진대사병과내분비병） ⅠⅠ 內科疾患 내과질환 ❷ 肥胖症(脂肪過多症) （비반증 지방과다증）

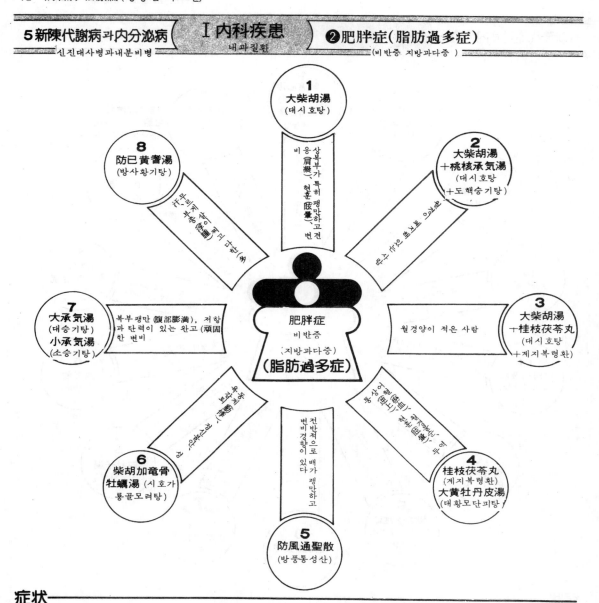

症状

본증(本症)은 지방이 비정상으로 많이 몸에 침착(沈着)되어 비만하는 병이다. 비반증은 피로하기 쉽고, 신체가 무거우며, 동작이 활발치 못하고 발한량(發汗量)이 많으며, 구갈(口渴)이 있다. 또한 고혈압증, 동맥경화증, 특히 관상(冠狀)동맥의 경화증을 볼수 있다. 변비(便秘)하는 경우도 많고, 치질에 걸리기 쉬우며, 담석증도 걸리기 쉽다.

註 : 비반증 치료는 비반 그 자체를 치료하기보다 비반으로 인해 야기되는 장애(障碍)를 제거하는 것이 주목적이다. 한방에서는 지방대사(脂肪代謝)를 포함하는 신체전체의 신진대사(新陳代謝)를 조정하는 처방이 있으며, 일년이상 연용(連用)하면 부작용도 없이 이상적으로 야윌 수가 있다. 그러나 여기에 식품구성을 잘 생각한 감식(減食)과 적당한 운동이 병행되어야 한다.

5 新陳代謝病과 内分泌病
신진대사병과내분비병

Ⅰ内科疾患
내과 질환

❸ 脚気
각기

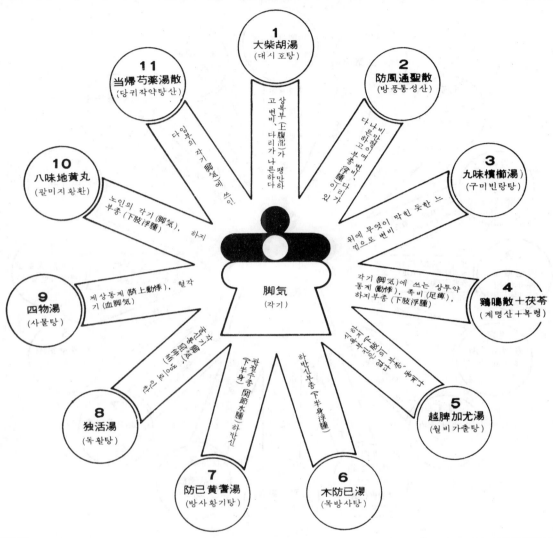

症状

각기 (脚氣)는 수(手), 족(足), 신(脣) 등의 저리는 감(感), 동계(動悸), 숨이 차고, 부종 (浮腫), 보행곤란(步行困難)이 주증상(主症狀)이다. 근년(近年)의 각기 (脚氣)는 만성 (慢性)이 많다. 비타민 B₁이 유일한 치료법으로 되어 있으나, 이것을 다량으로 복용해도 듣지않는 수도 있다. 한방(漢方)에서는 상기의 처방을 써서 저효(著効)를 얻고 있다.

註 : 함수탄소성(含水炭素性)의 식물을 과식하지 말아야 하며, 비타민 B를 많이 포함한 식물을 섭취하여야 한다.

5 新陳代謝病과 內分泌病 신진대사병과내분비병　　**Ⅰ 内科疾患** 내과질환　　**❹ 糖尿病** 당뇨병

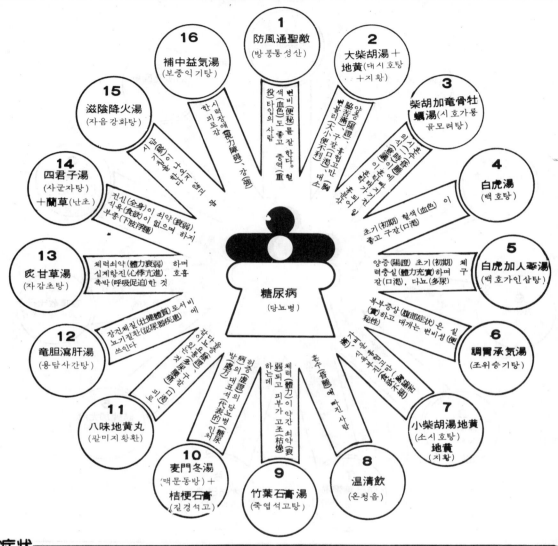

症狀

　당뇨병(糖尿病)이란, 인슐린의 작용부족으로 인해 일어나는 대사장애(代謝障碍)이다. 병이 진행되면 목이 마르고, 단(甘)것을 찾으며, 尿量(뇨량)이 많아진다. 피로가 심해지고, 영양이 나빠지며, 피부가 광택을 잃고 까칠까칠해진다. 또한 신경통이 일어나기 쉽고, 일반적으로 화농성(化膿性)의 병(病)에 걸리면 좀처럼 낫지않는 경향(傾向)이 크다.

　註 : 당뇨병(糖尿病)의 상대증상(三代症狀)은 다음(多飮), 다식(多食), 다뇨(多尿)이다. 당뇨병은 신진대사(新陳代謝)의 이상이므로 수독(水毒)의 요소(要素)가 강하다. 합병증으로는 동맥경화증(動脈硬化症), 고혈압증(高血壓症), 위장장애(胃腸障碍), 음위(陰萎), 백내장(白內障), 피부병화농증(皮膚病化膿症), 신경통(神經痛), 폐결핵(肺結核), 치조농루(齒槽膿漏)등이 있다.
　위장장애(胃腸障碍) : 황련탕(黃連湯), 반하사심탕(半夏瀉心湯), 생강사심탕(生姜瀉心湯), 평위산(平胃散), 대(소)시호탕(柴胡湯), 복령음(茯苓飮), 육군자탕(六君子湯) 등. 음위(陰萎) : 시호가용골무려탕(柴胡加龍骨牡蠣湯), 계지가용골무려탕(桂枝加龍骨牡蠣湯) 등. 백내장(白內障) : 방풍통성산(防風通聖散) 등. 신경통(神經痛) : 소경활혈탕(疎經活血湯) 등. 폐결핵(肺結核) : 보중익기탕(補中益氣湯) 등. 치조농루(齒槽膿漏) : 백호가인삼탕(白虎加人蔘湯) 등.

6 運動器病 운동기병 (Ⅰ 内科疾患 내과질환) ❶ 関節炎 관절염

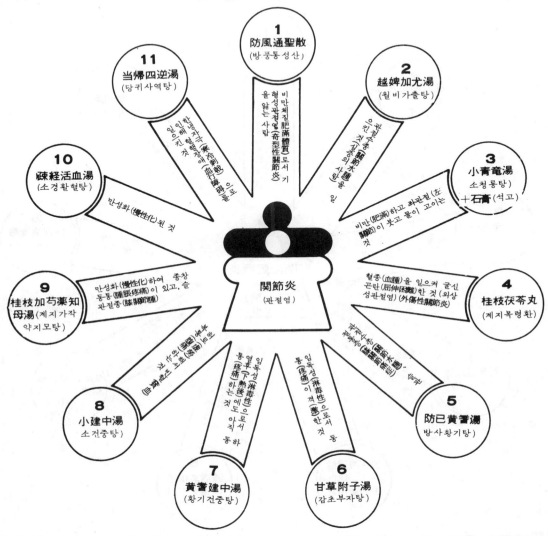

症状

　　그 원인에 따라 외상성관절염 (外傷性關節炎), 류머티성관절염 (性關節炎), 임독성관절염 (淋毒性關節炎), 결핵성관절염 (結核性關節炎), 비특이성관절염 (非特異性關節炎) 등이 있다.

　　외상성 (外傷性)은 관절 (關節)의 좌상 (挫傷), 염전 (捻轉) 등으로 인해 관절 (關節)의 혈종 (血腫) 혹은 수종을 일으키고, 오래가면 관절랑 (關節囊)이 비후 (肥厚)된다.

　　임독성 (淋毒性)은 돌발적 (突發的)으로 관절 (關節)에 격통 (激痛)이 일어나 붓고, 움직일 수 없게 된다.

　　非特異性 (비특이성)은 외부 (外部)로 부터의 전염 (傳染), 다른 인접 (隣接)한 기관 (器官)의 염증 (炎症)으로 인한 파급 (波及), 원격부 (遠隔部)의 염증 (炎症)에서 혈행 (血行)을 타고 감염 (感染)됨으로써 일어난다.

　　註 : 관절염 (關節炎)으로 인해 관절강내 (關節腔內)에 장액성 (漿液性)의 액체가 고이는 수가 있다. 이 것을 관절수종 (關節水腫)이라고 한다.

6 運動器病
운동기병

Ⅰ 内科疾患
내과질환

❷肩関節周囲炎(五十肩)
견관절주위염 ─ 오십견

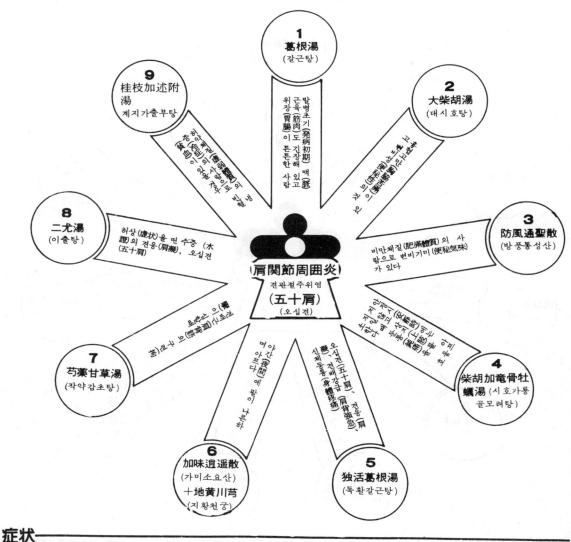

1 葛根湯 (갈근탕)

2 大柴胡湯 (대시호탕)

9 桂枝加述附湯 계지가출부탕

3 防風通聖散 (방풍통성산)

8 二尤湯 (이출탕)

肩関節周囲炎
견관절주위염
(五十肩)
(오십견)

4 柴胡加竜骨牡蠣湯 (시호가룡골모려탕)

7 芍薬甘草湯 (작약감초탕)

6 加味逍遙散 (가미소요산) **＋地黄川芎** (지황천궁)

5 独活葛根湯 (독활갈근탕)

발병초기(発病初期) 맥(脈)이 튼튼한 사람

위장(胃腸)이 튼튼하고 근육(筋肉)이 있는 사람

비만체질(肥満體質)의 사람으로 변비기미(便秘気味)가 있다

오십견(五十肩)、견배강급(肩背強急)、신체동통(身體疼痛)、견통(肩)

먹야간(夜間)에 많이 아프다

허상(虚状)을 띤 수증(水證)의 전응(肩癡)、오십견(五十肩)

症状 ────────────────────────

혼히 오십견(五十肩)이라고 한다. 이 病(병)은 견갑통(肩胛痛)과 견관절(肩關節)의 운동장애(運動障碍)가 주징(主徵)이다.

註 : 견관절(肩關節)의 주위에는 여러개의 점액랑(粘液嚢)이 있는데, 그중의 삼각근하점액랑(三角筋下粘液嚢)과 견봉하점액랑(肩峰下粘液嚢), 견갑하점액랑(肩甲下粘液嚢) 등이 손상되기 쉽다. 이들 부은(腫) 점액랑의 부분에는 압통(壓痛)이 있으며, 관절전체로는 압통은 없고, 관절통(關節痛)은 상지(上肢)를 일정한 방향으로 움직일때만 나타난다. 예를 들면, 상지를 위로 올리거나 뒤로 돌릴 때 아프다.

6 運動器病 운동기병　　**Ⅰ 內科疾患** 내과질환　　**❸ 류우머티**

1 葛根湯 (갈근탕)

근배·근육(筋肉)류머티로 항·이전(頭·背·肩) 등의 근육이 단단하며 아프다

2 越婢加尤湯 (월비 가출탕)

급성염(急性炎)으로 구절(口渴)이 있는 관절(關節)의 류머티

3 麻杏慧甘湯 (마행의감탕)

모두는 땀·구역·표수(表水)로 인한 관절통(關節痛)에 류우머티

4 桂枝茯苓丸料 + 薏茯仁 (계지복령환료 + 의이인)

양(陽), 실증(實證), 어혈성(瘀血性)

5 麻黄加求湯 (마황가출탕)

초기(初期)로서 경증(輕症)의 신통(身痛), 관절통(關節痛)

6 薏莊仁湯 (의이인탕)

급성다발성관절(急性多發性關節)류우머티로 격통

7 甘草附子湯 (감초부자탕)

8 芍藥甘草湯 (작약 감초탕)

급격히 일어나는 근육의 경련통(痙攣痛)

9 防已黄蓍湯 (방사황기탕)

10 清湿化痰湯 (청습화담탕)

만성(慢性)류머티

11 八味地黄丸 (팔미지황환)

슬관절통(膝關節痛)

12 疎経活血湯 (소경활혈탕)

만성증(慢性症)으로 어혈(瘀血)이 있는 하반신(上半身)류머티

13 桂枝加尤湯 (계지 가출부탕)

14 桂枝加芍藥知母湯 (계지 가작 약지모탕)

만성증(慢性症)으로 관절(關節)이 붓고 피부까지 철한다

류우머티

症狀

　류머티〈풍습(風濕)·통풍(痛風)〉는 신체의 여기저기의 관절(關節), 근(筋)이 아픈병이다. 환절기나 우천일 때는 증오(增惡)한다. 근육(筋肉)류머티 : 근(筋), 근막(筋模), 건(腱) 등에 일어나는 류머티성동통(性疼痛)인데 근(筋)속에 결절양(結節樣)의 경결(硬結)이나 위축(萎縮)이 오는 수가 있다. 급성관절(急性関節)류머티 : 대개는 급성다발성관절염(急性多發性關節炎)의 양상(樣狀)을 띠고 많은 관절(關節)에 동통(疼痛), 종창(腫脹), 운동장애(運動障碍)를 일으키며, 전신체적발열(全身體的發熱)이 따른다. 바이러스의 감염(感炎)으로 인한 일종의 전염병(傳染病)으로 보고 있으며, 왕왕(往往) 내막염(內膜炎)을 병발한다. 류머티양관절염(樣關節炎)〈만성관절(慢性關節)류머티〉: 전신체적발열(全身體的發熱)은 없고, 손상된 관절도 증상은 그다지 심하지않으나 낫기 힘든다.

註 : 수분의 대사장애(代謝障碍)와 혈액순환의 악화가 원인이다. 한방에서는 수독(水毒)과 어혈(瘀血)을 그 주인(主因)으로 하여 통증을 제거하는 데에 주안(主眼)을 둔다. 만성류우머티에 쓰이는 한방약은 구수제(驅水劑), 이수제(利水劑)로써의 작용을 갖는 것이 많다. 대표적이수제로는 부자(附子), 마황(麻黄), 세신(細辛), 복령(茯苓), 출(尤), 의이인(薏芸仁), 목통(木痛), 방기(防己), 황기(黄蓍)등

7 神経系病
신경계병

I 内科疾患
내과질환

❶脳溢血과 脳軟化症
뇌일혈과 뇌연화증

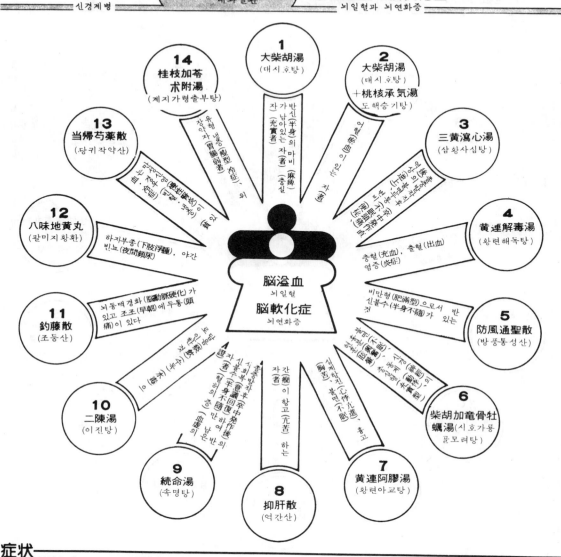

1 大柴胡湯 (대시호탕)

2 大柴胡湯 (대시호탕) ＋桃核承気湯 (도핵승기탕)

3 三黄瀉心湯 (삼황사심탕)

4 黄連解毒湯 (황련해독탕)

5 防風通聖散 (방풍통성산)

6 柴胡加竜骨牡蠣湯 (시호가룡골모려탕)

7 黄連阿膠湯 (황련아교탕)

8 抑肝散 (억간산)

9 続命湯 (속명탕)

10 二陳湯 (이진탕)

11 釣藤散 (조등산)

12 八味地黄丸 (팔미지황환)

13 当帰芍薬散 (당귀작약산)

14 桂枝加苓朮附湯 (계지가령출부탕)

脳溢血
뇌일혈
脳軟化症
뇌연화증

症状

　　뇌일혈(脳溢血)이 되면, 환자는 갑자기 의식을 잃고 졸도한다. 이것이 졸중발작(卒中發作)이다. 때로는 전구증(前驅症)으로서 두중(頭重), 두통(頭痛), 현훈(眩暈), 이명(耳鳴), 언어삽체(言語渋滞), 정신(精神)의 흥분(興奮) 또는 둔마(鈍麻), 반신의 지각과 운동장애 등이 있다. 뇌연화증(脳軟化症)은 뇌의 동맥이 막혀, 그 혈관으로부터 반신을 받고있던 부분이 빈혈되어, 거기에 있는 신경에 장애를 일으킨 것이다. 마버가 처음에는 가벼우나 며칠 지나면 움직이지 못하게 되거나, 처음은 팔만이 마비되고, 나중에 다리 까지 미치고 차츰 악화되는 수가 있다.

　　註：뇌일혈(脳溢血)이나 뇌연화증(脳軟化症)은 그 치료법은 별로 다를 바가 없다. 비만, 고혈압의 증상을 고치는 것이 중요하며, 또한 예방이 될 수도 있다.

7 神経系病 신경계통 　**Ⅰ 内科疾患** 내과질환 　**❷神経症(노이로오제)** 신경증

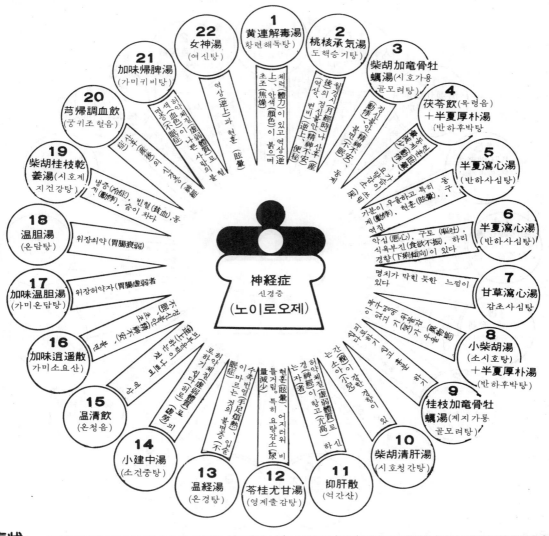

症状

　　신경증은 기관적으로는 그리 대단한 변화도 없는데 자신은 병감을 강하게 느끼는 것이 특징이다. 그러나 기질적인 만성의 병의 기반위에 신경증이 나타나는 수가 있다. 예컨대, 위(胃)아토니症, 위하수증(胃下垂症), 폐결핵(肺結核) 등이 있는 데에 신경증이 합병되는 수가 있다. 증상으로는 발작적으로 오는 격한 동계(動悸), 불안감, 목구멍이 막히는 느낌, 현훈(眩暈), 신체동요감(身體動搖感), 두중(頭重), 수족(手足)이 전리는 감(感), 견응(肩凝), 불면(不眠) 등이다.

　　註 : 한방에서는 노이로오제라는 정신적질환(精神的疾患)도 신체적이화(身體的異和)로 인한 증상으로 보고 있다. 즉, 신체적이화(身體的異和)를 고치면 정신적증상도 낮는다고 보는 것이다.

7 神経系病 신경계병　　Ⅰ 内科疾患 내과 질환　　❸ 神経痛 신경통

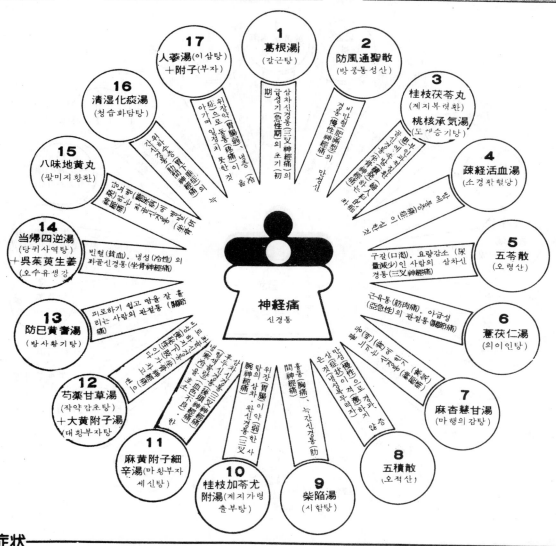

症状

　동통 (疼痛)이 신경의 주행 (走行)과 일치해 있다는 점과, 그 통증이 발작성으로 소장한다는 것이 신경통의 특징이다. 좌골신경통 (坐骨神經痛) : 좌골신경의 경로 (經路)를 따라 요부 (腰部), 둔부 (臀部), 대퇴 (大腿)의 후부 (後部)로 부터 하퇴 (下腿), 족저부 (足底部)로 방산 (放散) 하는 통증이 있고, 지속성의 통증을 호소한다.

　삼차신경통 (三叉神經痛) : 안면 (顔面)의 우 (右) 또는 좌반면 (左半面)에 통증이 오는 것이 특징이며, 동통은 발작성이다.

　늑간신경통 (肋間神經痛) : 늑골 (肋骨)을 따라 동통을 호소하는 것을 일반적으로 늑간신경통 (肋間神經痛)이라고 부른다. 이밖에도 완신경통 (腕神經痛), 유방신경통 (乳房神經痛), 후두신경통 (後頭神經痛), 요신경통 (腰神經痛) 및 정사신경통 (精糸神經痛) 산기 (疝氣)등이 있다.

　註 : 한방에서는 체내의 여분의 수분을 제거하여 혈행을 좋게 하는 것이 치료의 기본이 된다. 신경통의 원인이 되는 병으로는 당뇨병, 빈혈, 유감 (流感), 약물중독, 척수막염 (脊髓膜炎), 척추 (脊椎)칼리에스, 추간판 (椎間板)헤르니아, 종양 등이 있다.

Ⅱ小児科疾患 소아과질환 ❶麻疹(홍역) 마진

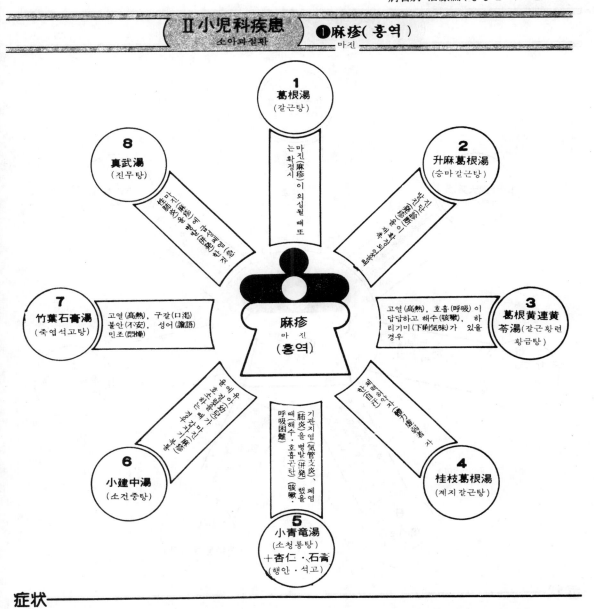

1 葛根湯 (갈근탕)

2 升麻葛根湯 (승마갈근탕)

3 葛根黄連黄芩湯 (갈근황련황금탕)

4 桂枝葛根湯 (계지갈근탕)

5 小青竜湯 (소청룡탕) +杏仁·石膏 (행인·석고)

6 小建中湯 (소건중탕)

7 竹葉石膏湯 (죽엽석고탕)

8 真武湯 (진무탕)

麻疹 마진 (홍역)

는 마진(麻疹)이 의심될 때 또 확정시

고열(高熱), 호흡이 답답하고 해수(咳嗽), 하리기미(下痢気味)가 있을 경우

기관지염(氣管支炎), 폐염(肺炎)을 병발(併發), 해수(咳嗽)·호흡곤란(呼吸困難)할 때

고열(高熱), 구갈(口渇), 불안(不安), 섬어(讝語), 민조(悶懆)

症状

마진(麻疹)은 바이러스에 의해 생긴다고 한다. 환자의 타액(唾液)이나 비즙(鼻汁)이 재치기를 할 때 비산(飛散)된 것이 흡입되면 감염된다. 마진은 2∼6세 사이에 한번은 반드시 걸리는 병으로서, 한번 걸리면 일생동안 면역(免疫)이 된다. 순조롭게 진행되면 염려될 것은 없지만, 가장 많이 일어나는 합병증(合病症)은 기관지염(氣管支炎), 폐염(肺炎), 중이염(中耳炎) 등으로서, 이것은 왕왕(往往) 뇌막염(腦膜炎)을 야기시켜 중증이 된다. 대개 추운 바람, 냉각(冷却)을 조심하고, 上記(상기)의 처방을 선용(選用)한다.

註 : 감염후 11일 째 쯤부터 발열하여 14일째 쯤에 발진한다.
　　＊마진이후에, 잠복해 있던 결핵(結核)이 발병되는 수가 많으므로 주의한다.

Ⅱ 小兒科疾患 소아과질환 ❷百日咳 백일해

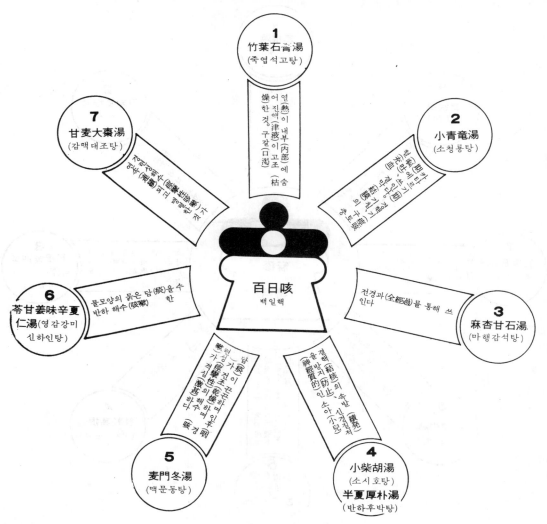

百日咳
백일해

1
竹葉石膏湯
(죽엽석고탕)
열(熱)이 내부(內部)에 진액(津液)이 고조(枯燥)한 것, 구갈(口渴)이 심한 것

2
小青竜湯
(소청룡탕)

3
麻杏甘石湯
(마행감석탕)
전경과(全經過)를 통해 쓰인다

4
小柴胡湯
(소시호탕)
半夏厚朴湯
(반하후박탕)
결핵(結核)의 방지(防止), 신경질적(神經質的) 소아(小兒), 수발(發)

5
麦門冬湯
(맥문동탕)

6
苓甘姜味辛夏仁湯(영감강미신하인탕)
물모양의 묽은 담(痰)을 수반하 해수(咳嗽)

7
甘麦大棗湯
(감맥대조탕)

症状

백일해균(百日咳菌)으로 인해 일어난다. 환자의 담(痰)이나 타액(唾液), 비즙(鼻汁)에 섞여 기침을 할 때 비산(飛散)된 것을 흡입해서 감염된다. 한냉기(寒冷期)에 많고, 잠복기간은 약 1주일 정도이며 유행성(流行性)으로 나타난다.

카타르기(期)：1～2주간(週間)에 걸쳐 비(鼻)카타르, 결막충혈(結膜充血), 애성(嗄聲)〈쉰 목소리〉, 해수(咳嗽) 등으로 시작된다. 경해기(痙咳期)：이 기간이 가장 길며 수주간(數週間)에 걸치고, 심한 것은 百日이나 간다해서 백일해(百日咳)의 이름이 붙었다. 반복(反復)되는 경연성(痙攣性)의 해수가 발작적으로 일어나 구토(嘔吐)로 그친다. 회복기(回復期)：해수(咳嗽)는 점차(漸次) 경감(輕減)되고, 객담(喀痰)은 약간 농성(膿性)이 되며, 2～4주만에 차츰 치유(治癒)된다.

註：합병증으로는 모세기관지염(毛細氣管支炎), 카타르성폐염(性肺炎), 폐기종(肺氣腫), 기관지확장(氣管支擴張) 등으로서, 선병질(腺病質)의 사람은 간혹 결핵을 병발(倂發)한다.

Ⅱ 小児科疾患 (소아과질환) ❸ 口内炎 (구내염)

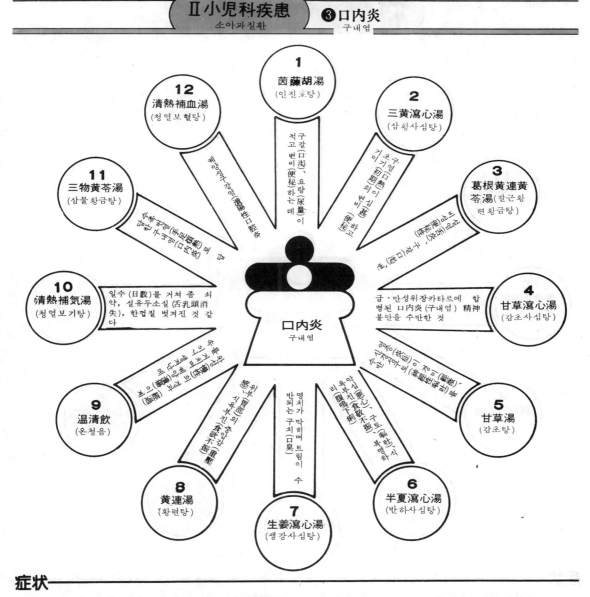

症状

　　구내점막 (口内粘膜)과 혀가 세균 (細菌)의 감염 (感染)으로 인해, 가벼운 것은 카타르성구강염 (性口腔炎)을 일으키고, 이것이 더 진행되면 궤양 (潰瘍)을 만들며 〈궤양성구강염 (潰瘍性口腔炎)〉, 더욱 악성 (惡性)이 되면 괴저 (壞疽)가 된다 괴저성구강염 (壞疽性口腔炎).

　　뾰족한 이 (齒), 적합치 않은 의치 (義齒), 뜨거운 음식 (飮食) 등의 기계적작용 (機械的作用)과, 수은 (水銀), 비소 (砒素), 연 (鉛), 요드 (沃度), 알카리, 산 (酸), 술, 담배등의 자극이나 화학적작용 (化學的作用)은 세균 (細菌)의 감염 (感染)을 조장 (助長)하고 구강염 (口腔炎)을 일으킨다.

註：급성전염병 (急性傳染病), 악성빈혈 (惡性貧血), 위장질환 (胃腸疾患) 등으로 인해 일어나는 수가 있다.

Ⅱ 小児科疾患 소아과질환 ❹消化不良症 소화불량증

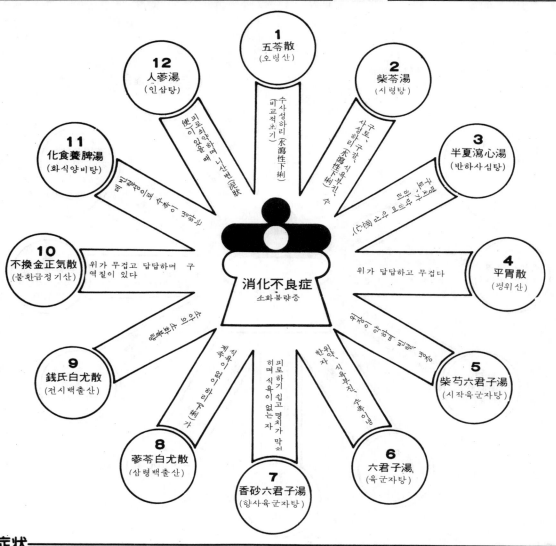

1 五苓散 (오령산)
2 柴苓湯 (시령탕)
3 半夏瀉心湯 (반하사심탕)
4 平胃散 (평위산)
5 柴芍六君子湯 (시작육군자탕)
6 六君子湯 (육군자탕)
7 香砂六君子湯 (향사육군자탕)
8 蔘苓白尤散 (삼령백출산)
9 錢氏白尤散 (전시백출산)
10 不換金正気散 (불환금정기산)
11 化食養脾湯 (화식양비탕)
12 人蔘湯 (인삼탕)

消化不良症 소화불량증

위가 무겁고 답답하며 구역질이 있다

위가 답답하고 무겁다

症状

천연영양아 (天然營養兒)의 소화불량증 (消化不良症)은 먼저 토유 (吐乳)를 하고 하리 (下痢)를 일으킨다. 대개는 유즙 (乳汁)을 과 (過)하게 먹이거나 하여 일어난다. 또한 감기, 폐염 (肺炎), 중이염 (中耳炎) 등의 병으로 쇠약 (衰弱)해진 데서 일어나는 수도 있다. 인공영양아 (人工營養兒)의 경우는 영양물 (營養物)을 너무 많이 먹이거나, 또는 너무 적어도 일어난다.

Ⅱ 小児科疾患
소아과질환

❺虚弱体質(腺病質)
허약체질(선병질)

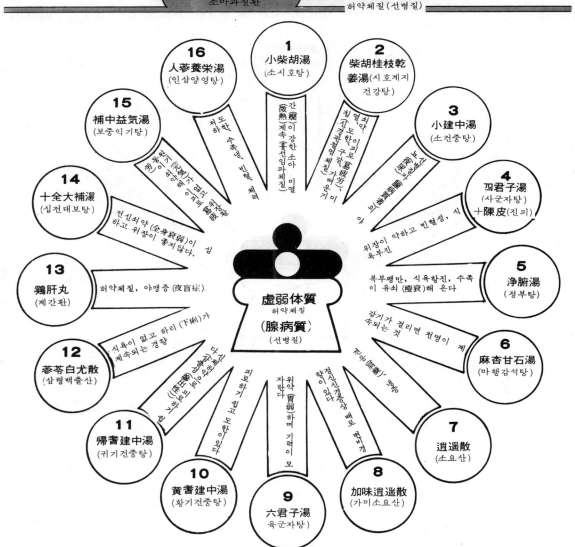

1 小柴胡湯 (소시호탕)

2 柴胡桂枝乾姜湯 (시호계지건강탕)

3 小建中湯 (소건중탕)

4 四君子湯 (사군자탕) ＋陳皮(진피)

5 浄腑湯 (정부탕)

6 麻杏甘石湯 (마행감석탕)

7 逍遥散 (소요산)

8 加味逍遥散 (가미소요산)

9 六君子湯 (육군자탕)

10 黄耆建中湯 (황기건중탕)

11 帰耆建中湯 (귀기건중탕)

12 蔘苓白尤散 (삼령백출산)

13 鶏肝丸 (계간환)

14 十全大補湯 (십전대보탕)

15 補中益気湯 (보중익기탕)

16 人蔘養栄湯 (인삼양영탕)

虚弱体質 허약체질 (腺病質) (선병질)

症状

이 체질(體質)의 소아(小兒)는 일견(一見) 살이 찌고 튼튼해 보이는 가성비만형(假性肥滿型)의 것과, 너무 수척(瘦瘠)한 형(型)의 두가지가 있다. 둘 다 피부점막(皮膚粘膜)의 저항력(抵抗力)이 약하고, 염증을 일으키기 쉬우며, 피부에는 습진(濕疹)이나, 진무르거나, 헐거나 양진(痒疹) 등이 생긴다. 편도비대(扁桃肥大), 기관지(氣管支)카타르, 폐염(肺炎), 장염(腸炎) 등을 일으키기 쉽다.

註 : 한방에서는 허약체질의 개선강장(改善強壯)을 도모하는 방제(方劑)로서 상기(上記)의 것을 선택

✱허약아동(虚弱兒童

삼출성체질(滲出性体質) : 2세 정도까지의 아이들에게 볼 수 있다. 얼핏 보아서 살이 찌어 튼튼해 보이지만, 수독성(水毒性)의 체질로서 피부, 근육에 죄임새가 없고 물렁물렁하며 피부색은 희다. 감기가 들면 천명(喘鳴)이 있고, 습진(濕疹)에 걸리기 쉽다.

흉선(胸腺)임파체질 : 3～4세부터 7～8세까지의 소아에게 많다. 편도선(扁桃腺)이나 임파선이 붓고, 흉선도 비대흥 있다. 병에 잘 걸리며, 약에도 민감하게 반응을 보이는 경우가 많다.

신경관절염체질(神經關節炎体質) : 10세후에 많다. 신경질이고 원인불명의 두통, 복통, 사지동통(四肢疼痛) 등을 호소한다.

Ⅱ 小児科疾患
소아과질환

❻ 夜啼症과 夜驚症
야체증과 야경증

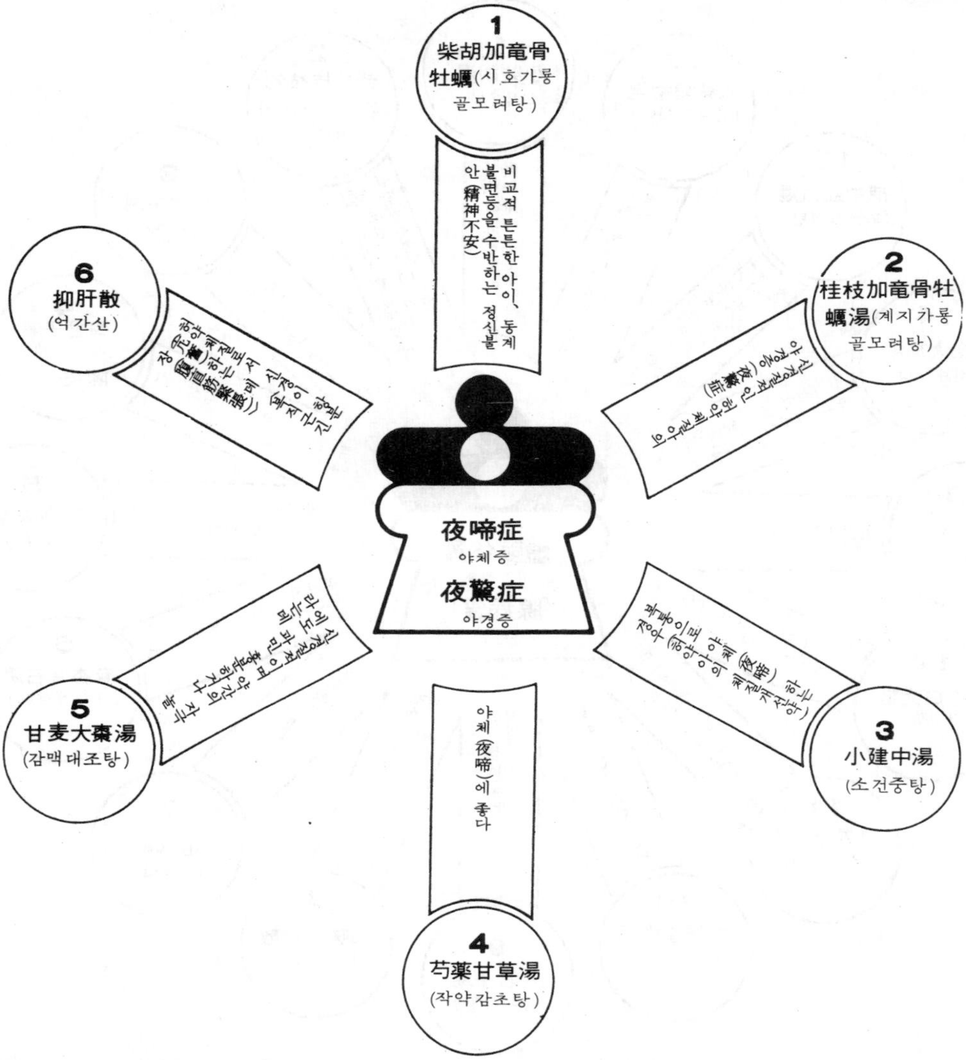

1
柴胡加竜骨牡蠣(시호가룡골모려탕)
비교적 튼튼한 아이, 동계 불면증을 수반하는 정신불안(精神不安)
2
桂枝加竜骨牡蠣湯(계지가룡골모려탕)
신경질적인 허약체질아이 야경증(夜驚症)
3
小建中湯
(소건중탕)
복통으로 야체(夜啼)하는 경우(허약아의 체질개선약)
4
芍薬甘草湯
(작약감초탕)
야체(夜啼)에 좋다
5
甘麦大棗湯
(감맥대조탕)
신경질적이며 약간의 자극에도 과민 흥분하거나 놀라는
6
抑肝散
(역간산)
허약체질로서 신경이 흥분(亢奮)하는 복직근긴장(腹直筋緊張)
夜啼症
야체증
夜驚症
야경증

症状

야체증(夜啼症) : 밤에 잘 때 잘 우는 것을 말하는데, 태어난지 얼마 안되는 갓난아기가 야간(夜間)에 발작성(發作性)으로 울기 시작하여 좀처럼 그치지 않고 식구들의 안면(安眠)을 방해하는 것이다.

야경증(夜驚症) : 4～8歳 정도의 소아(小兒)에게 많은데 밤중에 갑자기 안면(安眠)에서 깨어나 경포상태(驚怖狀態)를 나타내는 것이다. 대개는 신경질(神經質), 빈혈성(貧血性), 허약체(虚弱體)에 볼 수 있으며, 소화장애(消化障碍), 변비(便秘), 장내기생충(腸内寄生虫), 방광(膀胱)이 충만해 있거나 만성비(慢性鼻)카타르, 편도선비대(扁桃腺肥大) 등도 본증(本症)의 유인(誘因)이 된다.

둘 다 소아(小兒)의 신경증(神經症)〈노이로제〉의 일종(一種)이다.

註 : 본병의 원인이 되는 것을 치료한다. 신경을 자극하거나 놀라는 일이 없도록 하고, 포식(飽食)이나 방광(膀胱)에 뇨(尿)가 충만되지 않도록 주의한다.

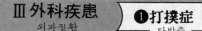

III 外科疾患
외과질환

❶打撲症
타박증

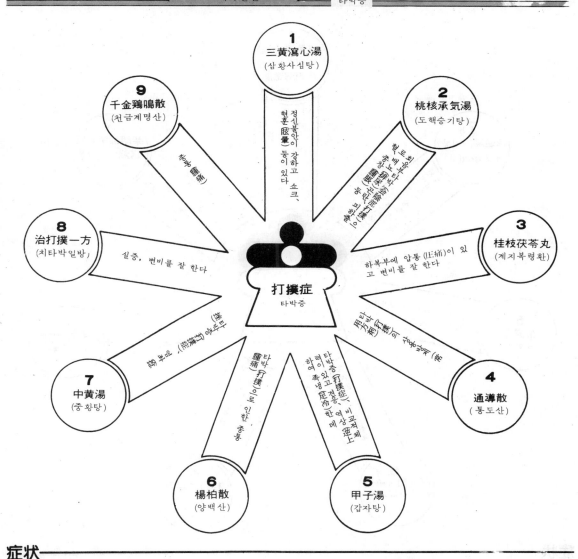

症状

피하출혈(皮下出血), 종창(腫脹), 동통(疼痛)의 국소증상(局所症狀) 이외에도 발열(發熱), 쇼크 등의 전신증상(全身症狀)을 일으킨다. 열은 피하출혈(皮下出血)의 흡수(吸收)에 의한 반응(反應)으로 수일만에 없어진다.

註 : 둔력(鈍力)에 의해 피부에는 손상이 없이 피하(皮下)의 연부조직(軟部組織)만이 손상되는 것으로 때로는 좌창(挫創)과 찰과(擦過傷)이 있기도 한다.

Ⅲ 外科疾患
외과질환
❷熱傷
열상

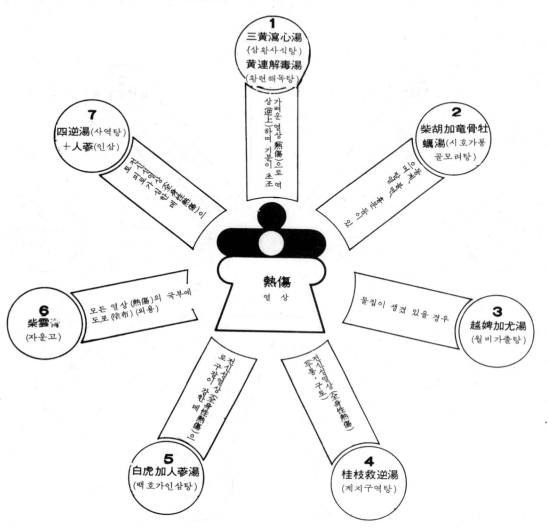

症状

화염 (火焰), 열탕 (熱湯), 작열 (灼熱)된 금속물 (金屬物), 증기 (蒸氣) 등의 열로 인해 손상 (損傷)을 받은 것인데, 정도에 따라 세가지로 분류된다.

第1度熱傷(제일도열상) : 가장 가벼운 열상으로, 국소의 발적이 주된 것. 작열통 (灼熱痛)은 강하지만 종창 (腫脹)은 가볍다. 발적은 수일만에 없어져 퇴색 (褐色)한다. 제2도 열상 (第2度熱傷) : 발적부에 수포 (水疱)가 엇개져 화농 (化膿)되면 피부 (皮膚)에 화농염을 일으키는 수가 있는데, 엇개지지 않고 지나면 딱지가 되어 흔적 (痕蹟)을 남기지 않고 낫는다. 제3도열상 (第3度熱傷) : 조직 (組織)의 피사 (壞死)를 볼 수 있으며, 심할 때는 검게 탄화 (炭化)한다. 피사부분은 화농 (化膿)되기 쉬우나, 감염 (感染)이 없을 때 는 육아조직 (肉芽組織)의 발생에 의해 이탈 (離脫)되고 반흔 (瘢痕)을 남긴다.

註 : 열상 (熱傷)은 전신의 3분의 1 이상에 미칠 경우는 전신성열상증상 (全身性熱症狀)이 되어 생명 의 위험을 초래한다. 소아의 경우는 3분의 1 이하라도 주의하지 않으면 안된다.

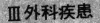

Ⅲ 外科疾患
외과질환

❸ 凍傷
동상

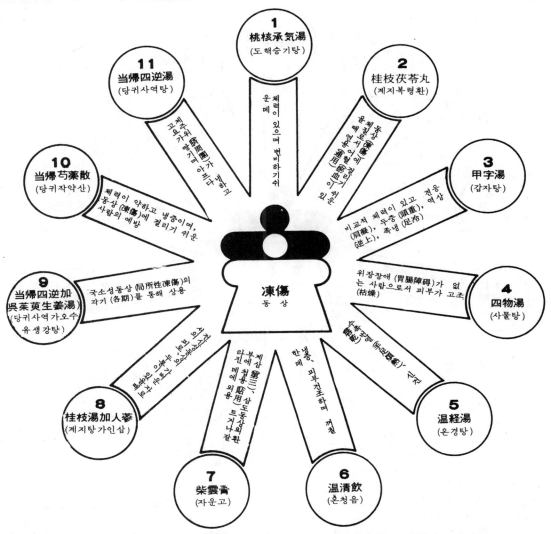

1 桃核承気湯 (도핵승기탕)
체력이 있으며 변비하기 쉬운

2 桂枝茯苓丸 (계지복령환)
월경곤란(月經困難), 어혈(瘀血), 충혈(充血)의 경우에 상용(常用)외음부

3 甲字湯 (갑자탕) 전용 여상
비교적 체력이 있고 두중(頭重), 어깨(肩膊), 족냉(足冷), 충상(逆上)

4 四物湯 (사물탕)
위장장애(胃腸障碍)가 없는 사람으로서 피부가 고조(枯燥)

5 温経湯 (온경탕)
수족번열(手足煩熱), 구순건조(口唇乾燥)

6 温清飲 (온청음)
병에, 피부건조하며 꺼칠

7 柴雲膏 (자운고)
라 부위에 첩용(貼用)제삼(第三), 동상외 환부에 상용 트거나 잘

8 桂枝湯加人蔘 (계지탕가인삼)
허약자(虛弱者)로 냉증(冷症), 소화기(消化器)가 약한 사람

9 当帰四逆加呉茱萸生姜湯 (당귀사역가오수유생강탕)
국소성동상(局所性凍傷)의 각기(各期)를 통해 상용

10 当帰芍薬散 (당귀작약산)
체력이 약하고 냉증이며, 동상(凍傷)에 걸리기 쉬운 사람의 예방

11 当帰四逆湯 (당귀사역탕)
제주위(臍周圍)가 긴장하고 혹은 사지(四肢)가 냉해져서 아프다

凍傷 동 상

症状

한냉(寒冷)에 의해 일어나는 것으로서 국소성동상(局所性凍傷)과 전신성동상(全身性凍傷)으로 대별(大別)한다.

국소성동상(局所性凍傷): 체질(體質)이나 질병(疾病)에 의해 걸리기 쉽고, 사지(四肢)의 말단(末端)이나 이각(耳殼), 비선단(鼻先端) 등의 노출부(露出部)에 생기기 쉽다. 〈제1도동상(第1度凍傷)〉 환부(患部)의 발적(発赤), 종창(腫脹)이 있고 감각은 둔(鈍)해진다. 수일만에 충혈홍조(充血紅潮) 하고 작열감(灼熱感)과 통증(痛症)을 느끼며 매우 가렵고, 가벼운 부증(浮症)을 나타낸다. 〈제2도동상(第2度凍傷)〉 제1도의 부분에 수포(水疱)가 생기지만, 치유후(治癒後)에는 경도(輕度)의 반흔(瘢痕)을 남긴다. 〈제3도동상(第3度凍傷)〉 조직(組織)에 괴저(壞疽)를 일으키고, 환자(患者)는 수상직후(受傷直後)는 창백(蒼白), 한냉(寒冷)해지며, 감각(感覺)이 전혀 없어진다. 전신성동상(全身性凍傷) : 전신(全身)의 냉각(冷却)으로 장애(障碍)가 일어나는 것으로, 피로(疲勞), 기아(飢餓) 등이 장애(障碍)를 조장(助長)한다. 손발이 트는 것은 가벼운 동상(凍傷)의 일종(一種)이며 만성적(慢性的) 인 경과(経過)를 거친다.

동상(凍傷)은 체질적(體質的)인 것에 좌우(左右)되기 쉬운데, 허약체질(虛弱體質), 냉증(冷症), 어혈(瘀血)이 있는 사람은 건강(健康)하더라도 동상(凍傷)에 걸리기 쉽다.

註: 한방에서는 血液循環(혈액순환)이나 수분대사(水分代謝)를 개선하고, 냉증을 고치면서 자율신경계(自律神經系)나 호르몬계를 조정해 나간다.

III 外科疾患 외과질환   ❹ 癤·癰 절·옹

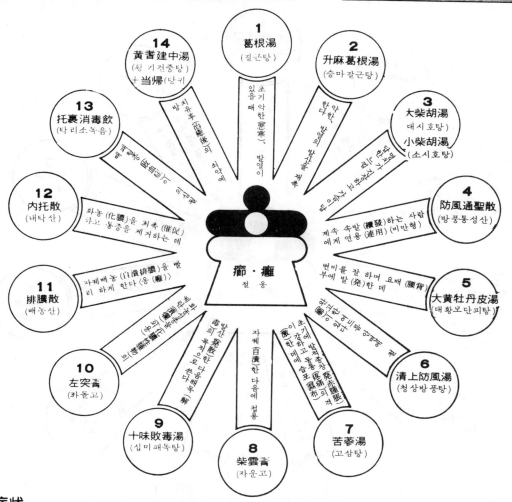

症状

　　화농성 (化膿性)의 세균 (細菌)이 모낭 (毛囊)이나 피지선 (皮脂腺)에 침입 (侵入) 해서 피하 (皮下)에 한국성 (限局性)의 급성화농염 (急性化膿炎)을 일으킨 것이 절 (癤)이며, 국소 (局所)에 이것이 군생 (群生)해서 일괴 (一塊)가 되어 커다란 경결 (硬結)로 된 것이옹 (癰)이다. 당뇨병 (糖尿病), 소화장애 (消化障碍), 악액질 (惡液質), 편식 (偏食)을 하는 사람 등은 발생 (發生)하기 쉽다. 근래에는 화학요법 (化學療法), 항생물질 (抗生物質) 의 사용으로 치유율도 높아졌지만, 그 반면 내성균으로 인한것. 본질적인 것이 많아져 경과가 오래 가거나, 자꾸 이어 속발하는 것이 많아졌다.

　　＊임파선염 (腺炎)도 피하 (皮下)의 화농염 (化膿炎)응므로 절 (癤)이나 옹 (癰) 과 마찬가지로 보고, 같은 처방 (處方)을 증상 (症狀)에 따라 선택 (選擇)해서 쓴다.

　註：절 (癤), 옹 (癰)의 원인이 되는 병, 즉 패혈증 (敗血症)이나 당뇨병 (糖尿病)의 치료가 선결 (先決)
　　美食 (미식)과 육식 (肉食)을 삼가하고, 방풍통성산 (防風通聖散), 도핵승기탕 (桃核承氣湯), 십미패독탕 (十味敗毒湯)을 장기간 연용하면 좋다.

Ⅲ 外科疾患 외과·질환　❺ 頸腺結核(瘰癧) 경선결핵(나력)

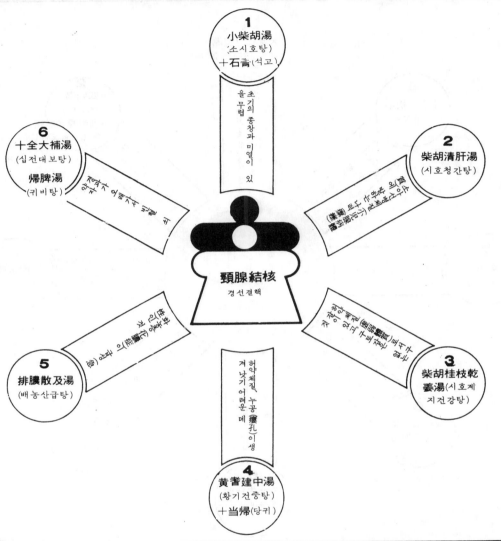

1 小柴胡湯 (소시호탕) +石膏(석고)
초기의 종창과 미열이 있을 무렵

2 柴胡淸肝湯 (시호청간탕)

3 柴胡桂枝乾薑湯 (시호계지건강탕)

4 黃耆建中湯 (황기건중탕) +当帰(당귀)
허약체질, 누공(瘻孔)이 생겨 낫기 어려운데

5 排膿散及湯 (배농산급탕)

6 十全大補湯 (십전대보탕) 帰脾湯 (귀비탕)

頸腺結核 경선결핵

症状

대개는 폐결핵(肺結核)에 의해, 결핵균(結核菌)이 원발소(原發巢)로부터 혈행(血行)을 따라 이차적으로 경부(頸部), 악하부(顎下部), 액하부(腋下部), 부복강내(腹腔內), 임파선에 전이(轉移)해서 일어난다.

전신증상(全身症狀)은 저명(著明)하지는 않으나 원발소(原發巢)의 병세(病勢)가 진행(進行)되는 경우, 발열(發熱), 쇠약(衰弱), 빈혈(貧血) 등에 이른다.

Ⅲ 外科疾患 외과질환　　❻骨結核(카리에스)

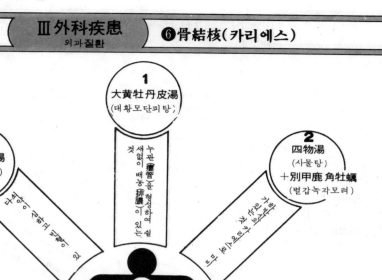
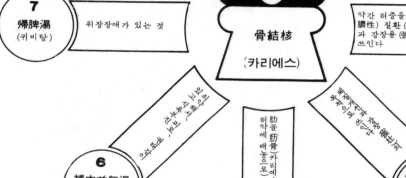

1 大黄牡丹皮湯 (대황모단피탕)
2 四物湯 (사물탕) +別甲鹿角牡蠣 (별갑녹각모려)
3 托裏消毒飲 (탁리소독음)
4 黄耆建中湯 (황기건중탕) +当帰(당귀)
5 千金内托散 (천금내탁산)
6 補中益気湯 (보중익기탕)
7 帰脾湯 (귀비탕)
8 十全大補湯 (십전대보탕)

中央: 骨結核 (카리에스)

症状

결핵(結核)의 원발소(原發巢)로부터 혈액(血液)이나 임파를 따라 이차적으로 골막(骨膜), 골수(骨髓)를 침범(侵犯)하는 질환(疾患)으로, 척추(脊椎)나 수족골(手足骨)에 시발(好發)한다.

증상(症狀)은 극히 완만(緩慢)하며, 시일을 거쳐 골의 비후(肥厚)와 종류(腫瘤)가 생기고, 종창(腫脹), 동통(疼痛), 압통(壓痛), 기능장애(機能障碍) 이외에도 전신증상(全身症狀)으로 미열(微熱), 쇠약(衰弱), 식욕부진(食慾不振) 등이 나타나며, 병소(病巢)의 파궤(破潰)로 인해 냉농양(冷膿瘍), 누관 형성(瘻管形成)을 일으키고, 농양유주(膿瘍流注)에 의해 신경장애(神經障碍)를 일으켜, 하부에 한성유주농양(寒性流注膿瘍)이 나타나는 수가 있다.

註:골결핵중(骨結核中)에서 가장 많이 볼 수 있는 것이 늑골(肋骨)카리에스, 척추(脊椎)카리에스, 골반(骨盤)카리에스이다.

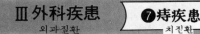

Ⅲ 外科疾患 (외과질환) ❼ 痔疾患 (치진환)

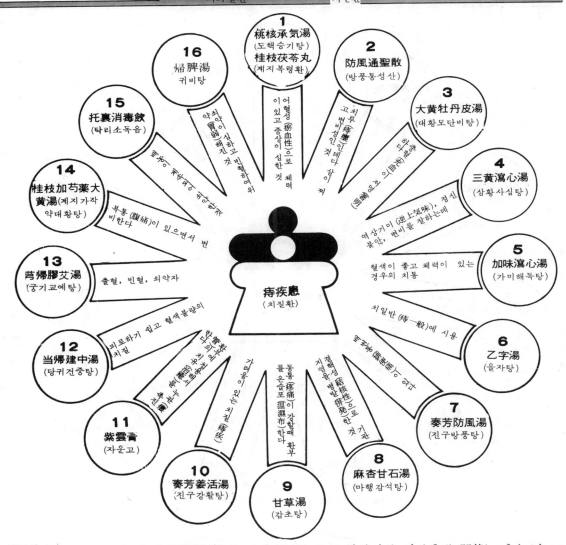

症狀 치루(痔瘻) : 항위농양(肛圍膿瘍)의 자궤(自潰) 또는 불완전한 절개후(切開後), 혹은 결핵성농양(結核性膿瘍)에 속발(續發)한다. 항문주위(肛門周圍)에 루공(瘻孔)이 있고 농즙(膿汁)이 나오는 것을 외치루(外痔瘻)라 하는데, 오래된 것은 개구부(開口部)에 상마귀 모양의 육아(肉芽)가 생긴다. 내치루(內痔瘻)는 항문내(肛門內)에 개구(開口)해 있는 치루로서, 농, 점액, 혈액을 배설하며, 변통시통증이 있다.

치핵(痔核) : 항문부근(肛門附近)에 분포돼 있는 죽근(竹根)모양으로 얽힌 정맥(靜脈)이 울혈(鬱血)에 의해 정맥류(靜脈瘤)모양으로 확장(擴張)된 것이다. 습관성변비(習慣性便秘), 임신(妊娠), 자궁란소(子宮卵巢)의 종양(腫瘍)에 의한 압박(壓迫), 술이나 담배의 연용(連用), 늘 앉아만 있거나 서서만 일을 하는 사람 등, 울혈(鬱血)되기 쉬운 사람에게서 왕왕(往往) 볼 수가 있다. 외치핵(外痔核)의 경우는 출혈이 적지만, 치핵(痔核)이 자극을 받아 염증(炎症)을 일으키면 출혈, 동통(疼痛)이 있고 걸을 수도 없다. 내치핵(內痔核)은 출혈되기가 쉽고, 복압이 더해지면 항문하부로 탈출한다.

註 : 한방에서는 痔瘻(치루)에 계지가작약탕가황기(桂枝加芍藥湯加黃耆)를 쓰고, 치핵(痔核)에는 을자탕(乙字湯)이라는 처방을 주로 쓴다.

Ⅲ外科疾患 의과질환　❽脱肛·脱腸

탈항·탈장

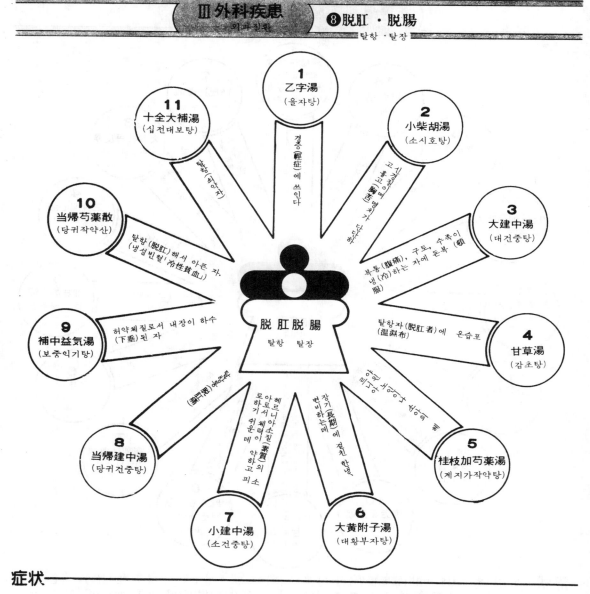

1
乙字湯
(을자탕)
경증(輕症)에 쓰인다

2
小柴胡湯
(소시호탕)
고시 호오 요 믿 면 세 가 단 한

11
十全大補湯
(십전대보탕)
빈혈(貧血)

3
大建中湯
(대건중탕)
복통(腹痛), 구토, 수족이 냉(冷)하는 자에 돈복(頓服)

10
当帰芍薬散
(당귀작약산)
탈항(脱肛)해서 아픈 자.
(냉성빈혈(冷性貧血))

脱肛脱腸
탈항　탈장

4
甘草湯
(감초탕)
탈항자(脱肛者)에 온습포(溫濕布)

9
補中益気湯
(보중익기탕)
허약체질로서 내장이 하수(下垂)된 자

5
桂枝加芍薬湯
(계지가작약탕)
장기(長期)에 절친 한생 변비하는데

8
当帰建中湯
(당귀건중탕)

7
小建中湯
(소건중탕)
로 아 혜 하 로 니 기 서 소 쉬 체 질 운 력 素質 메 이 의 약 소 하 고 피소

6
大黄附子湯
(대황부자탕)

症狀

탈항：무력체질(無力體質)의 사람에게 일어나기 쉽다. 만성변비(慢性便秘), 장(腸) 카타르, 치핵(痔核). 뇨도협착(尿道狹窄)이 있는 사람, 반복(反復)되는 분만(分娩)으로 인한 내장(內臟)의 이완(弛緩), 늘 복압(腹壓)이 더하는 질병(疾病)이나 직업의 사람　에게서 볼 수 있다.

탈장(脱腸·헤르니아)：일반증상(一般症狀)으로는 헤르니아의 종류(腫瘤)를 압박(壓迫)하면 기체잡음(氣體雜音)을 발(發)한다. 탄력성(彈力性)은 연(軟)하며, 복압(腹壓)이나 신체(身體)의 위치(位置)에 따라 크기를 알 수 있다.

註：탈항(脱肛)에는 감초(甘草)의 전즙(煎汁)으로 온습포(溫濕布)를 한 다음, 유지(油脂)로 밀어넣도록 한다.

1 産科
(산과)

IV 産婦人科疾患
(산부인과질환)

❶ 悪阻
(악조 (저))

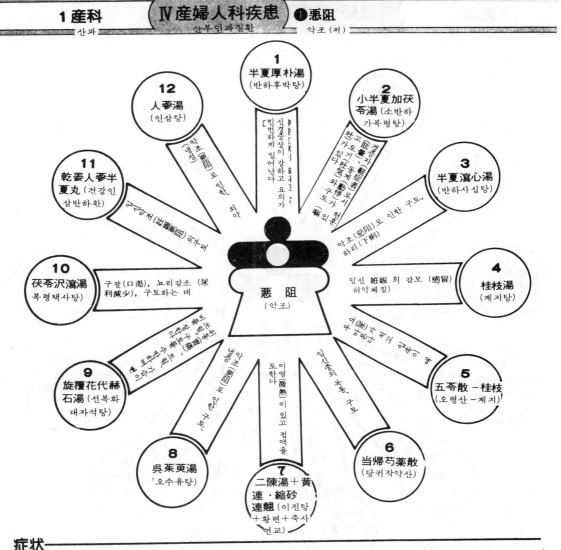

1 半夏厚朴湯 (반하후박탕)
2 小半夏加茯苓湯 (소반하가복령탕)
3 半夏瀉心湯 (반하사심탕)
4 桂枝湯 (계지탕)
5 五苓散 −桂枝 (오령산 −계지)
6 当帰芍薬散 (당귀작약산)
7 二陳湯＋黄連・縮砂連翹 (이진탕＋황련＋축사연교)
8 呉茱萸湯 (오수유탕)
9 旋覆花代赭石湯 (선복화대자석탕)
10 茯苓沢瀉湯 (복령택사탕)
11 乾姜人蔘半夏丸 (건강인삼반하환)
12 人蔘湯 (인삼탕)

중앙: 悪阻 (악조)

症状

임신전반기(妊娠前半期)에 일어나는 일종(一種)의 중독증상(中毒症狀)이다. 조조 공백시(早朝空腹時)에 가슴이 메슥거리며 구역질(吐氣)이 나고 구토(嘔吐)를 하거나 생침이 나오는 정도로 하등의 영양장애(營養障碍)가 일어나지 않는 것은 생리적인 것으로서 임신월수(妊娠月數)가 더해감에 따라 저절로 소실(消失)된다. 병적(病的)인 것은 삼종(三種)으로 나뉘어진다.

輕症者(경증자) : 구역질과 구토(嘔吐)가 빈발(頻發)하고, 식욕부진(食欲不辰), 피로(疲勞)와 쇠약(衰弱)이 더해져 야윈다. 구갈(口渴)이 심하고건조(皮膚乾燥), 구토시에 고통이 따르고 불면(不眠), 현훈(眩暈) 등으로 시달린다. 중증자(中症者) : 구갈(口渴)이 심하고, 구내건조(口內乾燥), 악취(惡臭)를 발(發)한다. 두통(頭痛), 현훈(眩暈), 이명(耳鳴), 불면(不眠) 등의 신경증상(神經症狀)이 따른다. 중증(重症者) : 구토(嘔吐)는 그쳤지만, 쇠약(衰弱)이 심하고 뇌증상(腦症狀)을 발(發)하며, 인사불성(人事不省)이 되어 혼수(昏睡)에 빠지고, 수족 경련(手足痙攣)을 보는 경우도 있다.

1 産科
산과

Ⅳ 産婦人科疾患
산부인과질환

❷流産과 早産
유산, 조산

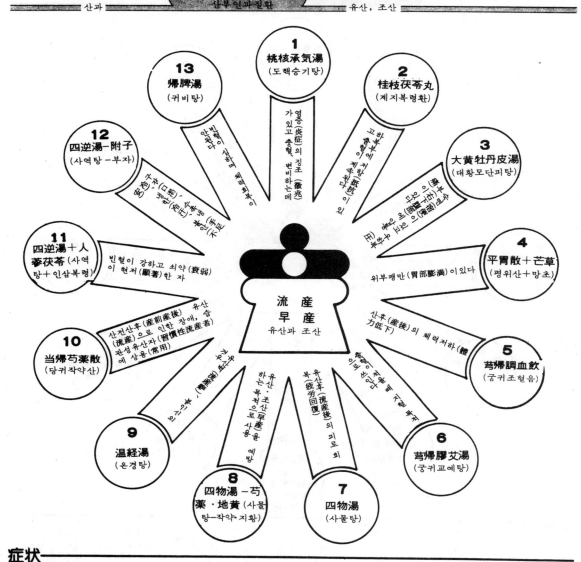

流産
早産
유산과 조산

1 桃核承気湯
(도핵승기탕)

2 桂枝茯苓丸
(계지복령환)

3 大黄牡丹皮湯
(대황모단피탕)

4 平胃散＋芒草
(평위산＋망초)

5 芎帰調血飲
(궁귀조혈음)

6 芎帰膠艾湯
(궁귀교예탕)

7 四物湯
(사물탕)

8 四物湯－芍薬・地黄
(사물탕－작약・지황)

9 温経湯
(온경탕)

10 当帰芍薬散
(당귀작약산)

11 四逆湯＋人蔘茯苓
(사역탕＋인삼복령)

12 四逆湯－附子
(사역탕－부자)

13 帰脾湯
(귀비탕)

가열증(炎症)이 있고 충혈(充血), 변비하는데

열증(炎症)의 징조(徵兆)

고 하복부의 계지(桂枝) 응용(應用)된다

모(또) 월경(月経)이 일어나는 (酸) 수순 (順)을

위부팽만(胃部膨満)이 있다

산후(産後)의 체력저하(體力低下)

유산후(流産後)의 피로회복(疲勞回復)

복유산후(流産後)의 피로회복

하는데 자궁(子宮)으로 인한 조산(早産)을 예방 주로 조산(早産)에 사용용

산전산후(産前産後)의 유산(流産)으로 인한 장애, 습관성유산자(習慣性流産者)에 상용(常用)

빈혈이 강하고 쇠약(衰弱)이 현저(顯著)한 자

몸이 수족(手足)이 차며(冷) 맥침(脈沈) 미약(微弱)한 자

빈혈이 심하며 불안(不安)해 한다

症状

유산：수태후(受胎後) 7개월이내에 분만(分娩)하는 것을 유산(流産)이라 한다. 태아(胎兒)가 이미 죽어 있는 수가 많다. 4개월以前은 태반(胎盤)이 미완성(未完成)이므로, 증상(症状)으로는 소량(小量)의 출혈이 있은 다음 下腹部의 중압감(重壓感)이 얼마간 계속되고, 동통발작(疼痛發作)과 함께 출혈(出血)과 육괴상(肉塊狀)의 배설물이 나온다.
조산(早産)：8, 9개월까지의 분만(分娩)을 말한다. 정상분만(正常分娩)은 평균 40週이므로 조산아(早産兒)의 경우는 세심(細心)한 주의(注意)를 기우리지 않으면 자라지 못한다. 5개월 이후의 유산(流産)과 조산(早産)은 정상분만과 거의 같은 경과를 거친다.

註：유산(流産)과 조산(早産)을 일으키는 원인은 첫째로 태아(胎兒)의 사망이다. 매독(梅毒)이나 영양실조(營養失調), 소모성질환(消耗性疾患) 등의 모태(母胎)의 영향으로 태아가 죽으면 유산(流産)을 하게 된다. 그리고 임신중(妊娠中)의 불섭생(不攝生), 복부(腹部)에 대한 외부로부터의 랄극(刺戟), 종양(腫瘍)이나 성기염증(性器炎症) 등도 유인(誘因)이 된다.

1 産科 (산과) — Ⅳ 産婦人科疾患 (산부인과질환) — ❸乳腺炎 (유선염)

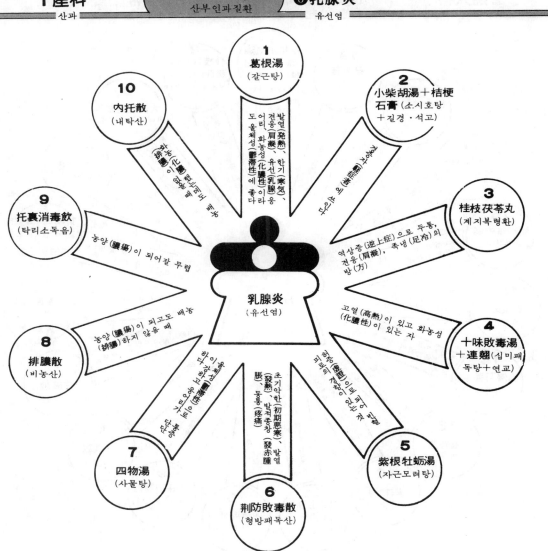

중심: 乳腺炎 (유선염)

1 葛根湯 (갈근탕)
2 小柴胡湯＋桔梗 石膏 (소.시호탕＋길경·석고)
3 桂枝茯苓丸 (계지복령환)
4 十味敗毒湯＋連翹 (십미패독탕＋연교)
5 紫根牡蛎湯 (자근모려탕)
6 荊防敗毒散 (형방패독산)
7 四物湯 (사물탕)
8 排膿散 (비농산)
9 托裏消毒飲 (탁리소독음)
10 內托散 (내탁산)

症状━━━━

　유두(乳頭)의 오염(汚染)이나 전신적질환(全身的疾患)으로부터 혈행성(血行性)으로 오는 화농성유선염(化膿性乳腺炎)은 주의하지 않으면　유선(乳腺)을 파괴(破壞)하여 유즙분비(乳汁分泌)가 장애될 뿐만 아니라 유아(乳兒)에게도 나쁜 영향을 미친다. 울체성(滯性)의 것은 세균(細菌)의 감염을 조장(助長)하기 쉽다.

　울체성鬱滯性()의 것은 발열(發熱), 유선의 종창(腫脹), 동통(疼痛), 발적(發赤), 단단한 종류를 알 수 있다. 화농성(化膿性)의 것은 고열을 발하고 한기(寒気)가 들고　몸이 떨린다. 유선(乳腺)은 울체성(鬱滯性)의 것보다 증상이 강하고, 시일을 경과(經過)하면 농양(膿瘍)이 생기며 파동을 알 수 있다. 또한 액하나 경부(頸部)의 임파선이　붓는다.

2 婦人科 (부인과) ── Ⅳ 産婦人科疾患 (산부인과질환) ── ❶ 月経異常 (월경이상)

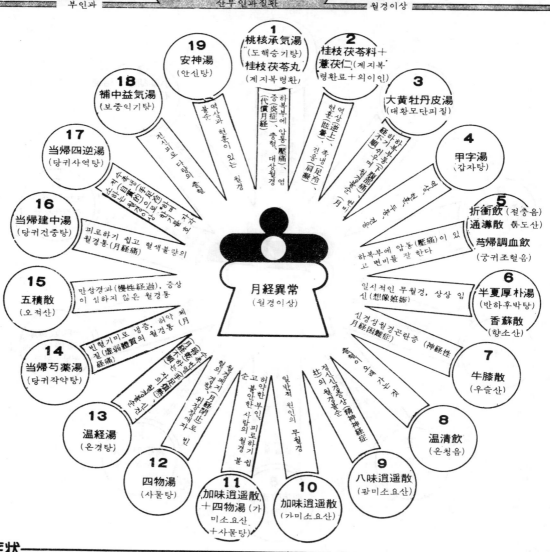

円 도표 (월경이상, 月経異常)

1. 桃核承気湯 (도핵승기탕) 桂枝茯苓丸 (계지복령환) ── (代償月経) 하복부에, 압통(壓痛)、요통(腰痛)、충혈(충혈)、대상월경、(炎症症)
2. 桂枝茯苓料＋薏苡仁 (계지복령환료＋의이인)
3. 大黃牡丹皮湯 (대황모단피탕)
4. 甲字湯 (갑자탕)
5. 折衝飲 (절충음) 通導散 (통도산) 芎帰調血飲 (궁귀조혈음) ── 하복부에 압통(壓痛)이 있고 변비를 잘 한다
6. 半夏厚朴湯 (반하후박탕) 香蘇散 (향소산) ── 일시적인 무월경, 상상 임신(想像姙娠)
7. 牛膝散 (우슬산) ── 신경성월경곤란증(神経性月経困難症)
8. 温清飲 (온청음) ── 정신신경장애(精神神経症)
9. 八味逍遥散 (팔미소요산) ── 정신신경장애(精神神経症)의 월경이상
10. 加味逍遥散 (가미소요산) ── 일반적 원인의 무월경
11. 加味逍遥散＋四物湯 (가미소요산＋사물탕) ── 순조하지 못한 부인, 피로하기 쉬운 사람의 월경이 불순
12. 四物湯 (사물탕) ── 위장허약(胃腸虚弱)으로 빈혈
13. 温経湯 (온경탕) ── 허약한 부인, 피로하기 쉬운 체질(体質)의 월경통(月経痛)
14. 当帰芍薬湯 (당귀작약탕) ── 빈혈기미로 냉증, 허약 체질(虚弱體質)의 월경통(月経痛)
15. 五積散 (오적산) ── 만성경과(慢性経過), 증상이 심하지 않은 월경통
16. 当帰建中湯 (당귀건중탕) ── 피로하기 쉽고 혈색불량의 월경통(月経痛)
17. 当帰四逆湯 (당귀사역탕) ── 진한지히 다량의 하혈
18. 補中益気湯 (보충익기탕) ── 불순
19. 安神湯 (안신탕) ── 역상과 현훈이 있는 월경

症状 ─────

· 월경이상(月経異常)으로 들 수 있는 것은 다음과 같다. 월경곤란증(月経困難症), 무월경(無月経), 대상월경(代償月経), 조발월경(早発月経), 희발월경(稀発月経), 과소월경(過小月経), 빈발월경(頻発月経), 과다월경(過多月経) 등.

월경곤란증(月経困難症) : 월경시에 하복부(下腹部)나 요부(腰部)에 강한 동통(疼痛)이 일어나며 그 원인은 대체로 다음의 세가지로 나누어진다. 〈기계적〉 器械的인 것, 외자궁구협착(外子宮口狭窄), 자궁발육부전(子宮発育不全), 과도전계(過度前屈), 자궁근종(子宮筋腫) 등으로 인한 것, 염증성(炎症性)의 것 : 자궁내막염(子宮内膜炎), 골반복막염(骨盤腹膜炎), 부속기염(附属器炎) 등으로 인한 것. 신경질적인 부인, 정신과로(精神過労), 히스테리, 신경쇠약(神経衰弱), 위황병(萎黄病) 등으로 인한 것.

무월경(無月経) : 국소적원인(局所的原因) 생식기(生殖器)의 발육부전(発育不全)이 주이며, 기타 생식기(生殖器)의 폐색증(閉塞症), 란소증환(卵巣症患), 자궁점막(子宮粘膜)의 위축(萎縮) 등. 〈일반적원인〉 영양장애(営養障碍), 빈혈, 위황병(萎黄病), 급성전염병, 정신병, 만성신장염(慢性腎臟炎), 지방과다증 등. 〈기능적원인〉 정신격동(경악, 공포, 비애) 등.

대상월경(代償月経) : 월경이 올 무렵에 비(鼻), 위(胃), 장(腸), 폐(肺) 등으로부터 주기적으로 출혈하여 육혈(衄血)이 되거나, 또는 토혈(吐血), 하혈(下血)객혈(喀血) 등이 되는 것.

2 婦人科 부인과 ｜ **Ⅳ 産婦人科疾患** 산부인과질환 ｜ **❷ 子宮内膜炎** 자궁내막염

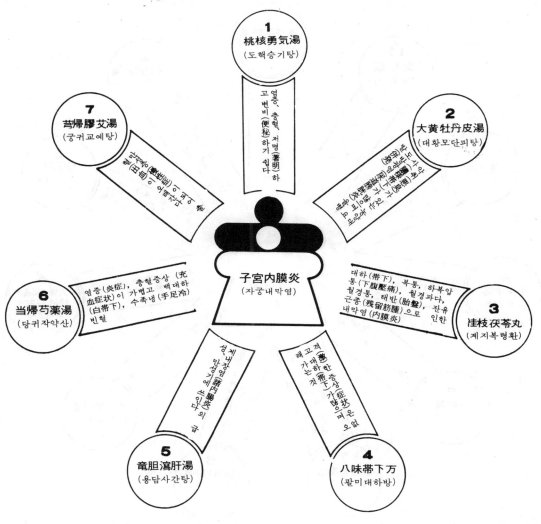

中央: 子宮内膜炎 (자궁내막염)

1. 桃核勇気湯 (도핵승기탕)
고열증, 충혈, 저명(著明)하고 번비(便秘)하기 쉽다

2. 大黄牡丹皮湯 (대황모단피탕)
통증이 심하고 어혈(瘀血)의 급성증(急性症), 변비(便秘)가 있고, 피가 모여있는 사람 (附結)

3. 桂枝茯苓丸 (계지복령환)
대하(帶下), 복통, 하복압통(下腹壓痛), 월경과다, 월경통, 태반(胎盤), 잔유근종(殘留筋腫), 내막염(内膜炎)으로 인한

4. 八味帯下丸 (팔미대하방)
격증(劇症)한 대하(帶下)증상(症状)은 없으며 오래 가는 것

5. 竜胆瀉肝湯 (용담사간탕)
성기내장염만성기(諸内臟炎)에 쓰인다의 급

6. 当帰芍薬湯 (당귀작약산)
염증(炎症), 충혈증상(充血症状)이 가볍고 백대하(白帯下), 수족냉(手足冷) 빈혈

7. 芎帰膠艾湯 (궁귀교애탕)
하혈(下血)을 수반(隨伴)하는 자궁출혈(子宮出血)

症状

자궁내막염(子宮内膜炎)의 원인이 되는 것은 임균(淋菌), 대장균(大膓菌), 포도구균, 연쇄구균(連鎖球菌), 등이 질(膣)쪽에서부터 전염되어 내막(内膜)에 염증(炎症)을 일으킨 것이다. 세균에 의하지 않은 내막염(内膜炎)은 전신의 혈행장애(血行障碍), 불섭생(不攝生), 자궁위치이상(子宮位置異常), 태반잔류(胎盤殘留), 자궁근종(子宮筋腫), 연중독(鉛中毒)의 경우에도 발생하는 수가 있다.

내막에 염증이 일어나면 하복부(下腹部)에 불쾌감이 있고, 기분도 좋지 않으며, 분비물이 많아져 황백색농양(黃白色膿様), 또는 혈액(血液)이 섞인 백대하가 있으며, 때로는 악취를 뿜는다. 따라서 외음부(外陰部)가 습해 가려움을 느끼고, 그것이 만성(慢性)이 되면 월경통(月經痛)이나 월경과다(月經過多), 성교시출혈(性交時出血) 등이 일어난다.

註 : 자궁내막염(子宮内膜炎)은 골반복막염(骨盤腹膜炎), 자궁주위염(子宮周圍炎), 란관염(卵管炎), 뇨도방관염(尿道膀胱炎), 질염(膣炎) 등을 합병(合併)하는 수가 있다.

2 婦人科 부인과 〔Ⅳ 産婦人科疾患 산부인과질환〕 ❸ 不妊症 불임증

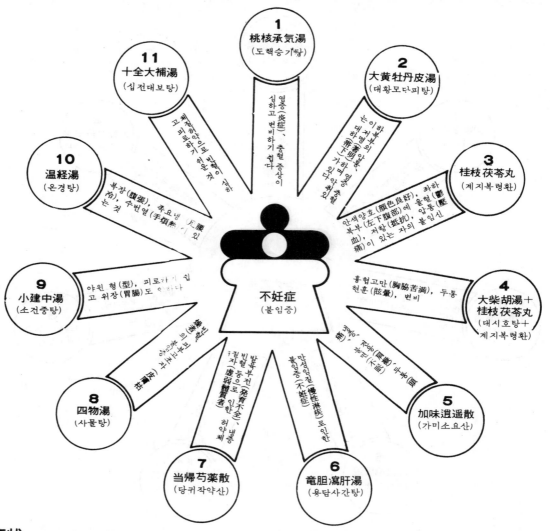

1 桃核承気湯 (도핵승기탕)
2 大黄牡丹皮湯 (대황모단피탕)
3 桂枝茯苓丸 (계지복령환)
4 大柴胡湯＋桂枝茯苓丸 (대시호탕＋계지복령환)
5 加味逍遙散 (가미소요산)
6 竜胆瀉肝湯 (용담사간탕)
7 当帰芍薬散 (당귀작약산)
8 四物湯 (사물탕)
9 小建中湯 (소건중탕)
10 温経湯 (온경탕)
11 十全大補湯 (십전대보탕)

不妊症 (불임증)

症状

여자측불임증(女子側不姙症)의 원인으로는 선천성(先天性) 혹은 후천성질폐쇄, 음문폐쇄(陰門閉鎖), 질경(膣痙), 자궁구(子宮口) 및 경관협소(頸管狹小), 자궁근종(子宮筋腫) 질카타르, 방광질루(膀胱膣瘻), 자궁내막염(子宮內膜炎), 자궁위치이상(子宮位置異常), 자궁종양(子宮腫瘍), 란관수종(卵管水腫), 만성란소염(慢性卵巢炎), 란소종양(卵巢腫瘍) 골반복막염(骨盤腹膜炎), 지방과다증(脂肪過多症), 위황병(萎黃病), 모르핀 중독, 히스테리, 불감증(不感症), 자궁발육부전(子宮發育不全), 악액질(惡液質)등 한방의 내복치의료 대상이 되는 것은 위에 든 원인중에서만 만성(慢性)의 경과를 거치고 있는 자궁내막염(子宮內膜炎), 위치이상(位置異常), 골반복막염(骨盤腹膜炎), 발육부전(發育不全) 냉병(冷病), 성감결핍(性感欠乏)등이다. 병증에 따라 적당한 약(藥)을 수개월 복용(脂用)하면 자각증(自覺症)의 호전, 체질개선과 함께 임신이 가능한 상태로 이끌 수 있다.

註 : 어혈(瘀血＝血行障碍, 停滯); 수독(水毒＝水分의 代謝異常)으로 인한 생리불순(生理不順)이나 냉증(冷症), 빈혈(貧血), 자궁발육부전(子宮發育不全), 내장장애(內臟障碍) 등을 고침으로써 허약체질(虛弱体質)을 개선하고 임신할 수 있는 조건을 조정하는 것이 한방치료이다.

2 婦人科 (부인과)　Ⅳ 産婦人科疾患 (산부인과질환)　❹更年期障害 (갱년기장해)

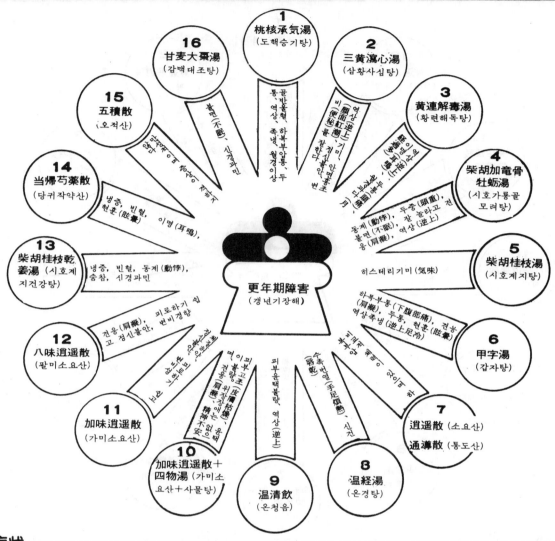

症狀

　　란소기능(卵巢機能)이 쇠퇴하여 위축(萎縮)되고, 다른 내분비장기와의 협조가 깨어져 특히 란소(卵巢)와 밀접한 관계에 있는 갑상선(甲狀腺)이나 뇌하수체(腦下乘體), 부신등에 영향을 미쳐 혈관신경성(血管神經性)의 변화나 정신적변화(精神的變化)가 일어나고, 전신에 여러가지의 고통이 나타난다. 대개 42～48세(歲)에 이르는 기간에 일어나는 수가 많은데, 이것을 갱년기장애(更年期障碍)라고 부른다. 전신증상으로는 견응(肩凝)과 두 통(頭痛)이다. 또한 어지럽거나 때때로 역상감(逆上感)이 있으며, 심계항진(心悸亢進)이 일어나 동계(動悸)를 느끼며, 심장부(心臟部)의 압박감이 일어나고, 왕왕 혈압이 높아진다. 갱년기장애(更年期障碍)는 1～3년 지속되면서 갖가지 잡다한 증상(症狀)이 나타나지만, 모두 월경폐지(月經閉止)가 수반되는 여성생식기능소실시기의 특유한 것이다.

　　註：한방에서는, 갱년기장애에서 볼 수 있는 증상은 하복부의 울혈(鬱血)과 이에 따라 일어나는 신경 증상이 병발된 것으로 진단된다. 울혈증상을 제거하기 위해서는 정혈제(淨血劑), 신경증상을 제거하기 위해서는 기「氣」의 순행(循行)을 좋게하는 순기제(順氣劑), 거기에다 간뇌(間腦)에 작용하는 시호제(柴胡劑), 이것들을 종합해서 처방한 것을 쓴다. 이것으로 체내의 부조(不調)를 충분히 조절할 수가 있다.

2 婦人科 부인과　　Ⅳ 産婦人科疾患 산부인과질환　　❺ 血의 道症 혈,도증

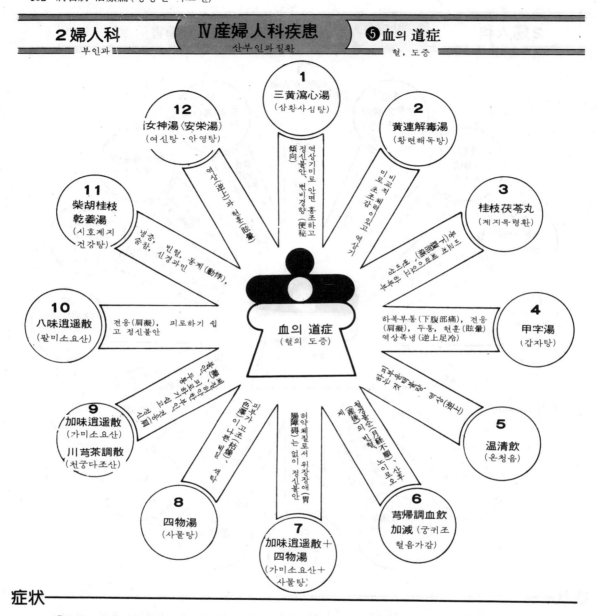

1 三黃瀉心湯 (삼황사심탕)

2 黃連解毒湯 (황련해독탕)

3 桂枝茯苓丸 (계지복령환)

4 甲字湯 (갑자탕)

5 溫淸飮 (온청음)

6 芎帰調血飮加減 (궁귀조혈음가감)

7 加味逍遥散＋四物湯 (가미소요산＋사물탕)

8 四物湯 (사물탕)

9 加味逍遥散 (가미소요산) 川芎茶調散 (천궁다조산)

10 八味逍遥散 (팔미소요산)

11 柴胡桂枝乾姜湯 (시호계지건강탕)

12 女神湯〈安栄湯〉 (여신탕·안영탕)

血의 道症 (혈의 도증)

症狀

　　「혈의 도」는 월경폐지기(月經閉止期)와는 관계없이 20세 무렵부터 볼 수 있다. 백귀야행(百鬼夜行)모양으로 기상천외(奇想天外)한 증상(症狀)을 호소하는데, 모두 성기관(性器官)의 기능(機能)에 어떠한 관련을 가지고 발하는 것이 많다.

　　어혈(瘀血)의 치료(治療)에 의해 호전하는 경우와 기(気)의 울체(鬱滯)를 회류 시키는 방제(方濟)를 써서 쾌유(快癒)시키는 경우가 있다.

註：하복부의 울혈증상(鬱血症狀), 골반충혈(骨盤充血)로 인한 신경증상이 많다.

V 皮膚·性病科疾患
피부·성병과질환

1 皮膚病 피부병 **❶湿疹** 습진

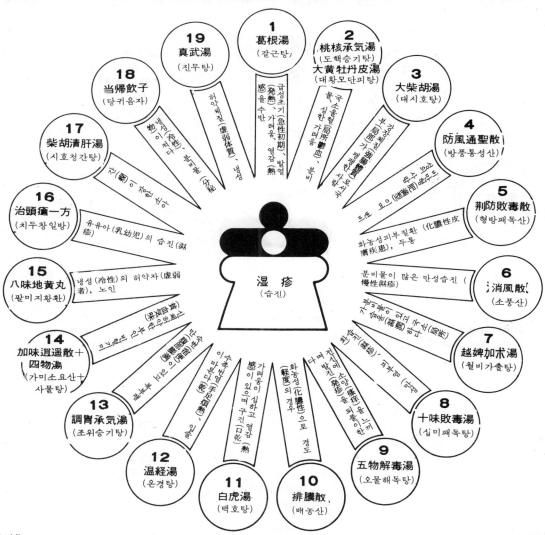

중앙: 湿疹 (습진)

1 葛根湯 (갈근탕) — 급성초기(急性初期)·발열(發熱) 감을 수반, 가려움, 열감 등

2 桃核承気湯 (도핵승기탕) / 大黄牡丹皮湯 (대황모단피탕)

3 大柴胡湯 (대시호탕)

4 防風通聖散 (방풍통성산)

5 荊防敗毒散 (형방패독산) — 화농성피부질환(化膿性皮膚疾患), 두통

6 消風散 (소풍산) — 분비물이 많은 만성습진(慢性濕疹)

7 越婢加朮湯 (월비가출탕)

8 十味敗毒湯 (십미패독탕)

9 五物解毒湯 (오물해독탕)

10 排膿散 (배농산) — 화농성의 화농성(化膿性)으로 경도

11 白虎湯 (백호탕) — 감·가려움이 심하고 열감(熱感)이 있으며 구건(口乾)

12 温経湯 (온경탕)

13 調胃承気湯 (조위승기탕)

14 加味逍遥散+四物湯 (가미소요산+사물탕)

15 八味地黄丸 (팔미지황환) — 냉성(冷性)의 허약자(虛弱者), 노인

16 治頭瘡一方 (치두창일방) — 유유아(乳幼児)의 습진(濕疹)

17 柴胡清肝湯 (시호청간탕) — 선병질(腺病質)이 짙다, 분비물(分泌)

18 当帰飲子 (당귀음자) — 건조성(乾燥性)이 짙다

19 真武湯 (진무탕) — 허약체질(虛弱体質), 냉성

症状

피부병(皮膚病)중에서 가장 많이 볼 수 있는 질환(疾患)이다. 원인으로는 걸리기 쉬운 체질(體質)이 있는데다가 기계적(器械的)인 마찰(摩擦), 한(汗), 농(膿) 또는 약품 등의 자극(刺戟)이 가해지거나, 세균(細菌)이 부착되는 것을 들 수가 있다.

급성습진(急性濕疹)은 처음에 경도(輕度)의 홍반(紅斑)을 발하고, 이어 작은 구진(丘疹)이 생겨 수포를 이루게 되며, 대개 국소(局所)는 습윤해진다. 수포(水疱)는 농포(膿疱)로 변하기 쉽다. 그리고 심하게 가렵다.

만성습진(慢性濕疹)은 경과가 한결같이 않으며, 재발(再発)하기 쉽다. 피부가 두터워져 있고, 다소 암갈색(暗褐色)을 나타내게 된다. 또한 늘 가려움이 따른다.

註：만성습진(慢性濕疹)의 경우, 薬을 복용하면 일시적으로 증상이 악화되는 수가 있다. 한방에서는 이것을 명현(瞑眩)이라고 한다. 즉 병에 진동을 주어 고치는 작용이다. 명현작용이 나타난 사람은 양을 줄이면서 복음(服飲)하면 차츰 나아진다.

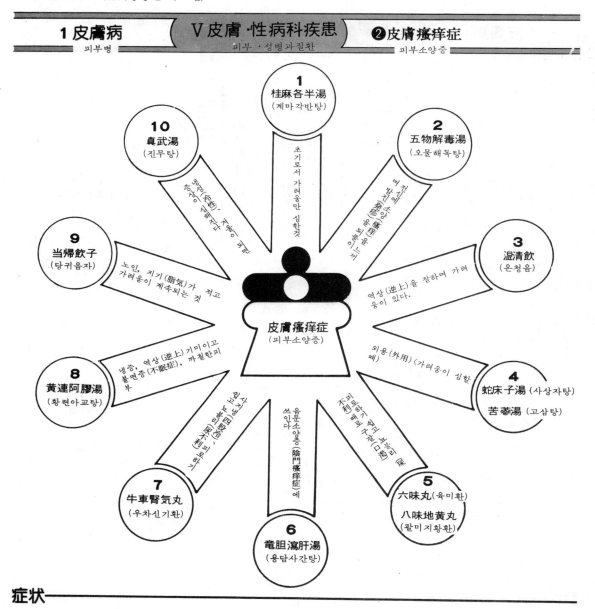

症狀

전신(全身)에 가려움을 느끼는 병이다. 그 때문에 항상 긁은 자리가 잘못되고, 습진도 함께 생기기 쉽다. 노인(老人)은 피부에 지기(脂気)가 적으므로 특히 일어나기 쉽다. 일반적으로 기후(気候)와 관계되며, 동계(冬秀), 하계(夏秀)에 증오하는 사람이 많다. 그리고 부인들은 월경(月經)과 관계(関係)된다. 결핵(結核), 황단(黃疸), 당뇨병, 신장병, 등을 수반해서 일어나는 수도 있다.

註:음문이나 항문에 한해서 발하는 것이다.

1 皮膚病
피부병

V 皮膚·性病科疾患
피부·성병과질환

❸ 蕁麻疹
담마진

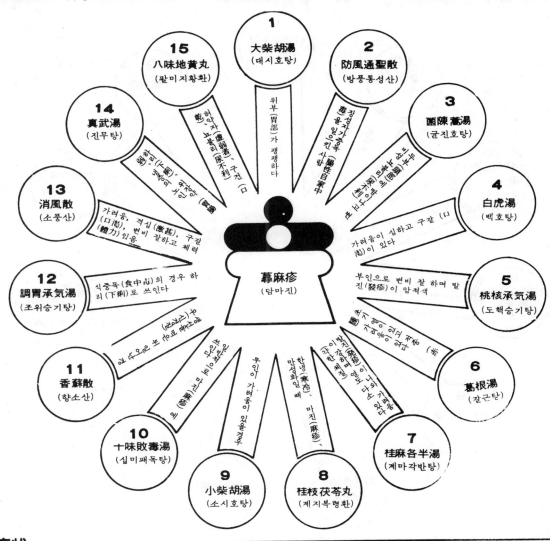

중앙: 蕁麻疹 (담마진)

- **1** 大柴胡湯 (대시호탕) — 위부(胃部)가 팽팽하다
- **2** 防風通聖散 (방풍통성산) — 정장작용을 일으킴으로 장성백가중(腸性白家中)의 사람
- **3** 茵陳蒿湯 (균진호탕) — 진전(疹)에 의한 황달(黄疸)
- **4** 白虎湯 (백호탕) — 가려움이 심하고 구갈(口渴)이 있다
- **5** 桃核承気湯 (도핵승기탕) — 부인으로 변비 잘 하며 발진(發疹)이 암적색
- **6** 葛根湯 (갈근탕) — 발진(發疹)이 나와 가려움이 심하며 열도 다소 있다
- **7** 桂麻各半湯 (계마각반탕) — 만성회일 때, 마진(麻疹)
- **8** 桂枝茯苓丸 (계지복령환) — 한냉(寒冷)
- **9** 小柴胡湯 (소시호탕)
- **10** 十味敗毒湯 (십미패독탕) — 인삼(參)의 마비에 쓰인다
- **11** 香蘇散 (향소산) — 부인이 가려움이 있을 경우
- **12** 調胃承気湯 (조위승기탕) — 식중독(食中毒)의 경우 하리(下痢)로 쓰인다
- **13** 消風散 (소풍산) — 가려움, 격심(激甚), 구갈(口渴), 변비 잘 하고 체력(體力) 있음
- **14** 真武湯 (진무탕) — 상충(上衝), 냉(冷)에의 노인
- **15** 八味地黄丸 (팔미지황환) — 허약자(虛弱者), 구건(口乾), 보불리(尿不利)

症状

피부의 혈관운동신경의 장애(障碍)로 일어나는데, 이것은 일어나기 쉬운 소인(素因)이 있는데다가 거기에 갖가지의 유인(誘因)이 가해지면 발병(發病)한다. 벼룩이나 모기의 자상, 모충, 아(蛾(나방)), 기타 여러가지의 식물과의 접촉, 한냉 또는 열기능의 자극으로도 일어난다.

또한 내인적(內因的)으로는 새우, 게, 패(貝)(조개), 다랑어, 고등어, 기타 특수한 음식물이 유인(誘因)이 된다. 이 경우는 위장장애가 있는 사람에게 일어나기 쉽다.

註 : 심마진(蕁麻疹)이 생기기 쉬운 것은 알레르기 체질의 사람인데, 위장이 약한 사람이나 위장장애가 있는 사람도 생기기 쉽다. 한방에서는 알레르기체질을 개선하여 내장활동을 정상적으로 해줌으로써 심마진(蕁麻疹)을 완치시킨다.

1 皮膚病 (피부병)　Ｖ 皮膚·性病科疾患 (피부·성병과질환)　❹ 面皰·痤瘡 (여드름) (면포, 좌창)

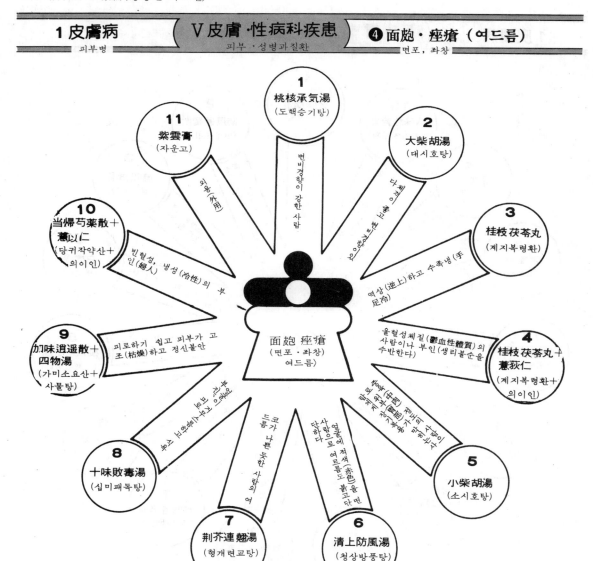

症状

　　청춘기의 한창 발육(發育)할 나이때,　피지(皮脂)의 분비물(分泌物)이 많아짐 으로써 일어난다. 위장장애(胃腸障碍), 변비(便秘) 등도 그 유인(誘因)이 된다.
　　면포(面皰)는 모공(毛孔)과 일치해서 율립(栗粒) 정도의 키기로 청흑색의 융기(隆起)된 점이 되어 나타난다. 그리고 그 둘레를 세게 누르면 각질(角質)과 피지(皮脂)로 된 지방(脂肪)의 작은 덩어리가 나온다. 이 자리에 세균(細菌)이 묻어 감염되면 심상성좌창이된다.

　　註 : 면포(面皰) 그 자체는 발열도 하지 않고, 통증이나 가려움도 심하지 않은 이상 피부병으로서 취급할 정도는 못된다. 다만 간접원인으로서 내장질환이 따르는 수가 많으므로 이러한 전신의 기능조정에 유의할 필요가 있다.

1 皮膚病　피부병　　**Ⅴ 皮膚・性病科疾患**　피부・성병과질환　　**⑤肝斑**　간반

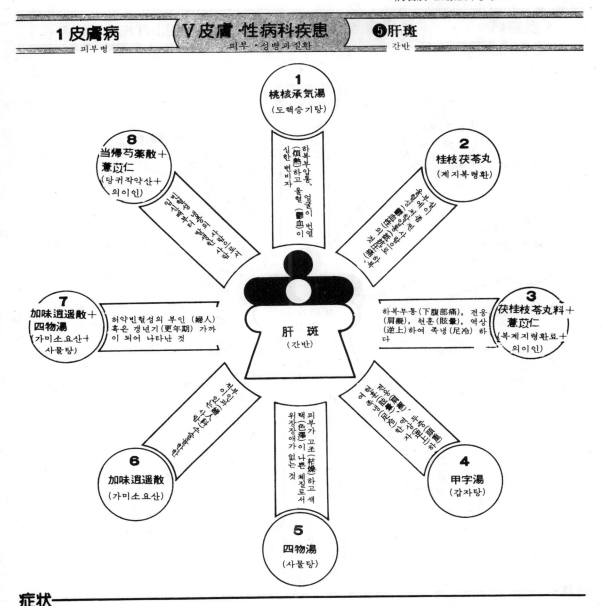

症状

　황백색 또는 암갈색의 불규칙한 모양을 한 색소반(色素斑)으로서, 흔히 이마, 관자놀이, 눈아래 따위에 나타난다.

〈임신성간반〉 임신 3～4개월쯤에서 나타나기 시작하여 차츰 진해진다. 분만(分娩)이 끝나면 사라지지만, 오래 가는 수도 있다. 〈자궁성간반〉 부인생식기병에서 오는 것. 〈악액성간반〉 암, 결핵, 선병질, 노인성위축, 알콜중독 등에서 오는 것. 〈중독성간반〉 요오드팅크나 발포고(發泡膏)를 붙인후에 생긴 것. 〈일광간반〉 일광의 직사(直射)로 생긴 것. 〈외상성간반〉 외상(外傷), 마찰, 소파(搔爬)등으로 인한 것.

註：원인은 확실하지 않으나 교감신경(交感神經)의 자극이나 내분비장애로 일어난다고 보고 있다. 한방에서는 간장장애를 고치고 어혈을 제거하는 것을 첫째로 하고, 체질에 따라 내장부분부터 조정해나가는 것을 시도해 본다.

1 皮膚病
피부병

〈Ⅴ 皮膚·性病科疾患〉
피부·성병과질환

❻ 頑癬 (버짐)·**汗疱状白癬**(무좀)
완선   한포상백선

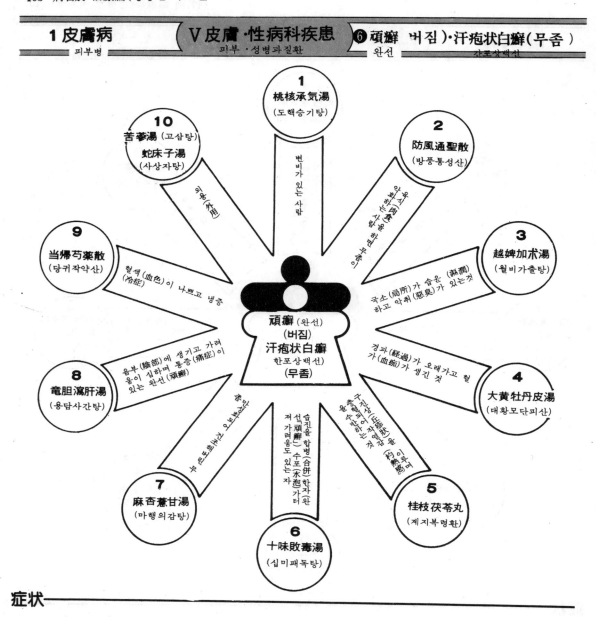

1 桃核承気湯
(도핵승기탕)

2 防風通聖散
(방풍통성산)

3 越婢加朮湯
(월비가출탕)

4 大黄牡丹皮湯
(대황모단피산)

5 桂枝茯苓丸
(계지복령환)

6 十味敗毒湯
(십미패독탕)

7 麻杏薏甘湯
(마행의감탕)

8 竜胆瀉肝湯
(용담사간탕)

9 当帰芍薬散
(당귀작약산)

10 苦参湯 (고삼탕)
蛇床子湯
(사상자탕)

頑癬(완선)
(버짐)
汗疱状白癬
한포상백선
(무좀)

변비가 있는 사람

국소(局所)가 습윤(湿潤)하고 악취(悪臭)가 있는것

경과(経過)가 오래가고 혈가(血痂)가 생긴 것

음부(陰部)에 생기고 가려움이 심하며 통증(痛症)이 있는 완선(頑癬)

혈색(血色)이 나쁘고 냉증(冷症)

외용(外用)

症状─────

　〈완선〉 백선균으로 인해 일어나는 것. 습진과 합병(合併)해서 일어나므로 가려움이 심하다. 음부(陰部)나 고간(股間)에 생기며, 하복부나 둔부에도 번지며, 유방 아래나 액하에 생기는 수가 있다. 중앙부는 암갈색이고, 구진(丘疹), 소수포, 혈가(血痂), 인설등이 혼재하며, 그 주위는 붉게 솟아 있다. 〈한포상백선〉 역시 백선균의 감염으로 인해 일어난다. 발한이상(発汗異常)에 의해 손바닥, 발바닥 등에 한포(汗疱)가 생기면 감염되기 쉽다.

　습진과 합병(合併)하기도 하고, 화농균의 감염으로 인해 임파관염, 임파선염을 일으키는 수도 있다.

註:한방에서는 피부병을 습성과 건성으로 구별해서 치료한다. 다시 이 습성과 건성을 각각 양증과 음증으로 나누어 치료한다.

1 皮膚病
피부병

V 皮膚·性病科疾患
피부·성병과질환

❼表皮角質症
표피 각질증

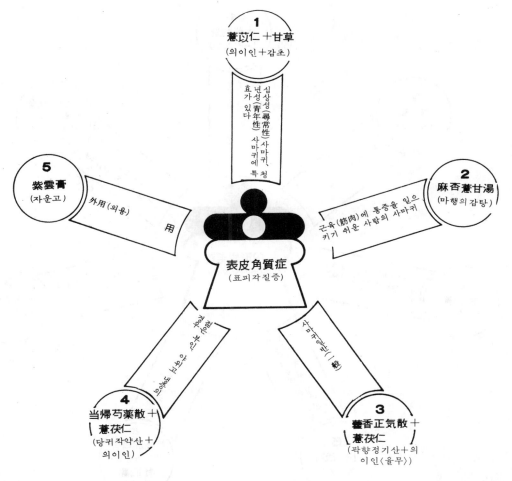

症状

　사마귀, 못(병지), 티눈은 모두가 표피(表皮)의 변화로 인해 생기는 것이므로 이들을 총칭(總稱)해서 「표피각질증」이라고 한다.
〈심상성사마귀〉 표면이 까실까실하며, 소년들에게 생기기 쉽다. 〈청년성사마귀〉 편평하고 매끈하게 융기(隆起)되고, 청년층에 많이 볼 수 있다. 〈노인성사마귀〉 50세이하의 남자에게 흔히 생기며, 좀처럼 자연소실(自然消失)하지를 않는다. 〈못, 티눈〉 피부의 어느 부분이 기계적인 자극이나 압박을 되풀이 가(加)해짐으로써 그 부분이 각질화(角質化)되고 두터워지는 것이다. 대개는 손바닥이나 발바닥에 생긴다. 넓고 평평한 것이 못이고, 주로 발바닥에 생긴다. 티눈은 증식(增殖)된 각질(角質)이 족저(足底)나 지간(指間)에 있으며 안쪽으로 파고 든 것이다.

1 皮膚病 (피부병) **Ⅴ 皮膚·性病科疾患** (피부·성병과질환) **❽円形脱毛症** (원형탈모증)

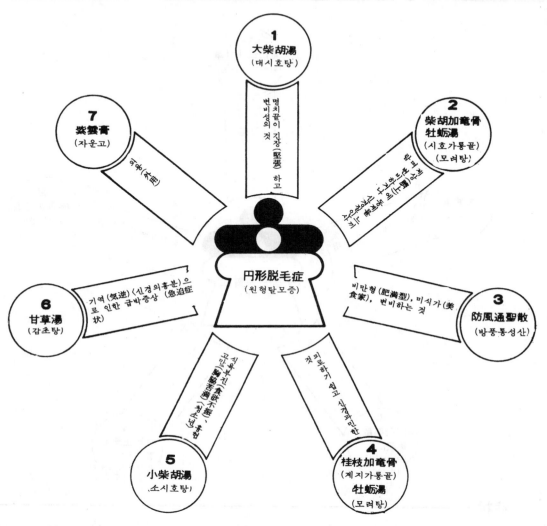

1
大柴胡湯
(대시호탕)

명치끝이 긴장(堅張)하고 변비성의 것

2
柴胡加竜骨
牡蛎湯
(시호가룡골)
(모려탕)

신경과민으로 놀라기 쉽고 변비성의 것

7
紫雲膏
(자운고)

외용(外用)

円形脱毛症
(원형탈모증)

비만형(肥満型), 미식가(美食家), 변비하는 것

3
防風通聖散
(방풍통성산)

6
甘草湯
(감초탕)

기역(氣逆)(신경의 흥분)으로 인한 급박증상(急迫症状)

피로하기 쉽고 신경과민한

4
桂枝加竜骨
(계지가룡골)
牡蛎湯
(모려탕)

식욕부진(胸脇苦満·食慾不振), (청수함)

5
小柴胡湯
(소시호탕)

症状

도형탈모증은 원인이 불명인데, 내분비의 장애, 장신적인 쇼크, 병의 전염등을 들 수 있다고 보는데, 이들 요인(要因)이 모두 포함되어 있는 것이 아닌가 보고 있다. 또는 국소영양장애라고 보기도 한다. 영양(營養)을 콘트롤하는 신경이 장애를 일으켜 국소적(局所的)으로 탈모(脱毛)된다는 뜻이겠다.

註 : 한방에서 본다면 원형탈모증은 역상이 모근을 자극하기 때문에 일어나는 현상이다. 역상의 증상은 안면의 홍조, 눈의 충혈, 상반신의 열감, 두통, 두중(頭重), 비혈(鼻血), 구갈(口渴), 현훈(眩暈), 견응(肩凝), 동계(動悸) 등으로서 열성, 충혈성을 수반하는 증상일 경우가 많다. 따라서 역상증상을 내리게 하면 모발은 다시 생겨나는 것이다.

V 皮膚·性病科疾患

2 性病 성병

V 皮膚·性病科疾患

❶性病 성병

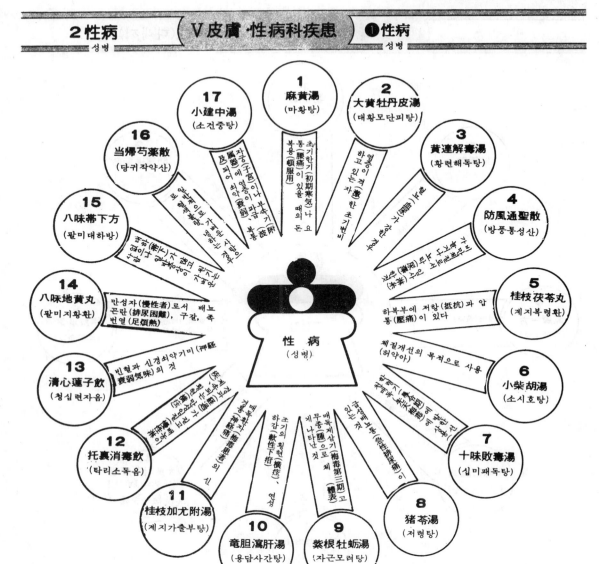

性病 (성병)

1 麻黄湯 (마황탕)

2 大黄牡丹皮湯 (대황모단피탕)

3 黄連解毒湯 (황련해독탕)

4 防風通聖散 (방풍통성산)

5 桂枝茯苓丸 (계지복령환)

6 小柴胡湯 (소시호탕)

7 十味敗毒湯 (십미패독탕)

8 猪苓湯 (저령탕)

9 紫根牡蛎湯 (자근모려탕)

10 竜胆瀉肝湯 (용담사간탕)

11 桂枝加尤附湯 (계지가출부탕)

12 托裏消毒飲 (탁리소독음)

13 清心蓮子飲 (청심련자음)

14 八味地黄丸 (팔미지황환)

15 八味帶下方 (팔미대하방)

16 当帰芍薬散 (당귀작약산)

17 小建中湯 (소건중탕)

症状

〈淋菌〉임균〈淋菌〉의 직접접종(直接接種)에 의해 일어나는 비뇨기(泌尿器)와 성기·(性器)의 특수한 염증(炎症)이다. 5일전후의 잠복기(潜伏期)를 거쳐 남자의 경우 뇨도염(尿道炎)으로 시작된다. 여자는 남자보다도 성기임질(性器淋疾)을 수반하는 수가 많으며, 전신증상(全身症狀)도 發하고, 불임증(不妊症)의 원인이 되기도 한다. 임독성전립선염(淋毒性前立腺炎) 급성뇨도림(急性尿道淋)에 속발(續發)하는 수가 많으며, 드물기는 하 지만 과도한 자극(刺戟)에 의해 직장(直腸)으로 부터 균(菌)이 들어온다. 매독(梅毒) 병원체인 스필로헤타·파리다가 피부 및 점막(粘膜)의 작은 창구로 침입해서 발병하는 성병이다. 주로 불결(不潔)한 성행위(性行爲)에 의해 외음부(外陰部)에 원발(原發)하는수가 많다. 연성하감(軟性下疳) 성병의 일종으로 불결한 성행위에 의해 쥬크레한균(菌)이 직접 감염되어 일어난다. 횡현(橫痃)·가래톳 연성하감(軟性下疳), 매독(梅毒)의 갱성하감(硬性下疳) 또는 임질에 속발하는 서혜부(鼠蹊部)의 임파선염.

Ⅵ 眼科疾患 안과질환　　❶麦粒腫(다래끼) 맥립종

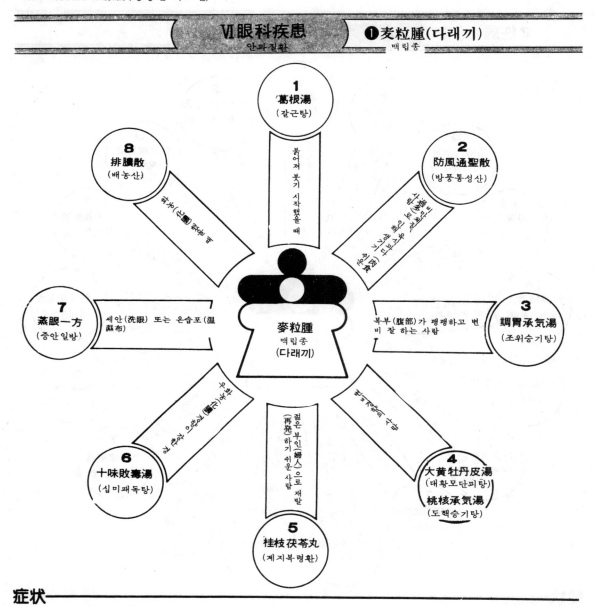

1
葛根湯
(갈근탕)

붉어져 붓기 시작했을 때

8
排膿散
(배농산)

화농(化膿) 됐을 때

2
防風通聖散
(방풍통성산)

체질이 건강하고 변비(便秘)가 있는 사람

7
蒸眼一方
(증안 일방)

세안(洗眼) 또는 온습포(温濕布)

3
調胃承気湯
(조위승기탕)

복부(腹部)가 팽팽하고 변비 잘 하는 사람

6
十味敗毒湯
(십미패독탕)

화농증향이 강한 사람

麥粒腫
맥립종
(다래끼)

5
桂枝茯苓丸
(계지복령환)

젊은 부인(婦人)으로 재발(再發)하기 쉬운 사람

4
大黄牡丹皮湯
(대황모단피탕)
桃核承気湯
(도핵승기탕)

변비가 심한 사람

症状

　　포도구균(球菌)이 첩모근원(睫毛根元)의 지방구(脂肪球)에 들어가 화농(化膿)을 일으키는 병이다. 처음에는 작고 붉게 붓는데, 이것이 차츰 커지면서 아프고 열감(熱感)을 수반하게 된다.
　　안구결막(眼球結膜)에 부종(浮腫)을 수반하는 수도 있다. 검연(瞼縁)에 가까이 경결(硬結)이 생기고, 차츰 농점(膿點)이 나타난다. 3~4 일후에 배농(排膿)하고 낫는다. 재발하기 쉽고, 자꾸 이어 생기는 사람도 있다.

　　註 : 한방에서는 경증인 경우는 갈근탕(葛根湯), 화농경향이 강한 경우는 십미패독산(十味敗毒湯), 화농이 오래 가면 배농산(排膿散) 등, 종합적인 판단에 따라 체조회복을 위한 처방을 결정한다.

VI 眼科疾患
안과질환

❷眼瞼緣炎(진무른 눈)
안검연염

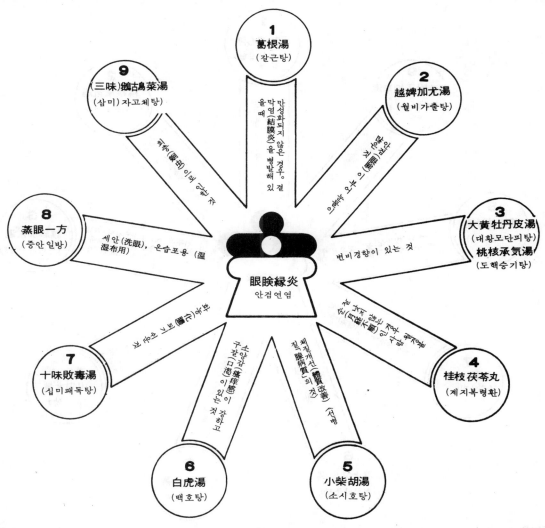

症状

포도구균(球菌)의 감염(感染), 누랑염(淚囊炎), 비염(鼻炎), 습윤(濕潤), 한냉(寒冷) 등의 자극, 만성결막염(慢性結膜炎), 트라홈 등이 원인이 되어 일어난다. 선병기 (腺病質)의 어린아이들이 잘 생긴다. 회충(蛔虫)으로 인하는 수도 있다. 첩모(睫毛)의 근원에 인설(鱗屑)이 생겨 그 아래의 피부가 붉어지는 것, 궤양(潰瘍)으로 가피(痂皮)가 생기는 것 등이 있다. 만성(慢性)의 경우는 검연이 둥글고 비후(肥厚)하며, 마침내는 첩모 (睫毛)가 빠지는 것도 있다.

註 : 일반적안검(一般的眼瞼)의 소양(瘙痒), 유루(流淚) 등을 수반한다. 역첩(逆睫・첩모난생증「睫毛亂生症」)을 일으키는 수도 있다.

Ⅵ眼科疾患 안과질환 ❸結膜炎 결막염

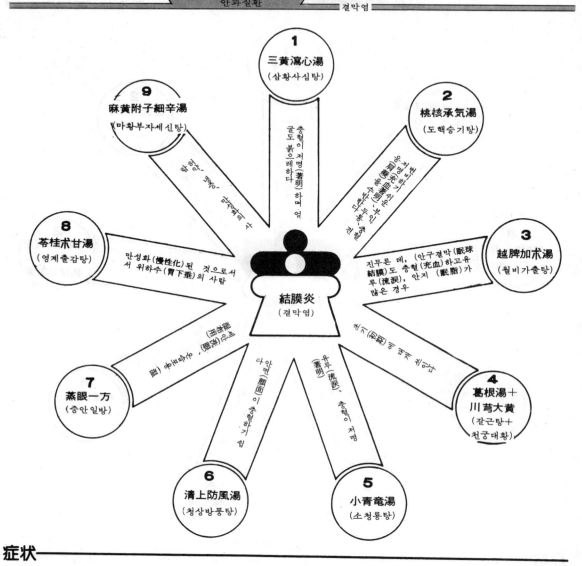

1 三黃瀉心湯 (삼황사심탕)
2 桃核承気湯 (도핵승기탕)
3 越脾加朮湯 (월비가출탕)
4 葛根湯＋川芎大黄 (갈근탕＋천궁대황)
5 小青竜湯 (소청룡탕)
6 清上防風湯 (청상방풍탕)
7 蒸眼一方 (증안일방)
8 苓桂朮甘湯 (영계출감탕)
9 麻黄附子細辛湯 (마황부자세신탕)

結膜炎 (결막염)

症状

　　세균감염으로 인해 일어나는 수가 많다. 기타 외상(外傷), 먼지, 이물(異物), 약물(藥物), 화분(花粉), 광선(光腺) 등의 자극으로 일어나는 것도 있다. 또한 영양부족이나 눈의 과로로 유인이 된다. 비염(鼻炎)으로 인한 것, 안첩연염(眼瞼緣炎・진무른 눈) 이나 습진(濕疹) 등의 피부병에 병발하는 수도 있다.

　　이물감(異物感), 눈이 부시거나, 눈꼽 등이 있고, 안첩결막(眼瞼結膜)이 붓거나 발적(發赤)이 일어나며, 안구결막도 충혈되어 때로는 출혈을 수반하게 된다.

　　한방치료(漢方治療)는, 일반안과의 처치(處置)로도 경과가 더디거나 좋지 않을 때, 또는 일반처치와 병용하면 좋다.

　　註 : 한방에서는 만성의 경우, 열이 있으므로 황련해독탕(黃連解毒湯)으로 열을 식힌다. 급성의 경우는 우선 갈근탕(葛根湯)으로 혈액순환을 좋게 한다. 눈병에는 보통 수독의 약이 잘 쓰인다. 가성근시(假性近視) 등의 경우에도 영계출감탕(苓桂朮甘湯)이나 오령산(五苓散)을 쓴다.

Ⅵ 眼科疾患 안과질환 ❹ 白內障 백내장

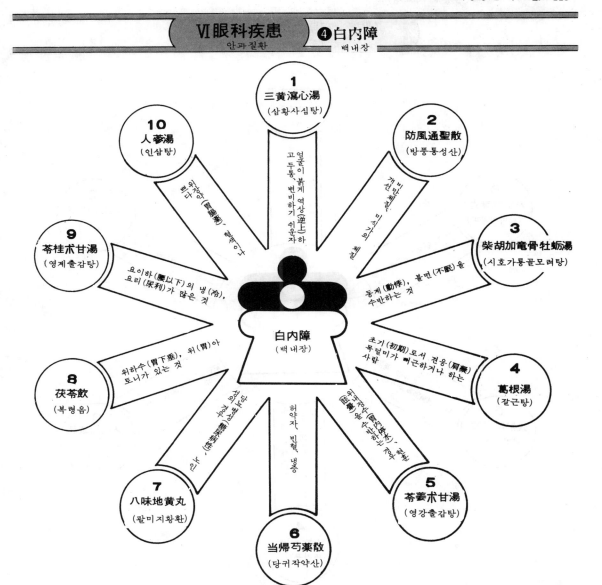

症状

수정체(水晶体)가 백탁(白濁)이 되어 시력장애(視力障碍)를 일으키는 병이다. 처음에는 비교증(飛蚊症), 다시증(多視症), 야맹증(夜盲症)을 나타내며, 차츰·안보이게 된다. 일반으로 노인성 변화(老人性變化)로써 일어나는 노인성백내장당뇨병(老人性白內障, 糖尿病)에 속발(續發)하는 당뇨병백내장 등이 많다.

한방의 치료대상이 되는 것은 이 두가지의 경우인데, 특히 초발(初發) 또는 미숙(未熟)의 시기이다.

註：한방에서는 노인성백내장의 경우, 원인이 전신의 노인현상에 있다고 보고 팔미환(八味丸)을 처방한다.

Ⅵ眼科疾患
안과질환

❺緑内障
녹내장

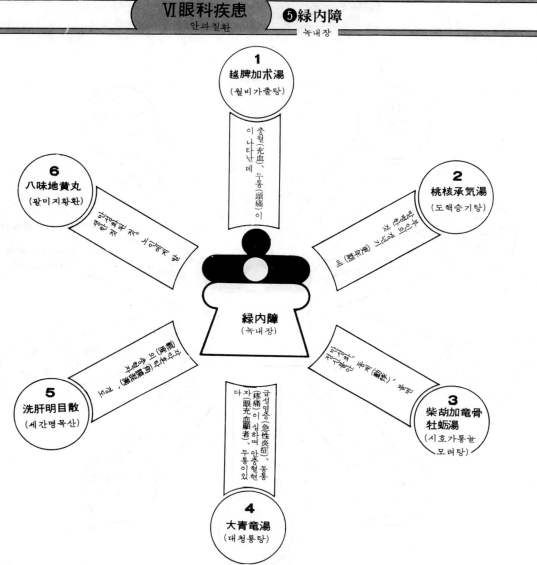

1
越脾加朮湯
(월비가출탕)

충혈(充血)、두통(頭痛)이 나타난데

2
桃核承気湯
(도핵승기탕)

6
八味地黄丸
(팔미지황환)

綠内障
(녹내장)

3
柴胡加竜骨
牡蛎湯
(시호가룡골
모려탕)

5
洗肝明目散
(세간명목산)

4
大青竜湯
(대청룡탕)

급성염증(急性炎症)、동통(疼痛)이 심하며、일종혈현(眼充血顯者)、두통이 있다

症状

안압(眼壓)이 높아짐으로써 생기는 병, 동공(瞳孔)이 커져 청색(青色)으로 보인다.

급성록내장〈急性綠内障〉갑자기 눈이 아프고, 편두통(片頭痛), 구토(嘔吐) 등을 수반하며, 시력(視力)도 거의 없어진다. 흰자위가 충혈되고 부종(浮腫)을 나타내는 수가 있다. 노인에게 많으며, 두통(頭痛), 홍시(虹視)를 수반한다. 발작을 되풀이 하면서 서서히 진행해 가는 것도 있다.

〈단성록내장(單性綠内障)〉서서히 시력장애를 일으키고, 시야가 좁아진다. 외안부(外眼部)에는 변화가 없고, 다만 안압(眼壓)의 항진(亢進)만이 있다.

註：녹내장은 한방에서도 꽤 난치병이지만, 전신상태의 개선을 도모함으로써 병의 악화를 억제한다.

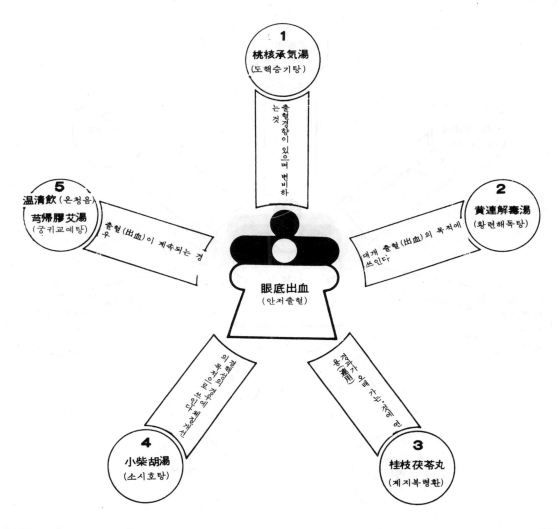

症狀

망막출혈(網膜出血)이 대부분이다.

장년성반복성망막초자체출혈(壯年性反復性網膜硝子體出血) 결핵(結核)으로 인한 망막동정맥관벽(網膜動靜脈管壁)의 다발성염증(多發性炎症)에 의한 것.

망막혈관경화(網膜血管硬化) 고혈압(高血壓) 및 동맥경화(動脈硬化)에 의하는 수가 많으므로 전체치료(全體治療)가 필요.

신염성망막염(腎炎性網膜炎) 신염 및 위축신(萎縮腎)의 치료를 한다.

당뇨성망막염(糖尿性網膜炎) 본병에 의하는 것은 당뇨병의 치료를 한다.

註 : 출혈의 정도에 따라서는 시력장애가 일어나 시야가 한정되어버리는 수도 있다. 대량으로 출혈하면 실명해서 장애가 남게 되고, 회복이 곤란해진다.

Ⅶ耳鼻咽喉科疾患 이비인후과질환 ❶外耳炎 외이염

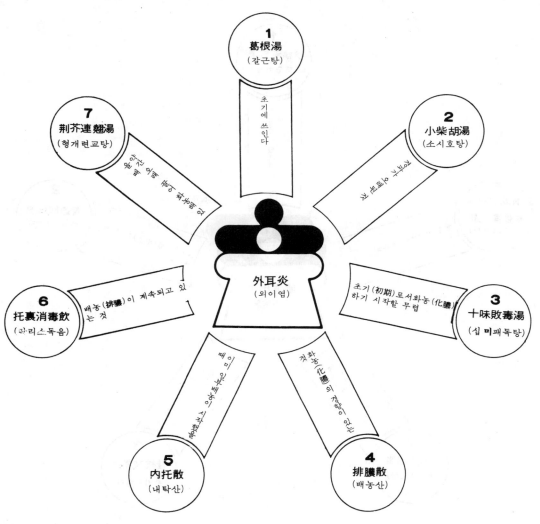

1
葛根湯
(갈근탕)
초기에 쓰인다

7
荊芥連翹湯
(형개련교탕)

2
小柴胡湯
(소시호탕)

6
托裏消毒飮
(탁리소독음)
배농(排膿)이 계속되고 있는 것

外耳炎
(외이염)

초기(初期)로서화농(化膿)하기 시작할 무렵

3
十味敗毒湯
(십 미패독탕)

화농(化膿)의 경향이 있는

5
內托散
(내탁산)

4
排膿散
(배농산)

症狀

이공(耳孔)에 일어나는 염증으로서, 붓고 농이 생기게 된다. 외상(外傷), 이물(異物) 등이 유인(誘因)이 되어 피지선(皮脂腺), 구선(垢腺)에 세균감염(細菌感染)을 일으켜 발병한다. 우선 통증이 심해지고, 이공입구까지 붉게 붓고, 그리고 안검(眼瞼)이나 협(頰·볼) 아래 악(顎·턱) 있는 데까지 부위(腫)가 퍼지는 수도 있다.

註: 커다란 종기가 생겨 있으면 듣기 힘들어지지만, 배농하면 통증도 제거되고, 차츰 나아진다.

Ⅶ 耳鼻咽喉科疾患
이비인후과질환

❷ 中耳炎
중이염

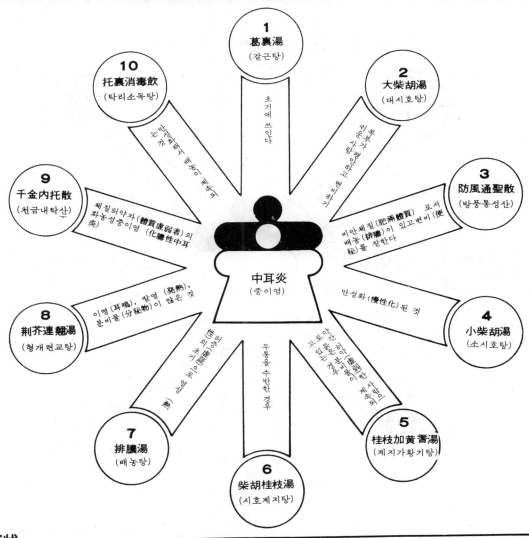

1
葛裏湯
(갈근탕)
초기에 쓰인다

2
大柴胡湯
(대시호탕)
실증으로 변비가 있고 복통이 있는 경우

3
防風通聖散
(방풍통성산)
비만체질(肥滿體質)로서 배농(排膿)이 있고변비(便秘)를 잘한다

4
小柴胡湯
(소시호탕)
만성화(慢性化)된 것

5
桂枝加黃耆湯
(계지가황기탕)

6
柴胡桂枝湯
(시호계지탕)
두통을 수반한 경우

7
排膿湯
(배농탕)

8
荊芥連翹湯
(형개련교탕)
이명(耳鳴), 발열(發熱), 분비물(分秘物)이 많은 것

9
千金內托散
(천금내탁산)
체질허약자(體質虛弱者)의 화농성중이염(化膿性中耳炎)

10
托裏消毒飮
(탁리소독탕)

中耳炎
(중이염)

症狀

　급성(急性)의 경우는, 급성전염(急性傳染)이나 비·인후(鼻·咽喉)의 병(病) 등으로 인해 속발(續発)하는 수가 많다. 귀속이 아프고, 이명(耳鳴), 난청(難聽) 등을 호소하며, 발열(發熱), 두통(頭痛), 식욕부진(食欲不振)을 수반하게 된다. 일시(一時) 낫더라도 대개는 재발(再発)하기 쉽고, 만성(慢性)으로 이행(移行)하기 쉽다. 특히 화농성(化膿性)의 것은 고막(鼓膜)의 아공부(穿孔部)로 부터 끊임없이 농즙(膿汁)이 배출(排出)되어 귀안팎이 진물러진다.

註: 체질(体質)을 개선하는 것이 치료의 기본이다. 비질환(鼻疾患)이 귀에 오는 경우도 생각할 수 있다. 어릴 때의 코병(病)을 철저하게 고쳐두지 않으면 나중에 중이염(中耳炎)의 원인이 되는 수가 있다. 그 때는 물론 코의 치료가 선결(先決)이다. 갑자기 중이염(中耳炎)이 된다는 것은 드문 일이며, 중년이후(中年以後)의 중이염(中耳炎)의 대부분은 어릴 때의 코병(病)이 원인이기도 하다.

　처방(處方)으로는, 농(膿)이 나올 때는 배농산(排膿散)이나 배농탕(排膿湯)을 쓴다. 농(膿)이 나오지 않을 때는 소시호탕가길경(小柴胡湯加桔梗) 또는 석고(石膏) 등이 좋다.

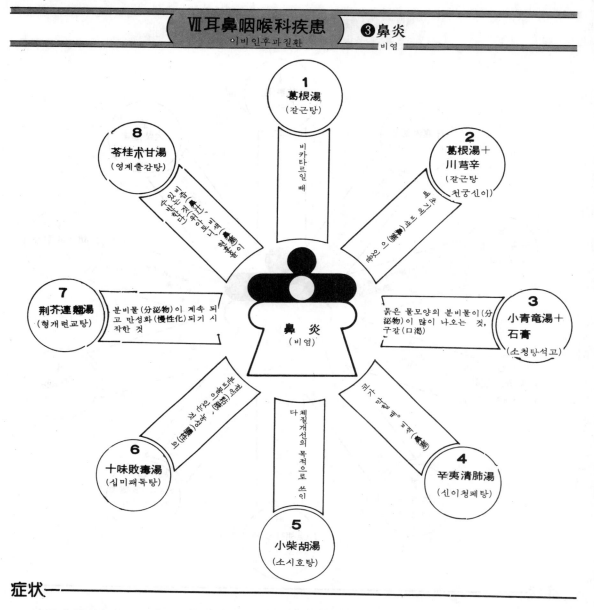

症狀—

　　급성(急性)의 것은 위(胃) 카타르라고도 하며, 재채기가 나오고 코가 막힌다. 또는 비즙(鼻汁)이 많이 나오게 되고, 마침내는 비즙(鼻汁)이 점액성(粘液性), 농성(膿性) 으로 변한다. 두통, 발열(發熱)이 있기 쉽고, 비성(鼻聲)이 되며, 식욕도 감소(減少)된다.

　　비증상(鼻症狀)은 역시 점액성(粘液性) 또는 농성膿性)의 분비물이 나오는 것이다.이것이 끊임없이 나오게 되고, 때때로 코가 막히거나 두통이 난다. 비점막(鼻粘膜)은 대개의 경우 종창(睡脹)해 있다.

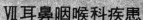

Ⅶ 耳鼻咽喉科疾患 (이비인후과질환) ❹ 副鼻腔炎(蓄膿症)
부비강염 (축농증)

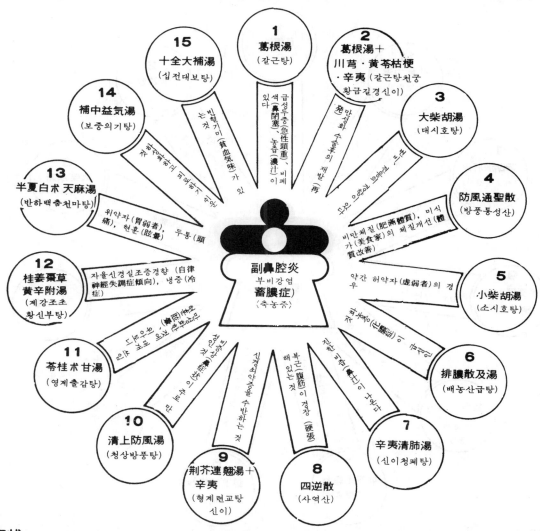

1 葛根湯 (갈근탕)

2 葛根湯＋川芎·黄芩桔梗·辛夷 (갈근탕천궁황금길경신이)

3 大柴胡湯 (대시호탕)

4 防風通聖散 (방풍통성산)

5 小柴胡湯 (소시호탕)

6 排膿散及湯 (배농산급탕)

7 辛夷淸肺湯 (신이청폐탕)

8 四逆散 (사역산)

9 荊芥連翹湯＋辛夷 (형개련교탕신이)

10 淸上防風湯 (청상방풍탕)

11 苓桂朮甘湯 (영계출감탕)

12 桂姜棗草黄辛附湯 (계강조초황신부탕)

13 半夏白朮天麻湯 (반하백출천마탕)

14 補中益気湯 (보중의기탕)

15 十全大補湯 (십전대보탕)

副鼻腔炎
부비강염
蓄膿症
(축농증)

症状

　부비강(副鼻腔)에 농즙(濃汁)이 고이는 병으로서, 전두부(前頭部)의 전두동(前頭洞)이나 협부(頰部)에 있는 상악동(上顎洞)에 잘 일어난다. 급성축농증(急性蓄膿症) 감기가들었을 때 속발하고, 부비강의 점막이 침상(侵傷)되어 붓는다. 그리고는 여기서 분비된 농즙이 마침내 부비강 속에 고이게 된다. 초기에는 열이 나는 수도 있고, 코도 붓기 쉽다. 이렇게 되면 코가 막히고 드디어는 대량의 농즙이 고이기 시작한다. 만성축농증(慢性蓄膿症) 소위 축농증으로서 상시(常時) 부비강 속에 농즙이 고이고, 이것이 비강으로 흘러 나온다. 농즙의 자극으로 비강내에 비용(鼻茸)이 생기기도 하며, 그것이 커지면 더욱 코가 막히기 쉽다. 따라서 두중(頭重), 불쾌감이 있게 되고, 집중력이 없어지는 경향이 있다. 비(鼻)에 관한 병으로는 이밖에도 건조성비염(乾燥性前鼻炎), 비후성비염((肥厚性鼻炎), 알레르기성비염, 비용(鼻茸), 취비증(臭鼻症) 등이 있다.
　註：한방—코가 막히며 견응(肩凝), 두통이 있는 사람은 갈근탕(葛根湯), 복약하고 있을 동안은 괜찮으나 중지하면 다시 덧치는 사람은 방풍통성산(防風通聖散), 대시호탕(大柴胡湯) 등의 체질 개선약을 투여한다. 물모양의 콧물이 나오면 영계출감탕(苓桂朮甘湯), 감기가 들면 코가 막히는 사람은 대·소시호탕(大·小柴胡湯)이 좋다.

Ⅶ 耳鼻咽喉科疾患 이비인후과질환 ❺ 扁桃炎 편도선

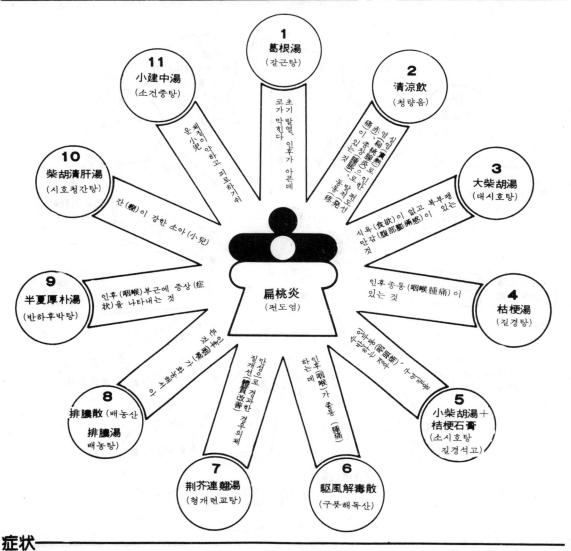

1 葛根湯 (갈근탕)

2 清涼飮 (청량음)

3 大柴胡湯 (대시호탕)

4 桔梗湯 (길경탕)

5 小柴胡湯＋桔梗石膏 (소시호탕 길경석고)

6 駆風解毒散 (구풍해독산)

7 荊芥連翹湯 (형개련교탕)

8 排膿散 (배농산) 排膿湯 (배농탕)

9 半夏厚朴湯 (반하후박탕)

10 柴胡淸肝湯 (시호청간탕)

11 小建中湯 (소건중탕)

扁桃炎 (편도염)

- 코가 막힌다 초기 발열, 인후가 아픔에
- 痛(통)·赤(적)·腫(종)이 있는 扁桃實熱(편도실열)로 인한 發熱(발열)
- 식욕(食慾)이 없고 복부팽만감(腹部膨滿感)이 있는 것
- 인후종통(咽喉腫痛)이 있는 것
- 인후(咽喉)가 종통(腫痛)하는 메
- 만성으로 개선으로 경과한 경우의 체질개선(體質改善)
- 우 화농어부 (化膿語不)
- 인후(咽喉)부근에 증상(症狀)을 나타내는 것
- 간(肝)이 강한 소아(小兒)
- 온 체질이 약하고 小兒(소아) 피로하기 수
- 蜜(밀)·水飴(수아)

症状

　편도염(扁桃炎), 인두염(咽頭炎), 후두염(喉頭炎)은 모두가 감기가 원인이 되어 일어나는 것이 많다.

　구강내(口腔內)의 여러가지 균이 세력을 얻어 편도가 염증을 일으키는 예가 많다. 기타 성홍(猩紅)열, 디푸테리아, 인플루엔자, 마진(麻疹) 등과 같은 급성전염병일 때도 일어나기 쉽다. 신염(腎炎)이나 류머티열의 원인이 되는 수가 있으므로, 초기에 빨리 치료하지 않으면 안된다. 편도염(扁桃炎)이 되면 구개편도(口蓋扁桃)가 비대해져 목구멍이 막히는 듯이 느끼게 되어 호흡이 방해되고, 코를 골며, 감기가 들기 쉽다. 임파 체질의 아이들에게 많다.

　註：한방에서는 염증만의 경우는 갈근탕(葛根湯), 화농이 있으면, 길경(桔梗), 석고(石膏)를 가한다. 허약체질이고 간장이 약하면 소시호탕으로 체질을 개선해 간다.

Ⅶ 耳鼻咽喉科疾患　❻ 咽喉炎 (인후염)

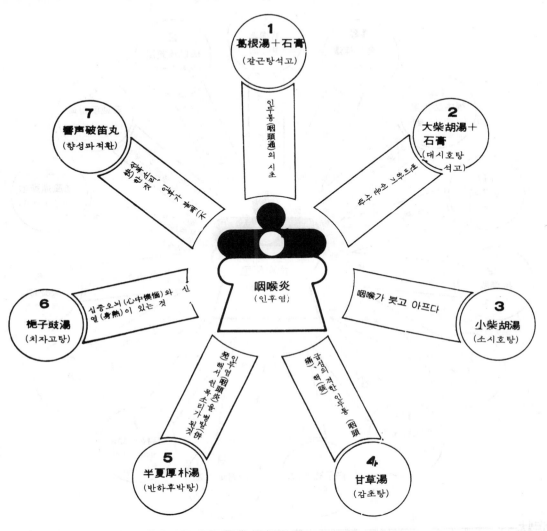

1 葛根湯＋石膏 (갈근탕석고)
인두통(咽頭痛)의 시초

2 大柴胡湯＋石膏 (대시호탕석고)
땀수 없고 오한드로

7 響声破笛丸 (향성파적환)
목 쉰데와 잘쉰다 음성(音聲)의 (木)

3 小柴胡湯 (소시호탕)
咽喉가 붓고 아프다

6 梔子鼓湯 (치자고탕)
심중오뇌(心中懊憹)와 신 열(身熱)이 있는 것

咽喉炎 (인후염)

5 半夏厚朴湯 (반하후박탕)
천인해서 咽頭炎을 이르킨 목소리가 변함(하)

4 甘草湯 (감초탕)
급성의 격한 인두통(咽頭痛) 해(咳)

症状

한냉(寒冷), 자극성가스, 기타 직접 인후(咽喉)에 자극이 주어졌을 때 인후염을 일으 킨다. 감기초기에도 일어난다. 그리고 비염(鼻炎)이 병발하기 쉽고, 또한 후두염 (喉頭 炎)이 수반되기 쉽다.

인두염(咽頭炎)이 일어나면 인두통(咽頭痛)이 있고, 점막(粘膜)은 붉게 붓고 분비물이 많아진다. 만성화된 것은 끊임없이 인두부의 건조감(乾燥感), 이물감(異物感), 조양감 (搔痒感) 등이 있어 일부러 기침을 하게 된다.

인두염(咽頭炎)이 따르면 음성(音聲)이 나오지 않게 되고, 후두부의 작열감(灼熱感)을 느끼게 된다.

註 : 급성의 경우는 끽연(喫煙), 효설(饒舌·말을 많이 하는), 음주 등을 금하고 안정을 지키면 대부 분이 빨리 치유된다.

Ⅷ 歯科疾患 치과질환　　虫歯／歯槽膿漏／歯根膜炎
충치／치조농후／치근막염

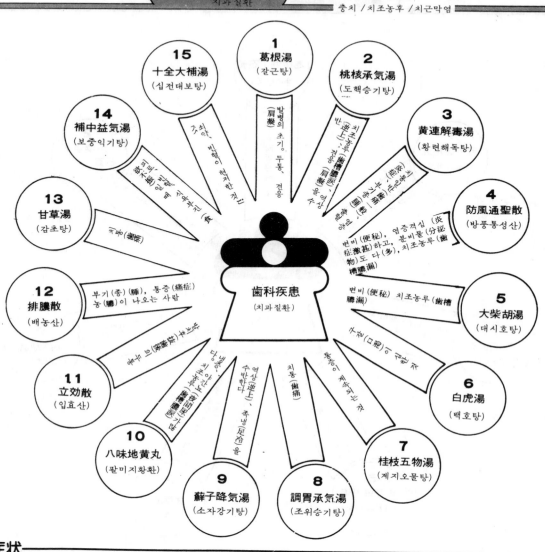

症狀

〈충치〉 초기에는 자각증상이 없으나 진행되면 압(壓), 냉(冷), 감미(甘味), 산미 (酸味) 등에 대해 통증이 있다. 다시 진행되어 치수(歯髄)까지 이르면 치수염을 일으켜 격통(激痛)을 수반한다. 치조농루(歯槽膿漏) 치주위(歯周圍)의 치육, 치조에서 농(膿)이나와 치육은 자적색(紫赤色)으로 붓고, 출혈하기 쉽다. 동물성식품의 과도섭취(過度攝取)나 전신체적인 만성병이 있으면 일어나기 쉽다. 치근막염(歯根膜炎) 치근막을 중심으로 마침내는 치주위조직체에 염증이 파급되어 가는 병인데, 세균의 감염으로 인하여 일어난다. 감모(感冒), 전신병(全身病) 등이 유인이 된다.

註 : 한방에서는 치통을 고치는 약을 특별히 쓰지 않는다. 즉, 치통이외에도 복(腹)의 컨디션이 나쁘면 그 컨디션을 조절함으로써 치통을 억제시킨다는 식이다. 치통에 대한 한방약은 전신의 상태에 따라 선택하므로 처방의 종류도 많다.

症候別治療篇

증후별 치료편

1 더위먹은 데

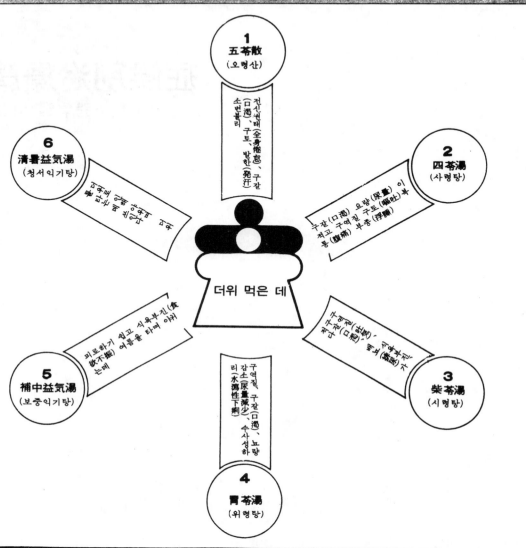

症状

　일사병(日射病)은 갑자기 실신해서 졸도하는데, 전구증상(前驅症狀)으로는 전신 권태(全身倦怠), 두통, 토기(吐気), 구토, 유한(流汗), 현훈(眩暈), 시력장애 등이 있다. 체온은 40도 이상에 이르며 경련(痙攣)을 일으킨다.
　흔히 말하는 더위 먹는 데는 그 전구증상(前駆症狀) 정도로 그치며, 평소 체질이 허약한 데다 위장이 약한 사람은 소위 여름을 타는 증상을 일으켜 식욕부진, 전신 권태감이 심하고 활동력이 뚝 떨어진다.

　註:서열(署熱)과 습기로 인해 몸이 심하게 피로하고 권태를 느끼며 식욕이 없는 경우는 상기의 처방을 시도해 본다.

2 遺尿(夜尿症)
유뇨(야뇨증)

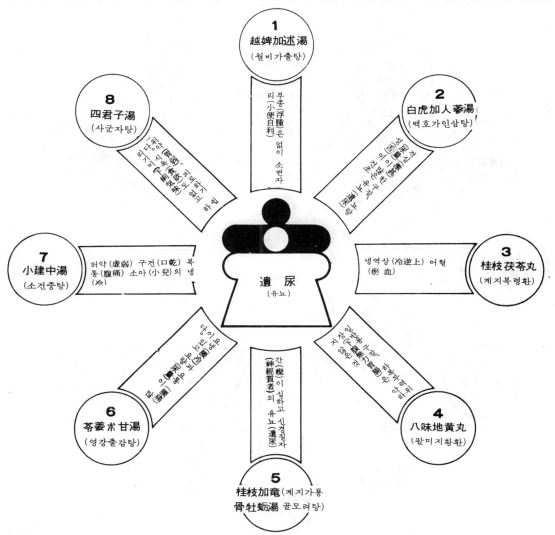

1 越婢加朮湯 (월비가출탕)

2 白虎加人蔘湯 (백호가인삼탕)

3 桂枝茯苓丸 (계지복령환)

4 八味地黃丸 (팔미지황환)

5 桂枝加竜骨牡蛎湯 (계지가룡골모려탕)

6 苓姜朮甘湯 (영강출감탕)

7 小建中湯 (소건중탕)

8 四君子湯 (사군자탕)

遺 尿 (유뇨)

부종(浮腫)은 없이 소변자리(小便自利)

냉역상(冷逆上) 어혈(瘀血)

간(癎)이 심하고 신경질자(神經質者)의 유뇨(遺尿)

허약(虛弱) 구건(口乾) 복통(腹痛) 소아(小兒)의 냉(冷)

症状

　잠자는 중에 배뇨(排尿)하는 것으로서, 소아들에게 많다. 피로한 밤이나 탕다를 많이 마신 날 밤에 무의식으로 배뇨하는 자나, 매일 밤 거의 배뇨를 하는 등, 여러 형이 있다. 대체로 신경질이 있는 소아로서 냉증에다 약한 체질의 경우에 많다. 대개는 방광(膀光)의 감수성(感受性) 및 정신적원인이 된다. 특별한 원인을 가진 자는 원인이 되는 병의 치료와 병행(倂行)해서 치료하여야 한다. 뇌일혈(腦溢血), 뇌연화증(腦軟化症)등의 후에 발하는 유뇨(遺尿)는 원인병의 경과에 따라 일정하지가 않다.

　註 : 이들 유뇨는 중추신경의 기능상실로 인해 발하는 것이므로 단순한 유뇨와 같이 빨리 치유되는 것은 적다. 오랫동안 한방을 복용하지 않으면 안된다.

3 黃 疸
황달(疸)

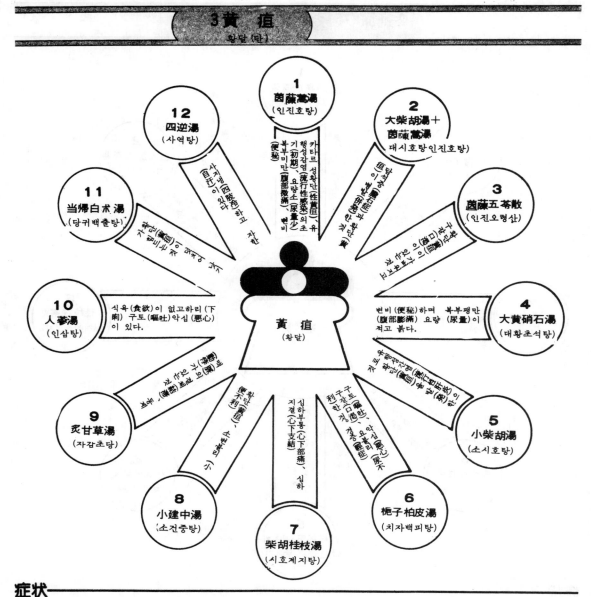

중심: 黃 疸 (황달)

1 茵蔯蒿湯 (인진호탕)
カタ르성황단(性黃疸)、유행성감염(流行性感染)의 초기(初期)、복부미만(腹部微滿)、요량소(尿量少)、변비(便秘)

2 大柴胡湯＋茵蔯蒿湯 (대시호탕인진호탕)

3 茵蔯五苓散 (인진오령산)

4 大黃硝石湯 (대황초석탕)
변비(便秘)하며 복부팽만(腹部膨滿) 요량(尿量)이 적고 붉다.

5 小柴胡湯 (소시호탕)

6 梔子柏皮湯 (치자백피탕)
구토(嘔吐)、악심(惡心)、황증(黃症)

7 柴胡桂枝湯 (시호계지탕)
심하부동통(心下部痛)、심하지결(心下支結)

8 小建中湯 (소건중탕)

9 炙甘草湯 (자감초탕)

10 人蔘湯 (인삼탕)
식욕(食欲)이 없고하리(下痢) 구토(嘔吐)악심(惡心)이 있다.

11 当歸白朮湯 (당귀백출탕)

12 四逆湯 (사역탕)
사지궐(四肢厥)하고 자한

症状

　황달(黃疸)은 담즙(胆汁) 특히 거기에 함유되어 있는 담즙색소(胆汁色素)가 다량으로 혈액속에 나타난 결과 피부나 점막(粘膜), 그밖의 장기(臟器)를 황색으로 물들인 상태를 말하는 것이다. 카타트성황달, 유행성간염으로 인한 황달은 여러가지의 세균, 바이러스 등이 병원체가 되어 일어난다. 기타의 황달은 각종의 전염병(傳染病), 폐염(肺炎), 패혈증(敗血症), 단독(丹毒), 간장암(肝臟癌), 담랑염(胆囊炎), 담석증(胆石症) 등에 의하여 일어난다.

4 嘔 吐
구토

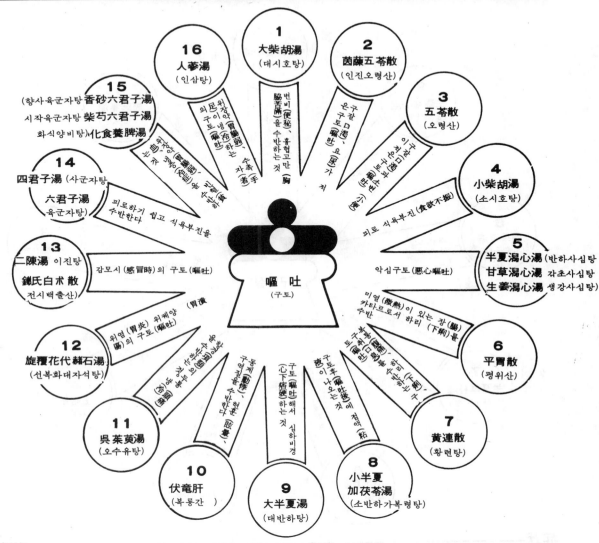

嘔 吐
(구토)

1 大柴胡湯 (대시호탕)
2 茵蔯五苓散 (인진오령산)
3 五苓散 (오령산)
4 小柴胡湯 (소시호탕)
5 半夏瀉心湯 (반하사심탕) / 甘草瀉心湯 (감초사심탕) / 生姜瀉心湯 (생강사심탕)
6 平胃散 (평위산)
7 黃連散 (황련탕)
8 小半夏加茯苓湯 (소반하가복령탕)
9 大半夏湯 (대반하탕)
10 伏竜肝 (복룡간)
11 吳茱萸湯 (오수유탕)
12 旋覆花代赭石湯 (선복화대자석탕)
13 二陳湯 (이진탕) / 錢氏白朮散 (전시백출산)
14 四君子湯 (사군자탕) / 六君子湯 (육군자탕)
15 香砂六君子湯 (향사육군자탕) / 柴芍六君子湯 (시작육군자탕) / 化食養脾湯 (화식양비탕)
16 人蔘湯 (인삼탕)

症狀

　반대성구토〈反対性嘔吐〉뇌와 내장의 병변(病變)이나 자극으로 인해 구토를 일으키는 것.
　중추성구토〈中枢性嘔吐〉뇨독증(尿毒症)이나 당뇨병(糖尿病) 등의 전신쇠약이 있을 때 소아의 전염병초기, 악저마취제(惡阻麻醉劑)나 담배의 과도, 복통을 수반하는 구토는 주로 위장질환이나 식물중독에 많다. 두통이 수반되는 것은 감기나 유행성뇌척수막염(流行性腦髓脊膜炎)에 볼 수 있다. 고열이나 한기(寒気) 몸이 떨린다든가 하는 것은 성홍열(猩紅熱) 등일 때 볼 수 있다.

　註：한방에서는 구와 토를 구별해서, 구는 욱욱하며 소리만 내면서도 나오지 않는 것. 토는 소리는 나지 않으면서도 토하는 것을 가르킨다. 구토를 유발하는 원인으로는 식상 급성위염, 악저, 신경성구토, 식도암, 위암 등이 있다.

5 구역질

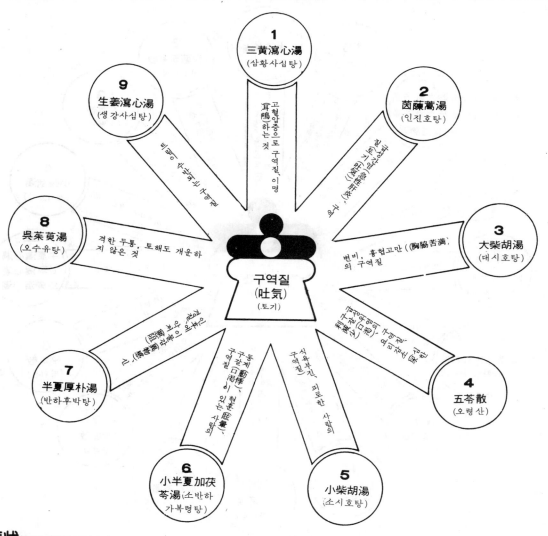

症状

구역질은 급성·만성의 여러가지 병에 따르는 증상으로서, 주로 위나 장에 병이 있는 경우에 많다. 회충, 간장의 병, 신염, 생식기질환, 편도염, 임신, 뇌종양, 히스테리, 눈이나 귀의 질환이 원인이 될 수 있다.

註 : 한방에서는 위내정수(胃内停水)가 가장 많다고 한다. 그래서 먼저 위장, 간장을 튼튼히 해서 낫게 하는 처방을 투여한다.

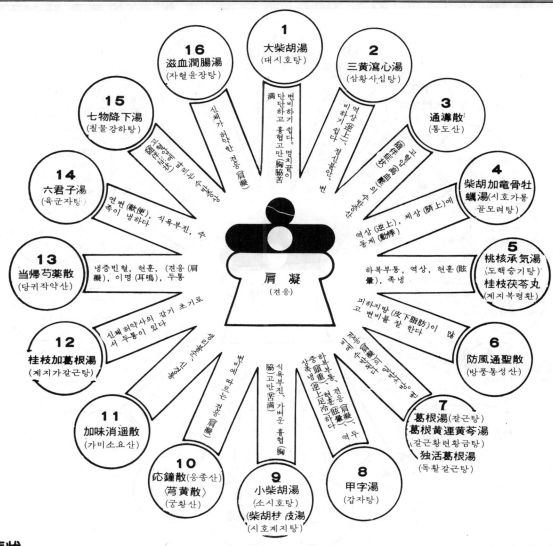

症状

　　견응은 각종질환의 증상으로 수반되는 경우가 많다. 근본적인 치유는 그 각종질환의 원인이 되는 질병 치유함으로써 비로소 가능하다. 대개는 내장질환에 의해 어깨근육에 피로물질이 쌓이고, 영양분이 충분히 공급되지 않아서 일어난다.

　　원인이 되는 질환은 고혈압증, 저혈압증, 심장질환, 빈혈 신경증, 위염, 위하수 위산과다증, 위궤양, 간염, 담석증, 감모, 늑막염, 폐결핵, 상습성변비, 갱년기장애, 생리불순 치의 이상등이다 따라서 이러한 내장질환을 고치면 견응도 없어진다.

　　견응은 체질적으로는 수독, 어혈이 있는 사람에게 많다. 그리고 눈이 나쁜 사람에게도 많다. 그밖에 간장이 좋지않으면 오른쪽, 위질환이 있으면 왼쪽에 견응이 있기 쉽다

　　견응의 대표적인 것에 오십견이 있는데, 여기에는 갈근탕이 좋다.

　　견응의 대표적인 것에 오십견이 있는데, 여기에는 갈근탕이 좋다.

7 咳嗽 (기침)
해수

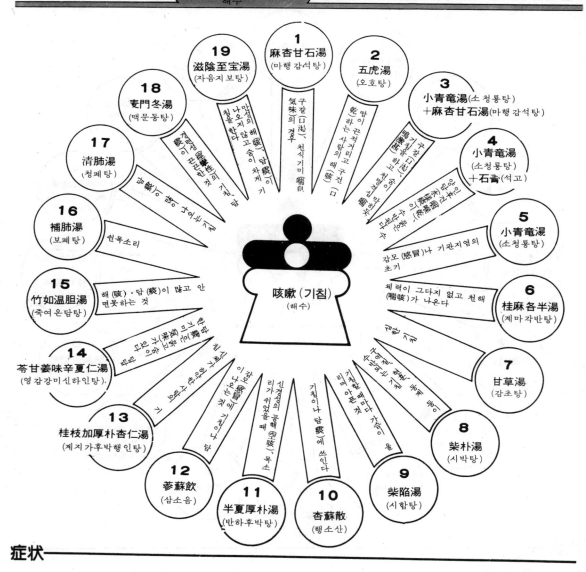

1 麻杏甘石湯 (마행 감석 탕)

2 五虎湯 (오호탕)

3 小青竜湯(소 청룡탕) +麻杏甘石湯(마행 감석 탕)

4 小青竜湯 (소청룡탕) +石膏 (석고)

5 小青竜湯 (소청룡탕)

6 桂麻各半湯 (계마 각반탕)

7 甘草湯 (감초탕)

8 柴朴湯 (시박탕)

9 柴陷湯 (시함탕)

10 杏蘇散 (행소산)

11 半夏厚朴湯 (반하후박탕)

12 蔘蘇飲 (삼소음)

13 桂枝加厚朴杏仁湯 (계지 가후박행 인탕)

14 苓甘味辛夏仁湯 (영 감강미신하인탕)

15 竹如温胆湯 (죽여 온담탕)

16 補肺湯 (보폐탕)

17 清肺湯 (청폐탕)

18 麦門冬湯 (맥문동탕)

19 滋陰至宝湯 (자음지보탕)

咳嗽 (기침) (해수)

症狀

기관·기관지에 분비물이나 유해물이 고이면 그것을 제거하느라고 반사적으로 기침이 나온다. 기침과 함께 담이 나오는 것은 위 때문이다. 그러나 이러한 기도에 자극만 받아도 기침이 나온다.

일반적으로 호흡기병에 수반되는 수가 많은데, 호흡기 이외의 자극에 의해 일어나는 수도 있다. 그리고 신경성의 해수도 있다.

註：해수 (咳嗽)를 유발하는 병으로는 감모 (感冒)·후두염 (喉頭炎)·인두염 (咽頭炎)·편도염 (扁桃炎) 백일해 (百日咳)·천식 (喘息)·기관지염 (氣管支炎)·폐결핵·늑막염 등 여가가지가 있으므로, 그 원병 과 관련된 각각의 치료가 필요하다.

8 胸痛
흉통

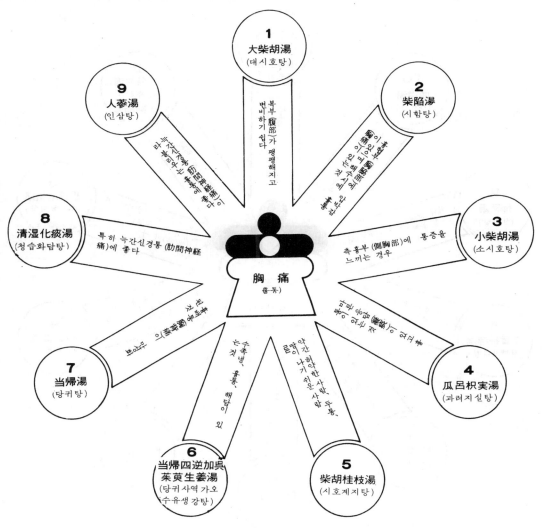

8 胸痛
흉통

症状

　흉통(胸痛)은 늑간신경통(肋間神経痛), 늑간염(肋膜炎), 협심증(狹心症) 심랑염(心嚢炎), 유선염(乳線炎), 늑골(肋骨) 칼리에스 등, 여러가지의 원인에서 일어난다. 따라서 그 치료법도 각기 다르다.

　註 : 대개의 흉통(胸痛)은 늑막(肋膜)의 자극으로 인해 일어나는 것으로서, 늑막염, 기관지염, 폐결핵, 폐염 등에 따른다.

9 吃逆(딸꾹질)

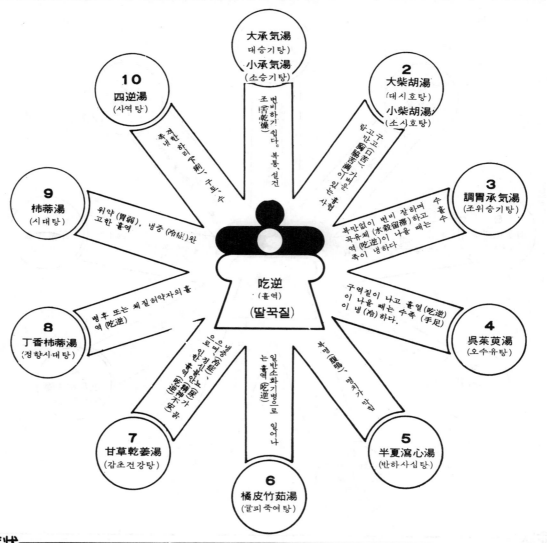

症状

　　딸꾹질은 횡격막의 경련으로 일어난다. 소화기질환, 폐염 등으로도 일어나며, 히스테리로도 일어난다. 최근에는 약물에 의한 경련으로 인해 딸꾹질이 일어나는 경우도 있다.

　　註 : 한방에서는 딸꾹질을 기(氣)의 상충(上衝)과 수독(水毒)의 상충으로 인한 것이라고 한다.
　　한방에는 딸꾹질만의 특효약이란 처방은 없다. 그 사람의 전신의 체력, 체질(냉증, 빈혈, 기미 등), 증상에 맞추어 처방을 선택한다.
　　★반하사심탕(半夏瀉心湯)→귤피죽여탕(橘皮竹茹湯→시제탕(柿蔕湯→정향시제탕(丁香柿蔕湯)의 순으로 허실로 이행한다.

10 逆上
역상

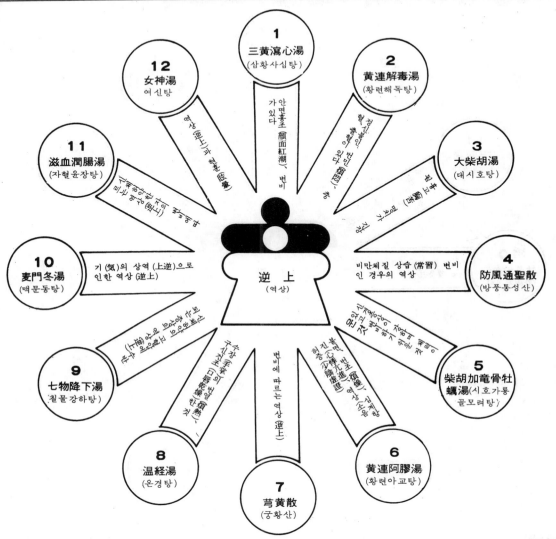

症状

　역상(逆上)의 원인으로는 체질적인 것과 정신적인 것이 있으며, 소위 역상(逆上) 으
로 인해 일어나는 증상은 매우 많다.
　역상(逆上)이라고 볼 수 있는 주증상(主症狀)은 안면(顔面)의 홍조(紅潮, 눈의 충혈
(充血), 상반신(上半身)의 열감(熱感), 두통(頭痛), 두중(頭重), 비혈(鼻血), 구갈(口
渴), 현훈(眩暈), 견응(肩凝), 이명(耳鳴), 동계(動悸), 변비(便秘) 등이 있으며, 열성
충혈성(熱性充血性)의 경우가 많다.

註 : 현대의학적으로 본다면 고혈압, 갱년기장애, 노이로오제 등의 경우에 한방에서 말하는 역상의 증
상이 나타난다. 일시적인 정신변동이라도 지나친 것은 치료의 대상이 된다.

11痙攣·驚風
경련·경풍

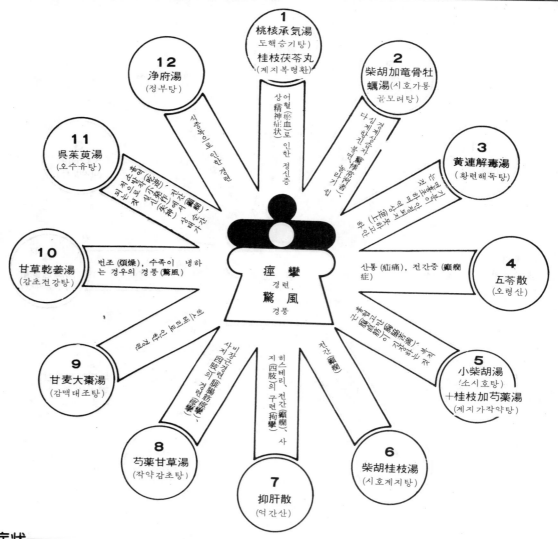

1
桃核承気湯
(도핵승기탕)
桂枝茯苓丸
(계지복령환)

2
柴胡加竜骨牡
蠣湯(시호가룡
골모려탕)

3
黄連解毒湯
(황련해독탕)

4
五苓散
(오령산)

5
小柴胡湯
(소시호탕)
+桂枝加芍薬湯
(계지 가작약탕)

6
柴胡桂枝湯
(시호계지탕)

7
抑肝散
(억간산)

8
芍薬甘草湯
(작약감초탕)

9
甘麦大棗湯
(감맥 대조탕)

10
甘草乾姜湯
(감초건강탕)

11
呉茱萸湯
(오수유탕)

12
浄府湯
(정부탕)

痙攣
경련
驚風
경풍

상어혈(瘀血)로 인한 정신증

번조(煩燥), 수족이 냉하는 경우의 경풍(驚風)

산통(疝痛), 전간증(癲癇症)

히스테리, 전간(癲癇), 사지(四肢)의 구련(拘攣)

전간(癲癇)

症状

　　경련은 간대성경련, 강직성경련, 긴장성경련 등으로 구분된다. 한편,전신성경련, 국소
경련 등으로 구별된다. 국소성긴장성경련(局所性緊張性痙攣)에는 교근경련(咬筋痙攣), 후
궁반장(後弓反張), 비장근경련(腓脹筋痙攣) 등이 있다. 국소성간대성경련(局所性間代性 痙
攣)에는 딸국질, 안면근경련(顔面筋痙攣) 등이 있다. 전신성경련(全身性痙攣)에는 전간
(癲癇) 히스테리와 같이 대발작을 일으키는 특수형과, 각종 뇌질환, 중독으로 인해 나타
나는 전신경련이 있는데, 긴장성(緊張性)과 간대성경련(間代性痙攣)이 교호(交互)로 일
어나 여러 형이 되는 것이다. 경풍(驚風)의 증상은 갑자기 경련을 일으켜 쓰러진채 이
를 악물고 동공(瞳孔)이 벌어진다.
　　註:원인은 대체로 두종류인데, 하나는 뇌염, 수막염 등 뇌에 병이 있을 경우, 또하나는 발열로 인
한 것으로서 감기나 급성간염, 급성중이염 등의 발열때문에 일어나는 수가 많다. 또한 소화물양성중
독증일 때에도 경련을 일으키는 수가 있다. 그리고 강렬한 동통자극(疼痛刺戟)이나 산통(疝痛)으로인
해 일어나는 수도 있고, 강한 정신자극도 또한 경련을 일으키는 수가 있으며, 기타 히스테리와 같은
정신적인 것도 있다. 소아야경증(小兒夜驚症)의 경우도 경련을 일으키는 수가 있다.

12血尿
혈뇨

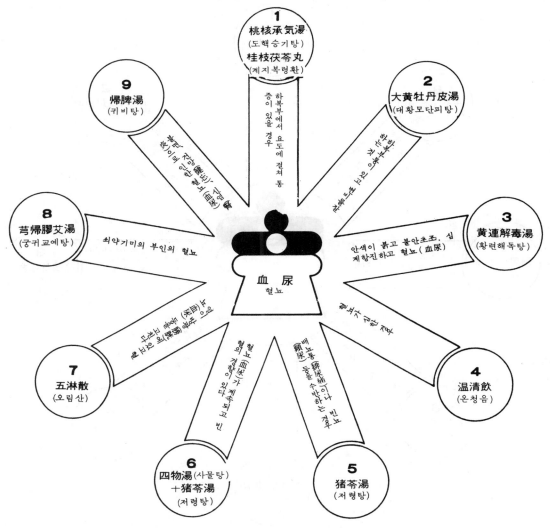

症状

   뇨에 피가 섞여 나오는 것을 말한다. 처음에만 혈뇨가 나오거나 맨 나중에 피가 섞이는 경우는 뇨도로부터의 출혈이다. 전부혈뇨가 나오는 것은 방광출혈이나 신창출혈로 인한다. 배뇨곤란(排尿困難), 빈뇨(頻尿), 배뇨통(排尿痛) 등의 증상이 따르는 수가 많다.

   뇨도염(尿道炎), 방광염(膀胱炎), 방광결석(膀胱結石), 전입선비대증(前立腺肥大症), 뇨관결석(尿管結石), 신장염(腎臟炎), 신결석(腎結石), 신종양(腎腫瘍)일 때 일어난다

註 : 신이외(腎以外)의 원인으로 中毒(중독), 화상(火傷), 충수염(虫垂炎), 담랑염(胆囊炎), 취장염(膵臟炎) 등으로 일어나는 수도 있다.

13血便
혈변

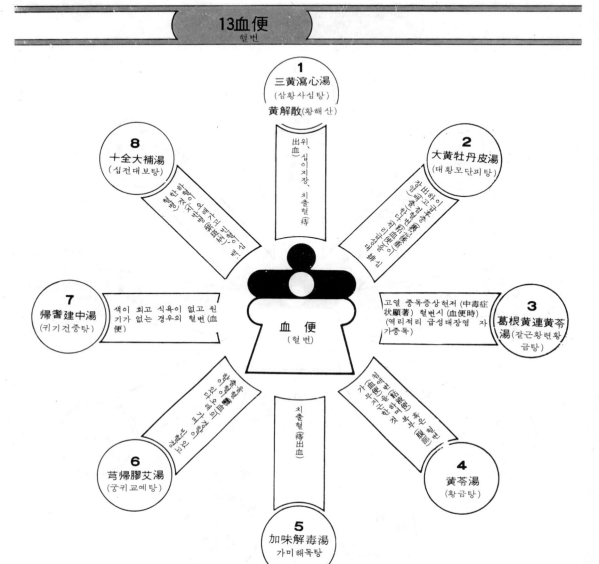

1
三黃瀉心湯
(삼황사심탕)
黃解散(황해산)

出血, 위, 십이지장, 치출혈, 痔

2
大黃牡丹皮湯
(대황모단피탕)

8
十全大補湯
(십전대보탕)

3
葛根黃連黃芩湯(갈근황련황금탕)

고열 중독증상현저(中毒症狀顯著) 혈변시(血便時) (역리적리 급성대장염 자가중독)

7
歸耆建中湯
(귀기건중탕)

색이 희고 식욕이 없고 원기가 없는 경우의 혈변(血便)

血 便
(혈변)

6
芎歸膠艾湯
(궁귀교애탕)

치출혈(痔出血)

4
黃芩湯
(황금탕)

5
加味解毒湯
가미해독탕

症状

혈변의 원인으로는 다음과 같은 것을 들 수가 있다.

소장(小腸)으로부터의 출혈은 십이지장궤양, 장암(腸癌), 장티푸스, 장결핵(腸結核), 자반병(紫斑病), 백혈병(白血病) 등이 있다. 대장(大腸)으로부터의 출혈은 급성대장염 (急性大腸炎), 대장암(大腸癌), 피양성직장염(潰瘍性直腸炎) 등이다. 항문으로부터의 출혈(出血)은 치질(痔疾), 항문열창(肛門裂創) 등의 경우이다. 치출혈(痔出血) 등의 경우는 그 색(色)이 붉고 변(便)의 주위에 피가 묻어 나오거나 치(痔)가 찢어져 거기서 출혈한다.

위나 십이지장궤양 경우의 혈변은 타르양의 검은 색깔이다. 급성장염인 경우의 혈변은 이급후증(裏急後重)이라 해서 자주 편의를 보이는 하리(下痢)의 경우에 점액(粘液)에 섞여 출혈한다. 적리(赤痢), 아메버적리(赤痢)의 경우에도 혈변(血便)이 나온다.

註 : 한방에서는 각각의 항목을 참조해서 원병의 치료를 한다.

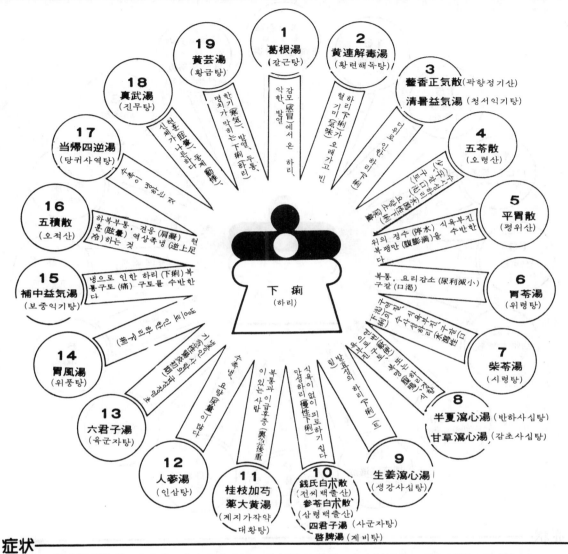

14 下痢
하리

- **1** 葛根湯 (갈근탕) — 감모(感冒)에서 온 하리, 악한·발열
- **2** 黃連解毒湯 (황련해독탕) — 하리(下痢)가 오래가고 기미(氣味)가 빈
- **3** 藿香正気散 (곽향정기산) / 淸暑益気湯 (청서익기탕) — 더위로 인한 하리
- **4** 五苓散 (오령산) — 위의 정수(停水)를 수반한 복만(腹滿)
- **5** 平胃散 (평위산) — 식욕부진 복창만(腹脹滿)을 수반한
- **6** 胃苓湯 (위령탕) — 복통, 요리감소(尿利減少) 구갈(口渴)
- **7** 柴苓湯 (시령탕)
- **8** 半夏瀉心湯 (반하사심탕) / 甘草瀉心湯 (감초사심탕)
- **9** 生姜瀉心湯 (생강사심탕) — 발효성의 하리(下痢)
- **10** 錢氏白朮散 (전씨백출산) / 參苓白朮散 (삼령백출산) / 四君子湯 (사군자탕) / 啓脾湯 (계비탕) — 식욕이 없이 피로하기 쉽다, 만성하리(慢性下痢)
- **11** 桂枝加芍藥大黃湯 (계지가작약대황탕) — 이 복통파 이급후중(裏急後重)이 있는 사람
- **12** 人蔘湯 (인삼탕)
- **13** 六君子湯 (육군자탕)
- **14** 胃風湯 (위풍탕)
- **15** 補中益気湯 (보중익기탕) — 냉으로 인한 하리(下痢) 복통구토(痛) 구토를 수반한다
- **16** 五積散 (오적산) — 하복부통, 견응(肩凝) 훈(眩暈) 현상족냉(逆上足) 현상이 하는 것
- **17** 当帰四逆湯 (당귀사역탕)
- **18** 真武湯 (진무탕) — 신허(腎虛), 허한 냉기가 나쁘다
- **19** 黃芩湯 (황금탕) — 한기(寒気)가 막히는 발열, 下痢, 두통, 하리

下痢 (하리)

症狀

하리(下痢)의 모양은 여러가지이다. 죽(粥)모양의 연변(軟便), 물모양의 수양변(水樣便), 점액(粘液)이나 혈액이 섞이는 변, 색·취기에 특색이 있는 변 등 시간적관계나 나타내는 모양도 한결같이 않다. 가장 많은 것은 장염인데, 반수이상을 차지한다. 구토가 격증 ──로는 적리, 콜레라 등의 급성전염병이 의심되는 경우와 중독성의 것이 있다. 복통이 따르는 것에는 유행성감모(流行性感冒), 지나친 냉, 위장염의 경우. 혈액이나 점액(粘液)이 섞이는 것에는 급성전염병이나 아메버적리로 인하는 경우도 많다. 장점막(腸粘膜)의 자극(刺戟)이 하리(下痢)의 원인이므로 독소장궤양, 장결핵에 의한 하리(下痢)도 있다. 정신감동(精神感動), 히스테리, 신경쇠약으로 일어나는 하리(下痢)는 자율신경흥분(自律神経興奮)에 의한 장운동(腸運動)의 실조(失調)이다.

註 : 한방에서는 하리(下痢)의 원인을 위내정수(胃內停水)와 수독으로 본다. 우선 체질을 개선하지않으면 국부적으로 고치더라도 다시 재발한다. 그때문에 전신의 기능을 회복시키는 데에 초점을 둔다. 하리를 열과정도에 따라 허실로 나눈다. 지사제를 주는 것보다도 도리어 하리를 시킴으로써 체내의 독소의 배출을 기대하거나 장관운동의 실조(失調)를 조정하기 위해 하리 시키는 수도 있다.

15眩暈
현훈(운)

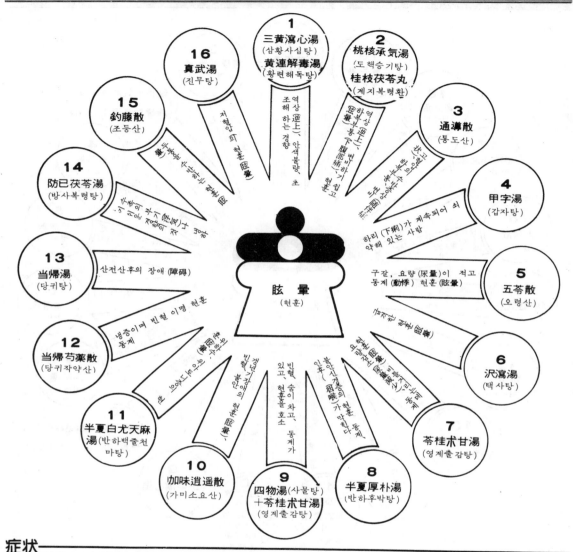

症状

현훈(眩暈)은 위하수증, 위아토니증, 동맥경화증, 고혈압증, 신염(腎炎), 갱년기장애 혈도증(血道症), 신경증, 전간(癲癇), 뇌빈혈, 뇌일혈, 뇌연화증(腦軟化症), 뇌종양 빈혈증, 백혈병, 근안(近眼), 중내이(中內耳)의 질환, 배멀미, 견응(肩凝), 피로시에 볼 수 있으며, 메니엘시증후근(氏症候群)일 때도 일어난다. 현훈(眩暈)이라고 한마디로 말하자만 회전성의 현훈(眩暈)이나 일어섰을 때의 어지러움, 어쩐지 비틀비틀한다. 눈앞이 캄캄해진다. 머리가 무겁고 비틀비틀하는 등, 여러가지의 현훈(眩暈)이 있다.

註 : 한방에서는 현훈(眩暈)의 원인을 어혈(瘀血) 〈혈행장애(血行障碍)〉와 수독 수분 내사장애에 의한다고 생각하는 경우가 많다. 그리고 음양허실증(으로 나누어 치료한다.
처방으로는 복령(茯苓), 출(朮), 택사(澤瀉)가 들어있는 것을 대부분 사용한다.

16 口渴·口乾
구갈·구건

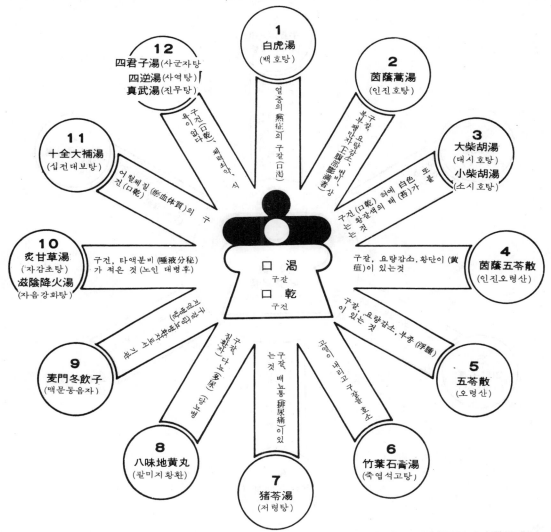

- 1 白虎湯 (백호탕)
- 2 茵蔯蒿湯 (인진호탕)
- 3 大柴胡湯 (대시호탕) 小柴胡湯 (소시호탕)
- 4 茵蔯五苓散 (인진오령산)
- 5 五苓散 (오령산)
- 6 竹葉石膏湯 (죽엽석고탕)
- 7 猪苓湯 (저령탕)
- 8 八味地黄丸 (팔미지황환)
- 9 麦門冬飲子 (맥문동음자)
- 10 炙甘草湯 ('자감초탕) 滋陰降火湯 (자음강화탕)
- 11 十全大補湯 (십전대보탕)
- 12 四君子湯 (사군자탕) 四逆湯 (사역탕) 真武湯 (진무탕)

口渴 구갈 / 口乾 구건

症状

구갈(口渴)은 목이 타서 물을 자꾸 마시려고 하는 것인데, 여기에는 허증(虛證)과 실증이 있다.

구갈(口渴)은 급성위장염의 경우에도 일어나지만, 당뇨병의 경우에 일어나는 것이 가장 심하다 모두 원병을 치료하면 낫는다.

구건(口乾)은 입이 말라 입속에 침이 모자라지고 물을 마시고 싶지는 않으나 다만 입속을 행구어내고 싶어지는 것을 말한다. 이것은 허증(虛證)이 많고 실증은 적다. 드물기는 하지만 어혈(瘀血)로 인해 오는 것이 있다.

17 口臭·味覚異常
구취미각이상

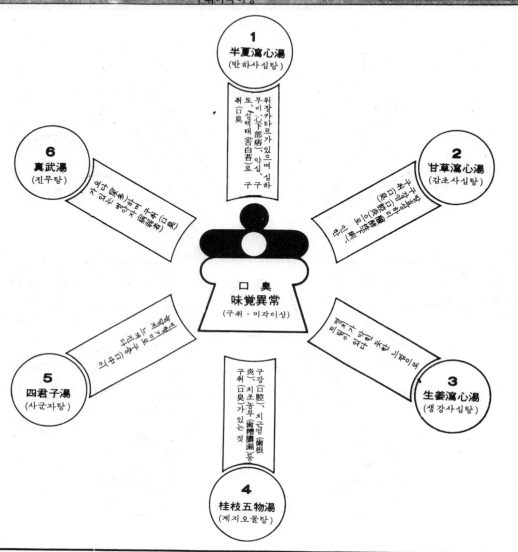

症状

　　구치(口臭)는 구강(口腔)이나 후두(喉頭)의 병으로는 예컨대 치아질환, 설태가 심할 때, 구강염(口腔炎), 만성편도염(慢性扁桃炎), 인두염(咽頭炎) 등의 경우, 호흡기병으로는 폐결핵, 폐괴단(肺壞疸) 등의 경우, 식도(食道)의 병으로는 암(癌), 분문경련(噴門痙攣) 등의 경우, 기타 위장(胃腸)의 병(病)에 수반해서 생긴다.
　　미각이상(味覺異常)으로는 미각감퇴(味覺減退), 미각소실(味覺消失)이 있는데, 삼차신경마비(三叉神経麻痺)에서 발(発)하는 것도 있다.

註 : 한방에서는 이것을 오장(五臓)의 열이거나 혹은 기능감퇴(機能減退)에 의하는 것으로 하여　달게 느끼는 것은 비위(脾胃), 쓰게 느끼는 것은 심장(心臓), 짜게 느끼는 것은 신장, 시게 느끼는　것은 간장의 기능의 소장(消長)에 의한다고 설명하고 있다.

13 呼吸困難
호흡곤란

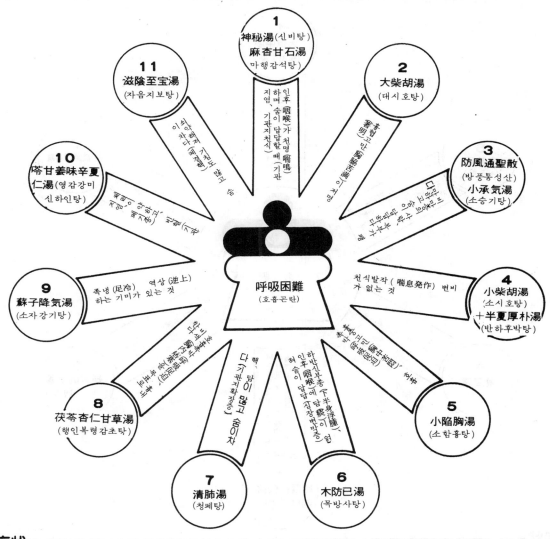

1 神秘湯(신비탕) 麻杏甘石湯(마행감석탕)

2 大柴胡湯(대시호탕)

3 防風通聖散(방풍통성산) 小承気湯(소승기탕)

4 小柴胡湯(소시호탕) ＋半夏厚朴湯(반하후박탕)

5 小陷胸湯(소함흉탕)

6 木防已湯(목방사탕)

7 清肺湯(청폐탕)

8 茯苓杏仁甘草湯(행인복령감초탕)

9 蘇子降気湯(소자강기탕)

10 苓甘姜味辛夏仁湯(영감강미신하인탕)

11 滋陰至宝湯(자음지보탕)

呼吸困難(호흡곤란)

症状

　　호흡곤란을 일으키는 병이다. 일상 흔히 볼 수 있는 것은 기관지천식, 만성기관지염 심장성천식, 폐염, 폐괴단(肺壞疽), 기관지확장증(気管支擴張症), 폐결핵, 폐암·등이다 늑막염(肋膜炎), 경우에도 호흡곤란(呼吸困難)은 일어난다. 이것은 흉수(胸水)가 많이 고여 폐를 압박하기 때문에 일어나는 것이므로, 한방의 탕액(湯液)으로 흉수(胸水)를 제거할 필요가 있다. 각기(脚気)로 인해 호흡곤란이 일어나는 수도 있다.

註 : 호흡곤란을 한방에서는 단기(短氣)라고 한다.

19 鼓腸
고장

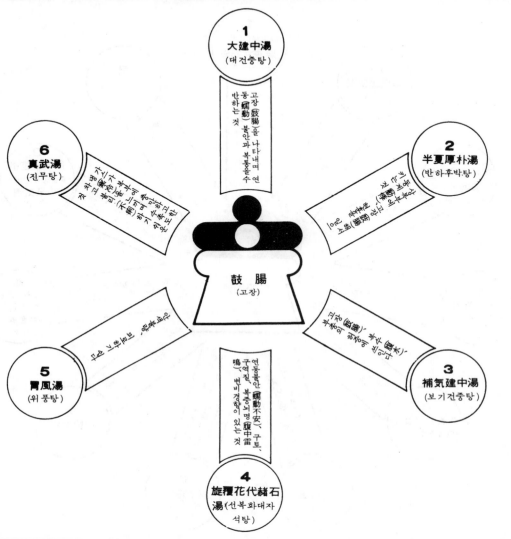

症状

　　위장속에 비정상으로 가스가 찬 상태를 고장(鼓腸)이라고 한다. 주로 장벽(腸壁)의 혈행장에때문에 가스의 흡수가 방해되어 일부는 장관(腸管)의 마비나 운동장애가 있으면 호흡이 안되고, 항문 배설이 불충분하게 되어 장관속에 과잉으로 차버리는 것이다. 복강내에 가스가 찬 것을 고복(鼓腹)이라 부른다. 상습변비, 위암, 간경변(肝硬變), 만성장염(慢性腸炎), 장티푸스, 문맥의 순환장애 등일 때 나타나며, 또한 장폐쇄(腸閉塞) 급성복막염(急性腹膜炎), 복부수술후(腹部手術後)와 같은 때는 심한 고장(鼓腸)이 나타난다.

20 子宮出血
자궁출혈

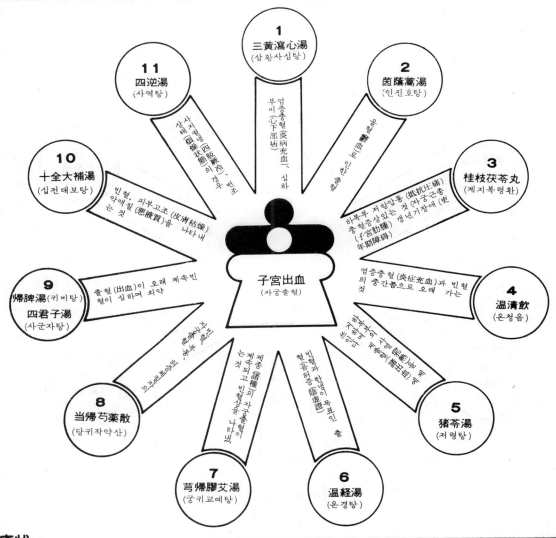

1. 三黃瀉心湯 (삼황사심탕)
2. 茵蔯蒿湯 (인진호탕)
3. 桂枝茯苓丸 (계지복령환)
4. 温清飲 (온청음)
5. 猪苓湯 (저령탕)
6. 温経湯 (온경탕)
7. 芎帰膠艾湯 (궁귀교예탕)
8. 当帰芍薬散 (당귀작약산)
9. 帰脾湯 (귀비탕) 四君子湯 (사군자탕)
10. 十全大補湯 (십전대보탕)
11. 四逆湯 (사역탕)

子宮出血 (자궁출혈)

- 염증충혈(炎病充血), 심하 부비(心下部痞)
- 血(혈)로 인한 황달
- 하복부 저항압통(抵抗壓痛), 충혈증상있는 것 자궁근종(子宮肌腫), 갱년기장애(更年期障碍)
- 염증충혈(炎症充血)과 빈혈의 중간쯤으로 오래 가는 것
- 빈혈과 한냉의 음허증(陰虛證)
- 혈이 응하충(瘀血)에 목표인 출
- 체증 제종(諸種)의 자궁혈이 계속되고 빈혈상을 나타내는 것
- 출혈(出血)이 오래 계속빈혈이 심하며 쇠약
- 빈혈, 피부고조(皮膚枯燥) 악액질(惡液質)을 나타내는 것
- 사지궐랭(四肢厥冷), 번조 상태(煩燥狀態)의 경우

症状

　정상적 월경이외에 불시에 자궁으로 부터 출혈하는 것을 말하며, 부정성기출혈(不正性器出血)이라고도 한다. 자궁근종, 자궁암, 자궁내막염, 갱년기장애, 자궁외임신등의경우에 일어난다.

註 : 기질성자궁질환(器質性子宮疾患), 갱년기(更年期), 이상임신으로 생기는 것이 많고, 드물기는 하지만 악성빈혈에서 출혈을 보는 경우가 있다.

21 쉰목소리

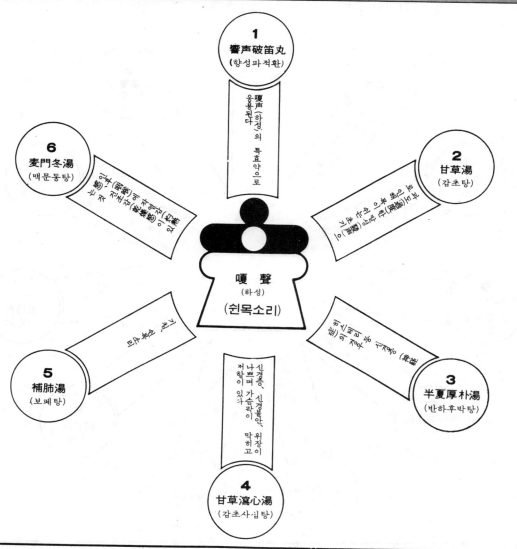

1
響声破笛丸
(향성파적환)

2
甘草湯
(감초탕)

3
半夏厚朴湯
(반하후박탕)

4
甘草瀉心湯
(감초사심탕)

5
補肺湯
(보폐탕)

6
麦門冬湯
(맥문동탕)

嗄 聲
(하성)
(쉰목소리)

症狀

　　하성 (嗄聲) (쉰 목소리)은 후두의 질환, 외상 (外傷), 성대 (聲帶)의 마비 등에 의.해일
어나는 이외에도 매독, 암, 결핵 등이 후두변에 변화를 일으켰을 때에 일어난다.
　　말소리가 나오지 않게 된 원인으로는 기질성 (器質性)의 것과 경련성 (痙攣性)의 것이
있다. 전자 (前者)는 염증으로 인해 성문 (聲門)의 근 (筋)이 마비되어 개방되어 있으
므로 소리가 나지 않으며, 후자 (後者)는 경련 (痙攣)으로 밀폐 (密閉)되어 호기 (呼氣)가
나오지 않아서 소리가 되지 않는다. 발성과도 (發聲過度)로 소리가 으깨어져 제대로 나
지 않는 것은 기질성 (器質性)으로서, 자극으로 인해 가벼운 염증이 일어나기 때문이다.
　　심한 후두부 (喉頭部)의 외상 (外傷), 매독 (梅毒), 결핵 암 등으로 인한 하성 (嗄聲)은
치료가 어렵다.
　　히스테리나 신경쇠약으로 소리가 나지 않는 신경성의 것은 비교적으로 한방치료가 쉽
다.

22 視力障害
시력장해

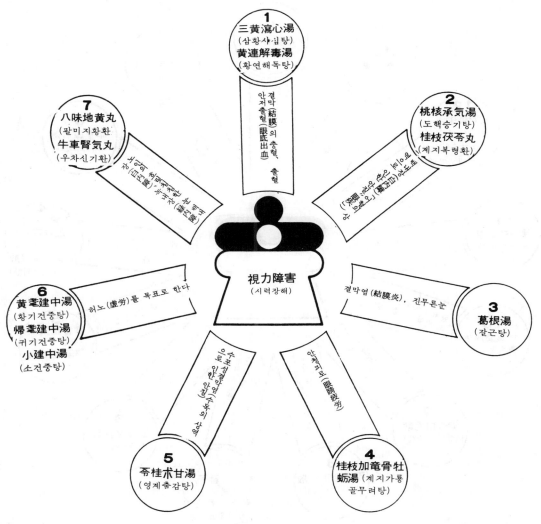

1
三黄瀉心湯
(삼황사심탕)
黄連解毒湯
(황연해독탕)

結膜(결막)의 충혈, 眼底出血(안저출혈) 출혈

2
桃核承気湯
(도핵승기탕)
桂枝茯苓丸
(계지복령환)

「瘀血(어혈)」을 목표로 「膣(어혈)」을 목표로

7
八味地黄丸
(팔미지황환)
牛車腎気丸
(우차신기환)

視力障害
(시력장해)

결막염(結膜炎), 진무른눈

3
葛根湯
(갈근탕)

6
黄蓍建中湯
(황기건중탕)
帰蓍建中湯
(귀기건중탕)
小建中湯
(소건중탕)

허노(虛勞)를 목표로 한다

안정피로(眼睛疲勞)

수노로 인결막염(수노의 상태)

5
苓桂朮甘湯
(영계출감탕)

4
桂枝加竜骨牡
蛎湯 (계지가룡
골무려탕)

症状

눈이 붉을 때는 앞쪽에 염증이 있으므로 동시에 눈물이 난다거나 눈꼽이 끼거나 한다. 결막염으로 눈꼽이 끼기 쉬워도 눈이 침침해진다.

외견적 (外見的)으로 충혈은 없어보이는데도 똑똑하게 보이지 않는 경우는 각막의 혼탁, 만성 (慢性)의 홍채염 (虹彩炎), 백내장, 거기에다 초자체 (硝子体)의 혼탁 등과 같이 빛이 통과하는 도중에 고장이 있을 경우이다.

또한 시력장애를 호소하는 것 중에는 청소년은 근시, 난시, 원시가 있고 중년은 노안으로 안한 시력장애가 있는 수도 있다.

註 : 한방적으로는 전신체치료 (全身体治療)를 행한다.

23食欲不振
식욕부진

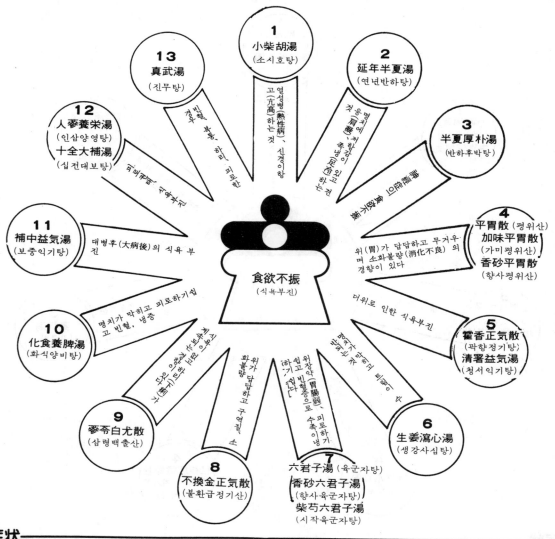

1 小柴胡湯 (소시호탕)
2 延年半夏湯 (연년반하탕)
3 半夏厚朴湯 (반하후박탕)
4 平胃散 (평위산) 加味平胃散 (가미평위산) 香砂平胃散 (향사평위산)
5 藿香正気散 (곽향정기탕) 清署益気湯 (청서익기탕)
6 生姜瀉心湯 (생강사심탕)
7 六君子湯 (육군자탕) 香砂六君子湯 (향사육군자탕) 柴芍六君子湯 (시작육군자탕)
8 不換金正気散 (불환급정기산)
9 蔘苓白尤散 (삼령백출산)
10 化食養脾湯 (화식양비탕)
11 補中益気湯 (보중익기탕)
12 人蔘養栄湯 (인삼양영탕) 十全大補湯 (십전대보탕)
13 真武湯 (진무탕)

食欲不振 (식욕부진)

症状

　식욕의 감퇴 또는 소실된 상태를 말한다.

　신경성식욕부진 (神經性食欲不振) 이것은 식욕부진을 일으키는 장기질환(臟器疾患) 또는 유열성질환(有熱性疾患)이 없이 일어나는 것을 말한다. 예를 들면 자신의 기호에 맞지않는 식이 (食餌) 또는 이치 (異臭), 불결 (不潔) 등에 대한 혐오의 생각에서 비롯되는 것이다. 또는 정신적타격, 예컨대 공포, 고뇌, 비애, 분노 등의 정신적감동에 의해 일어나는 식욕부진 (食欲不振)이 있다.

　기질성식욕부진 (器質性食欲不振) 이것은 신체에 이상이 있을 때이다. 예컨대, 발열, 동통 (疼痛), 위장, 기타의 장기질환 (臟器疾患)으로 인해, 혹은 중독작용때문에 오는 식욕부진을 말한다.

24 動悸(心悸亢進)
동계 (심계항진)

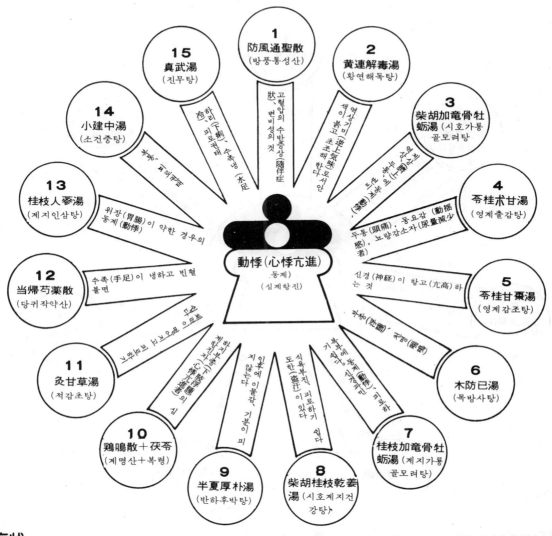

1 防風通聖散 (방풍통성산)
고혈압의 수반증상(隨伴症狀), 변비성의 것

2 黃連解毒湯 (황연해독탕)
얼굴이 붉고 상기(上氣)되며 초조해 하는 불안

3 柴胡加竜骨牡蛎湯 (시호가룡골모려탕)

4 苓桂朮甘湯 (영계출감탕)
두통(頭痛), 동요감(動搖感), 노량감소자(尿量減少者)

5 苓桂甘棗湯 (영계감조탕)
신경(神経)이 항고(亢高)하는 것

6 木防已湯 (목방사탕)

7 桂枝加竜骨牡蛎湯 (계지가룡골모려탕)

8 柴胡桂枝乾姜湯 (시호계지건강탕)

9 半夏厚朴湯 (반하후박탕)

10 鶏鳴散+茯苓 (계명산+복령)

11 灸甘草湯 (적감초탕)

12 当帰芍薬散 (당귀작약산)
수족(手足)이 냉하고 빈혈 불면

13 桂枝人蔘湯 (계지인삼탕)
위장(胃腸)이 약한 경우의 동계(動悸)

14 小建中湯 (소건중탕)

15 真武湯 (진무탕)

中心: 動悸(心悸亢進) 동계 (심계항진)

症狀

한방(漢方)에서는 흉부의 동계(動悸)를 심계(心悸)라고 한다. 흉부의 동계는 심장병이 원인이 되어 일어날 뿐만 아니라, 신경성의 원인도 있다. 그밖에도 호흡우기질환 신염(腎炎), 바세도우시병, 빈혈, 비만으로 인해 일어난다. 원질환(原疾患)을 치료 하는 것이 우선 요긴 하다. 뇨가 대량으로 나오면 신경성의 동계이다.

복부의 동계(복맥)는 위장이 약하고 수독이 있는 사람에게 일어나기 쉽다. 명치부위의 동계는 심하계, 제하(臍下)의 동계는 제하계(臍下悸)이다. 복부에 동계가 있는 것은 위가 약하고 신경질적 사람에게 많다. 정신불안, 불면, 초조, 두통, 변비, 히스테리 등 갖가지의 증상이 사람에 따라 다른 모양으로 나타난다.

註 : 심장질환(心臟疾患), 고혈압증(高血壓症), 동맥경화증(動脈硬化症), 갑상선기능항진증(甲狀腺機能亢進症) 등으로 발하는 경우가 많다. 또한 신경성(神經性)의 것도 많으며, 기타 류우머티, 각기(脚氣) 등에도 볼 수 있는 증상이다.

25 震顫(떨림)
진전

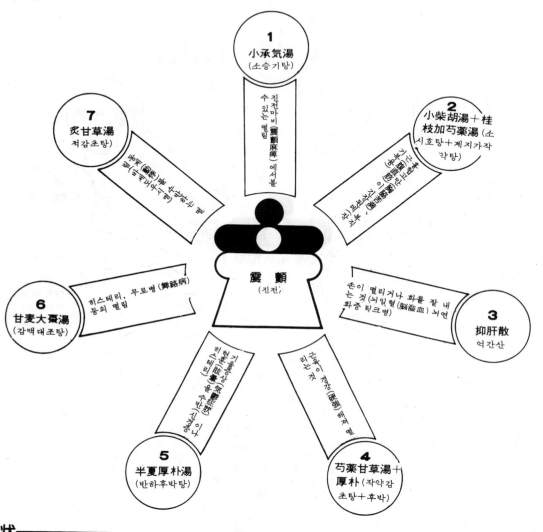

1
小承気湯
(소승기탕)

진전마비(震顫麻痺)에서볼 수 있는 떨림

2
小柴胡湯＋桂
枝加芍薬湯(소
시호탕＋계지가작
약탕)

7
炙甘草湯
(적감초탕)

3
抑肝散
역간산

손이 떨리거나 화를 잘 내는 것(뇌일혈(腦溢血) 뇌연화증 틱크병)

6
甘麦大棗湯
(감맥대조탕)

히스테리, 무로병(舞踏病) 등의 떨림

震顫
(진전)

5
半夏厚朴湯
(반하후박탕)

4
芍薬甘草湯＋
厚朴(작약감
초탕＋후박)

근육이 긴장(緊張)해져 떨리는 것

症状

　　진전은 흔히 말하는 떨림을 두고 하는 말인데, 수족, 머리, 동부(胴部)의 근육에 일어나는 자기의지로 멎게 할 수 없는 리드미칼한 운동을 말한다.

　　진전에는 뇌나 척수에 병이 있어 일어나는 진전마비이외에도 파킨소니즘이나 수막염(髓膜炎)으로 인한 것, 알콜, 아편, 니코틴 등의 중독으로 인한 것, 히스테리 등의 신경증적인 것, 그리고 바세도우시병(氏病)과 같은 내분비이상으로 인해 일어나는 것 등이 있다.

26 鼻血(衄血)
빈혈

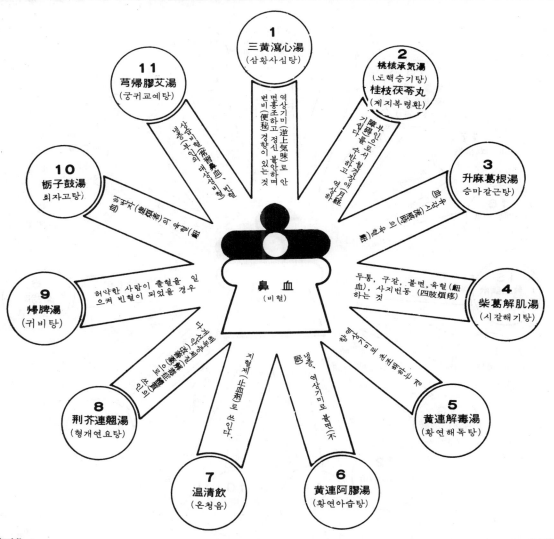

중앙: 鼻 血 (비혈)

1 三黃瀉心湯 (삼황사심탕) — 역상기미(逆上気味)로 안면홍조하고 정신이 불안하며 변비(便秘) 경향이 있는 것

2 桃核承気湯 (도핵승기탕) 桂枝茯苓丸 (제지복령환) — 부인으로서 월경장애이며 역상(逆上)을 수반하고 자궁계(子宮系)의 장해를 일으키는 것

3 升麻葛根湯 (승마갈근탕) — 가슴에 울열(鬱熱)이 있고 鼻血이 있는 것

4 柴葛解肌湯 (시갈해기탕) — 두통, 구갈, 불면, 육혈(衄血), 사지번동(四肢煩疼) 하는 것

5 黃連解毒湯 (황연해독탕) — 기분이 초조하고 불안하여 역상하는 것

6 黃連阿膠湯 (황연아습탕) — 불면, 역상기미로 불면(不眠)

7 温淸飲 (온청음) — 지혈제(止血劑)로 쓰인다.

8 荊芥連翹湯 (형개연요탕) — 다소 허약하며 축농증(蓄膿症) 의 경향이 있는 사람

9 帰脾湯 (귀비탕) — 허약한 사람이 출혈을 일으켜 빈혈이 되었을 경우

10 梔子鼓湯 (회자고탕) — 鼻血(비혈)의 약(藥)으로 쓰인다.

11 芎帰膠艾湯 (궁귀교예탕) — 치질출혈(痔疾出血), 부인의 대상출혈(代償出血)

症状

　비혈(鼻血)은 비중격전단의 혈관에서부터 출혈해서 일어나는 경우가 많은데, 재채기 염증, 역상(逆上), 외상(外傷) 등으로 인해 일어나는 수도 있다. 그리고 동맥경화증이나 심장병, 빈혈증 등에 수반해서 일어나는 수도 많다. 비점막의 병변이나 비이은 빈혈의 원인이 되기 쉽다. 부인들의 경우는 월경장애로 인한 대상출혈로서 비혈이 일어나는 수가 있다.

註 : 비질환(鼻疾患)으로 일어나는 비혈(鼻血)이 가장 많으며, 이어 월경의 대사성출혈(代謝性出血), 고혈압증(高血壓症), 역상(逆上)등으로 인하는 것이 많다.

27 頭痛
두통

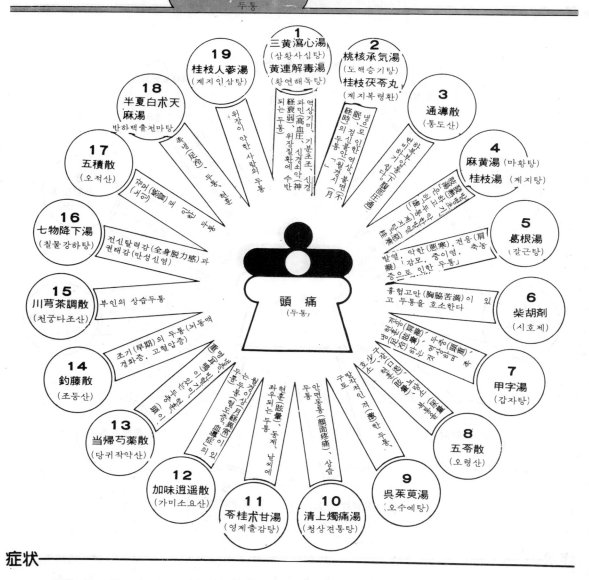

症状

두통에는 증후성의 두통, 상습두통, 후두신경통, 편두통 등이 있다.

〈증후성의 두통〉 감기나 열성병의 초기에 일어나는 두통은 각각 원병(原病)을 치료하면 낫는다.

〈상습두통〉 늘 두통이 있는 것을 말하며 항상 원인불명의 두통이 있다. 원인 으로는 뇌종양, 뇌동맥경화증이외에도 안(眼), 이(耳), 비질환, 신장염 등도 생각될 수 있으나 신경성두통이라 불리우는 원인불명의 것이 가장 많다고 한다.

〈편두통〉 발작적으로 머리의 편측(片側) 또는 머리전체에 일어나는 격한 두통을 말한다. 자주 일기에 좌우되며, 구역질 마저 따르는 수도 있다. 그리고 두통이 일어나기 전에는 눈이 침침하거나 현훈(眩暈), 이명(耳鳴)이 있기도 한다. 부인에게 많으며, 허약체질의 사람으로 월경이상, 월경곤란, 갱년기장애 등이 있을 경우는 일어나기 쉽다.

28 多尿 · 乏尿
다뇨, 핍요

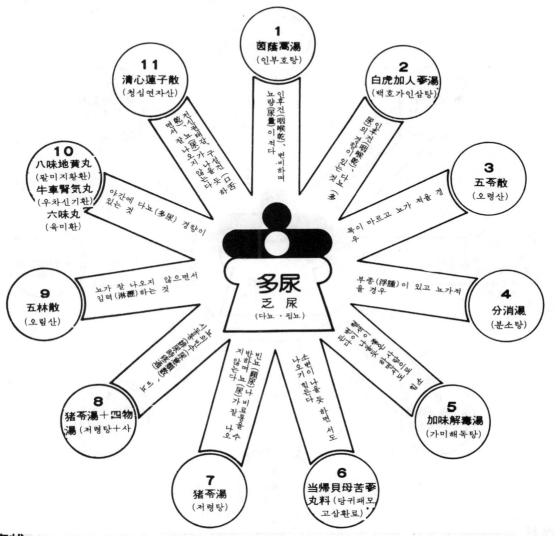

1 茵蔯蒿湯 (인부호탕) — 뇨량(尿量)이 적다

2 白虎加人蔘湯 (백호가인삼탕) — 尿의 정체(停滯), 무뇨(無尿) 인 것

3 五苓散 (오령산) — 목이 마르고 뇨가 적을 경우

4 分消湯 (분소탕) — 부종(浮腫)이 있고 뇨가 적을 경우

5 加味解毒湯 (가미해독탕)

6 当帰貝母苦蔘丸料 (당귀패모고삼환료) — 나오기 힘든 듯 하면서도 소변이 나오게 힘든다

7 猪苓湯 (저령탕)

8 猪苓湯＋四物湯 (저령탕＋사물탕) — 빈뇨(頻尿)가 지반하며 나오지 않는다 뇨(尿)가 잘 통함을 나수

9 五淋散 (오림산) — 뇨가 잘 나오지 않으면서 임력(淋瀝)하는 것

10 八味地黃丸 (팔미지황환) 牛車腎気丸 (우차신기환) 六味丸 (육미환) — 야간에 다뇨(多尿) 경향이 있는 것

11 清心蓮子散 (청심연자산) — 권태(倦怠), 변비(便秘), 소갈(消渴), 뇨(尿)가 나오지 않는다

多尿 乏尿 (다뇨 · 핍뇨)

症状

뇨량(尿量)이 비정상적으로 많아지거나 적어지거나 하는 것은 모두 병적인 증상이다.

〈다뇨〉 뇨붕증, 당뇨병, 위축신(萎縮腎) 초기에 일어나는 증상이다. 대증요법(對症療法)으로서 신염에 준해서 치료하면 낫는다.

〈핍뇨〉 신염, 흉막염, 복막염, 신경증 등으로 인해 일어나는 증상인데 각각 그 원병(原病)을 치료하면 낫는다. 심부전(心不全)으로 인해 일어나는 것은 심장변막증(心臟弁膜症)에 준해 치료하면 좋다.

29尿閉·排尿困難
요폐·배뇨곤란

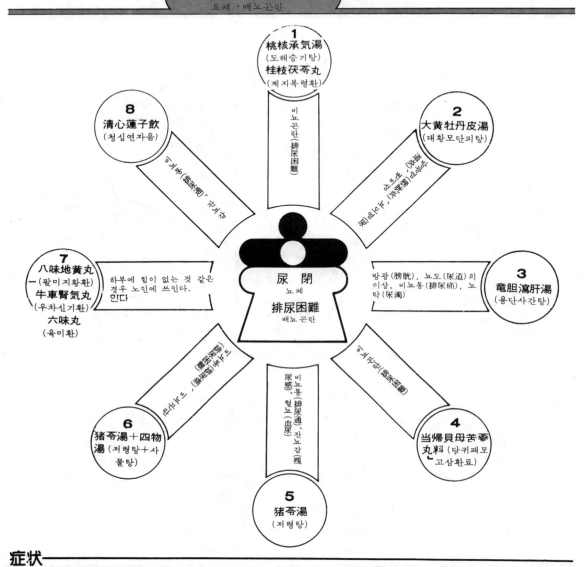

1
桃核承気湯
(도핵승기탕)
桂枝茯苓丸
(계지복령환)

비뇨곤란(排尿困難)

2
大黄牡丹皮湯
(대황모단피탕)

8
清心蓮子飲
(청심연자음)

3
竜胆瀉肝湯
(용단사간탕)

방광(膀胱), 뇨도(尿道)의 이상, 비뇨통(排尿痛), 뇨탁(尿濁)

7
八味地黄丸
(팔미지황환)
牛車腎気丸
(우차신기환)
六味丸
(육미환)

하부에 힘이 없는 것 같은 경우 노인에 쓰인다. 쓴다.

尿 閉
뇨폐
排尿困難
배뇨곤란

4
当帰貝母苦蔘丸料
(당귀패모고삼환료)

6
猪苓湯+四物湯
(저령탕+사물탕)

尿感, 비뇨통(排尿通), 잔뇨감(殘尿感), 혈뇨(血尿)

5
猪苓湯
(저령탕)

症状

뇨폐(尿閉)란, 뇨가 나오지 않게 되는 것을 말한다. 뇨도(尿道) 또는 전입선(前立腺)의 고장, 괄약근(括約筋)의 기능장애, 방광(膀胱)이나 뇨도주위(尿道周圍)의 병변((病變) 등으로 인해 일어난다.

배뇨곤란이란 뇨의(尿意)가 있더라도 배뇨(排尿)하기 어려운 것을 말한다. 뇨도협착(尿道狹窄)이나 전입선비대(前立腺肥大), 방광결석(膀胱結石) 및 이뇨근(利尿筋)의 수축력부족(水縮力不足)으로 인해 일어난다.

30 手足煩熱
수족번열

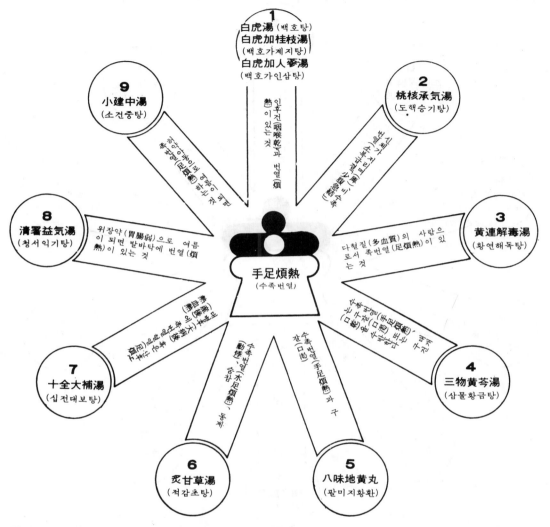

1
白虎湯 (백호탕)
白虎加桂枝湯 (백호가계지탕)
白虎加人蔘湯 (백호가인삼탕)

인후건咽喉乾)과 번열(煩熱)이 있는 것

9 小建中湯 (소건중탕)

2 桃核承気湯 (도핵승기탕)

8 清暑益気湯 (청서익기탕)

위장약(胃腸弱)으로 여름이 되면 발바닥에 번열(煩熱)이 있는 것

3 黃連解毒湯 (황연해독탕)

다혈질(多血質)의 사람으로서 족번열(足煩熱)이 있는 것

手足煩熱
(수족 번열)

7 十全大補湯 (십전대보탕)

6 炙甘草湯 (적감초탕)

5 八味地黃丸 (팔미지황환)

4 三物黃芩湯 (삼물황금탕)

症状

　수족번열 (手足煩熱)이란 수족이 후끈거리며 기분이 나쁘고, 차게 하면 기분이 좋아진다는 자각(自覺) 증상이 있는 것을 말한다. 그러나 타각적(他覺的)으로는 반드시 수족이 뜨겁다는 것도 아니다.

　註 : 신경질적(神經質的)인 환자에게 잘 일어나는데, 원인치료로 낫는 것이 많다.

31 吐血·喀血
토혈·객혈

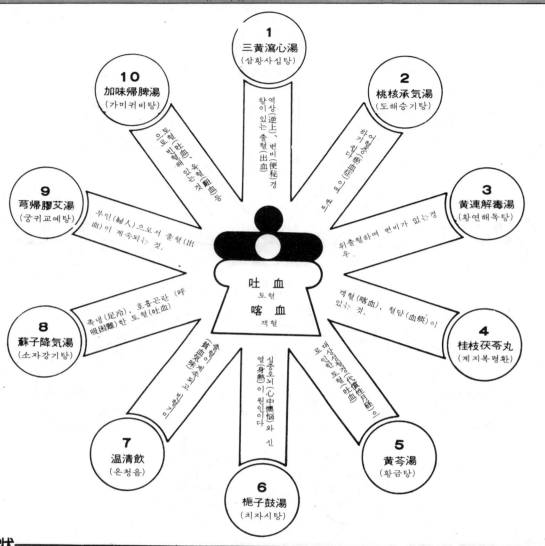

1 三黃瀉心湯 (삼황사심탕)
역상(逆上), 변비(便秘)경 향이 있는 출혈(出血)

2 桃核承気湯 (도해승기탕)
하이 최용하여 대용

3 黃連解毒湯 (황연해독탕)
위출혈하며 변비가 없는 경우.

4 桂枝茯苓丸 (제지복령환)
객혈(喀血), 혈담(血痰)이 있는 것.

5 黃芩湯 (황금탕)
대상성위출혈(代償性胃出血)이 인한 토혈(吐血)

6 梔子鼓湯 (치자시탕)
심중오뇌(心中懊悩)와 신열(身熱)이 원인이다

7 温清飲 (온청음)
충혈(充血)로 계속되고 있는

8 蘇子降気湯 (소자강기탕)
족냉(足冷), 호흡곤란(呼吸困難)한 토혈(吐血)

9 芎帰膠艾湯 (궁귀교예탕)
부인(婦人)으로서 출혈(出血)이 계속되는 것.

10 加味帰脾湯 (가미귀비탕)
토혈(吐血), 하혈(下血)으로 쇠약해 있는 것

中心: **吐血** (토혈) **喀血** (객혈)

症状

토혈(吐血)이란, 구토(嘔吐)에 의해 일어나는 것을 말하며, 객혈(喀血)은 담(痰)과 함께 혈액이 나오는 것을 말한다. 토혈은 식도(食道), 위(胃), 십이지장(十二指腸)의 궤양(潰瘍) 및 암(癌)에 의해 일어나는 수가 많다. 그밖에도 위벽(胃壁)의 울혈(鬱血) 출혈성소인(出血性素因), 히스테리, 전간(癲癇)에 의해서도 일어난다. 그리고 부인 월경의 대상성위출혈(代償性胃出血)로 일어나는 수도 있다. 객혈은 폐결핵으로 인해 일어나는 수가 많다. 그밖에 기관지염(氣管支炎), 폐괴단(肺壞疸), 폐농양(肺膿瘍), 폐염(肺炎), 폐의 울혈(鬱血), 출혈성소인(出血性素因) 등으로 인해서도 일어난다. 부인의 대상성출혈로써 일어나는 것은 토혈의 경우와 마찬가지이다.

註 : 토혈(吐血)은 위궤양(胃潰瘍)으로 인해 일어나는 경우가 특히 많으며, 토혈한 혈색은 암적색이고, 위내용물이 섞여 있다. 토혈후는 안정을 요한다.

객혈(喀血)은 폐침윤(肺侵潤)으로 인한 것과 기관지확장증(氣管支擴張症)에 의한 것이 있는데 둘 다 혈색은 선홍색이다.

한방에서는 토혈, 객혈 모두 거의 같은 방침(方針)으로 처치한다.

32 咽頭異物感
인두이물감

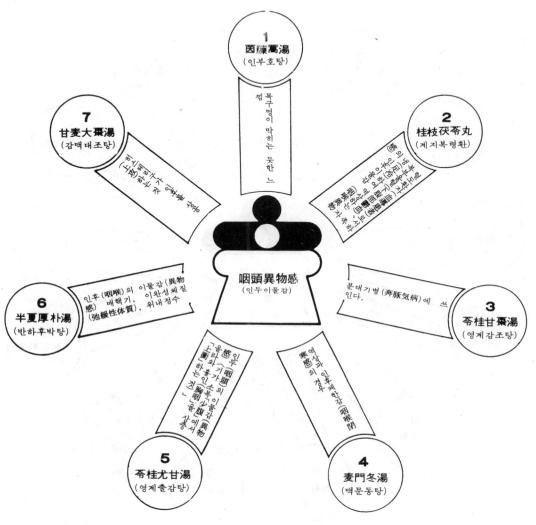

症状

이상감각 (異常感覺)이란, 신경계증상 (神經系症狀)의 하나로서 지각장애 (知覺障碍)가 여러가지 형태로 일어나는 것이다. 신경증, 특히 히스테리일 때, 구 (球)와 같은 것이 목구멍을 거슬러 올라오는 것만 같은 것을 히스테리구라고 한다. 그리고 인두부 (咽頭部)에 무엇인가 걸려 있는 것만 같은 이물감(異物感)이 있을 경우 한방에서는 이, 이상감각을 매핵기 (梅核氣)라고 부른다.

이, 이상감각은 신경증으로서 나타나는데, 흔히 혈도라고 하는 갱년기장애 (更年期碍障)의 부인, 위하수증 (胃下垂症), 위아토니 등, 위의 장애가 있는 환자에게는 특히 잘 나타난다.

註：이상감각 (異狀感覺)의 특유한 증상으로서 분돈기병 (奔豚氣病)이 있다. 분돈기병은 오늘날 말하는 히스테리구 (球)에 해당하는 경우가 많은데, 한방에서는 이것을 경공 (驚恐)으로 인해 일어나는 기병 (氣病), 즉 신경증으로 보고 가스와 수음 (水飮)을 고친다는 방침을 세우고 있다.

33発熱·悪寒
발열·오한

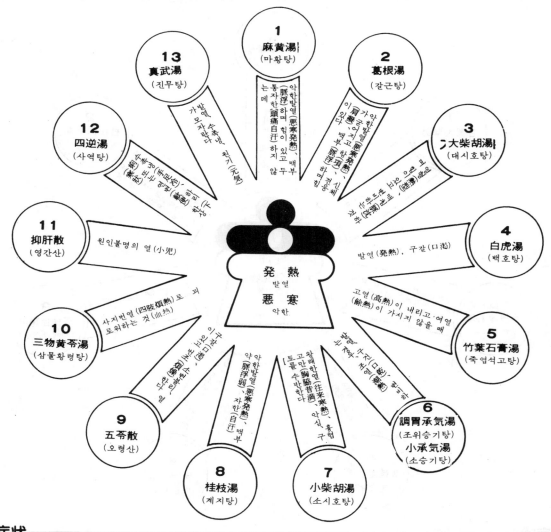

中心: 発熱 (발열) 悪寒 (악한)

1 麻黄湯 (마황탕)
2 葛根湯 (갈근탕)
3 大柴胡湯 (대시호탕)
4 白虎湯 (백호탕)
5 竹葉石膏湯 (죽엽석고탕)
6 調胃承気湯 (조위승기탕) 小承気湯 (소승기탕)
7 小柴胡湯 (소시호탕)
8 桂枝湯 (계지탕)
9 五苓散 (오령산)
10 三物黄芩湯 (삼물황령탕)
11 抑肝散 (영간산)
12 四逆湯 (사역탕)
13 真武湯 (진무탕)

1: 악한발열(惡寒発熱)하며, 맥부(脈浮)하고 힘이 있고 두통(頭痛自汗)하지 않는 메
2: 어깨가 아파서 당기고 악한발열(惡寒発熱)하며, 맥부(脈浮)하고 자한(自汗)이 신체
3: 발열(発熱), 구갈(口渇)
4: 고열(高熱)이 내리고·여열(餘熱)이 가시지 않을 때
11: 원인불명의 열(小児)
10: 사지번열(四肢煩熱)로 피로워하는 것(血熱)

4·발열(発熱), 구갈(口渇)
5·고열(高熱)이 내리고·여열(餘熱)이 가시지 않을 때

症状

　한방에서 말하는 열은 양의 개념이며, 음인 한(寒)에 상대하고 있다. 열(熱)은 반드시 체온의 상승을 의미하는 것은 아니며, 국소의 열감(熱感)은 체온의 상승이 없더라도 열이라 할 수 있다. 예를 들면, 체온은 39도에 이르고 있으나 맥이 침(沈)·지(遲)하며 안색이 창백하고 악한(惡寒), 수족의 냉(冷), 설습(舌濕)을 볼 수 있으며, 뇨가 청등하면 이것을 한(寒)이라 생각한다. 한은 신진대사의 침쇠(沈衰)를 뜻한다.

註：이 항(項)은 체온이 상승하는 열에 관해 언급한 것이다. 열이 나는 병이 주증은—감모(感冒)편도염(扁桃炎), 인플루엔자, 폐염(肺炎), 장(腸)티푸스, 발진(發疹)티푸스, 파라티푸스, 성홍열(猩紅熱), 마진(麻疹), 두창(痘瘡), 수두(水痘), 패혈증(敗血症), 폐결핵(肺結核), 흉막염(胸膜炎), 수막염(髓膜炎), 파상풍(破傷風)뇌염(腦炎), 담낭염(胆囊炎), 신맹(腎盂), 급성복막염(急性腹膜炎), 취장염(膵臟炎), 중수염(中垂炎), 난관염(卵管炎), 적리(赤痢), 역리(疫痢), 급성장염(急性腸炎), 장결핵(腸結核), 심내막염(心內膜炎), 중이염(中耳炎), 급성류우머티, 디푸테리아.

34 冷症
냉증

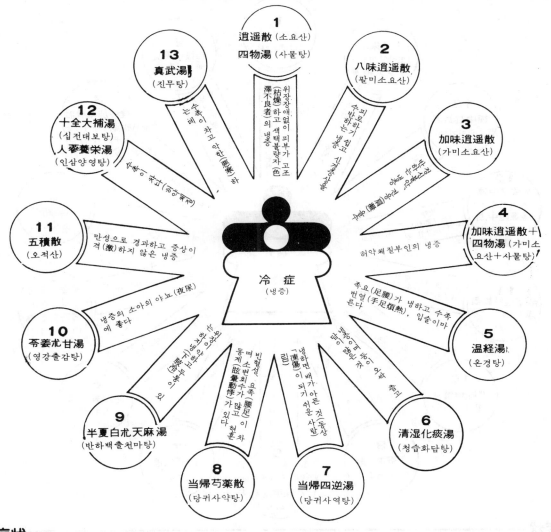

1 逍遥散 (소요산) 四物湯 (사물탕) — 위장장애없이 피부가 거조 (枯燥)하고 색택불량자色澤不良者)의 병증

2 八味逍遥散 (팔미소요산) — 피로하기 쉽고 신경과민성의

3 加味逍遥散 (가미소요산)

4 加味逍遥散＋四物湯 (가미소요산＋사물탕) — 허약체질부인의 냉증

5 温経湯 (온경탕) — 족요(足腰)가 냉하고 수족번열(手足煩熱), 입술이마른다

6 清湿化痰湯 (청습화담탕)

7 当帰四逆湯 (당귀사역탕) — 냉하면 배가되기 아프기 쉬운 것·사람

8 当帰芍薬散 (당귀사약탕) — 빈혈성, 眩暈動悸가 많고 현훈 차며 소변수족(腰足)이

9 半夏白朮天麻湯 (반하백출천마탕)

10 苓姜朮甘湯 (영강출감탕) — 냉증의 소아의 야뇨(夜尿)에 좋다

11 五積散 (오적산) — 만성으로 경과하고 증상이 격(激)하지 않은 냉증

12 十全大補湯 (십전대보탕) 人蔘養栄湯 (인삼양영탕)

13 真武湯 (진무탕) — 는 수족이 차고 악한(惡寒)하

冷症 (냉증)

症状

냉증(冷症)에는 빈혈에서 오는 것과 울혈에서 오는 것이 있다. 순환장애(循環障碍)로 인해 냉한것, 체내에 수분이 편재해 있어 그 부분만이 냉한 것, 혹은 胃腸이 약해 전체적으로 원기가 없고, 신진대사기능(新陳代謝機能)이 쇠약해 있기 때문에 냉한 것 등이 있다. 허약체질, 내장하수증(內臟下垂症) 등에도 볼 수 있으나 부인과질환, 혈도, 신경증 등으로 인해 일어나는 것도 많고 신경증의 것에는 극단적인 것도 있다.

註 : 냉증을 고치는 약, 신체를 따뜻이 할 수 있는 약이 있다는 것은 한방의 특징의 하나이다.

35 疲勞倦怠感
피로권태감

症状

　피로권태감 (疲勞倦怠感), 즉 쉽게 피로해진다고 호소하는 사람은 만 (慢)·급성불문 (急性不問) 하고 많다. 신경과민 (神經過敏)으로 흥분하기 쉽고 피로하기 쉽다. 복벽이 얇고 피하지방 (皮下脂肪)이 모자라며 체력이 약하고 피로하기 쉽다. 하반신의 힘이　약하며 족요 (足腰)의 피로나 통증이 있다. 여름에는 목이 타고, 하리 (下痢), 식욕부진 등으로 몸이 나른하다. 위장에 병이 있어 피로하다. 胃아토니, 위하수증 (胃下垂症) 때문에 나른해서 일을 못한다. 조금만 움직여도 피로하고 숨이 찬다. 이상과 같이 피로하기 쉽다고는 하지만 그 원인은 여러가지 경우가 생각되는데, 크게 분류하면 신경성의 것, 허약체질로 인한 것 연령적 (年齡的)인 것, 위장질환 (胃腸疾患), 간장기능 (肝臟機能) 및 신장기능 (腎腸機能)의 쇠약에 의한 것, 그리고 다른 병의 악화에 따라 일어나는 것으로　나누어 진다.

　註 : 한방에 서는 내장 (內臟)〈간장 (肝臟), 취장 (膵臟), 신장 (腎臟), 위장 (胃臟)〉과 피로하기 쉽다는 관계를 중시해서 허약체질도 고려한 다음, 각개의 증상에 따른 약이 준비되어 있다.

36 腹水
복수

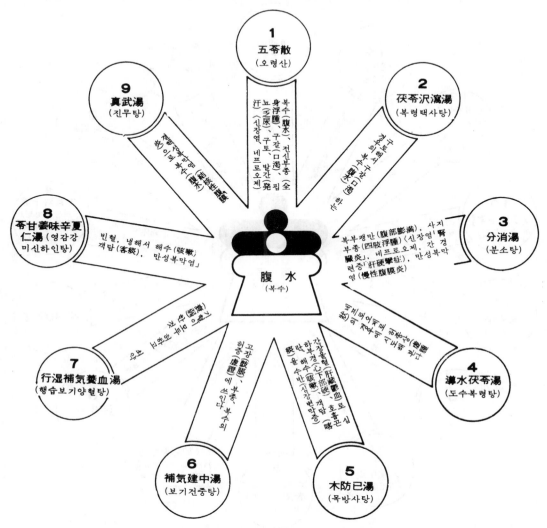

1
五苓散
(오령산)

복수 (腹水), 전신부종 (全身浮腫), 구갈·口渴, 토·발간 (發汗)
尿 (주尿), 구토, 발간 (發汗)·신장염, 네프로오제)

2
茯苓沢瀉湯
(복령택사탕)

구갈과 소변 부리 (利)한 수독

3
分消湯
(분소탕)

복부팽만 (腹部膨滿), 사지부종 (四肢浮腫)〔신장염·腎臟炎〕, 네프로오제, 간경련증〔肝硬變症〕, 만성복막염 (慢性腹膜炎)

4
導水茯苓湯
(도수복령탕)

부종 (浮腫)·피로 쉽게 쉽게 비어지며 물러

5
木防已湯
(목방사탕)

간장울혈〔肝臟鬱血〕, 하복경〔心下部硬〕, 해수 (咳嗽), 객담·호흡곤란·복수 (신장병막염)

6
補気建中湯
(보기건중탕)

허증 (虛證)·부종, 복수의 고장 (臌脹)에 쓴다

7
行湿補気養血湯
(행습보기양혈탕)

고장 (臌脹)·부종의 유증

8
苓甘姜味辛夏仁湯
(영감강미신하인탕)

빈혈, 냉해서 해수 (咳嗽)·객담 (客痰), 만성복막염

9
真武湯
(진무탕)

전신장애가 심한 이의 부수 (腹水)〔腹水〕

症状

복수 (腹水) 는 울혈 (鬱血) 로 인해 복강 (腹腔) 에 액 (液) 이 저유 (貯溜) 되어 복부가 창만 (脹滿) 해진 것을 말한다. 간경변증 (肝硬變症), 문맥전색 (門脈栓塞), 종양 (腫瘍) 등으로 인한 문맥의 압박 (壓迫), 간정맥 (肝靜脈) 의 전색, 우심실의 기능장애로 인해 일어나는 우심방의 울혈, 신장질환 특히 네프로오제로 인한 전신적부종 (全身的浮腫) 등에 의해 일어난다.

註 : 복막의 염증으로 인해 일어나는 복강에의 맥의 삼출 (滲出) 도 복수 (腹水) 라고 말하고 있다. 복수가 일어나면 복부가 커지고, 피부는 긴장되어 광택이 나고 부종 (浮腫) 이 하지·(下肢) 나 음부 (陰部) 에도 나타나 복벽의 피하정맥 (皮下靜脈) 이 굵어져서 사행 (蛇行) 한다.

37 腹痛
복통

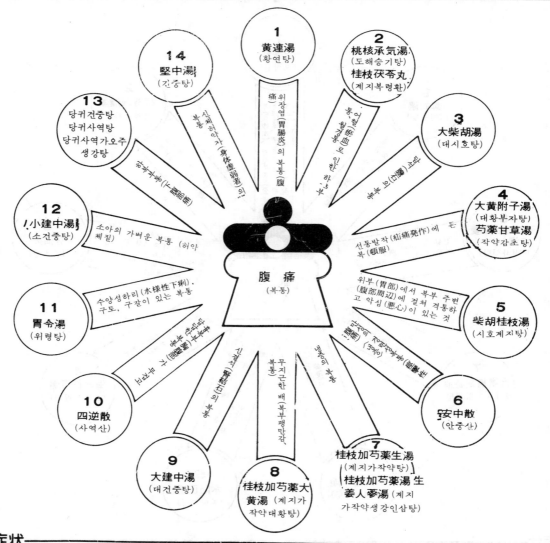

症狀

　　복통(腹痛)을 일으키는 질환(疾患)은 매우 많다. 위궤양(胃潰瘍), 십이지장궤양(十二指腸潰瘍), 위산과다증(胃酸過多症), 췌염(膵炎), 담낭염(胆囊炎), 담석증(胆石症), 신맹염(腎盂炎), 신장결석(腎臟結石), 복막염(腹膜炎), 중수염(中垂炎), 장협착증(腸狹窄症), 장염전(腸捻轉), 이상월경(異常月經) 등이 있다. 한방에서는 복통을 고치기 위한 처방은 매우 많으며, 그 각각 특색이 있지만, 상기(上記) 처방은 여러가지 형의 대표적인 것만을 들었다.

38 不眠症
불면증

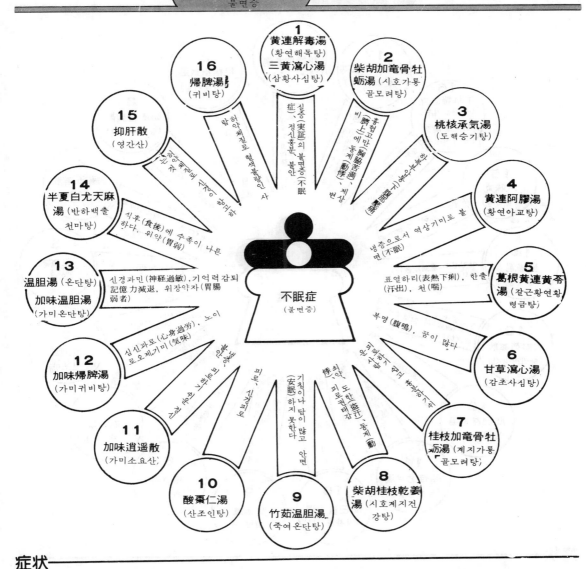

症狀

　　불면증(不眠症)의 원인은 여러가지 있는데, 그 대부분은 신경증, 흔히 말하는 노이로
제로 인한 것이다. 원인이 되는 다른 병이 있는 불면증으로서 정신병(精神病)의 초기
(初期), 신경증(神經症), 혈도, 갱년(更年)의 초기 등으로 인해 일어나는 것을 신경성
불면증(神經性不眠症)이라고 한다. 그밖의 것으로는 큰 병을 앓은 뒤 쇠약해졌을 때,혹
은 위장병(胃腸病), 급성열병(急性熱病) 등의 병상(病狀)으로 일어나는 불면증이 있다.
원인이 되는 병은 갖가지이더라도 견응두통(肩凝頭痛), 현훈(眩暈), 이명(耳鳴), 동계
(動悸) 등의 증상이 공통해 있다.

　　註 : 한방에서는 불면의 원인이 되고 있는 전신의 부조화를 조정함으로써 불면을 고친다.

39 浮腫
부종

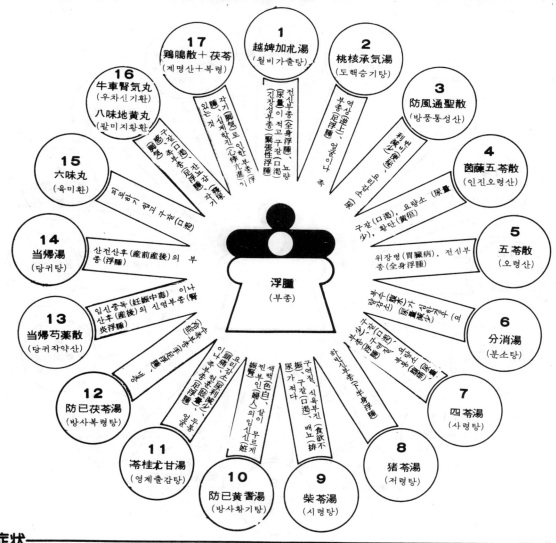

症状

　　부종 (浮腫)은 신체속에 여분의 수분이 고여 있는 것을 말한다. 부종이 생기게 　하는 병의 주된 것은 신장병, 심장병, 간장병, 임신중독, 각기 등. 신장병은 처음에　눈꺼풀이 붓고, 얼굴이 부석부석해진다. 아침에 일어났을 때 느끼는 것이 특징으로 나른하고, 식욕부진, 목이 마르고, 요통 등이 따른다. 만성신염도 병이 진행되면 부종은 수족에서 부터 차츰 전신에 이르고, 피부가 청백해진다. 심장병막증 (心臟弁膜症)은 부종이　다리 (발)에 나타난다. 저녁이 되면 부종은 심해지고 뇨량이 준다. 병이 진행되면 간장이 부어 상복부가 무겁고 답답해지며, 조금만 움직여도 얼굴이나 수족에 부종이 생긴다.　간 장병은 간경변증이 되면 복수(腹水)가 고이고, 하지(下肢)에 부종이 생긴다. 임신중독 은 혈압상승, 뇨담백의 증상과 함께 하지(下肢)에서부터 외음부로 부종이 생기고, 심하 면 부종은 손이나 얼굴에도 생긴다. 각기는 하지(下肢)가 부종되어 나른해지고, 수족에 저린 감이 있다. 특히 여름에 많이 발생한다.

40 便秘
(변비)

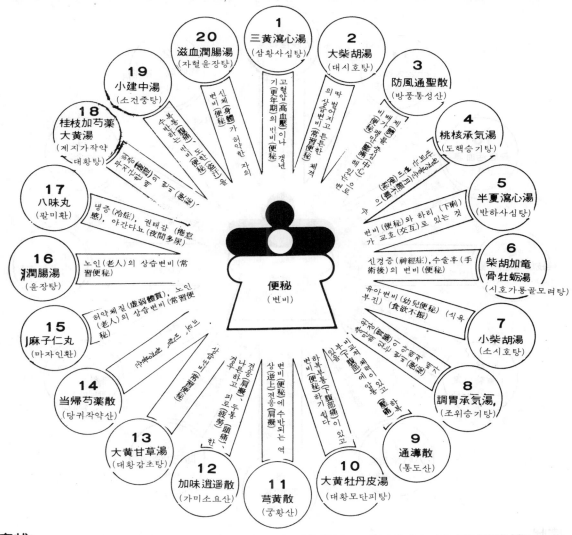

1 三黃瀉心湯 (삼황사심탕)
2 大柴胡湯 (대시호탕)
3 防風通聖散 (방풍통성산)
4 桃核承気湯 (도핵승기탕)
5 半夏瀉心湯 (반하사심탕)
6 柴胡加竜骨牡蛎湯 (시호가룡골모려탕)
7 小柴胡湯 (소시호탕)
8 調胃承気湯 (조위승기탕)
9 通導散 (통도산)
10 大黄牡丹皮湯 (대황모단피탕)
11 芎黄散 (궁황산)
12 加味逍遙散 (가미소요산)
13 大黄甘草湯 (대황감초탕)
14 当帰芍薬散 (당귀작약산)
15 麻子仁丸 (마자인환)
16 潤腸湯 (윤장탕)
17 八味丸 (팔미환)
18 桂枝加芍薬大黄湯 (계지가작약대황탕)
19 小建中湯 (소건중탕)
20 滋血潤腸湯 (자혈윤장탕)

便秘 (변비)

症状

변비의 원인을 대별하면 장의 이상으로 인한 것과 자율신경의 이상에 의한 것이 있다. 장의 이상이란, 선천적으로 장관이 좁거나 너무 길거나 넓거나 하는 것인데, 장관의 이완, 긴장, 경련으로 인해 변비가 된다. 자율신경이상이란의 변통(便通)을 참거나, 습관이나 생활환경의 변화 등으로 인해 자율신경의 작용이 억제된 것이다. 이밖에도 전신쇠약, 내분비성질환, 독물중독, 뇌병으로 인해 일어나는 병적인 것도 있다. 그러나 변비로 괴로와하는 사람의 대부분은 상습변비이다. 상습변비는 다시 이완성과 경련성으로 나누어진다. 이완성변비는 장의 활동이 감퇴저하되어 일어나는 것이고 경련성변비는 장의 활동이 강하기 때문에 리드미칼한 장의 활동을 방해함으로써 장관이 경련해서일어난다.

註 : 한방(漢方)에서는 변비(便秘)를 허증(虛証)과 실증(実証)으로 나누어 치료한다. 실증(実証)의 변비(便秘)는 보통의 하제(下剤)로 변통(便痛)이 있으나, 허실(虛実)의 변비(便秘)는 실증(実証)의 변비(便秘)와 같은 하제(下剤)를 쓰면 배가 아프고 무줄근해져 도리어 변통(便痛)이 어렵다.

41 麻痺
마비

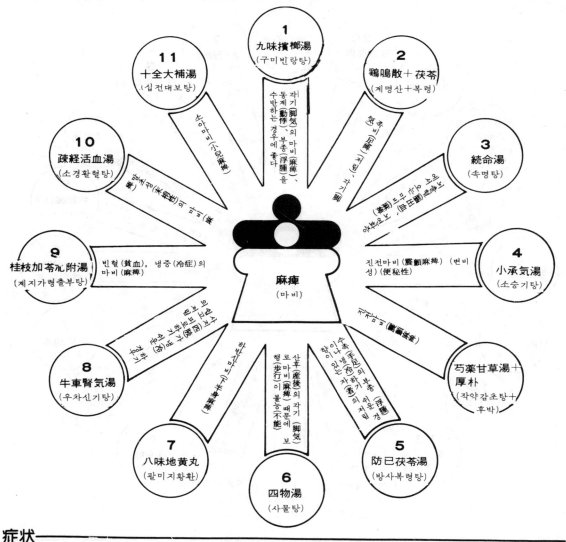

1 九味檳榔湯 (구미빈랑탕)

2 鷄鳴散＋茯苓 (계명산＋복령)

3 続命湯 (속명탕)

4 小承気湯 (소승기탕)

5 防已茯苓湯 (방사복령탕)

6 四物湯 (사물탕)

7 八味地黃丸 (팔미지황환)

8 牛車腎気湯 (우차신기탕)

9 桂枝加苓朮附湯 (계지가령출부탕)

10 疎経活血湯 (소경활혈탕)

11 十全大補湯 (십전대보탕)

麻痺 (마비)

症状

마비는 그 정도에 강약이 있으며, 반신이 마비될때, 좌우양측의 상지 (上肢) 혹은 하지 (下肢), 양측의 상하지가 함께 마비되는 경우가 있다.

마비가 일어나는 병으로는 소아마비, 다발성신경염, 급성척수염, 진전마비 (震顫麻痺), 뇌일혈, 뇌연화증, 수막염, 뇌염, 각기(脳軟化症, 髄膜炎, 脳炎, 脚気), 히스테리 등이 있다.

註 : 저린다는 것은 환자가 저린 감을 느끼는 것인데, 반드시 마비와 일치하지는 않는다.

42 耳鳴
이명

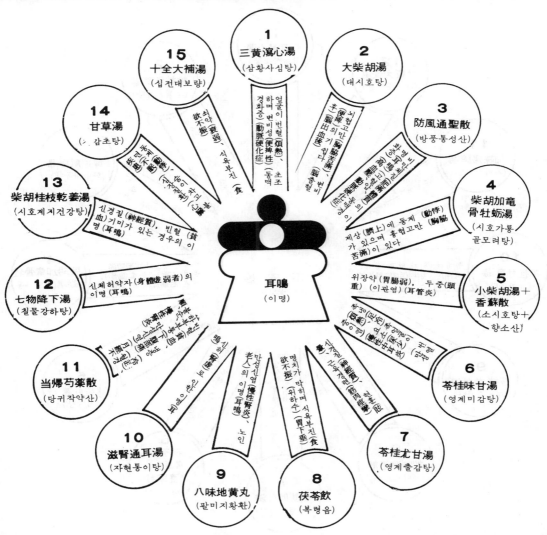

1 三黃瀉心湯 (삼황사심탕)

2 大柴胡湯 (대시호탕)

3 防風通聖散 (방풍통성산)

4 柴胡加竜骨牡蛎湯 (시호가룡골모려탕)

5 小柴胡湯＋香蘇散 (소시호탕＋향소산)

6 苓桂味甘湯 (영계미감탕)

7 苓桂朮甘湯 (영계출감탕)

8 茯苓飲 (복령음)

9 八味地黄丸 (팔미지황환)

10 滋腎通耳湯 (자현통이탕)

11 当帰芍薬散 (당귀작약산)

12 七物降下湯 (칠물강하탕)

13 柴胡桂枝乾姜湯 (시호계지건강탕)

14 甘草湯 (감초탕)

15 十全大補湯 (십전대보탕)

中心: 耳鳴 (이명)

症状

이명 (耳鳴)은 중이염이나 이목염과 같은 귀 그 자체의 염증이나 장애로 일어나는 것과, 다른 병에 수반해서 일어나는 것이 있다.

이명 (耳鳴)의 원인이 되는 병에는 두부외상(頭部外傷), 메니엘시증후군 (氏症候群), 뇌동맥경화증, 뇌출혈, 고혈압증, 저혈압증, 뇌종양, 수막염, 빈혈, 역상 (逆上), 심장병 신장병, 갱년기장애, 히스테리 노인성난청 등이 있다.

註：한방에서는 귀는 신장과 깊은 관계가 있다고 본다. 실제로 이명 (耳鳴)은 신장, 방광계의 장애, 질환으로 인해 일어나는 수가 많다. 한방은 이명을 혈독 (혈행장애, 정체)과 수독 (수분, 대사이상)의 둘로 분류하는데, 수독으로 인한 이명이 많은 것 같다.

43 不安感
불안감

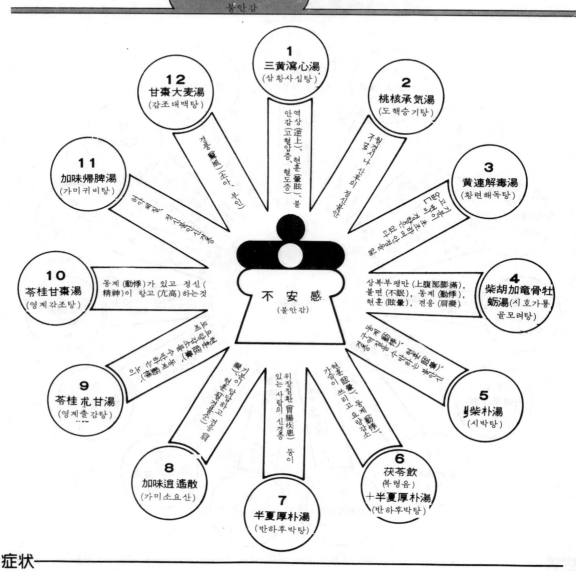

不 安 感
(불안감)

1 三黃瀉心湯 (삼황사심탕)
역상(逆上), 안감(고혈압증), 현훈(眩暈), 혈도증)

2 桃核承気湯 (도핵승기탕)

3 黃連解毒湯 (황련해독탕)

4 柴胡加竜骨牡蛎湯 (시호가룡골모려탕)
상복부팽만(上腹部膨満), 불면(不眠), 동계(動悸), 현훈(眩暈), 견응(肩凝)

5 柴朴湯 (시박탕)

6 茯苓飲 (복령음) +半夏厚朴湯 (반하후박탕)
현훈(眩暈), 동계(動悸), 가슴이 쓰리고 요량감소

7 半夏厚朴湯 (반하후박탕)
위장질환(胃腸疾患)이 있는 사람의 신경증 등이

8 加味逍遥散 (가미소요산)

9 苓桂朮甘湯 (영계출감탕)

10 苓桂甘棗湯 (영계감조탕)
동계(動悸)가 있고 정신(精神)이 항고(亢高)하는 것

11 加味帰脾湯 (가미귀비탕)

12 甘棗大麦湯 (감조대맥탕)
(소아, 부인)

症状

불안감은 신경증, 갱년기장애, 혈도, 뇌출혈, 뇌동맥경화증 등에 수반해서 일어나는 증상이다. 모두 원병(原病)의 치료에 의해 완치된다.

註:기분이 무겁고 어두운 것이 우울감, 정신이 안정을 잃고 초조해 하며 침착하지 못한 것이 불안감이다.

44 腰痛
요통

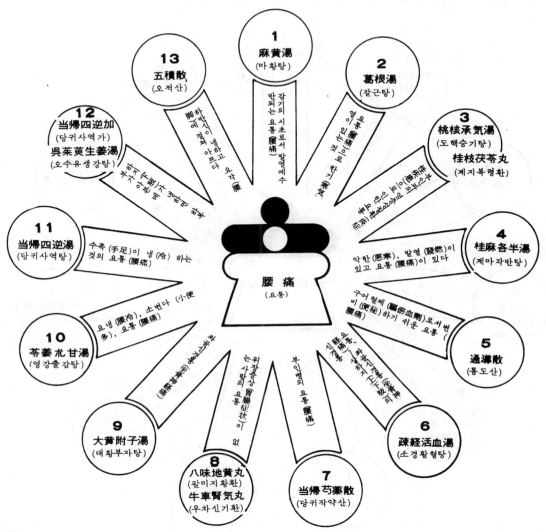

중앙: 腰痛 (요통)

- **1** 麻黄湯 (마황탕) — 감기의 시초로서 발열에 수반되는 요통 (腰痛)
- **2** 葛根湯 (갈근탕)
- **3** 桃核承気湯 (도핵승기탕) / 桂枝茯苓丸 (계지복령환)
- **4** 桂麻各半湯 (계마각반탕) — 악한(惡寒), 발열(發熱)이 있고 요통(腰痛)이 있다
- **5** 通導散 (통도산) — 구어혈제(驅瘀血剤)로서 변비(便秘)하기 쉬운 요통 腰痛
- **6** 疎経活血湯 (소경활혈탕)
- **7** 当帰芍薬散 (당귀작약산)
- **8** 八味地黄丸 (팔미지황환) / 牛車腎気丸 (우차신기환)
- **9** 大黄附子湯 (대황부자탕)
- **10** 苓姜朮甘湯 (영강출감탕) — 요냉(腰冷), 소변(小便) 多, 요통 (腰痛)
- **11** 当帰四逆湯 (당귀사역탕) — 수족(手足)이 냉(冷)하는 것의 요통(腰痛)
- **12** 当帰四逆加 (당귀사역가) 呉茱萸生姜湯 (오수유생강탕)
- **13** 五積散 (오적산) — 하반신이 냉하고 요각(腰)에 걸쳐 아프다

症状

　요통 (腰痛)은 각 영역에 걸친 많은 질환에 의해 일어나는데 그중에는 전혀 원인불명으로 오랫동안 요통에 시달리는 경우도 있다. 신장질환에서는 대개의 경우에 요통을 볼 수 있으며, 부인과질환에서도 상당다수의 사람이 요통을 호소한다. 고혈압이나 각기, 당뇨병 등의 전신병으로도 일어나며, 위장질환에 의해서도 가벼운 요통이 일어난다. 외상 척추나 요부근육 (腰部筋肉)의 염증, 카리에스가 원인일 수 있고, 또한 사춘기나 갱년기에 아프거나 감모 (感冒), 등의 열병, 류우머티 등으로 격통을 발하는 자 (者) 등 여러 가지이다.

45 가슴이 쓰림

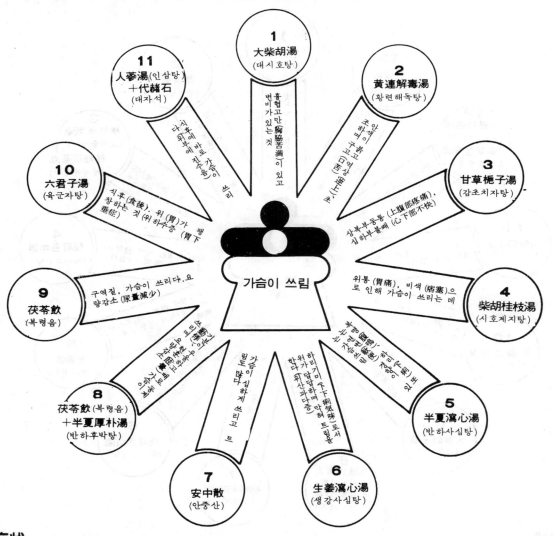

症状

　　명치부분이 쓰리고 아픈 것은 위산과다증이나 위산과소증에서도 일어난다. 또는 식도 근육의 경련에 의해서도 일어나는 경우가 있다.
　　위산과다증의 원인은 정신적인 스트레스나 술, 담배, 커피 등의 과잉섭취로 인하는수 가 많다. 증상은 공복시의 위통이외에도 가슴이 쓰리고 아프고, 트림이 나거나 한다. 위 산과소증은 위장허약 (위하수, 위아토니 등)의 사람에게 일어나기 쉽다. 또는 신경증인 원인이 되는 수도 있다. 증상으로는 식욕감퇴나 부진, 소화가 잘 안되어 위가 답답하거 나, 구역질, 구토, 트림, 가슴이 쓰리거나 구치가 강해지는 등이다.

　　註 : 한방에서는 위산과다증 과소증을 나누어 치료하는 법은 없다. 위의 활동을 정상화하고 분비장애를 제거하는 것이 치료의 근본방침이다.

46 多汗症
다한증

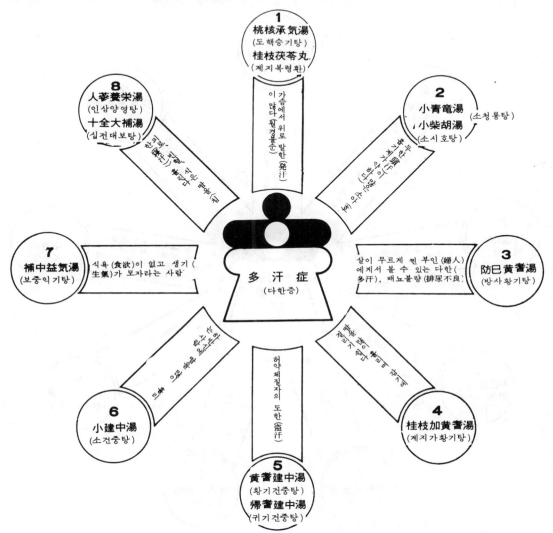

1
桃核承気湯
(도핵승기탕)
桂枝茯苓丸
(계지복령환)

이 가슴에서 위로 月經이 많다 발한(発汗)

2
小青竜湯
小柴胡湯 (소청룡탕)
(소시호탕)

3
防已黄耆湯
(방사황기탕)

살이 무르게 찐 부인(婦人)에게서 볼 수 있는 다한(多汗), 배뇨불량(排尿不良)

4
桂枝加黄耆湯
(계지가황기탕)

5
黄耆建中湯
(황기건중탕)
帰耆建中湯
(귀기건중탕)

허약체질자의 도한(盗汗)

6
小建中湯
(소건중탕)

7
補中益気湯
(보중익기탕)

식욕(食欲)이 없고 생기(生氣)가 모자라는 사람

8
人蔘養栄湯
(인삼양영탕)
十全大補湯
(십전대보탕)

多汗症
(다한증)

症状

　다한증(多汗症)은 전신성과 국소성이 있다. 소아들에게서 흔히 볼 수 있듯이 머리에만 땀이 잔뜩 나는 것, 여성들의 가슴에서 위에만 나는 것, 반대로 하반신에만 나는것, 손, 발바닥, 액하(腋下), 얼굴에만 나는 것 등이 국소성다한증이다. 액취증(腋臭症) 겨드랑이의 암내)도 다한증(多汗症) 현상의 하나이다. 자한(自汗)도 다한증으로 보고 있다. 전신성다한증의 원인은 빈혈, 뇌일혈, 척수질환, 결핵, 호르몬 분비의 이상 등을 들 수 있다.　또한　도한(盗汗)도 전신성다한증의 하나이다. 어린이의 도한(盗汗)도 자율신경의 과민증으로 일어나며, 어른들의 도한(盗汗)원인은 과로, 위장질환, 월경이상, 감기, 변비 등을 들 수 있다.

　註 : 한방에서는 다한증(多汗症)의 치료약으로서 황기(黄耆)가 든 처방이 잘 쓰인다. 〈황기건중탕(黄耆建中湯), 보중익기탕(補中益氣湯), 십전대보탕(十全大補湯), 방기황기탕(防己黄耆湯) 등〉. 왜냐하면 黄耆(황기)에는 지한(止汗), 이뇨, 강장의 작용이 있으며, 체표의 수독을 제거하기 때문이다.

메니엘 症候群
증후군

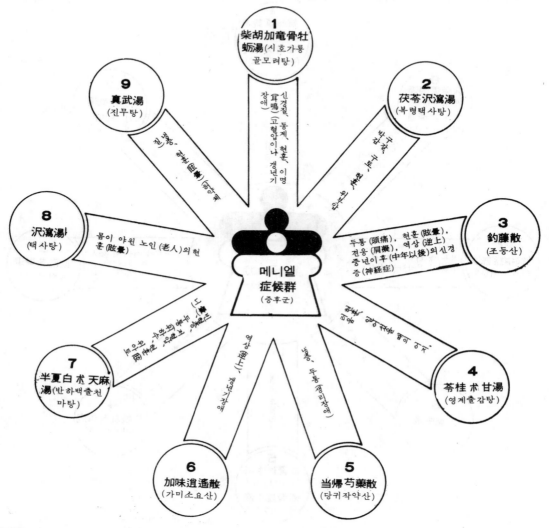

症状

　이 병은 발작적으로 현훈(眩暈), 구토, 구역질이 수반되는 평행장애를 되풀이 하며, 대개는 이명(耳鳴)이 있다. 원인은 불명한 점이 있는데, 내이(內耳)의 혈행부전으로 내임파.수종(水腫)을 일으켜 이때문에 평형장애를 일으키는 것이라고 생각된다. 내이(內耳)의 혈행부전원인으로는 전신의 자율신경실조, 수분이나 염분의 이상대사, 알레르기, 순환기계통의 이상 등을 들 수 있다.

　註 : 한방에서는 이 메너엘증후군을 혈독과 수독으로 인한 것이라고 보고 있다. 혈(血)·수(水)의　정체가 원인이 되어 일어나는 병이라는 뜻이다.

48 精力減退
정력감퇴

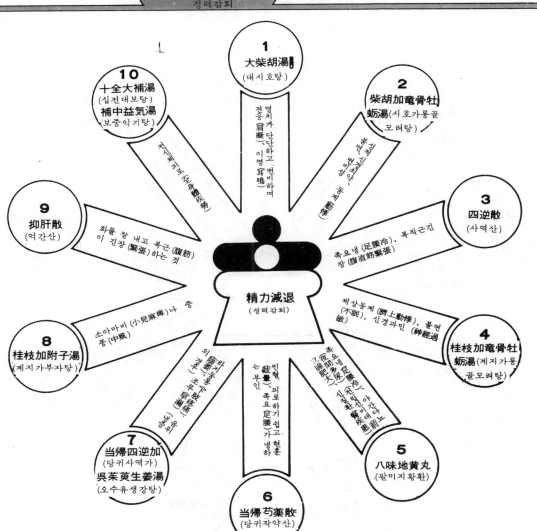

1 大柴胡湯 (대시호탕)

2 柴胡加竜骨牡蛎湯 (시호가룡골모려탕)

3 四逆散 (사역산)

4 桂枝加竜骨牡蛎湯 (계지가룡골모려탕)

5 八味地黄丸 (팔미지황환)

6 当帰芍薬散 (당귀작약산)

7 当帰四逆加呉茱萸生姜湯 (당귀사역가 오수유생강탕)

8 桂枝加附子湯 (계지가부자탕)

9 抑肝散 (억간산)

10 十全大補湯 (십전대보탕) 補中益気湯 (보중익기탕)

精力減退 (정력감퇴)

명치가 단단하고, 이명(耳鳴)하며, 정충 肩凝(견응)

족요냉(足腰冷), 복직근긴 장(腹直筋緊張)

제상동계(臍上動悸), 불면 (不眠), 신경과민(神經過 敏)

화를 잘 내고 복근(腹筋) 이 긴장(緊張)하는 것

소아마비(小兒麻痺)나 중 풍(中風)

빈혈(貧血), 피로하기 쉽고, 족요(足腰)가 냉하는 부인

症状

정력감퇴에는 가지가지의 원인이 있다. 노인성의 체력감퇴는 당연하지만, 청장년의 경우에 소모성의 질환, 예컨대, 당뇨병 등에 기인하는 것이 많다. 이와같은 원인이 되는 질병이 있는 경우는 물론 그 치료가 전제된다.

註 : 한방에서는 성기능이 약해 있는 것을 "신허(腎虚)"라고 부른다. 한방의 경우 신이라는 것은 신장 이외로도 부신(副腎), 방광, 생식기까지 포함한 명칭이다. 신허는 부신으로부터 나오는 성 호르몬의 분비장애에 의해 성기능이 쇠약했다는 것이다. 정력감퇴의 또하나는 정신적쇼크나 스트레스로 인한 것이다.

 *조루(早漏)나 불구, 단소를 염려해서 성교불능이 되는 상태를 "음위(陰萎)"라고 한다.
이것은 일종의 성적신경쇠약으로 인한 것이다.

49 齒痛
치통

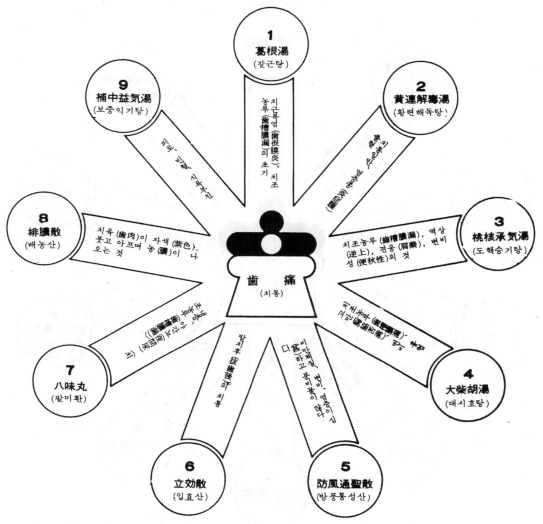

症状

치통은 치 그 자체의 이상으로 인한 것 이외에도 치에 인접하는 부위로부터의 신경자극에 의하는 것이 있으며, 또는 삼차신경통(三叉神經痛)으로 인한 것도 있다. 치과의 치료와 병행해서 한방치료를 함께하면 치료기간이 단축되고, 또한 증상을 경쾌시키기가 가능하다.

註 : 한방에서는 치통을 고치는 약을 특별히 사용치 않더라도, 치통이외로 예를 들면 배의 컨디션이좋지않으면 그 배의 컨디션을 조정함으로써 치통을 억제할 수 있다고 보는 것이다. 국소적치료법은 치과의 범위이지만, 전신료법으로는 한방약이 유효한 경우가 많다.

50出血
출혈

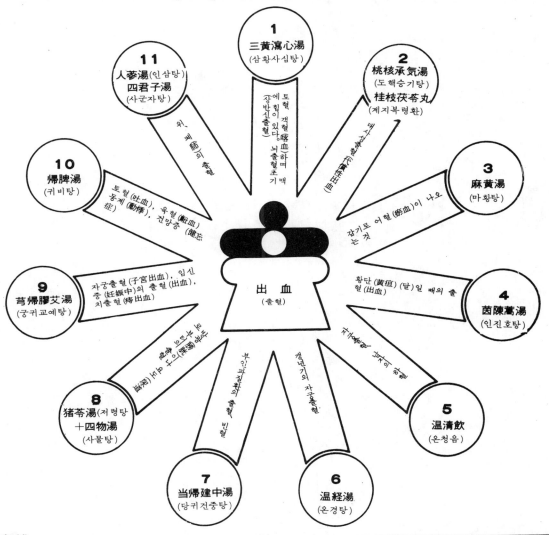

症状

토혈(吐血), 육혈(衄血), 객혈(喀血), 자궁출혈(子宮出血), 치출혈(痔出血), 하혈(下血), 신장출혈(腎臟出血), 방광뇨도출혈(膀胱尿道出血)등, 출혈 일반의 치료방제를 열기하였다. 그리고 상세한 것은 각항목을 참조한다.

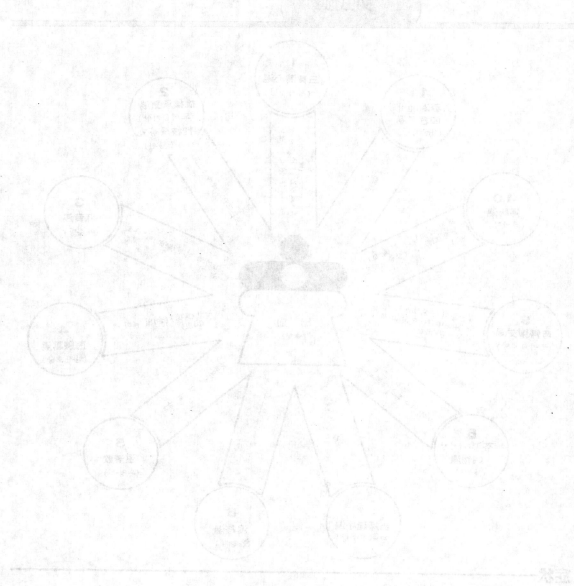

代表的処方図解

대표적처방도해편

1 充実型 (충실형)　Ⅰ 体質改善 (체질개선)　大柴胡湯 (대시호탕)

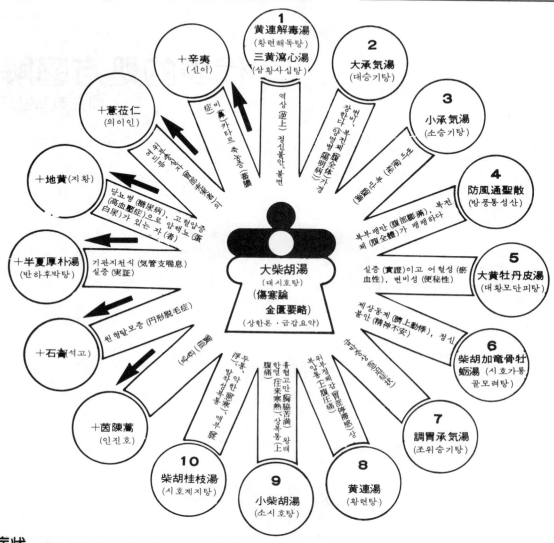

症状

목표：체격건장하고 혈색이 좋으며, 복벽(腹壁)은 두텁고 위부가 단단하다. 계륵하부(季肋下部)에 저항압통감이 있고 위장이 튼튼하다. 견응(肩凝), 구토(嘔吐), 구갈, 두통, 불면, 이명, 발열, 두한(頭汗), 왕래한열(往來寒熱), 침실맥(沈実脈). 소양병(少陽病)에서부터 양명병(陽明病)으로 옮아지는 시기, 소시호탕(小柴胡湯)보다 실증이고 증상이 모두 격할 때 쓰인다. 양실증(陽実証)　(해표공리제(解表攻裏剤)

응용(應用)：호흡기계난병(呼吸器系雜病), 제열성전염병(諸熱性伝染病), 순환기장애(循環器障碍), 성인병(成人病), 소화기계질환(消化器系疾患), 신진대사병(新陳代謝病), 신경계질환(神経系疾患), 피부과영역(皮膚科領域).

처방내용：시호(柴胡)6.0 반하(半夏)3.0～4.0 생강(生姜)4.0～5.0 황금(黃芩)3.0 작약(芍藥)3.0 대조(大棗)3.0 지실(枳實)2.0 대황(大黃)1.0～2.0

註：시호제(柴湖劑)는 흉협고만(胸脇苦滿)의 증상을 나타내는 것을 목표로 한다. 본방은 그 중에서도 체 이 충실한 실증인 사람에게 쓰인다.

2 逆上充血型　　Ⅰ 体質改善　　黃連解毒湯
역상충혈형　　체질개선　　황련해독탕

1
柴胡加竜骨牡
蛎湯(시호가룡
골모려탕)

2
三黃瀉心湯
(삼황사심탕)

3
大柴胡湯
(대시호탕)
小柴胡湯
(소시호탕)

4
防風通聖散
(방풍통성산)

5
乙字湯
(을자탕)

6
温清飲(온청음)
黃連解毒湯
(황련해독탕)
＋四物湯
(사물탕)

7
苓桂 朮 甘湯
(영계출감탕)

8
八味地黃丸
(팔미지황환)

9
四物湯
(사물탕)

10
滋陰降火湯
(자음강화탕)

＋釣藤・黃耆・
魚腥草(조등・황
가・어성초)

＋大黃(대황)

＋茵陳(인진)

＋連翹・荊芥
(연교・형개)

黃連解毒湯
(황련해독탕)
(外台秘要)
(외대비요)

역상(逆上) 고혈압

구갈

복부 팽만(腹部膨満), 배변
시복통(排便時腹痛)

치출혈(痔出血)

고혈압 노인의 야간다뇨

症状

　목표 : 정신불안, 상반신충혈(주)과 하반신빈혈증상(종), 설건조(舌乾燥), 구갈, 불면
토혈, 객혈 등의 출혈증상. 실열(実熱)을 고치는 처방으로서 열성병의 급성기에 쓰이는
데, 실열증(実熱証)의 만성화된 잡병(雑病)에도 쓰인다. (사하해독제(瀉下解毒剤)
　응용 : 토혈(吐血), 객혈(喀血), 육혈(衄血), 하혈(下血), 두창(痘瘡), 피부병 (皮膚
病), 피부소양증(皮膚瘙痒症), 심마진(蕁麻疹), 혈도증(血道症), 현훈(眩暈), 심계항진
증(心悸亢進症), 정신증 고혈압증상, 노이로제, 정신병 등.

　註 : 본방은 삼황사심탕(三黃瀉心湯)을 닮으면서 그보다도 더 심부에 열이 있기 때문에 혀가 건조하고
정신불안이 심한 것을 목표로 한다. 양자의 차이는 "뭐라고 말할 수 없이 가슴이 답답한"것이 본방에
있는 점이다.
　처방내용 : 황련(黃連1.5~2.0　황백(黃柏)1.5~3.0　황금(黃芩)3.0　산치자(山梔子)2.0~3.0

3 肥満型 비만형	I 体質改善 체질개선	防風通聖散 방풍통성산

症状

목표 : 장건체질로서 비만형, 복부는 팽만하고 변비하기 쉽고, 두부에 역상증(逆上症), 견응(肩凝), 두통, 구갈, 해표공리제(解表攻裏劑)로서 태양증(太陽証)을 발한(発汗) 시키고, 양명증(陽明証)을 공하(攻下)하며, 소양증(少陽証)을 청열화해(清熱和解)하는 것을 목적으로 한다. (해표통리(解表通裏), 소풍청열(疏風清熱))

응용 : 비만증, 동맥경화, 고혈압, 천식, 치질, 각기, 상습변비, 탈모증, 피부병, 당뇨병, 화농성종물(化膿性腫物), 두창(頭瘡) 등.

註 : 본방적응자의 외관은 대시호탕(大柴胡湯)을 닮았으나 계륵부의 저항압통이나 위분비가 없고, 主로 복부팽만을 목표로 한다.

처방내용 : 당귀(当帰)1.2 작약(芍薬)1.2 천궁(天芎)1.2 산치자(山梔子)1.2 연교(連翹)1.2 박하엽(薄荷葉)1.2 생강(生姜)1.2 형개(荊芥)1.2 방풍(防風)1.2 마황(麻黄)1.2 대황(大黄)1.5 망초(芒硝)1.5 백출(白朮)2.0 길경(桔梗)2.0 감초(甘草)2.0 석고(石膏)2.0~3.0 활석(滑石)3.0~5.0 황금(黄芩)2.0

4 中等型 중등형   Ⅰ体質改善 체질개선   小柴胡湯 소시호탕

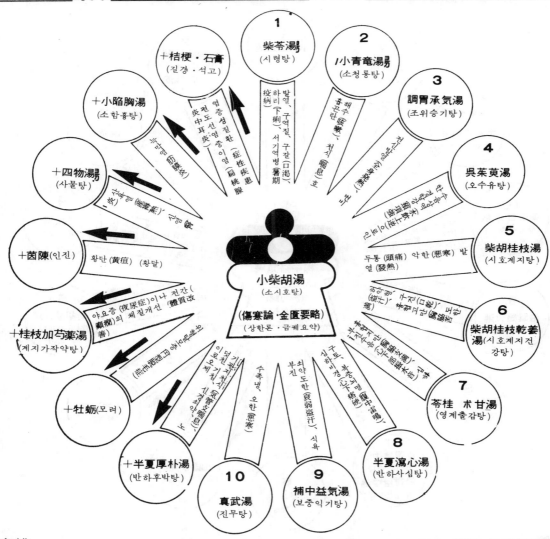

症状────

목표 : 계조부 (季肋部)에 저항압통 (抵抗壓痛)이 있고, 끈적끈적한 감이 있다. 허 설 (舌)
는 약간 건조하며 백태가 있다. 위부가 막힌 듯 비(痞) 단단하고 식욕부진, 왕래한열 (往
來寒熱)로 구토감이 있고, 경항강표사 (頸項強表邪)는 이미 해소되고 병이 소양 (少陽)의
부위, 즉 반표반리 (半表半裏)에 이르러 흉협고만 (胸脇苦滿)의 증상을 나타냈을 때에 이
것을 목표로 하여 쓰인다.

응용 : 급성열성병 (急性熱性病), 흉부질환 (胸部疾患), 간담위질환 (肝胆胃疾患), 신경
성질환 (神經性疾患), 경항부질환 (頸項部疾患) 등

註 : 흉열통 (胸熱痛)〈소양병 (小陽病)〉의 대표적처방으로서 별명 삼금탕 (三禁湯)이라고 말한다〈한(汗),
토 (吐), 하 (下)의 삼치료법을 금한다). 화제 (和劑)로서 응용범위가 넓고, 대개는 가미해서 쓰인다.
처방내용 : 시호 (柴胡) 4.0~7.0 반하 (半夏) 4.0~5.0 생강4.0 황금3.0 대조2.0~3.0 인삼2.0~3.0
　　　　　감초2.0
　　　　　무2.0

5 虛弱型
허약형

Ⅰ 体質改善
체질개선

補中益気湯
보중익기탕

1 小柴胡湯湯 (소시호탕탕) — 미열, 악심, 구토, 식욕부진, 흉협고만 胸脇苦滿

2 加味逍遙散 (가미소요산) ＋四物湯 (사물탕)

3 逍遙散 (소요산)

4 桂枝湯 (계지탕) — 자한(自汗), 두통(頭痛), 역상(逆上), 발열(發熱), 오한(惡寒), 신체통(身體痛)

5 柴胡姜桂湯 (시호강계탕) — 경도(輕度)의 구갈(口渴), 쇠약(衰弱)해서 자한도한(自汗盜汗)이 있는 것

＋赤石脂 (적석지)

6 四君子湯 (사군자탕)

＋五味子麦門冬 (오미자맥문동)

7 黃蓍建中湯 (황기건중탕) 歸蓍建中湯 (귀기건중탕)

8 香砂六君子湯 (향사육군자탕)

9 滋陰降火湯 (자음강화탕) — 피부창백(皮膚蒼白)하고 변비(便秘)를 잘 하는 것

10 蔘苓白朮散 (삼령백출산) — 안색불량(顏色不良)하며 식욕(食欲)이 없고 하리(痢)가 계속

11 ＋全大補湯 (십전대보탕)

12 真武湯 (진무탕) — 수족냉하고 하리(下痢)가 오래 계속

中央: 補中益気湯 (보중익기탕) (脾胃論) (비위론)

症状

目標:수족권태, 허약체질로 피로하기 쉽다. 땀이 많이 나는 체질, 제부(臍部)에 동계(動悸)가 있다. 구중(口中)에 타액이 고인다. 더운 식물을 좋아하며, 어조가 낮고, 눈에 힘이 없다. 허증의 피로병을 보익(補益)하는 효과가 있다. 보제(補劑)의 왕자로서 "의왕탕(醫王湯)"이라는 이름이 있다. (조보비위(調補脾胃), 승양익기(升陽益氣)

應用:허약체질, 피로권태, 병후의 쇠약, 식욕부진, 도한, 탈항(脫肛), 폐결핵의 초기 회복기.

註:소시호탕(小柴胡湯)보다 허증을 띤 것에 쓰이는데, 그 순서는 소시호탕(小柴胡湯)→시호강계탕 (柴胡姜桂湯)→소요산(逍遥散)→보중익기탕(補中益氣湯). 위에 한냉이 있는 경우에 쓰이며, 그 이름 대로 중초(中焦〈비위(脾胃)〉)를 온보(溫補)하고 원기를 익하는 작용이 있으며, 부인의 냉증체질자에게 적응자가 많다.
처방내용:인삼4.0 朮(출)4.0 황기(黃蓍)3.0~4.0 당귀(当帰)3.0 진피(陳皮)2.0 대조(大棗)2.0 시호(柴胡)1.0~2.0 감초(甘草)1.0~1.5 건생강(乾生姜)0.5 승마(升麻)0.5~1.0

1 急性感冒　Ⅱ感冒　葛根湯
급성감모　감모　갈근탕

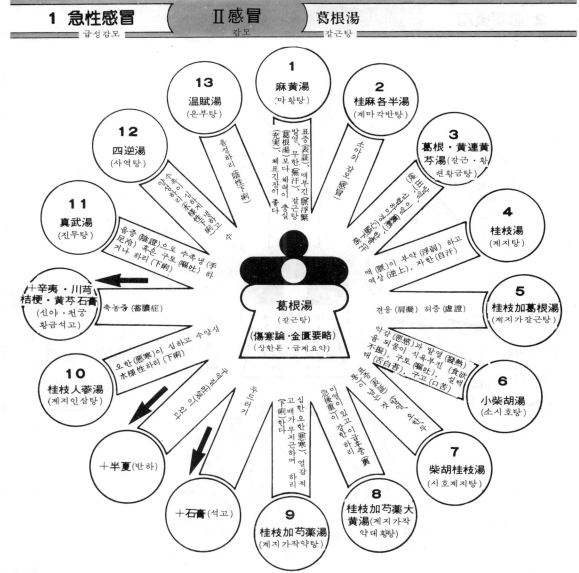

症狀

　　목표 : 항부긴장 (項部緊張)수응 (首凝), 맥은 부 (浮)·긴 (緊)하고, 무한(無汗), 악한(惡寒), 발열 (發熱), 비색 (鼻塞), 천핵 (喘咳), 신동통 (身疼痛), 양실증체질 (陽實證体質) 신온해표(辛溫解表), 거 (祛)풍해기(風解肌),개규진경 (開竅鎭痙) 양증 (陽證)　갈근탕 (葛根湯), 마황탕 (麻黃湯), 계마각반탕 (桂麻各半湯), 계지탕 (桂枝湯), 계지가갈근탕 (桂枝加葛根湯), 소시호탕 (小柴胡湯), 시호계지탕 (柴胡桂枝湯), 계지가작약대황탕 (桂枝加芍藥大黃湯), 〈음증 (陰證)〉계지가작약탕 (桂枝加芍藥湯), 계지인삼탕 (桂枝人蔘湯), 진무탕 (眞武湯), 사역탕 (四逆湯), 온부탕 (溫賦湯),

　　응용 : 감모, 코감기, 두통, 견응(肩凝), 근육통, 팔이나 어깨의 통증,

註 : 본방을 감모 (感冒)에 적응하려면 태양병으로 다음의 증후가 있는 것을 목표로 한다. 즉 악한발열 (惡寒發熱), 맥부긴장하며, 항부 (項部), 견배부(肩背部)에 긴장감 (緊張感)이 있는 등의 경우이다.
처방내용 : 갈근 (葛根)8.0　마황(麻黃)4.0　대조 (大棗)4.0　계지 (桂枝)3.0　작약 (芍藥)3.0　감초 (甘草)2.0　건생강 (乾生姜)1.0

2 感冒後期 감모후기　　Ⅱ感冒 감모　　柴胡桂枝湯 시호계지탕

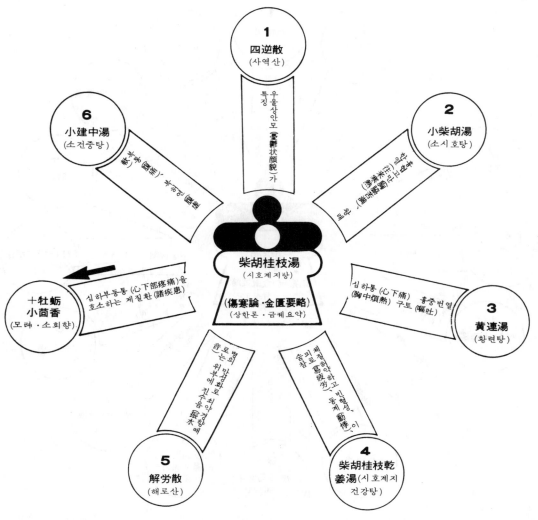

1
四逆散
(사역산)

특징 우울상안모(憂鬱狀顔貌)가

6
小建中湯
(소건중탕)
急迫症狀(급박증상)·腹直筋拘攣(복직근구련)

2
小柴胡湯
(소시호탕)
토함·惡心(오심) 미열(微熱)

柴胡桂枝湯
(시호계지탕)

(傷寒論·金匱要略)
(상한론·금궤요약)

＋牡蠣
小茴香
(모려·소회향)
심하부동통(心下部疼痛)을 호소하는 제질환(諸疾患)

3
黃連湯
(황련탕)
심하통(心下痛) 흉중번열
(胸中煩熱) 구토(嘔吐) 흉중번열

5
解勞散
(해로산)
疲勞(피로)·위부에 진수음(振水音)

4
柴胡桂枝乾
姜湯(시호계지
건강탕)
쉬피로(易疲勞)하고 빈혈성·동계(動悸)이

症狀

목표:위비, 식욕부진, 우직복근구련(右直腹筋拘攣), 두통, 수족관절통, 미열, 복통, 흉고, 감기로 발한의 시기를 잃어 흉부에 병사가 미친 것. 소시호탕증에 표증을 겸한 것. 잡병으로서 심하졸중통이 있는 데에 쓰인다.

응용:복통을 수반하는 위장염, 미열, 한기, 두통, 구역질 등이 있는 감모, 감기후기의 증상, 히스테리, 전간증(癲癇症), 신경쇠약, 불면, 혈도증 등.

처방내용:시호(柴胡)5.0 반하(半夏)4.0 계지(桂枝)2.0~3.0 작약(芍藥)2.0~3.0 황금(黃芩)2.0 인삼(人參)2.0 대조(大棗)2.0 감초(甘草)1.5~2.0 건생강(乾生姜)1.0

註:소시호탕과 계지탕의 합법이므로 소시호탕증으로서 표증을 겸하는 것을 목표로 한다.
본방의 적응증을 삼대별하면, 1) 감기인데 발한의 시기를 잃고 흉부에 병사가 미친 것. 2) 복부 흉부의 동통을 호소하는데. 3) 신경과민, 정신이상 인 데.

처방내용:시호(柴胡)5.0 반하(半夏)4.0 계지(桂枝)2.0~3.0 작약(芍藥)2.0~3.0 황금(黃芩)2.0 인삼(人參)2.0 대조(大棗)2.0 감초(甘草)1.5~2.0 건생강(乾生姜)1.0

1 喘鳴型 (천명형)   Ⅲ 気管支喘息 (기관지천식)   小青竜湯 (소청룡탕)

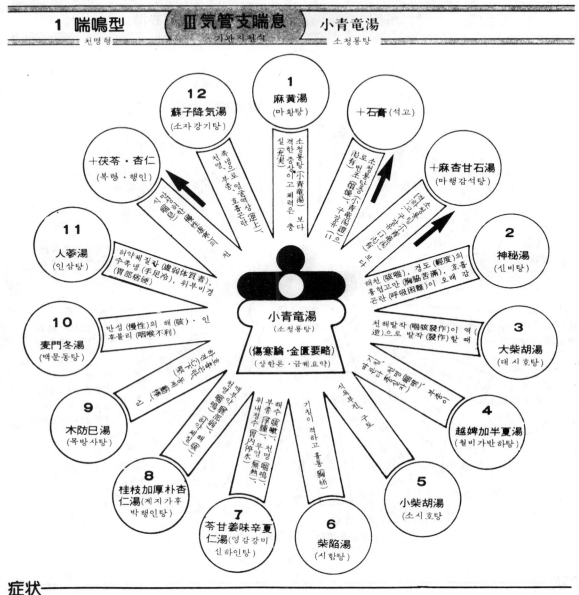

症状

목표 : ① 표증 (表症) (발열, 악한, 두통, 무한, 전구 등) ② 수증 (묽은 담, 비즙 (鼻汁),
연말 (涎沫), 소변다량, 야뇨증, 부종, 천해 (喘咳) 심하의 수음을 산하고, 역기 (逆氣)를
하하며, 표사 (表邪)를 해하는 것.   화음해표제 (化飲解表劑)

응용 : 소아천식, 백일해, 급성신염, 습성늑막염, 습진, 급성결막염, 네프로오제, 기관
지염천식성 (喘息性).

註 : 본방은 마황탕 (麻黃湯)의 변방으로서 심하에 수기가 있는 체질의 사람이 감기 등의 표사를 받음
으로써 그 영향으로 심하의 수기가 움직여 발산하는 모양이 된 것을 목표로 한다.
＊심하의 수기……호흡관계의 습독을 가리킨다.
처방내용 : 마황 (麻黃)2.0~3.0 작약 (芍藥)2.0~3.0 건강 (乾薑)2.0~3.0 감초 (甘草)2.0~3.0 계지 (桂枝)
(2.0~3.0 세신 (細辛)2.0~3.0 오미자 (五味子)1.5~3.0 반하 (半夏)3.0~6.0

1 充実型 (충실형)　IV高血圧(逆上·精神不安) (고혈압 역상 정신불안)　三黄瀉心湯 (삼황사심탕)

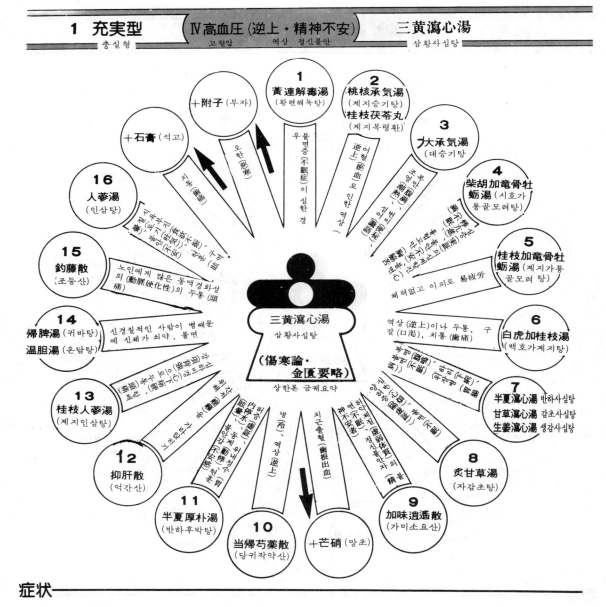

症状

목표 : 안면홍조, 정신불안(이로(易怒), 흥분성, 지나치면 광조(狂躁), 자각적인 심하비, 변비, 역상증(逆上症)(두중, 이명(耳鳴), 불면, 현훈(眩暈), 식욕부진, 구갈, 족냉. 소양병(少陽病)에 속하고 심장부 및 두강내외에 충혈, 염증이 있으며, 그 자극홍분상태로서 심첨박동(心尖博動)의 항진(亢進), 혈압상충(血壓上衝), 신경과민 등이 일어난다. (청장부열제(淸臟腑熱劑)

응용 : 객혈, 구혈, 육혈, 타박출혈, 화상, 이명, 치통, 갱년기장애, 고혈압증, 혈도증, 치출혈, 불면, 숙취, 신경쇠약, 노이로오제 등.

註 : 본방의 목표는 실증에 속하며, 소위 역상기미(逆上氣味)로서 기분이 초조하고 침착하지 못하며, 맥에 힘이 있고 변비경향이 있으며, 놀라기쉽고 또한 불안상태를 나타내는 것이다. 본방증의 출혈은 선홍색으로서 어혈로 인한 암자색이 아닌 것이 특징이다. 또한 충혈성염증성의 상충이나 정신 불안이다.

처방내용 : 대황(大黄)1.0~2.0　황금(黄芩)1.0~1.5　황련(黄連)1.0~1.5

1 胃腸虛弱 위장허약　V胃腸疾患 위장질환　四君子湯 사군자탕

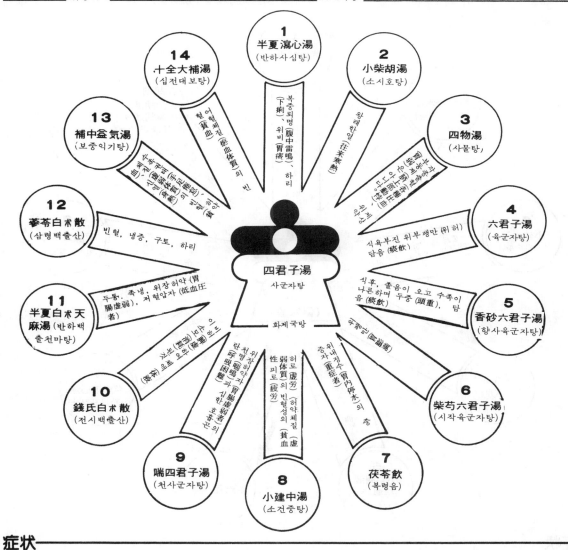

症状

목표:①식욕부진, 소화력감퇴, 위부진수음(胃部振水音), 복부무력, 안색청백, 구신백색, 식후위부팽만, 구토, 악심, 하리, 하부출혈, 수족이 나른한 것, 식후에 수면기가 오는 것. ②본방은 비위쇠약을 회복하는 약으로서 (기허), 육군자(六君子), 삼령백출산(蔘苓白述散), 보중익기탕(補中益氣湯), 십전대보탕(十全大補湯), 반하백출천마탕(半夏天麻湯白述)의 원방이다. (기온조기(甘溫調氣), 건비양위(健脾養胃)

응용:빈혈이외에도 식욕부진, 위하수, 위장허약증, 치출혈, 타약으로 듣지않는 반신불수, 허증의 출혈, 하리증, 전신쇠약, 야료증, 등에 응용된다.

註:인삼탕의 유사법으로서, 위장이 허약하고 빈혈의 경향이 있으며 원기 쇠퇴된 데에 쓰이는 기본처방이다.
처방내용:인삼4.0 출(朮)4.0 복령(茯苓)4.0 감차(甘草)1.0~2.0 생강3.0~4.0 대조(大棗)1.0~2.0

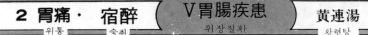

2 胃痛 · 宿醉 (위통 · 숙취) **V 胃腸疾患** (위장질환) **黃連湯** (황련탕)

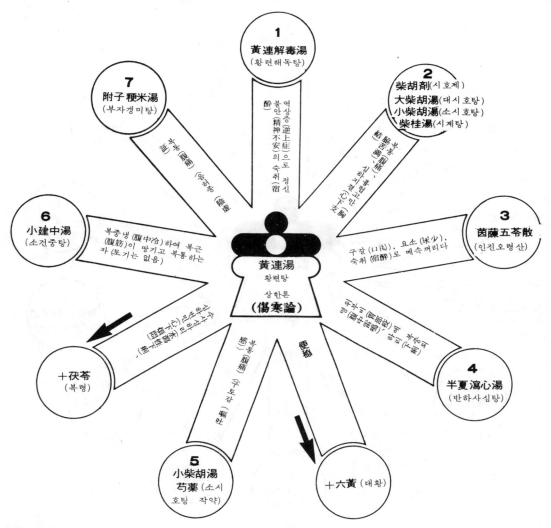

症狀

목표:위통, 구토감, 심번, 불면, 연변, 두통, 위부정체중압감(胃部停滯重壓感), 식욕부진, 악심, 구취, 설태(舌苔). 상부흉중(上部胸中)에 열이 있고, 중부위중(中部胃中)에 한이 있어 (상열중한(上熱中寒), 복통과 구토를 일으키는 것. (조화위장제(調和胃腸劑)

응용 :급성위염, 숙취, 구내염, 식중독·식체로 인한 위통, 돈복번용.

註:반하사심탕(半夏瀉心湯)의 황금(黃芩)대신 계지(桂枝)를 넣은 것으로서 본증(腹證)은 반하사심탕(半夏瀉心湯)과 마찬가지로 심하비(心下痞)가 있고, 복통 구토를 목표로 한다.
처방내용:황금(黃芩)3.0 감초(甘草)3.0 건강(乾姜)1.0~3.0 인삼2.0~3.0 계지(桂枝)3.0 반하(半夏)5.0~6.0 대조(大棗)3.0

3 胃腸弱(腹痛·下痢)
위장약 ■ 복통 ■ 하리

V 胃腸疾患
위장질환

人蔘湯
인삼탕

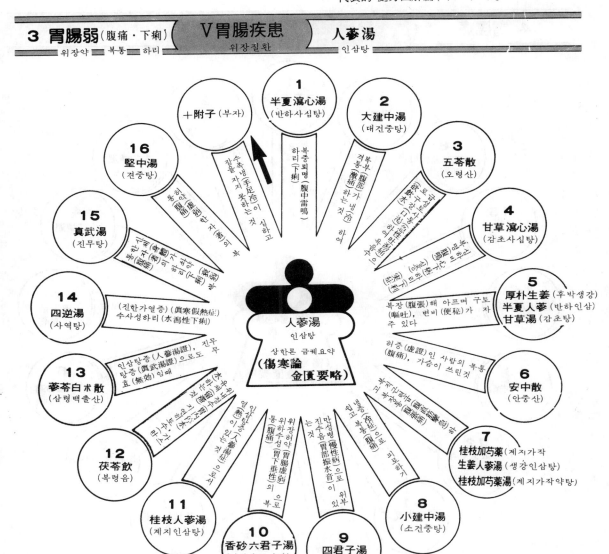

症状

목표 : 신체 허약하고 혈색이 나쁘며, 복부연약에다 수족 냉하고, 뇨가 희박다량 위비경. 춥거나 몸이 차가와지면 위통한다. 하리(下痢) 또는 연변(軟便) 타액이 입에 고이고 구토, 소식, 구갈은 없고, 수족이 냉해 잠을 잘 수 없다. 태음병(太陰病)으로 위장(리)이 허냉하고 수가 있는 것을 고친다. (허한증(虛寒證)) (익기양혈제(益氣養血劑))

응용 : 위하수, 위아토니, 대하, 음증의 급성토사병, 자가중독증, 사지신경통, 위통,

註 : 본방은 별명 "이중환(理中丸)"이라고도 하며, 위 기능을 높이고, 위속의 먹은 음식이 소화되지 않은듯이 느껴지는 것을 없애며, 혈행을 좋게 하여 신진대사를 활발하게 한다.
처방내용 : 인삼(人蔘)3.0 감초(甘草)3.0 출(朮)3.0 건강(乾薑)2.0~3.0

4 胃腸痛 〈 Ⅴ胃腸疾患 〉 半夏瀉心湯
위장통   위장질환   반하사심탕

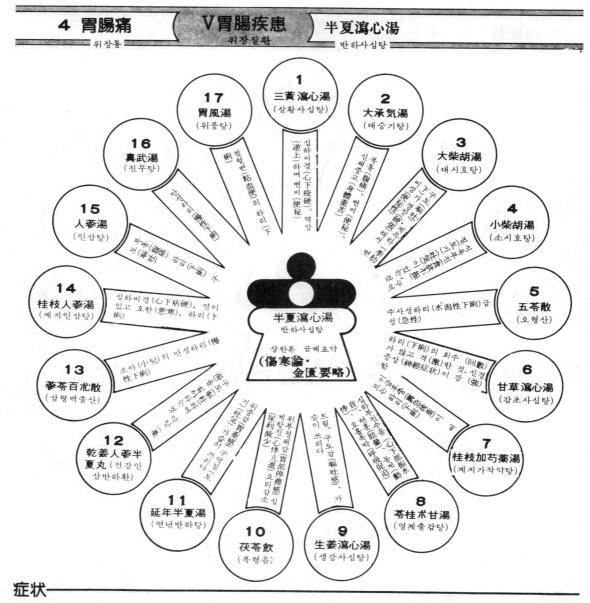

症状

목표:위비경(胃痞硬), 식욕부진, 구토, 계륵부(季肋部)에 저항압통은 없고, 혀(舌)
는 습윤하고 백태가 있다. 복중뢰명(腹中雷鳴), 하리(下痢), 열사(熱邪)와 수사(水邪)
가 심하에 막혀 비경(痞硬)하고, 상하로 동요를 일으켜 구토, 중독뢰명(中腹雷鳴), 하
리(下痢)를 일으키는 것. (조화위장제(調和胃腸劑))

응용:급성·만성위장카타르, 발효성하리, 소화불량, 위하수, 신경성위염, 위약, 숙취,
트림, 가슴이 쓰리고 아픈데, 구내염, 신경증, 신경성구토, 악처 등.

註:소양병(少陽病)에 속하며 황련탕(黃連湯)을 닮았으나 황련탕은 복부, 본방은 위부의 질환에 주효
과가 있다. 복통은 황련탕보다 정도가 가볍다. 下痢(하리)는 연변(軟便)정도로서이급중후(裏急後重)도
있으나, 한번 하리를 하면 개운하다.

처방내용:반하(半夏)4.0~5.0 황령(黃芩)2.5~3.0 건강(乾姜)2.0~2.5 인삼(人參)2.5~3.0   감초
(甘草)2.5~3.0 대조(大棗)2.5~3.0 황련(黃連)1.0

5 腹痛 (무지근한 배)　Ⅴ胃腸疾患　桂枝加芍藥湯
복통　위장질환　계지가작약탕

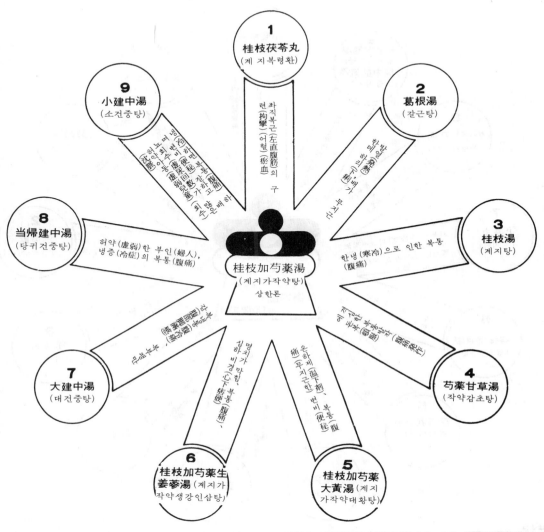

1 桂枝茯苓丸 (계지복령환)

2 葛根湯 (갈근탕)

3 桂枝湯 (계지탕)

4 芍藥甘草湯 (작약감초탕)

5 桂枝加芍藥大黃湯 (계지가작약대황탕)

6 桂枝加芍藥生姜蓼湯 (계지가작약생강인삼탕)

7 大建中湯 (대건중탕)

8 当帰建中湯 (당귀건중탕)

9 小建中湯 (소건중탕)

桂枝加芍藥湯 (계지가작약탕) 상한론

左直腹筋(左直腹筋)의 구련(拘攣)·어혈(瘀血)

무지근한 배

한냉(寒冷)으로 인한 복통 (腹痛)

허약(虛弱)한 부인(婦人), 냉증(冷症)의 복통(腹痛)

온하제(溫下劑)·변비(便秘) 복통(腹痛)

症状

　목표 : 복만, 우직복근 (右直腹筋)의 구련, 복통 (통증이 연속적이 아니고 휴지하는 것이 특징), 두통, 발열, 견응 (肩凝), 하리, 수척 형체질 (痩瘠型体質), 부맥, 태양병. 신온해표 완급지통(辛溫解表·緩急止痛)
　응용 : 설사의 일종으로 나온 것 같으면서 나오지 않는 데, 복통, 대장염, 만성충수염, 결핵성복막염, 복통하리.

　註 : 본방증의 환자는 복부팽만 (허복만)을 알 수 있다. 본방과 같이 "때로 아프다"는 것은 혈증의 특징이다. 본방은 계지탕과 작약감초탕의 합방으로 볼 수 있다.
　처방내용 : 감초(甘草)2.0　작약(芍藥)6.0　계지(桂枝)4.0　대조(大棗)4.0　생강(生姜)4.0

1 腎炎·네프로오제 ── VI泌尿器疾患 ── 五苓散
신염　　　비뇨기질환　　　오령산

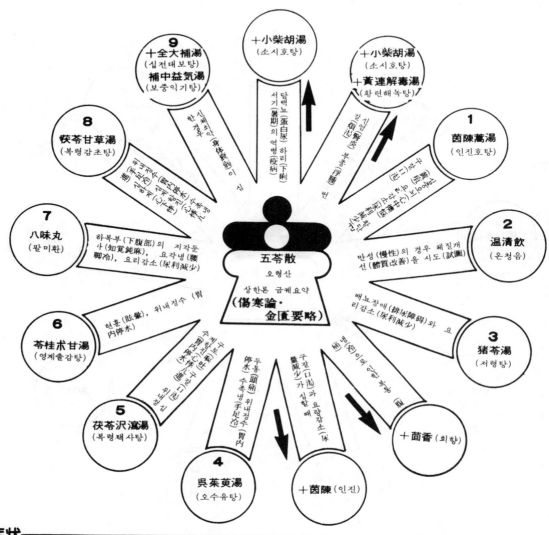

症状

　목표 : 뇨량감소, 맥부, 구갈, 기타 구토, 두통, 부종, 하리, 현훈, 발열, 위내 정수로 인한 진수음, 복통, 단백료가 본방의 목표로서 신염, 부종에 쓰인다.
　열사와 수음이 상박(相博) 하여 기가 동요되고, 상충을 일으키는 것 이수화습 (利水化濕).
　적응 : 감모, 장염 등의 열병으로 구갈이 있을 경우. 신염부종(腎炎浮腫), 급성위장염 더위먹은 데, 수사성하리(水瀉性下痢), 두통, 부종.

　註 : 위내정수(胃內停水)에 쓰이는 방제이다. 이위(裏位)에 정체(停滯)된 수독(水毒)이 표위(表位)의 열사(熱邪)로 인해 작용되어 표위(表位)로 상역(上逆) 하거나, 혹은 내위(內位)로 망동(妄動)해서 일어나는 여러가지 증상에 쓰인다.
　처방내용 : 택사(澤瀉) 5.0~6.0 저령(猪苓) 3.0~4.5 복령(茯苓) 3.0~4.5 출(求) 3.0~4.5

2 腎炎·네프로오제 (신염) Ⅵ泌尿器疾患 (비뇨기질환) 小柴胡湯(加減法) (소시호탕 가감법)

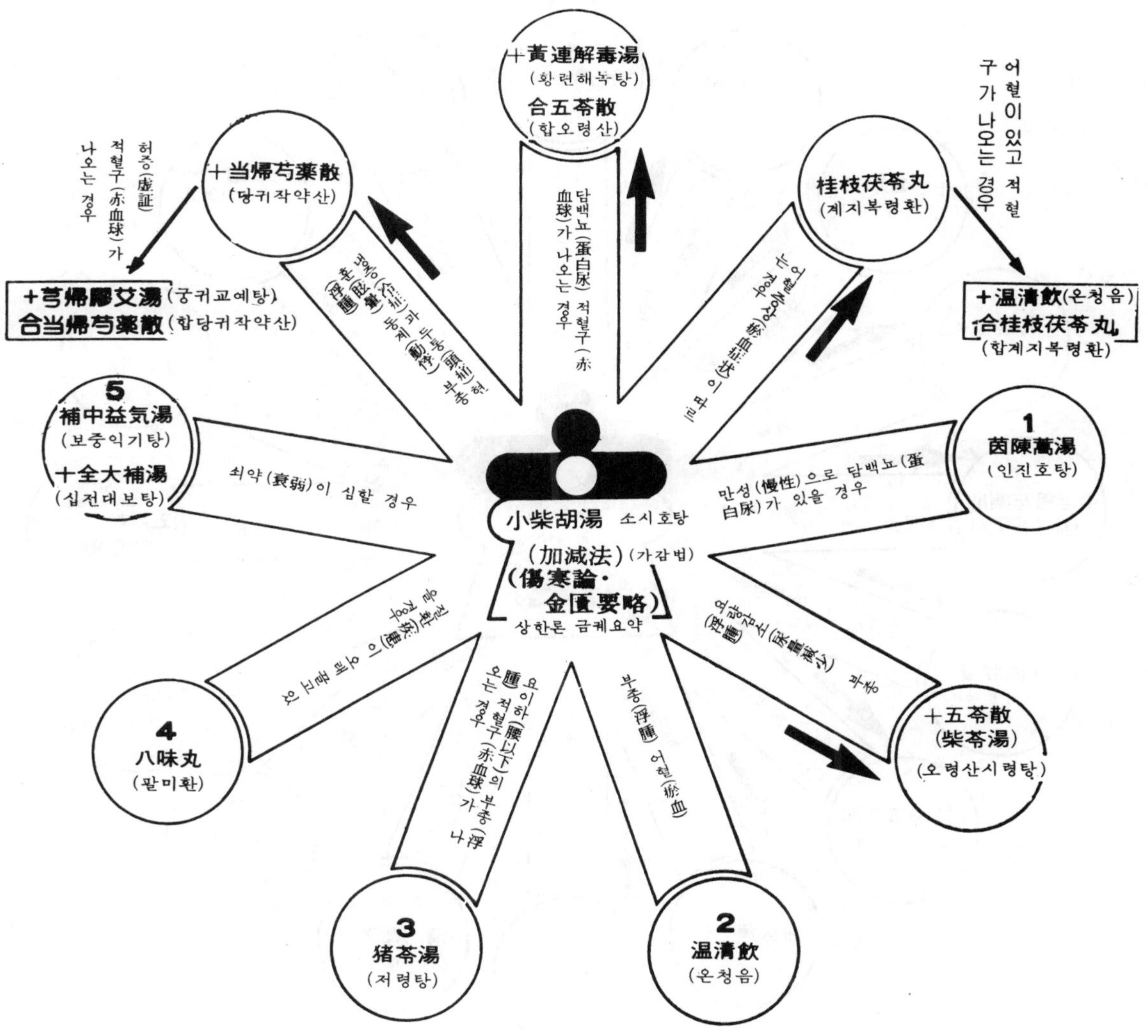

小柴胡湯 소시호탕
(加減法)(가감법)
(傷寒論·金匱要略)
상한론 금궤요약
+黃連解毒湯 (황련해독탕) 合五苓散 (합오령산)
담백뇨(蛋白尿) 적혈구(赤血球)가 나오는 경우
桂枝茯苓丸 (계지복령환)
어혈증상(瘀血症狀)이 많은 경우
어혈이 있고 적혈구가 나오는 경우
+溫淸飮(온청음) 合桂枝茯苓丸 (합계지복령환)
1 茵陳蒿湯 (인진호탕)
만성(慢性)으로 담백뇨(蛋白尿)가 있을 경우
+五苓散 (柴苓湯) (오령산시령탕)
요량감소(尿量減少), 부종(浮腫)
2 溫淸飮 (온청음)
부종(浮腫) 어혈(瘀血)
3 猪苓湯 (저령탕)
요이하(腰以下)의 부종(浮腫)이나 적혈구(赤血球)가 나오는 경우
4 八味丸 (팔미환)
질환(疾患)이 오래 끌고 있을 경우
5 補中益氣湯 (보중익기탕) +全大補湯 (십전대보탕)
쇠약(衰弱)이 심할 경우
+当帰芍薬散 (당귀작약산)
현훈(眩暈), 두통(頭痛), 부종(浮腫)이나 동계(動悸), 냉증(冷症)
허증(虛証) 적혈구(赤血球)가 나오는 경우
+芎帰膠艾湯(궁귀교애탕) 合当帰芍薬散(합당귀작약산)

症狀

목표 : 본방은 흉열병(胸熱病·소양병「少陽病」)의 대표적처방으로서 별명을 삼금탕이라 한다. (화해소양「和解少陽」)

소시호탕가감법(小柴胡湯加減法)을 쓰는 신염(腎炎)은 비교적 약년(若年)으로 혈압상승, 부종도 경도로서 신기능(腎機能)도 그다지 장애가 없이, 다만 경도의 담백료 또는 뇨중에 소량의 적혈구의 출현을 호소하는 자가 많다. 그 특징으로는 피부가 거무스레하고, 유형(痩型)의 꽉 죄인 체격, 흉협고만(胸脇苦満)이 있을 경우가 많다.

3 殘尿感
잔뇨감

Ⅵ泌尿器疾患
비뇨기질환

猪苓湯
저령탕

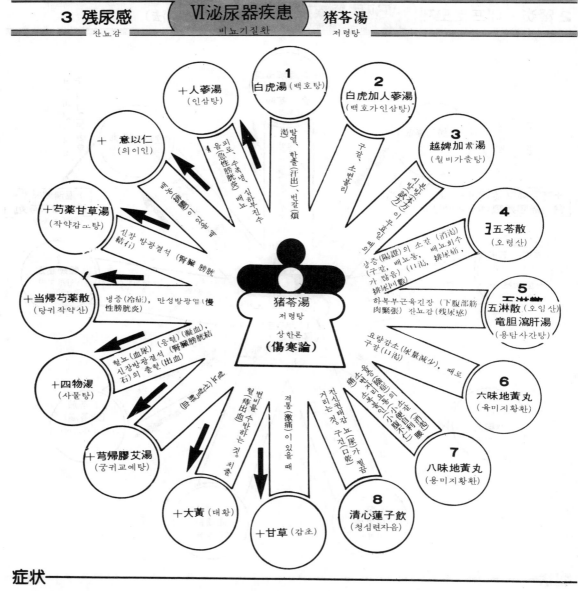

1 白虎湯(백호탕)
2 白虎加人蔘湯(백호가인삼탕)
3 越婢加朮湯(월비가출탕)
4 五苓散(오령산)
5 五淋散(오림산) 竜胆瀉肝湯(용담사간탕)
6 六味地黄丸(육미지황환)
7 八味地黄丸(용미지황환)
8 清心蓮子飲(청심련자음)

+人蔘湯(인삼탕)
+意以仁(의이인)
+芍藥甘草湯(작약감ㅗ탕)
+当帰芍藥散(당귀작약산)
+四物湯(사물탕)
+芎帰膠艾湯(궁귀교예탕)
+大黄(대황)
+甘草(감초)

猪苓湯
저령탕
상한론
(傷寒論)

症状

목표 : 배뇨곤란, 뇨량감소, 배뇨회수가 많고 잔뇨감이 있다. 가벼운 구갈이 있고, 발열무한, 하리, 수족냉, 불면, 설습윤(舌濕潤)부맥(浮脈), 심번(心煩), 하초(下焦)의 율혈(鬱血)로 인해 하부의 기와 수가 통리하지 않고, 기가 상충하는 것이다. 이수화습

응용 : 급·만성임질, 뇨도염, 혈뇨, 신염, 방광카타르, 방광결석, 신맹염(腎孟炎), 네프로오제, 제출혈(諸出血), 뇨도결석(尿路結石), 부종, 불면증 등.

註:본방은 비뇨기질환에 응용되는 대표적인 처방이다.

처방내용 : 저령(猪苓) 3.0 복령(茯苓) 3.0 활석(滑石) 3.0 택사(沢瀉) 3.0 아교(阿膠) 3.0

4 尿路感染症 ﹙요로감염증﹚ **Ⅵ 泌尿器疾患** ﹙비뇨기질환﹚ **五淋散** ﹙오림산﹚

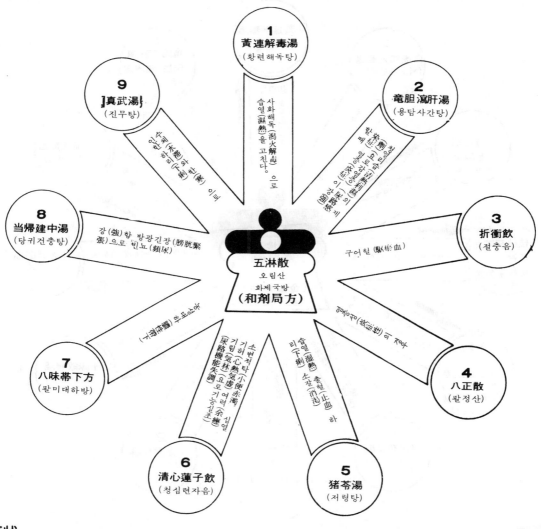

1 黃連解毒湯 (황련해독탕) — 사화해독(瀉火解毒)으로 습열(濕熱)을 고친다.

2 竜胆瀉肝湯 (용담사간탕)

3 折衝飲 (절충음) — 구어혈(驅瘀血)

4 八正散 (팔정산)

5 猪苓湯 (저령탕) — 습열(濕熱)을 하리(下利) 출혈(出血) 소갈(消渴)을 멎게 하

6 清心蓮子飲 (청심련자음) — 소변적탁 기허적탁(小便赤濁) 기림(気淋) 심열요로기능실조(尿路機能失調)로 기능실조(余瀝) 심열(余瀝)

7 八味帯下方 (팔미대하방)

8 当帰建中湯 (당귀건중탕) — 강(強)한 방광긴장(膀胱緊張)으로 빈뇨(頻尿)

9 真武湯 (진무탕) — 수기(水氣)와 진한(寒)으로 이뇨

五淋散 오림산 화제국방 (和劑局方)

症状

　　목표: 뇨가 잘 나오지 않으며 임력(淋瀝)하는 것, 뇨가 혼탁되거나, 혈뇨나 농뇨가 나오거나 하는 것.
　　응용: 요도염, 임질, 충수염, 전립선염, 방광염, 방광결석, 신장결석

　　註: 오림산(五淋散)은 당귀작약산(當歸芍藥散) 형의 냉증과 수체가 있는 사람에게 쓰이는 처방이다. 요로감염증의 경증인 경우에 쓰인다.

　　처방내용: 복령(茯苓) 5.0~6.0 당귀(当帰) 3.0 황금(黃芩) 3.0 감초(甘草) 3.0 작약(芍藥) 2.0 산치자(山梔子) 2.0 〈지황(地黃) 3.0 택사(沢瀉) 3.0 목통(木通) 3.0 활석(滑石) 3.0 차전자(車前子) 3.0)〉

1 腎虛
신허

Ⅶ糖尿病
당뇨병

八味地黃丸
팔미지황환

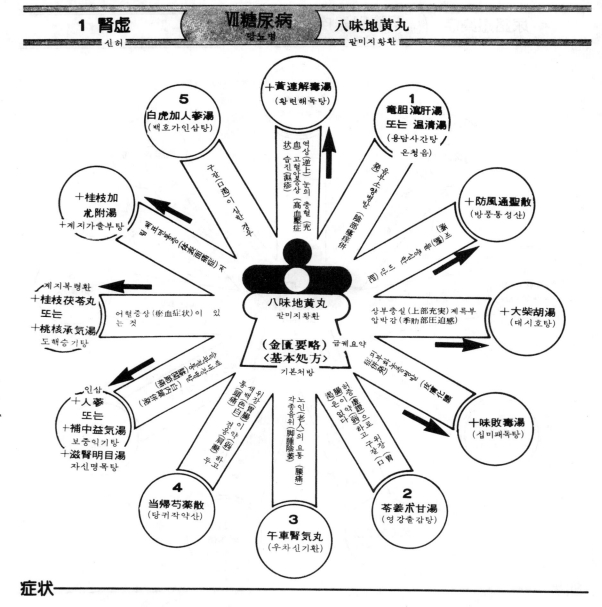

症状

목표 : 구갈, 뇨량이상, 뇨량이 증대될 때는 배뇨회수가 많고, 감소될 때는 하지(下肢) 에 부종이 있고, 하복부 또는 하부직복근신장, 권태감, 하반신허약, 성욕감퇴, 안청피로 피부소양, 하초의 신기가 허해서 이뇨부조(利尿不調)가 되고, 하허(下虛)로 인해 혈행이 정체(停滯)되어 혈열(血熱)을 일으켜 하초(下焦)에 마비가 온 것.

응용 : 당뇨병, 전립선비대, 신성고혈압, 음위, 위축신, 방광질환, 야뇨증, 신경쇠약등 등.

註 : 본방의 최대목표는 신허(腎虛)인데, 경증일 때는 소복불인(小腹不仁), 소변불리, 중등도일 때는 소복구급(小腹拘急), 소변불리가 되며, 중증일 때는 소갈(消渴), 소변다리(小便多利)가 된다.

처방내용 : 〈탕(湯)〉 지황(地黃) 5.0~6.0 산수유(山茱萸) 3.0 산약(山藥) 3.0 복령(茯苓) 3.0   목단피 (牡丹皮) 3.0 계지(桂枝) 1.0 가공부자(加工附子) 0.5~1.0　　　　.
　　　　〈산(散)〉 지황(地黃) 6.0~8.0 산수유(山茱萸) 3.0~4.0 산약(山藥) 3.0~4.0 택사(沢瀉) 3.0
　　　　복령(茯苓) 3.0 목단피(牡丹皮) 3.0 계지(桂枝) 1.0 가공부자(加工附子) 0.5~1.0

1 류우머티　VIII 運動器病 (운동기병)　麻杏薏甘湯 (마행의감탕)

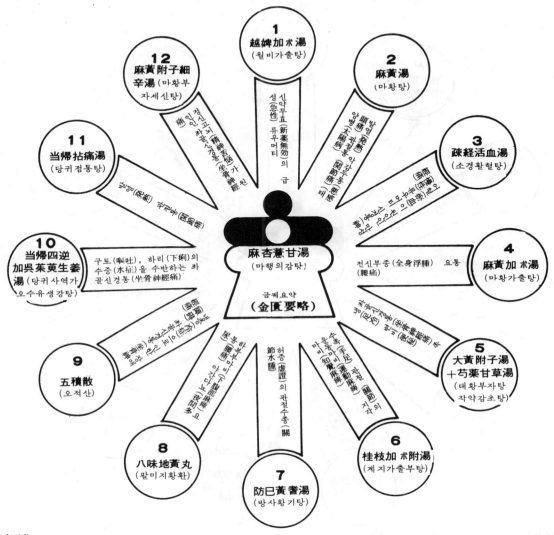

症状

목표: 무한, 근육류우머티, 피부건조, 우(疣·청년성편평우체증「靑年性扁平疣贅症」), 상어껍질모양의 가실한 살결, 일모(日暮)에 발열 또는 통증이 격해진다. 냉한이 원인이 되어 발열하고, 제근육통제관절통을 호소하는 것. 신온해표(辛溫解表), 통양리습(通陽利濕) 해표산울(解表散鬱)

응용: 근육류우머티, 관절류우머티, 우체, 무좀, 신경통, 수장각화증, 습진, 천식, 마비등

註: 본방의 증은 한출(汗出)한 다음 바람을 쐬어 오랫동안 몸을 차게 함으로써 일어나는 수가 많다. 이것을 풍습이라고 한다. 즉 습기가 피부에 있고, 관절에는 변화가 없이, 열이 나서 몸이 아픈 데에 쓰인다.

처방내용: 마황(麻黃) 4.0 행인(杏仁) 3.0 의이인(薏苡仁) 10.0 감초(甘草) 2.0

1 痙攣
경련

IX 神経痛
신경통

芍薬甘草湯
작약감초탕

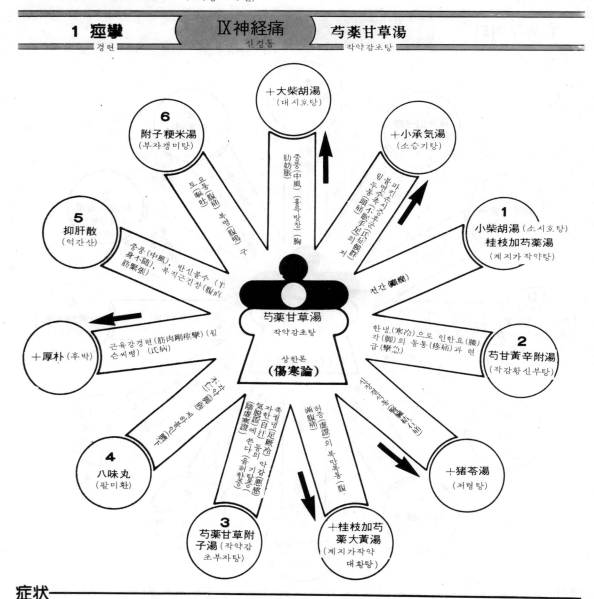

症状

　　목표 : 직복근(直腹筋)의 연급(攣急), 사지(특히 다리) 근육의 연급(攣急), 복통, 배뇨
통, 급박성의 격한 근육연급과 동통이 주목표.
　　응용 : 복통, 담석증, 급성동통, 좌골신경통, 근육류우머티, 위경련, 요통, 신석산통(腎
石疝通), 방광통, 소아복통, 치통, 월경곤란증의 격통, 배뇨통, 치통 등.

　　註 : 본방의 동통(疼痛)은 모두가 근육련급으로 인한 통증으로서 수체(水滯), 혈체(血滯)로 인한 것에
는 다른 처방을 고려한다. 돈복제(頓服劑)로서 사용.

　　처방내용 : 작약(芍藥) 3.0~6.0 감초(甘草) 3.0~6.0

1 神経衰弱症 신경쇠약증 〉 X 神経症 신경증 〉 柴胡加竜骨牡蛎湯 시호가룡골모려탕

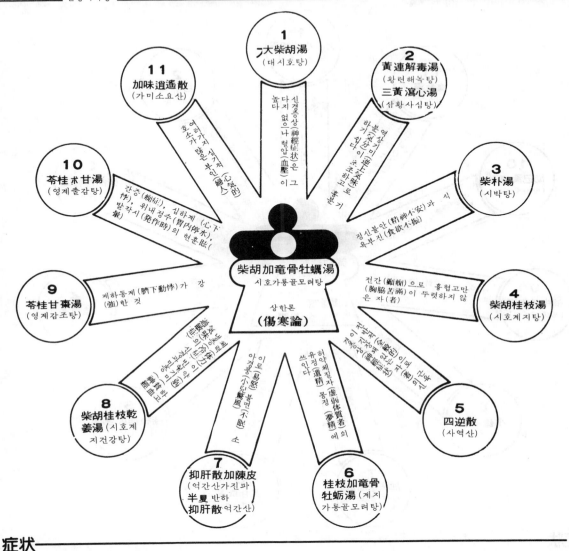

症状

목표 : 강장체질인데도 놀라기 잘하고, 흉복부동계(胸腹部動悸), 불면, 견응, 두통, 변비성 등, 실증의 방으로 내외의 사(邪)를 해방하고, 상충(上衝)을 하 하여 정체된·기와수를 순통시킨다. 흉만(胸満), 번경(煩驚), 소변불리. 중진안신(重鎮安神)

응용 : 고혈압의 수반증상(随伴症状(동계, 불안, 불면)), 신경증, 갱년기신경증, 소아야음 등.

註 : 본방의 목표는 대시호탕(大柴胡湯)모양으로 탄탄한 것같이 보이면서도 보기와는 달리 소심한 사람으로서 그 원인은 "간담(肝胆)의 울열(鬱熱)"이다.

처방내용 : 시호(柴胡) 4.0~5.0 반하(半夏) 4.0 복령(茯苓) 2.0~3.0 계지(桂枝) 2.0~3.0 대조(大棗) 2.0~2.5 인삼(人蔘) 2.0~2.5 용골(龍骨) 2.0~2.5 모려(牡蠣) 2.0~2.5 생강(姜) 2.0~3.0.

2 노이로오제　　Ｘ神経症　　柴胡桂枝乾姜湯
신경증　　시호계지건강탕

1
大·小柴胡湯
(대소시호탕)

2
白虎湯
(백호탕)

3
柴胡桂枝湯
(시호계지탕)

4
桂枝湯
(계지탕)

5
桂枝加黃耆湯
(계지가황기탕)

6
炙甘草湯
(자감초탕)

7
加味逍遙散
(가미소요산)

8
小建中湯
(소건중탕)

9
補中益気湯
(보중익기탕)

10
防已黄耆湯
(방사황기탕)

11
眞武湯
(진무탕)

柴胡桂枝乾姜湯
시호계지전강탕
상한론 금궤요약
(傷寒論·金[匱要略])

왕래한열(往來寒熱) 심하비경(心下)급(心下急) 痞硬

渴(갈), 煩熱(번열)이 심하고 陽明(양명)病(병)에 이르는 口渴(구갈)

두통(頭痛), 맥부(脈浮), 복직근(腹直筋)의 구련(拘攣)

자한(自汗), 두통(頭痛), 역상(逆上), 맥부약(脈浮弱)

보중(浮腫), 관절종(関節腫)

병(病)이 만성화(慢性化)하여 쇠약(衰弱)이 심한것

症状

목표: 신경질, 복부동계, 심계항진, 두한 또는 도한, 불면, 구갈(경도), 뇨량감소, 구토감없이 연변(軟便), 빈혈, 미열, 흉협이 약간 실하며, 표에 열이 있어 裏(이)에 한(寒)이 있고 수분부족을 초래하여 고조하고, 기의 상충(上衝)이 있다.

응용: 갱년기장애, 불면증, 신경증, 혈도증, 각기, 늑막염, 폐결핵 등.

註: 두한, 구갈, 이장열(弛張熱) 등의 표증(表證)과 가벼운 흉협고만(胸脇苦滿)이나 복동이 목표이다. 허약한 체질의 개선약. 시호계지탕(柴胡桂枝湯)보다 더욱 허약한 사람.

처방내용: 시호(柴胡) 5.0~6.0 계지(桂枝) 3.0 과려근(瓜呂根) 3.0~4.0 황금(黃芩) 3.0 모려(牡蠣) 3.0 건강(乾姜) 2.0 감초(甘草) 2.0

3 神経不安症 　X 神経症 　半夏厚朴湯
신경불안증 　　　신경증 　　　반하-후박탕

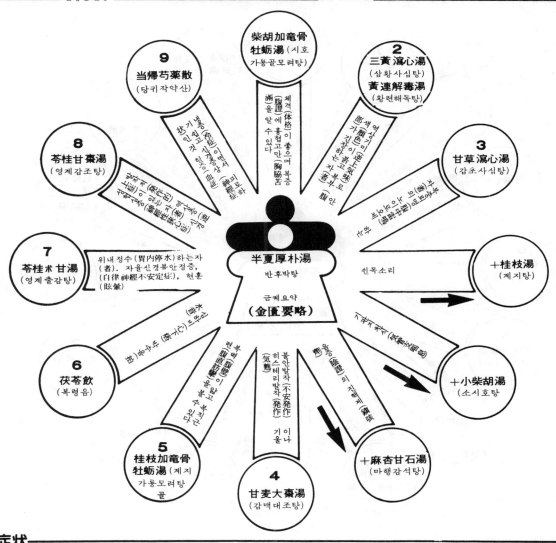

症状

　목표 : 신경불안증, 뇨량이 많고 배뇨회수도 많다. 위장이 약하고 자소(自訴)가 많으며 의심이 많다. 인후부에 이물감이 있고, 식욕부진, 두중, 현훈, 심계항진, 위부에 진수음 이 있다. 인중적련(咽中炙臠)

　응용 : 본방은 위장허약이 원인인 노이로제에 자주 쓰인다. 본방은 기제의 대표이다. 다.

　註 : 본방은 인후에 무엇이 막힌 듯한 호소를 하는 경우를 목표로 한다.

　처방내용 : 반하(半夏) 5.0∼6.0 복령(茯苓) 5.0 후박(厚朴) 3.0 자소엽(紫蘇葉) 2.0 생강(生姜) 3.0∼
　　　　　 4.0

4 自律神経不安定症 X神経症 苓桂朮甘湯
자율신경불안정증 신경증 영계출감탕

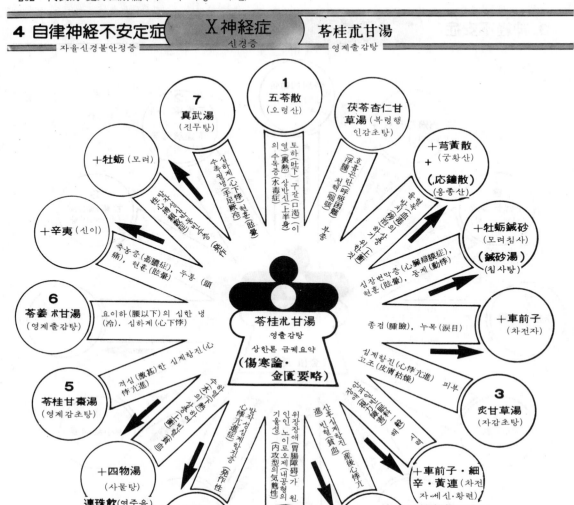

症状

목표 : 뇨량감소, 신경질, 위내정수, 맥, 현훈(眩暈)은 침긴(沈緊), 심계항진, 위의 원기가 쇠퇴하여 수음이 위부에 정체되고, 기의 상역이나 상충두현(上衝頭眩) 등을 발하는 것. 건비삼습(健脾滲濕), 습화담음(濕化痰飲)

응용 : 심장신경증, 히스테리, 노이로제, 심장변막증, 위하수증, 메니엘증후군, 불안신경증, 혈도증, 결막염, 만성추성시신경염, 신염, 네프로오제, 고혈압, 빈혈증, 축농증천식 등에 널리 쓰인다.

註 : 본방은 수독의 상충이다. 본방은 열증이 아니고, 다만 위부의 정수가 상충하는 것 뿐이며, 고통은 주로 상반신의 수독증으로서 나타난다. 본방증의 성격은 음증의 반하후박탕(半夏厚朴湯)을 닮아판단이 매우 어지러울 수가 많다.

처방내용 : 복령(茯苓) 6.0 계지(桂枝) 4.0 출(朮) 3.0 감초(甘草) 2.0

1 生理不順
생리불순

ⅩⅠ婦人科疾患
부인과질환

桃核承気湯
도핵승기탕

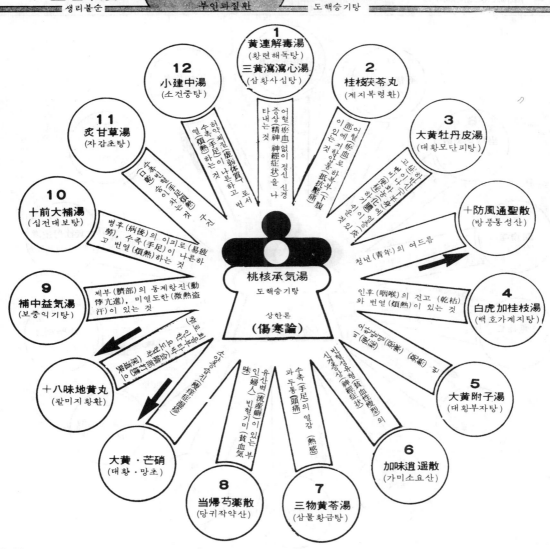

1 黃連解毒湯 (황련해독탕) 三黃瀉瀉心湯 (삼황사심탕)

12 小建中湯 (소건중탕)

11 炙甘草湯 (자감초탕)

10 十全大補湯 (십전대보탕)

9 補中益気湯 (보중익기탕)

+八味地黃丸 (팔미지황환)

大黃·芒硝 (대황·망초)

8 当帰芍薬散 (당귀작약산)

7 三物黃苓湯 (삼물황금탕)

6 加味逍遥散 (가미소요산)

5 大黃附子湯 (대황부자탕)

4 白虎加桂枝湯 (백호가계지탕)

+防風通聖散 (방풍통성산)

3 大黃牡丹皮湯 (대황모단피탕)

2 桂枝茯苓丸 (계지복령환)

桃核承気湯
도핵승기탕
상한론
(傷寒論)

症状

目標：하복부에 압통감이 있고 복벽은 긴장, 상열하냉증, 두통, 현훈(眩暈), 견응(肩凝) 이명(耳鳴), 정신이상, 족냉, 생리불순, 요통, 생리통, 실열의 어혈증으로 소복(小腹)에 급결(急結)이 있고, 상역(上逆)이 심한 것. 활혈거어(活血袪於)

応用：생리불순으로 인해 일어나는 제질환(諸疾患), 요통, 변비, 고혈압의 수반증상.

註：본방의 목표는 어혈(瘀血)이 원인으로 하반신에 순환장애를 일으켜 그때문에 상열하냉증을 일으키는 데에 쓰인다. 어혈이 있으면서 정신증상을 나타낼 때의 대표적처방.

처방내용：도인(桃仁) 5.0 계지(桂枝) 4.0 대황(大黃) 1.0~3.0 망초(芒硝) 1.0~2.0 감초(甘草) 1.5

2 陽証驅瘀血劑 〈ⅩⅠ婦人科疾患〉 桂枝茯苓丸
양증구어 혈제　　　부인과질환　　　제지복령탕

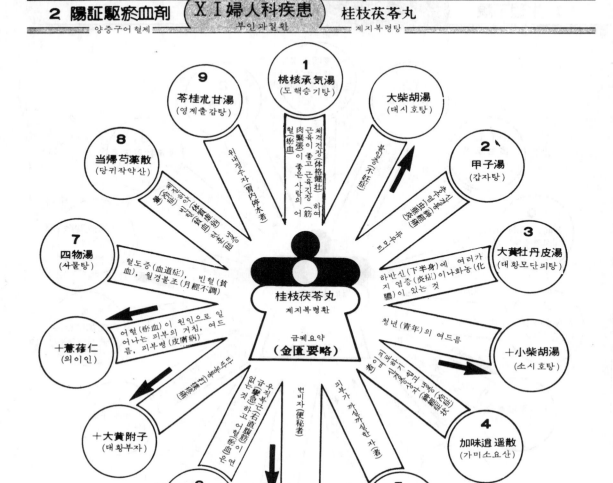

症狀

목표：복벽긴장, 역상증(逆上症)(두통, 견응(肩凝), 현훈(眩暈), 이명(耳鳴), 생리불순, 직복근구련(直腹筋拘攣), 본방은 양증구어혈제의 대표로서, 여성호르몬을 조정하는 작용이 있다. 어혈(瘀血)의 일반증상은 입이 건조해서 늘 입에 물을 머금고 있고 싶다거나, 뇨리가 많거나, 체온이 상승되지 않았는데 전신 또는 국부적으로 열감을 느끼거나, 구신(口唇)이나 혀의 변연(邊緣)이 암자색을 나타내고, 피부는 그을러져 거무스레하고, 대변은 흑색이며 취기가 강하다. 푸른 힘줄이나 출혈경향이 있다. (활혈거어 (活血祛瘀)

응용 : 월경불순, 월경이상, 월경통, 갱년기장애, 혈도증, 동상, 현훈, 견응, 타박상.

註：체격이 중정도, 허실중등체질의 사람이 어혈에 의한 여러 증상을 나타내고, 변비의 경향은 없이 증상이 완화한 것.

처방내용 : 계지(桂枝) 4.0 복령(茯苓) 4.0 목단피(牡丹皮) 4.0 도인(桃仁) 4.0 작약(芍薬) 4.0

3 陰証駆瘀血剤
음증구어혈제

XI 婦人科疾患
부인과질환

当帰芍薬散
당귀작약산

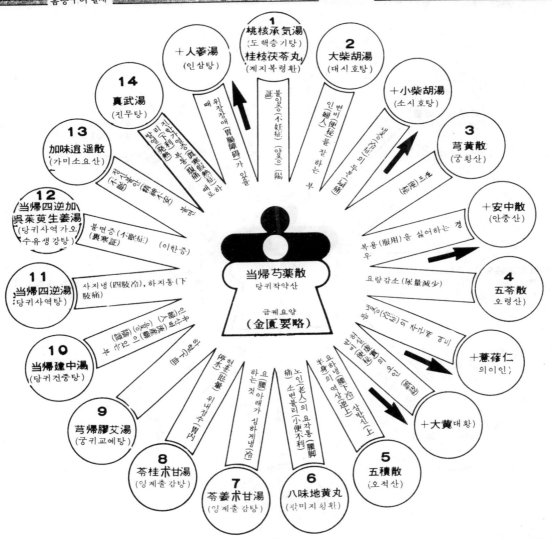

症状 ━━━

목표 : 비교적 체력이 모자라고, 냉증이며 빈혈의 경향이 있으며, 피로하기 쉽고, 때로 하복부통, 두중, 현훈, 견응, 이명, 동계 등을 호소한다. 월경불순이나 월경곤란이 있는 것.

응용 : 월경불순, 월경통, 갱년기장애, 현훈, 두중(頭重), 견응(肩凝), 요통, 족요(足腰)의 냉증, 동상, 부종, 신경증, 위장질환, 전신권태감 등.

註 : 본방은 음증의 구어혈제(駆瘀血劑)이다. 허증(虛症)의 혈수증(血水證)에 쓰인다. 체질(体質)은음허증(陰虛症) (양혈(養血), 조중(調中), 행체(行滯)

처방내용 : 당귀(当帰) 3.0 천궁(川芎) 3.0 작약(芍薬) 4.0~6.0 복령(茯苓) 4.0 출(求) 4.0 택사(沢瀉) 4.0~5.0

4 更年期障害 （XI 婦人科疾患） 加味逍遙散
경년기장해　　　부인과질환　　　가미소요산

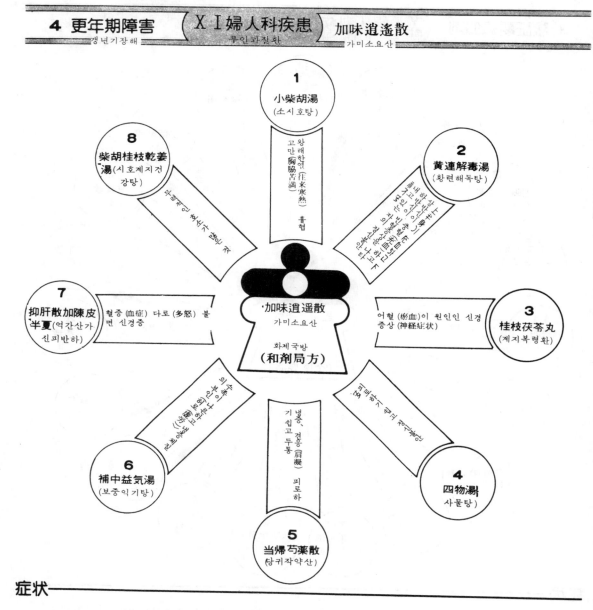

1
小柴胡湯
(소시호탕)

고만한열 (往来寒熱)
胸腸苦満
흉협

2
黄連解毒湯
(황련해독탕)

8
柴胡桂枝乾姜湯
(시호계지건강탕)

3
桂枝茯苓丸
(계지복령환)

어혈 (瘀血)이 원인인 신경증상 (神経症状)

7
抑肝散加陳皮半夏
(억간산가진피반하)

혈증 (血症) 다로 (多怒) 불면 신경증

加味逍遙散
가미소요산

화제국방
(和劑局方)

6
補中益気湯
(보중익기탕)

4
四物湯
사물탕)

냉증, 견응 (肩凝)
기쉽고 두통
피로하

5
当帰芍薬散
(당귀작약산)

症状

　　목표 : 신경질 (神經質), 피로감 (疲勞感), 빈혈, 현훈 (眩暈), 견응 (肩凝), 동계 (動悸), 불면 (不眠), （소시호탕증 (小柴胡湯症)보다 체력이 저하되어 있는 허증 (虛證)
　　응용 : 냉증, 허약체질, 월경불순, 월경곤란, 갱년기장애, 혈도염.

　　註 : 본방은 부인들 일체의 호소에 써서 잘 듣는다. 즉, 여기저기가 아프다 나쁘다는 등의 고통을 호소하는데도 현대의학적으로는 병변을 거의 찾아 볼 수 없는 것이 본방의 적응증이다. 소양병 (少陽病) 의 허증 조화간비 (調和肝脾), 소한청열 (疏肝淸熱), 사화해울 (瀉火解鬱) 피부병에는 지골피 (地骨皮), 형개 (荊芥) 各 2.0g 을 가해서 쓴다. 일본의 오―스까게이세쓰 (大塚敬節氏)는 간반 (肝斑)에 탁효 (卓効)가 있다고 발표한 바 있다.

　　처방내용 : 당귀 (当帰) 3.0 작약 (芍薬) 3.0 출 (求) 3.0 복령 (茯苓) 3.0 시호 (柴胡) 3.0 목단피 (牡丹皮) 2.0 산치자 (山梔子) 2.0 감초 (甘草) 1.5~2.0 건생강 (乾生姜) 1.0 박하엽 (薄荷葉) 1.0

5 血의 道症　〔ⅩⅠ婦人科疾患〕　溫淸飮
혈　도증　　　부인과질환　　　온청음

(解毒体質改善藥)

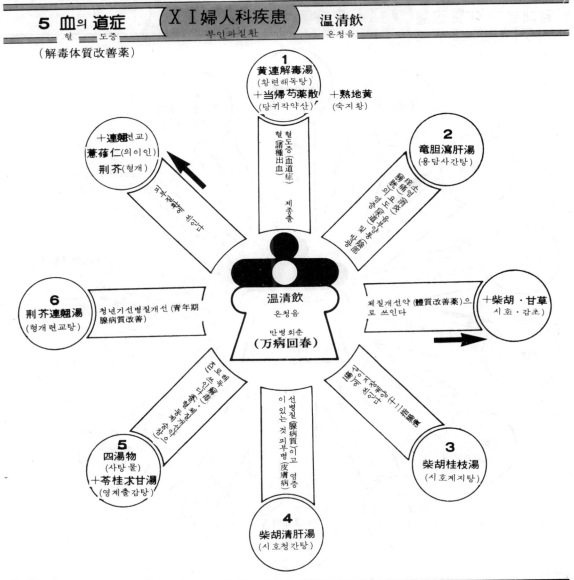

1
黃連解毒湯
(황련해독탕)
＋当歸芍藥散
(당귀작약산)　＋熟地黃
(숙지황)

혈도증 (血道症) 諸種出血 제출혈

2
竜胆瀉肝湯
(용담사간탕)

＋連翹(련교)
薏苡仁(의이인)
荊芥(형개)

6
荊芥連翹湯
(형개련교탕)

청년기선병질개선 (靑年期 腺病質改善)

溫淸飮
온청음

만병회춘
(万病回春)

체질개선약 (體質改善藥)으로 쓰인다　＋柴胡·甘草
(시호·감초)

5
四湯物
(사탕물)
＋苓桂朮甘湯
(영계출감탕)

이 선병질 (腺病質)이고 있는 것 피부병 (皮膚病) 염증

3
柴胡桂枝湯
(시호계지탕)

4
柴胡淸肝湯
(시호청간탕)

症状

　목적 : 피부는 고조해 있다. 만성질환에 쓰이며, 체질개선을 목표로 한다. 자궁출혈, 요통, 복통, 부종, 위비 (胃痞), 늑골 (肋骨)궁하 (弓下) 에 압통저항, 피부소양.

　응용 : 자궁출혈, 혈뇨, 피부소양증, 습진, 면포 (面疱), 월경불순, 월경곤란. 혈도증, 갱년기장애, 신경증, 알레르기성체질의 개선, 간반 (肝斑), 피부염 등.

　註 : 본방은 사물탕 (四物湯)과 황련해독탕 (黃連解毒湯)의 합방으로서, 사물탕으로는 온보양혈 (溫補養血)하고, 황련해독탕 (黃連解毒湯)으로는 청열사화 (淸熱瀉火)한다.

처방내용 : 당귀 (当歸) 3.0〜4.0 지황 (地黃) 3.0〜4.0 작약 (芍藥) 3.0〜4.0 천궁 (川芎) 3.0〜4.0　황련 (黃連) 1.5〜2.0 황금 (黃芩) 1.5〜3.0 산치자 (山梔子) 1.5〜2.0 황백 (黃柏) 1.5〜2.0

1 알레르기 体質改善 〈 XⅡ皮膚病 〉 十味敗毒湯
체질개선　　　　피부병　　　　십미패독탕

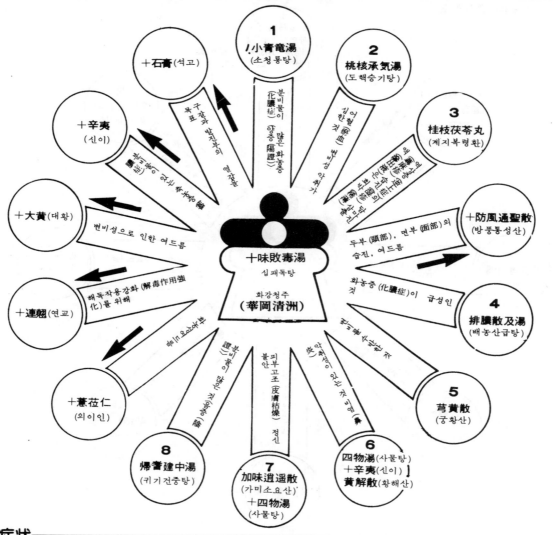

症状

　목표 : 피부병인데 환부가 건조해 있지않은 것. 체질은 소시호형(小柴胡型). 국소에 발
적종통이 있고 가려움을 호소하며 분비물은 많지않다. 식욕부진하며 피로감이 있는 것.
화농부위는 두(頭)·배부(背部)에 많으며, 사지의 경우라도 비교적 얕게 화농한다. 신경
질이며 흉협고만(胸脇苦滿)이 있고, 알레르기성체질개선용으로써 쓰인다.

　처방내용 : 시호(柴胡) 2.0~3.0 앵피(桜皮) 2.0~3.0 길경(桔梗) 2.0~3.0 천궁(川芎) 2.0~3.0 　복령
　　　(茯苓) 2.0~4.0 독활(独活) 1.5~3.0 방풍(防風) 1.5~3.0 감초(甘草) 1.0~1.5 생강(生姜)
　　　1.0~3.0 형개(荊芥) 2.0~3.0 〈연교(連翹) 2.0~3.0〉

　응용 : 급성화농증(急性化膿症)으로 환부(患部)가 발적종통(発赤腫痛)하는 것. 알레르기체질(体質)
에 기인(起因)하는 만성(慢性)의 두드러기, 습진(湿疹) 등.

1 痔核　　XIII 痔疾患　　乙字湯
치핵　　치질환　　을자탕

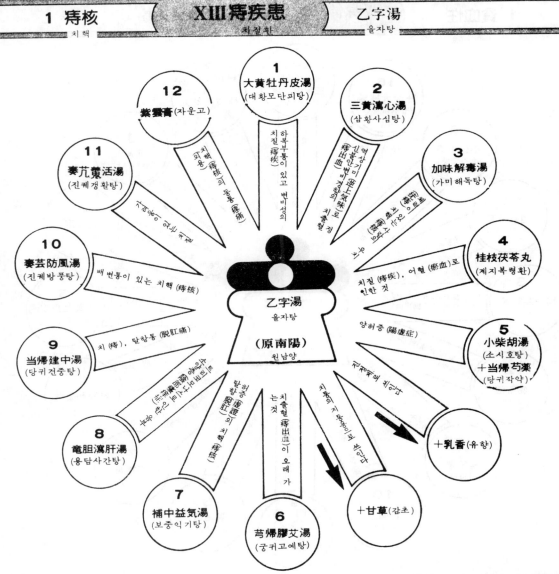

症状 ─────────────────────────

　　목표 : 허실(痔疾) 특히 치핵(痔核), 변비(便秘), 강(强)한 통증(痛症)일 때 좋다. 여러가지의 치질환(痔疾患)

　　응용 : 치핵(痔核), 열치(裂痔), 치통(痔痛), 치출혈(痔出血), 음부(陰部)의 소양(瘙痒)이나 동통(疼痛).

　註 : 허실(虛實)에 편경(偏傾)하지 않는 일반적인 병상을 목표로 한다. 환자는 체력이 중정도이며 쇠약해 있지 않는 사람.

　처방내용 : 당귀(當歸) 4.0~6.0　시호(柴胡) 4.0~6.0　황금(黃芩) 3.0　감초(甘草) 2.0~3.0　승마(升麻) 1.0~2.0　대황(大黃) 0.5~1.5

1 貧血性
빈혈성

ⅩⅣ 身体下部諸出血
신체 하부저출혈

芎帰膠艾湯
궁귀교예탕

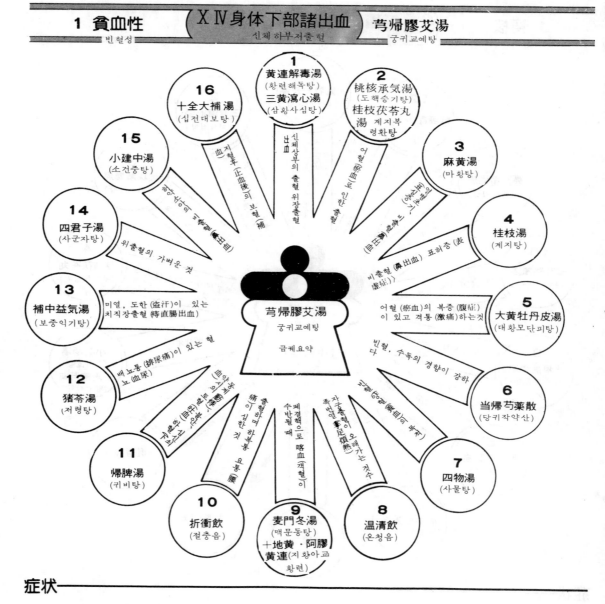

症状

　목표 : 하반신(下半身)의 출혈(出血), 냉증(冷症)으로 빈혈(貧血), 맥약(脈弱), 복부연약(腹部軟弱), 허한증(虛寒症)의 출혈(出血), 하복부(下腹部)에 지각둔마(知覺鈍麻), 사지번열(四肢煩熱), 하복(下腹)의 동통(疼痛) 등을 목표로 한다. 〈보혈조경(補血調経, 보혈익음(補血益陰)〉

　응용 : 산후(産後)의 출혈(出血), 치출혈(痔出血), 하복부(下腹部)의 출혈(出血), 자궁출혈(子宮出血), 장출혈(腸出血), 혈뇨(血尿)

　註 : 본방은 특히 하반신의 출혈을 멎게 하는 목적으로 쓰인다. 울혈(鬱血)의 경향이 있고, 출혈이 오래 ;'. 빈혈의 경향이 있는 것을 목표로 한다.

　처방내용 : 천궁(川芎) 3.0 감초(甘草) 3.0 혜엽(艾葉) 3.0 당귀(当帰) 4.0~4.5 지황(地黄) 5.0~6.0 아교(阿膠) 3.0 작약(芍薬) 4.0~4.5

1　病後의 衰弱　ⅩⅤ虛弱体質　黃耆建中湯
병후　쇠약　허약체질　황기건중탕

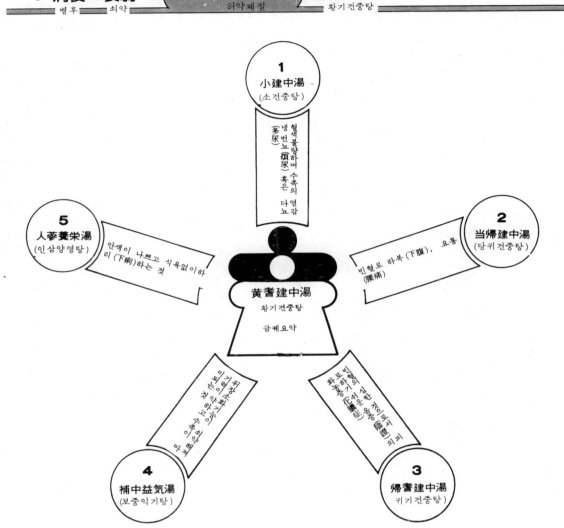

1
小建中湯
(소건중탕)

혈색불량하며 냉번뇨(多尿)(煩尿) 혹은 수족의 다열뇨감

5
人蔘養栄湯
(인삼양영탕)

안색이 나쁘고 식욕없이하리(下痢)하는 것

黃耆建中湯
황기건중탕
금궤요약

2
当帰建中湯
(당귀건중탕)

빈혈로 하복(下腹), 요통(腰痛)

4
補中益気湯
(보중익기탕)

3
帰耆建中湯
(귀기건중탕)

症状

　목표 : 허약체질(虛弱体質)로서 피로하기 쉽다. 腹壁은 얇고, 직복근(直腹筋)이 구련(拘攣)하고 있다. 도한(盜汗), 불면(不眠). 〈온중거한(溫中祛寒)〉

　응용 : 허약체질(虛弱体質)의 개선(改善), 야뇨증(夜尿症), 야체증(夜啼症), 만성복막염(慢性腹膜炎), 복통(腹痛), 만성중이염(慢性中耳炎), 허약아(虛弱兒), 도한(盜汗), 큰 병(病)을 앓은 후(後)의 쇠약(衰弱).

　註 : 소건중탕증(小建中湯證)으로서 그보다 더욱 쇠약하여 도한(盜汗)・황한(黃汗)이 있는 것을 목표로 한다.

　처방내용 : 계지(桂枝) 3.0～4.0 생강(生姜) 3.0～4.0 대조(大棗) 3.0～4.0 작약(芍藥) 2.0～3.0　황기(黃耆) 3.0～4.0 교이(膠飴) 20.0　飴

附 録

부록

부록Ⅰ.처 방 집

ㄱ

가미귀비탕 (加味歸脾湯) 제생전서 (済生全書) : 인삼2.0~3.0 출 (朮)2.0~3.0 복령 (茯苓)2.0~3.0 산조인 (酸棗仁)2.0~3.0 용안육 (竜眼肉)2.0~3.0 황복령 (黄耆)2.0~3.0 당귀 (当帰)2.0 원지 (遠志)1.0~2.0 시호 (柴胡)3.0 산피자 (山梔子)2.0 감초 (甘草)1.0 대조 (大棗)1.0~2.0 목향 (木香)1.0 건생강 (乾生姜)1.0 모단피 (牡丹皮)2.0

〔허증 (虚証)으로 빈혈 (貧血), 심계항진 (心悸亢進) 건망 (健忘), 불면 (不眠), 출혈 (出血)〕

가미소요산 (加味逍遙散)화제국방 (和剤局方) : 당귀 (当帰)3.0 작약 (芍薬)3.0 출 (朮)3.0 복령 (茯苓)3.0 시호 (柴胡)3.0 모단피 (牡丹皮)2.0 산치자 (山梔子)2.0 감초 (甘草)1.5~2.0 건생강 (乾生姜)1.0 박하엽 (薄荷葉)1.0

체질허약한 부인으로 견응 (肩凝), 피로하기 쉽고 정신불안의 혈도증

가미소요산합사물탕 (加味逍遙散合四物湯) 화제국방 (和剤局方) : 당귀 (当帰)3.0 작약 (芍薬)3.0 출 (朮)3.0 복령 (茯苓)3.0 시호 (柴胡)3.0 천궁 (川芎)3.0 지황 (地黄)3.0 감초 (甘草)1.5~2.0 모단피 (牡丹皮)2.0 산치자 (山梔子)2.0 건생강 (乾生姜)1.0 박하엽 (薄荷葉)1.0

〔냉증, 허약체질, 월경불순, 갱년기장애, 혈도증 (血道症), 습진, 얼룩점〕

가미온담탕 (加味温膽湯)천금방 (千金方) : 반하 (半夏)4.0~6.0 복령 (茯苓)4.0~6.0 진피 (陳皮)2.0~3.0 죽여 (竹筎)2.0~3.0 건생강 (乾生姜)1.0~2.0 지실 (枳実)1.0~2.0 감초 (甘草)1.0~2.0 원지 (遠志)2.0 현삼 (玄蔘)2.0 인삼 (人蔘)지황 (地黄)2.0 산조인 (酸棗仁)2.0 대조 (大棗)2.0

〔위장장애 (胃腸障碍)로 인한 불면증허번 (不眠症虚煩)〕

가미평위산 (加味平胃散)의방고 (医方考) : 출 (朮)4.0~6.0 후박 (厚朴)3.0~4.5 진피 (陳皮)3.0~4.5 감초 (甘草)1.0~1.5 생강 (生姜)2.0~3.0 대조 (大棗)2.0~3.0 신면 (神麵)2.0~3.0 맥아 (麥芽)2.0~3.0 산사자 (山査子)2.0~3.0

〔위부 (胃部)가 막힘, 수양성하리 (水樣性下痢), 식욕부진 (食欲不振), 위 (胃)아토니〕

가미해독탕 (加味解毒湯) 수세보원 (壽世保元) : 황련 (黄連)2.0 황금 (黄芩)2.0 황백 (黄柏)2.0 산치자 (山梔子)2.0 시호 (柴胡)2.0 인진 (茵陳)2.0 용담 (龍膽)2.0 목통 (木通)2.0 활석 (滑石)3.0 승마 (升麻)1.5 감초 (甘草)1.5 등심초 (燈心草)1.5 대황 (大黄)1.5

〔배뇨곤란, 치질〕

갈근탕 (葛根湯) 상한론 (傷寒論) · 금궤요약 (金匱要略) : 갈근 (葛根)8.0 마황 (麻黄)4.0 대조 (大棗)4.0 계지 (桂枝)3.0 작약 (芍薬)3.0 감초 (甘草)2.0 건생강 (乾生姜)1.0

〔발열오한항배강 (発熱悪寒項背強), 실증 (実證)의 화농증 (化膿症)으로 발열오한 (発熱悪寒)하는 것〕

갈근탕가천궁신이 (葛根湯加川芎辛夷) 본조경험 (本朝経験) : 갈근탕 (葛根湯)의 처방 (処方)에 천궁 (川芎)에 2.0~3.0 신이 (辛夷)2.0~3.0

〔코가 막히고, 축농증, 만성비염 (慢性鼻炎)〕

갈근황련황령탕 (葛根黄連黄芩湯) 상한론 (傷寒論) : 갈근 (葛根)5.0~6.0 황련 (黄連)3.0 황령 (黄芩)3.0 감초 (甘草)2.0

〔급성위장염, 구내염, 설염 (舌炎), 견응 (肩凝), 불면〕

감맥대조탕 (甘麥大棗湯) 금궤요약 (金匱要略) : 감초 (甘草)5.0 대조 (大棗)6.0 소맥 (小麥)20.0

〔야체 (夜啼), 경풍 (驚風), 히스테리〕

감초건강 (甘草乾姜) 상한론 (傷寒論) · 금궤요약 (金匱要略) : 감초 (甘草)4.0 건강 (乾姜)2.0

〔족냉 (足冷), 인중건 (咽中乾), 번조토역 (煩躁吐

逆), 궤뇨 (潰尿), 천식 (喘息)]

감초부자탕 (甘草附子湯) 상한론 (傷寒論)・금궤요약 (金匱要略) : 감초 (甘草), 백출각 (白朮各) 2.0 포부자 (炮附子) 0.6 계지 (桂枝) 4.0

[관절동번 (關節疼煩), 소변불리 (小便不利)]

감초사심탕 (甘草瀉心湯) 상한론 (傷寒論)・금궤요약 (金匱要略) : 반하 (半夏) 4.0~5.0 황금 (黃芩) 2.5~3.0 건강 (乾姜) 2.0~2.5 인삼 (人參) 2.5 감초 (甘草) 3.0~4.5 대조 (大棗) 2.5 황련 (黃連) 1.0

[심하비변 (心下痞硬), 복중뢰명 (腹中雷鳴), 하리 (下痢), 심번 (心煩)]

감초탕 (甘草湯) 상한론 (傷寒論) : 감초 (甘草) 5.0~8.0

[인통 (咽痛), 격한 기침]

갑자탕 (甲字湯) 원남양 (原南陽) : 계지 (桂枝) 4.0 복령 (茯苓) 4.0 모단피 (牡丹皮) 4.0 도인 (桃仁) 4.0 작약 (芍藥) 4.0 감초 (甘草) 1.5 전생강 (乾生姜) 1.0

[어혈 (瘀血)이 원인으로 일어나는 류우머티 신경통, 갱년기장애, 충수염]

건강인삼반하환 (乾姜人參半夏丸) 금궤요약 (金匱要略) : 건강 (乾姜) 1.0~3.0 인삼 (人蔘) 1.0~3.0 반하 (半夏) 2.0~6.0

[임신 (妊娠), 악조 (惡阻), 구토 (嘔吐)]

건강황금황련인삼탕 (乾姜黃芩黃連人參湯) 상한론 (傷寒論) : 건강 (乾姜), 황금 (黃芩), 황련 (黃連), 인삼각 (人蔘各) 3.0

[급성위장카타르]

견중탕 (堅中湯) 천금방 (千金方) : 반하 (半夏) 5.0 복령 (茯苓) 5.0 계지 (桂枝) 4.0 대조 (大棗) 3.0 작약 (芍藥) 3.0 건강 (乾姜) 1.0~3.0 감초 (甘草) 1.0~1.5

[명치에 진수음 (振水音)이 있고, 위통이나 구토를 호소하는 것]

계간환 (鷄肝丸) 천전방함 (淺田方函) : 계간일구 (鷄肝一具)를 쪄서 건조하여 산약말 (山藥末) 계간건조량 (鷄肝乾燥量) 2.0~3.0배량 (倍量)을 화하면서 세말 (細末)하여 호환 (糊丸)으로 한다.

[허약체질, 비타민A의 보급, 야맹증 (夜盲症)]

계강조초황신부탕 (桂姜棗草黃辛附湯) 금궤요약 (

金匱要略) : 계지 (桂枝), 대조각 (大棗各) 3.0 감초 (甘草), 마황 (麻黃), 세신각 (細辛各) 2.0 건강 (乾姜) 1.0 포부자 (炮附子) 0.3

[수족신냉 (手足身冷), 오한골동 (惡寒骨疼), 마비 (麻痺), 부종 (浮腫), 핵 (咳)]

계마각반탕 (桂麻各半湯) 상한론 (傷寒論) : 계지 (桂枝) 3.0~3.5 작약 (芍藥) 2.0 생강 (生姜) 2.0 감초 (甘草) 2.0 마황 (麻黃) 2.0 대조 (大棗) 2.0 행인 (杏仁) 2.0~2.5

[표증 (表證)이 있고 발한 (發汗)이 어렵고 천핵 (喘咳)가 있으며 피부가 가려운 것]

계명산가복령 (鷄鳴散加茯苓) 시방가괄 (時方歌括) : 빈랑 (檳榔) 4.0 목과 (本瓜) 3.0 귤피 (橘皮) 2.0~3.0 길경 (桔梗) 2.0~3.0 복령 (茯苓) 4.0~6.0 오수유 (吳茱萸) 1.0 시소엽 (柴蘇葉) 1.0 건생강 (乾生姜) 1.0

[각기 (脚気)로 발이 무겁고 또는 발에 가벼운 부종 (浮腫)이 있다.

계비탕 (啓脾湯) 〈만병회춘 (萬病回春)〉 : 인삼 (人參) 3.0 출 (朮) 4.0 복령 (茯苓) 4.0 연육 (連肉) 3.0 산약 (山藥) 3.0 산사자 (山査子 (2.0) 택사 (澤瀉) 2.0 감초 (甘草) 1.0 〈대조 (大棗) 1.0 생강 (生姜) 3.0)〉

[허증 (虛證)으로 비위허약 (脾胃虛弱)의 수양성 하리, 소아의 소화불량증]

계지가갈근탕 (桂枝加葛根湯) 〈상한론 (傷寒論)〉 : 계지 (桂枝) 3.0~4.0 작약 (芍藥) 3.0~4.0 대조 (大棗) 3.0~4.0 생강 (生姜) 4.0 감초 (甘草) 2.0 갈근 (葛根) 6.0

[계지탕증 (桂枝湯證)으로서 항부 (項部)에서 배 (背)에 걸쳐 긴장하는 것]

계지가룡골모려탕 (桂枝加竜骨牡蠣湯) 〈금궤요약 (金匱要略)〉 : 계지 (桂枝) 3.0~4.0 작약 (芍藥) 3.0~4.0 대조 (大棗) 3.0~4.0 생강 (生姜) 3.0~4.0 감초 (甘草) 2.0 용골 (竜骨) 2.0 모려 (蠣牡) 3.0

[허약체질로 피로하기 쉽고, 흥분하기 쉬운 신경통, 불면증]

계지가작약대황탕 (桂枝加芍藥大黃湯) 〈상한론 (傷寒論)〉 : 계지 (桂枝) 4.0 작약 (芍藥) 6.0 대조 (大

棗) 4.0 생강 (生姜) 3.0～4.0 감초 (甘草) 2.0 대
황 (大黃) 1.0～2.0

〔허증의 복만복통, 무지근한 배, 변비〕

계지가작약생강인삼탕 (桂枝加芍藥生姜人參湯) 〈상
한론 (傷寒論)〉: 계지 (桂枝) 3.0～4.0 대조 (大
棗) 3.0～4.0 작약 (芍藥) 4.0～6.0 생강 (生姜)
4.0～5.5 감초 (甘草) 2.0 인삼 (人參) 3.0～4.5

〔명치가 막히고 신체동통 (身体疼痛) 하는 것〕

계지가작약지모탕 (桂枝加芍藥知母湯) 〈금궤요약 (金
匱要略)〉: 계지 (桂枝), 지모 (知母), 방풍 (防風
各) 각 4.0 작약 (芍藥) 3.0 감초 (甘草), 마황각
(麻黃各) 2.0 백출 (5.0(白朮) 포부자 (炮附子)
0.6

〔사지 (四肢) 혹은 관절동통 (関節疼痛)〕

계지가작약탕 (桂枝加芍藥湯) 〈상한론 (傷寒論)〉:
계지 (桂枝) 4.0 작약 (芍藥) 6.0 대조 (大棗) 4.0
생강 (生姜) 4.0 감초 (甘草) 2.0

〔복부팽만감이 있는 무지근한 배, 복통〕

계지가출부탕 (桂枝加朮附湯) 〈길익동동 (吉益東洞)〉
: 계지桂枝) 4.0 작약 (芍藥) 4.0 대조 (大棗) 4.0
생강 (生姜) 4.0 감초 (甘草) 2.0 출 (朮) 4.0 가공
부자 (加工附子) 0.5～1.0 이 처방에 복령 (茯苓)
을 가해도 좋다. (계지가령출부탕)

〔마비, 동통을 목표로 관절통, 신경통〕

계지가후박행인탕 (桂枝加厚朴杏仁湯) 〈상한론 (傷
寒論)〉: 계지 (桂枝) 3.0～4.0 작약 (芍藥) 3.0～
4.0 대조 (大棗) 3.0～4.0 생강 (生姜) 3.0～4.0
감초 (甘草) 2.0 후박 (厚朴) 1.0～4.0 행인 (杏仁)
3.0～4.0

〔계지탕증으로 천핵 (喘咳) 하는 것, 허증의 표
열과 천핵〕

계지가황기탕 (桂枝加黃耆湯) 〈금궤요약 (金匱要略)〉
계지 (桂枝) 3.0～4.0 작약 (芍藥) 3.0～4.0 대조
(3,0～4.0 생강 (生姜) 4.0 감초 (甘草) 2.0 황기
(黃耆) 3.0～4.0

〔체력이 쇠약해 있는 경우의 도한, 땀띠, 감모
피·부병〕

계지복령환 (桂枝茯苓丸) 〈금궤요약 (金匱要略)〉:
계지 (桂枝) 4.0 복령 (茯苓) 4.0 모단피 (牡丹皮)

4.0 도인 (桃仁) 4.0 작약 (芍藥) 4.0

〔실증으로 하복부통 (下腹部痛), 견응 (肩凝),
두중, 현훈 (眩暈), 역상 (逆上) 하여 족냉하는것
의 어혈증상〕

계지복령환료가의이인 (桂枝茯苓丸料加薏苡仁) :
계지 (桂枝) 4.0 복령 (茯苓) 4.0 모단피 (牡丹皮)
4.0 도인 (桃仁) 4.0 작약 (芍藥) 4.0 의이인 (薏苡
仁) 10.0～20.0

〔울혈성체질 (鬱血性体質)의 어혈 (瘀血)이 원인
으로 일어나는 피부병, 여드름〕

계지오물탕 (桂枝五物湯) 〈길익동동 (吉益東洞)〉:
계지 (桂枝), 길경 (桔梗), 황금각 (黃芩各) 3.0
복령 (茯苓), 전지황 (乾地黃) 각 4.0

〔역상 (逆上), 인후통 (咽喉痛), 치통 (歯痛) 설
통 (舌痛)〕

계지인삼탕 (桂枝人參湯) 〈상한론 (傷寒論)〉: 계지
(桂枝) 4.0 인삼 (人參) 3.0 출 (朮) 3.0　감초 (甘
草) 3.0 건강 (乾姜) 2.0

〔위장약의 두통, 동계 (動悸), 만성위장염, 감
모〕

계지탕 (桂枝湯) 〈상한론 (傷寒論)〉: 계지 (桂枝) 4.0
작약 (芍藥) 3.0～4.0 대조 (大棗) 3.0～4.0 생강
(生姜) 4.0 감초 (甘草) 2.0

〔체력이 쇠약했을때의 감기의 초기〕

고삼탕 (苦參湯) 〈금궤요약 (金匱要略)〉: 고삼 (苦參)
6.0～10.0

〔버짐, 진무름, 땀띠, 가려움〕

파려지실탕 (瓜呂枳实湯) 〈만병회춘 (萬病回春)〉:
당귀 (当帰), 축사 (縮砂), 목향각 (木香各) 각 1.5
감초 (甘草), 건강 (乾姜) 각 1.0 산치자 (山梔子),
황금 (黃芩), 진피 (陳皮), 파려인 (瓜呂仁) 지실
(枳实), 길경 (桔梗), 복령 (茯苓) 패모 (貝母) 각
3.0

〔실증의 점담객출곤란 (粘痰咯出困難, 흉통 (胸
痛)〕

파려해백양하탕 (瓜呂薤白半夏湯) 〈금궤요약 (金匱
要略)〉: 파려실 (瓜呂实) 4.0 해백 (薤白) 3.0 반
하 (半夏) 8.0 일본주 (日本酒) 200.0

〔흉비통으로 눕지를 못하고 심통이 등에 까지

미친다.]

곽향정기산 (藿香正氣散) 〈화제국방 (和劑局方)〉：
백출 (白朮) 3.0 반하(半夏) 3.0 복령 (茯苓) 3.0
후박 (厚朴) 2.0 진피 (陳皮) 2.0 길경 (桔梗) 1.5
백지 (白芷) 1.0~1.5 시소엽 (柴蘇葉) 1.0　곽향
(藿香) 1.0 대복피 (大腹皮) 1.0 대조 (大棗) 1.0
건생강 (乾生姜 (1.0 감초 (甘草) 1.0
[여름의 감모 (感冒), 식욕부진, 하리, 전신권
태, 급성위장염]

구미빈랑탕 (九味檳榔湯) 〈천전가방 (淺田家方)〉：
빈랑 (檳榔) 4.0 후박 (厚朴), 계지 (桂枝), 굴피
(橘皮) 각 3.0 대황 (大黃), 목향 (木香) 각 1.0,
소엽 (蘇葉) 2.0 건강 (乾姜) 1.0
[각기부종, 종아리의 긴장]

구풍해독산 (驅風解毒散) 탕 (湯) 〈만병회춘 (萬病回
春)〉：방풍 (防風) 3.0 우방자 (牛蒡子) 3.0 연교
(連翹) 5.0 형개 (荊芥) 1.5 유활 (羲活) 1.5 감초
(甘草) 1.5 길경 (桔梗) 3.0 석고 (石膏) 5.0~10.
[편도염으로 인후종색통 (咽喉腫塞痛) 하는 것]

궁귀교예탕 (芎歸膠艾湯) 〈금궤요약 (金匱要略)〉：
천궁 (川芎) 3.0 감초 (甘草) 3.0 예엽 (艾葉) 3.0
당귀 (当歸) 4.0~4.5 작약 (芍薬) 4.0~4.5 지황
(地黃) 5.0~6.0 아교 (阿膠) 3.0
[산후의 출혈, 치출혈, 빈혈증, 하복부의 출혈

궁귀조혈음 (芎歸調血飲) 〈만병회춘 (萬病回春)〉：
당귀 (当歸), 천궁 (川芎), 지황 (地黃), 백출 (
白朮) 복령 (茯苓), 진피 (陳皮), 오약 (烏薬), 향
부자 (香附子), 모단피각 (牡丹皮各) 2.0 익모초
(益母草), 대조 (大棗) 각 1.5 감초 (甘草) 1.0 건
생강 (乾生姜) 1.0~2.0
[초산후의 신경증, 체력저하, 월경불순, 혈의
도증]

귀기건중탕 (帰蓍建中湯) 〈화강청주 (華岡青州)〉：
당귀 (当歸), 계지 (桂枝), 생강 (生姜), 대조 (大
棗) 각 4.0 작약 (芍薬) 5.0~6.0 감초 (甘草) 2.0
황기 (黃蓍) 2.0~4.0 교이 (膠飴) 20.0

[허약체질, 병후의 쇠약, 도한, 치질환]

귀비탕 (帰脾湯) 〈제생방 (済生方)〉：인삼 (人参) 2.

0~3.0 백출 (白朮) 2.0~3.0 복령 (茯苓) 2.0~
3.0 산조인 (酸棗仁) 2.0~3.0 용안육 (竜眼肉)
2.0~3.0 황기 (黃蓍) 2.0~3.0 당귀 (2.0　원지
(遠志) 1.0~2.0 감초 (甘草) 1.0 목향 (1.0 대조
1.0~2.0 건생강 (乾生姜) 1.0~1.5
[허증으로 기력, 체력 모두 약한 것의 신경쇠
약, 불면증, 노이로제, 유정 (遺精)]

굴피반하탕 (橘皮半夏湯) 〈장씨의통 (張氏医通)〉：
시호 (柴胡) 굴피 (橘皮), 행인 (杏仁), 길경 (桔
梗) 각 3.0 반하 (半夏), 복령 (茯苓), 향부자 (香
附子) 각 1.5 건강 (乾姜) 1.0
[기관지염, 인후염]

길경백산 (桔梗白散) 〈상한론 (傷寒論)〉· 금궤요약
(金匱要略)〉：길경 (桔梗), 패모각 (貝母各) 3.0
파두 (巴豆) 1.0
[거담 (祛痰배농 (排膿), 사하 (瀉下)]

굴피죽여탕 (橘皮竹茹湯) 〈金匱要略)〉：굴피 (橘皮)
16.0 죽여 (竹筎) 2.0 대조 (大棗) 7.0 생강 (生姜)
감초 (甘草) 5.0 인삼 (人参) 1.0
[딸꾹질, 백일해]

길경탕 (桔梗湯) 〈상한론 (傷寒調)〉：길경 (桔梗) 2.
0 감초 (甘草) 3.0
[인통 (咽痛), 편도염]

자감초탕 (炙甘草湯) 〈상한론 (傷寒論) · 금궤요약
(金匱要略)〉：자감초 (炙甘草) 3.0~4.0 생강 (生
姜) 1.0~3.0 계지 (桂枝) 3.0 마자인 (麻子仁) 3.0
대조 (大棗) 3.0~5.0 인삼 (人参) 2.0~3.0 지황
(地黃) 4.0~6.0 맥문동맥門冬) 6.0 아교 (阿膠)
2.0
[심계항진과 맥의 결체, 구건, 수족의 번열]

ㄷ

당귀건중탕 (当帰乾中湯) 〈(금궤요약 (金匱要略)〉：
당귀 (当帰) 4.0 계지 (桂楠) 4.0 생강 (生姜) 4.0
대조 (大匱) 4.0 작약 (芍薬) 5.0~6.0 감초 (甘草)
2.0 교이 (膠飴) 20.0
[허증, 하복이나 요통, 여성의 월경전후에 있

어서의 두통, 편두통, 치]

당귀점통탕 (当帰拈通湯) 〈난대궤범 (蘭臺軌範)〉: 유활 (義活), 당귀 (当帰), 저령 (猪苓), 지모 (知母), 창출 (蒼尤), 택사 (沢瀉), 인진호 (茵蔯蒿) 황금 (黃芩), 감초각 (甘草各) 2.5 인삼 (人蔘), 고삼 (苦蔘), 승마 (升麻), 갈근 (葛根), 방풍 (防風), 백출각 (白尤各) 2.0

〔사지골절동번 (四肢骨節疼煩), 궤양 (潰瘍), 부종〕

당귀백출탕 (当帰白尤湯) 〈삼인방 (三因方)〉: 당귀 (当帰), 백출 (白尤), 복령 (茯苓), 반하각 (半夏各) 4.0 행인 (杏仁), 시호 (柴胡), 저령 (猪苓), 인진호 (茵蔯蒿각) 3.0 지실 (枳実), 감초각 (甘草各) 1.5

〔황단, 심하견만, 식욕부진 소변이 붉고 나오기 힘든 것〕

당귀사역가오수유생강타 (当帰四逆加呉茱萸生姜湯) 〈상한론 (傷寒論)〉: 당귀 (当帰) 3.0 계지 (桂枝) 3.0 작약 (芍薬) 3.0 목통 (木通) 3.0 세신 (細辛) 2.0 감초 (甘草) 2.0 대조 (大棗) 5.0 오수유 (呉茱萸) 1.0~2.0 생강 (生姜) 4.0

〔냉증으로서 만성의 동통성질병 (疼通性疾病)이 있으며, 그 동통은 한냉자극에 의해 표위에 혈행장애를 일으켜 동상을 비롯해서 하복부통, 요통, 배통 (背痛), 두통, 사지통 등이 나타나며 특히 구토하리 등의 수증을 수반한다〕

당귀사역탕 (当帰四逆湯) 〈상한론 (傷寒論)〉: 당귀 (当帰) 3.0~4.0 계지 (桂枝) 3.0~4.0 작약 (芍薬) 3.0~4.0 목통 (木通) 2.0~3.0 대조 (大棗) 3.0~6.5 세신 (細辛) 2.0~3.0 감초 (甘草) 2.0~2.5

〔수족이 냉하고 배가 장통 (張痛) 하거나 혹은 복명 (腹鳴) 하며 하리하고, 혹은 두통, 대하, 월경불순한 것〕

당귀산 (当帰散) 〈금궤요약 (金匱要略)〉: 당귀 (当帰) 3.0 작약 (芍薬) 3.0 천궁 (川芎) 3.0 황금 (黃芩) 3.0 출 (尤) 1.5

〔산전산후의 장해 (빈혈, 피로, 권태, 현훈, 부종)〕

당귀음자 (当帰飲子) 〈제생방 (済生方)〉: 당귀 (当帰) 5.0 작약 (芍薬) 3.0 천궁 (川芎) 3.0 질리자 (疾利子) 3.0 방풍 (防風) 3.0 지황 (地黃) 4.0 형개 (荊芥) 1.5 황기 (黃耆) 1.5 하수조 (何首烏) 2.0 감초 (甘草) 1.0

〔허증음증으로서 분비물이 적은 만성습진, 가려움〕

당귀작약산 ((当帰芍薬散) 〈금궤요약 (金匱要略)〉: 당귀 (当帰) 3.0 천궁 (川芎) 3.0 작약 (芍薬) 4.0~6.0 복령 (茯苓) 출 (尤) 4.0 택사 (沢瀉) 4.0~5.0

〔음증의 구어혈제로서 허증의 혈수증에 쓰이며, 빈혈성냉증, 피로하기 쉽고, 월경불순, 신경증상, 복통, 요통하는 것〕

당귀탕 (当帰湯) 〈천금방 (千金方)〉: 당귀 (当帰) 4.0~5.0 반하 (半夏) 4.0~5.0 작약 (3.0~4.0 후박 (厚朴) 2.5~3.0 인삼 (人蔘) 2.5~3.0 계지 2.5~3.0 건강 (乾姜) 1.5 황기 (1.5 산초 (山椒) 1.5 감초 (甘草) 1.0

〔등에 한냉을 느끼며, 복부팽만감이나 복통이 있는 것〕

당귀패모고삼환료 (当帰貝母苦参丸料) 〈금궤요약 (金匱要略)〉: 당귀 (当帰) 3.0 패모 (貝母) 3.0 고삼 (苦参) 3.0

〔배뇨곤란, 임신소변란〕

대건중탕 (大建中湯) 〈금궤요약 (金匱要略)〉: 산초 (山椒) 1.0~2.0 건강 (乾姜) 3.0~5.0 인삼 (人参) 2.0~3.0 교이 (膠飴) 20.0

〔배가 냉하고 아프며, 복부팽만감이 있는 것〕

대반하탕 (大半夏湯) ((금궤요약 (金匱要略)〉: 반하 (半夏) 4.0~7.0 인삼 (人参) 3.0 봉밀 (蜂密) 20.0

〔반위 (反胃)로 인한 구토〕

대승기탕 (大承気湯) 〈상한론 (傷寒論) · 금궤요약 (金匱要略)〉: 대황 (大黃) 4.0 후박 (厚朴) 8.0 지실 (枳実) 3.5 유고 (硫苦) 4.0

〔복만; 복통, 변비, 조열, 자한〕

대시호탕 (大柴胡湯) 〈상한론 (傷寒論) · 금궤요약 (金匱要略)〉: 시호 (柴胡) 6.0 반하 (半夏) 3.0~4.0 생강 ((生姜) 4.0~5.0 황금 (黃芩) 3.0 작약 (芍薬) 3.0 대조 (大棗) 3.0 지실 (枳実) 2.0 대황 (大黃) 1.0~

2.0

[실증으로서 증상이 모두 격하며, 비만 또는 근골이 튼튼하고 흉협고만이 있고 변비경향이 있는 것]

대청룡탕(大靑竜湯) 〈상한론(傷寒論)〉 금궤요약(金匱要略)〉: 마황(麻黃)6.0 계지(桂枝)(감초(甘草), 대조각(大棗各)2.0 행인(杏仁)2.0 석고(石膏)12.0 건강(乾姜)1.0

[실증발열한신동통(實証発熱寒身疼痛), 번조, 부종신동통]

대황감초탕(大黃甘草湯) 〈금궤요약(金匱要略)〉: 대황(大黃)4.0 감초(甘草)1.0~2.0

[구토와 상습변비]

대황모단피탕(大黃牡丹皮湯) 〈금궤요약(金匱要略)〉: 대황(大黃)1.0~2.0 모단피(牡丹皮)4.0 도인(桃仁)4.0 망초(芒硝)4.0 동과자(冬瓜子)4.0~6.0

[실증으로 주로 하부에 긴장성의 염증, 화농증이 있으며, 종창, 동통, 발열이 있고, 변비경향이 있다]

대황부자탕(大黃附子湯) 〈금궤요약(金匱要略)〉: 대황(大黃), 포부자(炮附子)1.0 세신(細辛)2.0

[협하편통(脇下偏痛), 신·담석증, 좌골신경통]

대황초석탕(大黃硝石湯) 〈금궤요약(金匱要略)〉: 대황(大黃), 황백(黃柏), 초석각(硝石各)4.0 산치자(山梔子)1.5

[황단(달), 복만, 소변불리, 자한]

도수복령탕(導水茯苓湯) 〈기효량방(奇效良方)〉: 복령(茯苓), 맥문동(麦門冬), 택사(沢瀉), 백출각(白尤各)6.0 상피백(桑白皮), 시소엽(柴蘇葉), 빈랑자(檳榔子), 목과각(木瓜各)3.0 대복피(大腹皮), 진피(陳皮), 축사(縮砂), 목향(木香), 등심각(燈心各)1.5

[편신부종(遍身浮腫), 천만(喘満), 요리감소가 있는 심장병, 각기]

도핵승기탕(도핵승기탕) 〈상한론(傷寒論)〉: 도인(桃仁)5.0 계지(桂枝)4.0 대황(大黃)1.0~3.0망초(芒硝)1.0~2.0 감초(甘草)1.5

[실열의 어혈증으로 상충이 있는 것으로서 하복부에 압통감이 있고 변비]

독활갈근탕(独活葛根湯) 〈외대비요(外台秘要)〉: 갈근(葛根)5.0 계지(桂枝)3.0 작약(芍薬)3.0 마황2.0 독활(独活)2.0 생강(生姜)2.0 지황(地黄)4. 대조(大棗)1.0 감초(甘草)1.0

[사십완(四十腕), 오십견(五十肩)]

독활탕(独活湯): 독활(独活)2.0 강활(姜活)2.0 방풍(防風)2.0 계지(桂枝)2.0 대황(大黃)2.0 택사(沢瀉)2.0 당귀(当帰)3.0 도인(桃仁)3.0 연교(連翹)3.0 방기(防己)5.0 황백(黃柏)5.0 감초(甘草)1.5 [냉으로 인한 수족의 굴신통]

ㅁ

마자인환(麻子仁丸) 〈상한론(傷寒論)〉: 마자인(麻子仁)4.0~5.0 작약(芍薬)2.0 지실(枳実)2.0 후박(厚朴)2.0 대황(大黃)3.5~4.0 행인(杏仁)2.0~2.5 [완화한 하제로 상습변비에 쓰임]

마행감석탕(麻杏甘石湯) 〈상한론(傷寒論)〉: 마황(麻黄)4.0 행인(杏仁)4.0 감초(甘草)2.0 석고(石膏)10.0

[소아천식, 기관지천식, 발작시에 땀이 나는것]

마행의감탕(麻杏薏甘湯) 〈금궤요약(金匱要略)〉: 마황(麻黄)4.0 행인(杏仁)3.0 의이인(薏苡仁(10.0 감초(甘草)2.0

[관절통, 신경통, 근육통]

마황가술탕(麻黄加尤湯) 〈금궤요약(金匱要略)〉: 마황(麻黄)4.0~5.0 행인(杏仁)4.0~5.0 계지(桂枝)3.0~4.0 감초(甘草)1.5~2.0 출(尤)5.0

[마황탕증에 다시 표의 수덕증이 약간 만성화되어 요리감소, 부종이 있는것]

마황부자감초탕(麻黄附子甘草湯) 〈상한론(傷寒論) 금궤요약(金匱要略)〉: 마황(麻黄) 감초(甘草)각2.0 포부자(炮附子)0.3

[오한이 많은 급성열병으로 두통, 신동 등이 그다지 없는 것]

마황세신부자탕(麻黄細辛附子湯) 〈상한론(傷寒論)〉 마황(麻黄), 세신각(略辛各)2.0 포부자(炮附子)0.3 [발열이나, 오한이 많고 혹은 오한만으로 두통신동, 혹은 천, 혹은 코가 막히는 급성열병, 천

식 축농증]

마황탕 (麻黃湯) 〈상한론 (傷寒論)〉 : 마황 (麻黃)4.0 ~5.0 행인 (杏仁)4.0~5.0 계지 (桂枝)3.0~4.0 감초 (甘草)1.5~2.0

[표연실증의 약방으로 오한, 발열, 두통, 무한, 발열에 수반되는 제관절통, 요통, 천핵 등의 증후가 있는 것]

맥문동탕 (麦門冬湯) 〈설명론 (宣明論)〉 : 맥문동 (麦門冬)8.0~10.0 반하 (半夏)5.0 경미 (粳米)5.0~10.0 대조 (大棗)3.0 인삼 (人蔘)2.0 감초 (甘草)2.0

[소양병의 허증을 띤 경우의 기의 상역으로 인한 경련성해수, 특히 임신해로 유형]

맥문동음자 (麦門冬飲子) 〈선명론 (宣明論)〉 : 맥문동 (麦門冬), 인삼 (人蔘), 지모 (知母)3.5 건지 (乾地黃)황3.0 복령 (茯苓)2.5 오미자 (五味子), 파려근 (瓜呂根), 갈근각 (葛根各)2.0 감초 (甘草), 죽엽각 (竹葉各)1.0

[소갈심번, 당뇨병]

목방기탕 (木防己湯) 〈금궤요약 (金匱要略)〉 : 목방기 (木防己)3.0 석고 (石膏)12.0 계지 (桂枝)2.0 인삼 (人蔘)4.0

[부종, 심부전, 신장병]

ㅂ

반하백출천마탕 (半夏白朮天麻湯) 〈비위론 (脾胃論)〉 : 반하 (半夏)3.0 출 (朮)3.0~6.0 진피 (陳皮)3.0 복령 (茯苓)3.0 맥아 (麦芽)1.5~2.0 천마 (天麻)2.0 생강 (生姜)0.5~2.0 (신국 (神麯)2.0) 황기 (黃耆)1.5 인삼 (人蔘)1.5 택사 (沢瀉)1.5 황백 (黃柏)1.0 건강 (乾姜)0.5~1.0

[평소에 위장이 허약하며 위내정수가 있고 위속의 수독이 상역하여 두통과 현훈, 구토가 있는 것]

반하사심탕 (半夏瀉心湯) 〈상한론 (傷寒論)〉 : 반하 (半夏)4.0~5.0 황금 (黃芩)2.5~3.0 대조 (大棗)2.5~3.0 황련 (黃連)1.0

[명치가 막히고, 때로 악심, 구토, 식욕부진, 복명, 하리경향이 있는 급·만성위장 카타르, 위하수, 숙취, 트림, 가슴이 쓰리고, 구내염 신경증]

반하후박탕 (半夏厚朴湯) 〈금궤요약 (金匱要略)〉 : 반하 (半夏)4.0~5.0 복령 (茯苓)5.0 후박 (厚朴)3.0 자소엽 (紫蘇葉)2.0 생강 (生姜)3.0~4.0

기분이 우울하고 인후, 식도부에 이물감이 있으며 때로는 동계, 현훈, 구역질 등을 수반하는 불안심 불안신경증, 신경성위염, 악조, 기침, 쉰목소리.

방기복령탕 (防己茯苓湯) 〈금궤요약 (金匱要略)〉 : 방기 (防己)2.4~3.0 황기 (黃耆)2.4~3.0 계지 (桂枝)2.4~3.0 복령 (茯苓)4.0~6.0 감초 (甘草)1.5~2.0

[수족부종이나 냉하기 쉬운 경향이 있는 수족동통, 저린 감, 부종, 현훈]

방기황기탕 (防己黃耆湯) 〈금궤요약 (金匱要略)〉 : 방기 (防己)4.0~5.0 황기 (黃耆)5.0 출 (朮)3.5 생강 (生姜)3.0 대조 (大棗)3.0~4.0 감초 (甘草)1.5~2.0

[체 표에 수독이 정체되어 하지의 기혈이 순행하지 못해 냉 역상하여 다한증, 무르게 살이 찌거나, 관절에도 수종이 있고 동통을 수반한다]

방풍통성산 (防風通聖散) 〈선명론 (宣明論)〉 : 당귀 (当帰), 작약 (芍薬), 천궁 (川芎), 산치자 (山梔子), 연교 (連翹), 박하엽 (薄荷葉), 생강 (生姜), 형개 (荊芥), 방풍 (防風), 마황각 (麻黃各)1.2 대황 (大黃), 망초각 (芒硝各)1.5 백출 (白朮), 길경 (桔梗), 황금 (黃芩), 감초각 (甘草各)2.0 석고 (石膏)2.0~3.0 활석 (滑石)3.0~5.0

[복부에 피하지방이 많고, 변비하기 쉬운 고혈압의 수반증상, 비만증, 부종, 변비]

배롱산 (排膿散) 〈금궤요약 (金匱要略)〉 : 지실 (枳実)3.0~5.0 작약 (芍薬)3.0~5.0 길경 (桔梗)1.0~3.0 난황 (卵黃) 1 개

[동통을 수반하는 화농증의 종물로서 경견상태를 나타내는 것]

배농산급탕 (排膿散及湯) 〈화강청주 (華岡青州)〉 : 길

경 (桔梗)4.0 감초 (甘草), 대조 (大棗), 작약 (芍藥), 생강 (生姜), 지실각 (枳實各)3.0

〔국소증상만이고 전신증상이 없는 화농증〕

배농탕 (排膿湯)〈금궤요약 (金匱要略)〉: 감초 (甘草) 1.5~3.0 桔梗 (桔梗)4.0 생강 (生姜)1.0~3.0 대조 (大棗)2.5~6.0

〔화농증의 초기, 허증이며 열성 형의 것으로서 특히 개방성의 화농증〕

백호가인삼탕 (白虎加人蔘湯)〈상한론 (傷寒論)·금 궤요약〉 지모 (知母)5.0~6.0 석고 (石膏)15.0~ 16.0 감초 (甘草)2.0 경미 (粳米)8.0~10.0 인삼 (人蔘)1.5~3.0

〔백호탕증으로서 내외의 열이 심하고, 체액의 감 소가 높으며 구갈이 심한 것은 폐염 (렴), 일사 병, 당뇨병, 소양성피부병〕

백호가계지탕 (白虎加桂枝湯)〈상한론 (金匱要略 금 궤요약 (金匱要略)〉: 지모 (知母)5.0 경미 (粳米) 8.0 석고 (石膏)15.0감초 (甘草)2.0 계지 (桂枝)2. 0~4.0

〔백호탕증으로서 표증이 강하고 상충이 현저한것〕

백호탕 (白虎湯)〈상한론 (傷寒論)〉: 지모 (知母)5.0 경미 (粳米)8.0 석고 (石膏)15.0감초 (甘草)2.0

〔발열해 땀이 나고 번갈하는 것〕

변제심기음 (変製心気飲)〈본조경험 ((本朝経験))〉: 복령 (茯苓), 반하각 (半夏各)5.0 목통 (木通)3.0 계지 (桂枝), 빈랑각 (檳榔各)2 5 소자 (蘇子), 별 갑 (鼈甲), 지실각 (枳實各)2.0 상백피 (桑白皮), 감초 각 (甘草各)1.0 오수유 (呉茱萸)0.5~1.0

〔흉격심하에 수기가 울체된 것을 목표로 심장성 천식, 만성기관지염, 협심증, 유사증 등에 응 용〕

보기건중탕 (補気建中湯)〈제생방 (済生方)〉: 출 (朮) 5.5~7.0 복령 (茯苓)3.0~5.0 진피 (陳皮)2.5~ 3.0 인삼 (人蔘)3.0 황금 (黄芩)2.0 후박 (厚朴)2. 택사 (沢瀉)2.0~3.0 맥문동 (麦門冬)2.0~3.0

〔허증의 부종, 복수, 요창〕

보중익기탕 (補中益気湯)〈내외상변 (内外傷辮)〉: 인 삼 (人蔘)4.0 출 (朮)4.0 황기 (黄耆)3.0~4.0 당 귀 (当帰)3.0 진피 (陳皮)2.0 대조 (大棗)2.0 시호

(柴胡)1.0~2.0 감초 (甘草)1.0~1.5 건생강 (乾 生姜)0.5 승마 (升麻)0.5~1.0

〔피로하기 쉽고 복벽의 탄력이 약한 허증의 허 약체질, 피로권태, 병후쇠약, 식욕부진, 도한〕

보폐탕 (補肺湯)〈천금방 (千金方)〉: 맥문동 (麦門冬) 4.0 오미자 (五味子)3.0 계지 (桂枝)3.0 대조 (大 棗)3.0 경미 (粳米)3.0 상백피 (桑白皮)3.0 관동 화 (欵冬花)2.0 생강 (生姜)2.0

〔기침, 쉰 목소리〕

복령음 (茯苓飲)〈금궤요약 (金匱要略)〉: 복령 (茯苓) 5.0 출 (朮)4.0 인삼 (人蔘)3.0 생강 (生姜)1.0~ 3.0 진피 (陳皮)3.0 지실 (枳實)1.0~2.0

〔심하부에 정체감이 있고 팽만감이 강하여 토하 기 쉽고 가슴이 쓰리며, 식욕부진 등의 위증상 이 있는 것〕

복령음합반하후박탕 (茯苓飲合半夏厚朴湯)〈본조경 험방 (本朝経験方)〉: 복령 (茯苓 (5.0 출 (朮)4.0인 삼 (人蔘)3.0 생강 (生姜)3.0~4.0 진피 (陳皮)3.0 지실 (枳實)1.0~2.0 반하 (半夏)5.0~6.0 후박 (厚朴)3.0 자소엽 (柴蘇葉)2.0

〔기분이 우울하여 인후식도부에 이물감이 있고, 특히 동계, 현훈, 구역질, 가슴이 쓰리거나 하 며, 요량감소되는 것의 불안신경증, 신경성위 염, 악조, 유음, 위염〕

복령택사탕 ((茯苓沢瀉湯)〈금궤요약 (金匱要略)〉: 복 령 (茯苓)4.0 택사 (沢瀉)4.0 출 (朮)3.0 계지 (桂 枝)2.0 생강 (生姜)3.0~5.0 감초 (甘草)1.5

〔위부에 정체감이나 악심이 있고, 식후 얼마 있 다가 먹은 것을 토하며, 목이 말라 물을 마신다〕

복령행인감초탕 (茯苓沢仁甘草湯)〈금궤요약 (金匱要 略)〉: 복령 (茯苓)3.0 행인 (杏仁)2.0 감초 (甘草) 1.0

〔흉중기색, 숨이 차는 기관지천식, 늑간신경통, 타박증〕

부자경미탕 ((附子粳米湯)〈금궤요약 (金匱要略)〉: 포부자 (炮附子)0.3 반하 (半夏)8.0 감초 (甘草)1.0 대조 (大棗)2.5 현미 (玄米)7.0

〔복냉, 복통, 토사〕

부자리중탕 (附子理中湯)〈직지방 (直指方)〉: 인삼 (

蔘), 감초 (甘草), 건강 (乾姜), 백출각 (白朮各)
1.0 백천부자 (白川附子)1.0

〔냉으로 인한 하리, 사지냉〕

분소탕 (分消湯) 〈만병회춘 (萬病回春)〉: 출 (朮)2.5~
6.0 복령 (茯苓)2.5~3.0 진피 (陳皮)2.0 후박 (厚
朴)1.0~2.0 향부자 (香附子)2.0 저령 (猪苓)1.0~
3.0 택사 (沢瀉)2.0~4.0 지실 (枳実)1.0 대복피
(大腹皮)1.0 축사 (縮砂)1.0~2.0 목향 (木香)1.0
생강 (生姜)1.등심초 (燈心草)1.0~2.0

〔대개 복수고창의 초기로서 실증, 심하부가 비
경하고 소변단소, 변비경향이 있으며 그 종창은
힘이 있고 충실하며, 식후 포민을 호소하고, 애
기, 탐산, 조금만 먹어도 심하부의 포민감으로
피로워하는 것〕

분심기음 ((分心気飲) 〈화제국방 (和剤局方)〉: 계지
(桂枝), 복령 (茯苓), 반하(半夏), 목통 (木通),
작약각 (芍薬各)2.5 상백피 (桑白皮), 진피 (陳皮),
청피 (青皮), 유활 (羗活), 대복피각 (大腹皮各)3.5
자소엽 (柴蘇葉)2.0 대조 (大棗), 등심각 (燈心各)
1.5 건강 (乾姜)0.5

〔제기의 불화, 심흉비민, 악심, 구토, 딸꾹질,
사지권태, 구고설건, 식욕부진인 데〕

불환금정기산 (不換金正気散) 〈화제국방 (和剤局方)〉
: 출 (朮)4.0 후박 (厚朴)3.0 진피 (陳皮)3.0 대조
(大棗)1.0~3.0 생강 (生姜)2.0~3.0 반하 (半夏)
6.0 감초 (甘草)1.5 곽향 (藿香)1.0

〔위가 답답하고 묵직하여 구역질이나 소화불량
의 경향이 있는 급·만성위염·위아토니, 소화
불량·식욕부진〕

人

사군자탕 (四君子湯) 〈和剤局方)〉: 인삼(人蔘) 4.0
출 (朮)4.0 복령 (茯苓)4.0 감초 (甘草)1.0~2.0
생강 (生姜)3.0~4.0 대조 (大棗)1.0~2.0

〔원기쇠약과 위장허약, 빈혈을 목표로하고 여러
가지의 질환에 쓰인다〕

사물탕 (四物湯) 〈화제국방 (和剤局方)〉: 당귀 (当帰)

3.0~4.0 작약 (芍薬)3.0~4.0 천궁 (川芎)3.0~
4.0 지황 (地黄)3.0~4.0

〔빈혈, 피부고조, 복부연약으로 제상부에 동계
가 있는 월경불순, 자율신경실조〕

사상자탕 (蛇床子湯) 〈외과정종 (外科正宗)〉: 사상자
(蛇床子)10.0 당귀 (当帰)10.0 위령 (威霊仙)10.0
고삼 (苦蔘)10.0

〔진무름, 가려움, 버짐〕

사역산 (四逆散) 〈상한론 (傷寒論)〉①탕제 (湯剤): 시
호 (柴胡)2.0~5.0 작약 (芍薬)2.0~4.0 지실 (枳
実)1.5~2.0 감초 (甘草)1.5~2.0

〔흉복부가 답답하고 무거운 것같은 경우의 위염
위통, 복통〕

산조인탕 (酸棗仁湯) 〈금궤요약 (金匱要略)〉: 산조인
(酸棗仁)7.0~15.0 지모 (知母)3.0 천궁 (川芎)
3.0 복령 (茯苓)5.0 감초 (甘草)1.0

〔허로으로 부터오는 불면, 신경쇠약, 심계항진,
증, 신경증〕

삼물황령탕 (三物黄苓湯) 〈금궤요약 (金匱要略)〉: 황
금 (黄苓)3.0 고삼 (苦蔘)3.0 지황 (地黄)6.0

〔사지번열, 혈열〕

삼소음 (蔘蘇飲) 〈화제국방 (和剤局方)〉: 자소엽 (柴
蘇葉)1.0~1.5 지실 (枳実)1.0~1.5 길경 (桔梗)
2.0 진피 (陳皮)2.0 갈근 (葛根)2.0 전호 (前胡)2.0
반하 (半夏)3.0 복령 (茯苓)3.0 (인삼1.5)대조 (大
棗)1.5 생강 (生姜)1.5 (목향1.0~1.5) 감초 (甘
草)1.0

〔사시감모로 발열, 두통, 해수가 나고 무거우며
비수가 나고 명치가 막히며, 구토하여 토하는것
같은 증상〕

삼령백출산 (蔘苓白朮散) 〈화제국방 (和剤局方)〉: 이
삼 (人蔘)3.0 산약 (山薬)1.5~3.0 출 (朮)3.0~4.0
복령 (茯苓)3.0~4.0 의이인 (薏苡仁)5.0(8.0편두
2.0~4.0 연육 (連肉)2.0~4.0 길경 (桔梗)2.0~2
2.5 축사 (縮砂)2.0 감초 (甘草)1.5

〔평소 위장허약하며 식욕이 없고 하리가 계속되
는 경향이 있는 것〕

삼황사심탕 (三黄瀉心湯) 〈금궤요약 (金匱要略)〉: 대
황 (大黄)1.0~2.0 황금 (黄苓)1.0~1.5 황련 (黄

連)1.0~1.5

[실증으로 역상, 안면홍조, 기분불안정 등이 있고, 변비하며 맥에 힘이 있다]

생강사심탕 (生姜瀉心湯)〈상한론 (傷寒論)〉: 반하(半夏)4.0~6.0 인삼(人蔘)2.0~3.0 황금(黃芩)2.0~3.0 감초(甘草)2.0~3.0 대조(大棗)2.0~3.0 황련(黃連)1.0 건강(乾姜)1.0~2.0 생강(生姜)2.0~4.0

[명치가 막히며, 트림을 수반하는 식욕부진, 가슴이 쓰리며 구역질, 구토, 하리, 복중뢰명]

선복화대자석탕 (旋覆花代赭石湯)〈상한론 (傷寒論)〉: 선복화(旋覆花), 감초(甘草), 대조각(大棗各)3.0 인삼(人蔘), 건강각(乾姜各)2.0 대자석(代赭石)1.0 반하(半夏)8.0

[심하비경하며 휘기가 나오는 위궤양, 위산과다증]

세간명목산 (洗肝明目散)〈만병회춘 (萬病回春)〉: 당귀(当帰), 천궁(川芎), 작약(芍薬), 건지황(乾地黃), 방풍(防風), 황련(黃連), 황금(黃芩), 산치자(山梔子), 석고(石膏), 연교(連翹), 형개(荊芥), 박하엽(薄荷葉), 유달(羗活), 만형자(蔓荊子), 국화(菊花), 길경(桔梗), 질리초(疾梨草), 결명자(決明子), 감초각(甘草各)1.5

[충혈종창동통성안병]

소간탕 (疎肝湯)〈만병회춘 (萬病回春)〉: 시호(柴胡) 당귀각(当帰各)5.0 도인(桃仁), 작약(芍薬) 청피(青皮), 천궁(川芎各)각3.0 지각(枳殻)2.0 황련(黃連), 홍화각(紅花各)1.0 오수유(呉茱萸)0.5

[어혈로 인해 좌협아래 통증을 발하고 좌직복근의 긴장이 있는 것

소건중탕 (小建中湯)〈상한론 (傷寒論)・금궤요약 (金匱要略)〉: 계지(桂枝)3.0~4.0 생강(生姜)3.0~4.0 대조(大棗)3.0~4.0 작약(芍薬)6.0 감초(甘草)2.0~3.0 교이(膠飴)20.0

[허약체질로 피로하기 쉽고, 혈색불량, 복통, 동계, 수족번열, 냉, 빈뇨, 특히 소아의 허약체질 개선]

소경활혈탕 (疎経活血湯)〈만병회춘 (萬病回春)〉: 당귀(当帰)2.0 지황(地黃)2.0 천궁(川芎)2.0 출(尤)2.0 복령(茯苓)2.0 도인(桃仁)2.0 작약(芍薬)2.5 우슬(牛膝)1.5 위령선(威靈仙)1.5 방기(防己)1.5 유활(羗活)1.5 방풍(防風)1.5 용담(竜膽)1.5 생강(生姜)1.0~1.5 진피(陳皮)1.5 백지(白芷)1.0~1.5 감초(甘草)1.0

[평소에 술을 잘 마시거나 어혈이 있는 경우의 상・하지통 혹은 반신통을 고치는데 쓰인다]

소반하가복령탕 (小半夏加茯苓湯)〈금궤요약 (金匱要略)〉: 반하5.0~8 0 생강(生姜)5.0~8.0 복령(茯苓)3.0~5.0

[악심, 구토를 주소하는 악조구토나 약물로 인한 위장장애에서 오는 구토]

소승기탕 (小承気湯)〈상한론 (小承論)・금궤요약 (金匱要略)〉: 대황(大黃)2.0~4.0 지실(枳実)2.0~4.0 후박(厚朴)2.0~3.0

[실증의 환자의 복만, 변비]

소시호탕 (小柴胡湯)〈상한론 (傷寒論)・금궤요약 (金匱要略)〉: 시호(柴胡)4.0~7.0 반하(半夏)4.0~5.0 생강(生姜)4.0 황금(黃芩)3.0 대조(大棗)2.~3.0 인삼(人蔘)2.0~3.0~3.0 감초(甘草)2.0

[구역질, 식욕부진, 위염, 위장허약, 피로감 및 감기후기의 증상, 허실중등의 사람의 잡병제증]

**소시호탕가길경석고 (小柴胡湯加桔梗石膏)〈시호(柴胡)4.0~7.0 반하(半夏)4.0~7.0 생강(生姜)4.0 황금(黃芩)3.0 대조(大棗)2.0~3.0 인삼(2.0~3.0 감초(甘草)2.0 길경(桔梗)3.0 석고(石膏)10.0

[소시호탕증에다 구갈과 피부점막의 염증이 강하고, 담, 농이 나오는 증상]

소요산 (逍遥散)〈화제국방 (和剤局方)〉: 당귀(当帰) 작약(芍薬)3.0 시호(柴胡)3.0 출(尤)3.0 복령(茯苓)3.0 감초(甘草)1.5~2.0 건생강(乾生姜)1.0 박하엽(薄荷葉)1.0

[소양병의 허증체질에 나타나는 간장애증상, 특히 부인의 허로나 신경증상에 수반되는 제질환]

소자강기탕 (蘇子降気湯)〈화제국방 (和剤局方)〉: 자소자(柴蘇子)3.0 반하(半夏)4.0 진피(陳皮)2.5 전호(前胡)2.5 계지(桂枝)2.5 당귀(当帰)2.5 후박(厚朴)2.5 대조(大棗)1.0~1.5 생강(生姜)1.0

~1.5 감초 (甘草)1.0

[축냉이 있는 경우의 만성기관염으로 다소 호흡이 곤란한 것]

소청룡탕 (小青竜湯) 〈상한론 (傷寒論)·금궤요약 (金匱要略)〉: 마황 (麻黄)2.0~3.0 작약 (芍薬)2.0~3.0 건강 (乾姜)2.0~3.0 감초 (甘草)2.0~3.0 계지 (桂枝)2.0~3.0 세신 (細辛)2.0~3.0 오미자 (1.5~3.0 반하 (半夏)3.0~6.0

[표증 (발열, 오한, 두통, 무한, 건구)과수증 (묽은 담, 비즙, 소변다량, 부종, 천수)을 목표로 기관지염, 기관지천식, 비염, 급성신염, 네프로오제 등에 쓰인다]

소청룡탕가석고 (小青竜湯加石膏 〈금궤요약 (金匱要略)〉: 마황 (麻黄)2.0~3.0 작약 (芍薬)2.0~3.0 건강 (乾姜)2.0~3.0 감초 (甘草)2.0~3.0 계지 (桂枝2.0~3.0 세신 (細辛)2.0~3.0 오미자 (五味子)1.5~3.0 반하 (半夏)3.0~6.0 석고 (石膏)5.0

[소청룡탕증으로 상역은 격하고 번조,구갈이 있는 것]

소청룡탕합마행감석탕 (小青竜湯合麻杏甘石湯) : 마황 (麻黄)4.0 작약 (芍薬)2.0~3.0 건강 (乾姜)2.0~3.0 감초 (甘草)2.0~3.0 계지 (桂枝)2.0~3.0 세신 (細辛)2.0~3.0 오미자 (五味子)1.5~3.0 반하 (半夏)3.0~6.0 행인 (杏仁)4.0 석고 (石膏)10.0

[기침을 몰아서 하며 천명, 숨이 차거나 하는 것이 소청룡탕증보다 심하고, 구갈이 있을때]

소풍산 (消風散) 〈외과정종 (外科正宗)〉: 당귀 (当帰)3.0 지황 (地黄)3.0 석고 (石膏)3.0~5.0 방풍 (防風)2.0 출 (尤)2.0~3.0 목통 (木通)2.0~5.0 우방자 (牛芳子)2.0 지모 (知母)1.5 호마 (胡麻)1.5 선퇴 (蝉退)1.0 고삼 (苦参)1.0 형개 (荊芥)1.0 감초 (甘草)1.0~1.5

[분비물이 많은 만성습진]

소함흉탕 (小陷胸湯) 〈상한론 (傷寒論)〉: 황련 (黄連)1.0 반하 (半夏)8.0 괄루실 (括樓実)4.0

[심하부동통]

속명탕 (続明湯) 〈금궤요약 (金匱要略)〉: 마황 (麻黄) 계지 (桂枝), 당귀 (当帰), 인삼 (人蔘), 석고 (石膏), 건강 (乾姜), 감초 (甘草), 천궁각 (川芎各)

3.0 행인 (杏仁)2.5

[뇌출혈, 반신불수, 중추성운동지각마비, 면목부종]

승마갈근탕 ((升麻葛根湯) 〈만병회춘 (萬病回春) : 갈근 (葛根)5.0~6.0 승마 (升麻)1.0~3.0 생강 (生姜)1.0~3.0 작약 (芍薬)3.0 감초 (甘草)1.5~3.0

[감모의 초기, 피부염, 위중의 열 및 혈중의 열을 청해한다]

시갈해기탕 (柴葛解肌湯) 〈천전가방 (浅田家方)〉: 시호 (柴胡), 반하 (半夏), 갈근각 (葛根各)4.0마황 (麻黄)3.0 계지 (桂枝), 황금 (黄芩), 작약 (芍薬)각 (各)2.0 감초 (甘草)1.5 석고 (石膏)6.0 건강 (乾姜)1.0

[감모로 두통, 구갈, 불면, 사지번동하는 것]

시체탕 (柿蒂湯) 〈제생방 (済生方)〉: 정자 (丁字)1.0~1.5 시체 (柿蒂)5.0 생강 (生姜)4.0

[위의 허한으로 인해 딸꾹질이 난다]

시령탕 (柴茯湯) 〈득효방 (得効方)〉: 시호 (柴胡)4.0~7.0 반하 (半夏)4.0~5.0 생강 (生姜)4.0 황금 (黄芩)3.0 대조 (大棗)2.0~3.0 인삼 (人蔘)2.0~3.0 감초 (甘草)2.0 택사 (沢瀉)5.0~6.0 저령 (猪苓)3.0~4.5 복령 (茯苓)3.0~4.5 출 (尤)3.0~4.5 계지 (桂枝)2.0~3.0

[소시호탕증으로, 구갈, 요리감소하는 것]

시박탕 (柴朴湯) (본조경험 (本朝經驗) : 시호 (柴胡)4.0~7.0 반하 (半夏 5.0~6.0 생강 (生姜)3.0~4.0 황금 (黄芩)3.0 대조 2.0~3.0 인삼 (人蔘)2.0~3.0 감초 (甘草)2.0 복령 (茯苓)5.0 후박 (厚朴)3.0 자소엽 (紫蘇葉)2.0

[기분 (気分)이 우울하여 인후 (咽喉), 식도부 (食道部)에 위물감 (異物感)이 있으며, 때로 동계계 (動悸), 현훈 (眩暈), 구역질을 수반하는 기관지천식 (気管支喘息), 호흡곤란증 (呼吸困難症), 덧친 기침]

시작육군자탕 (柴芍六君子湯) (본조경험 (本朝經驗) : 인삼 (人蔘)4.0 출 (尤)4.0 복령 (茯苓)4.0 반하 (半夏)4.0 진피 (陳皮)2.0 감초 (甘草)1.0 생강 (生姜)1.0 시호 (柴胡)3.0~4.0 작약 (芍薬)3.0

ㄴ육군자탕증(六君子湯證)으로서 복직근(腹直
筋)의 구련(拘攣) 혹은 복통(腹痛)이 있는 것)〕

시함탕(柴陷湯) (본조경험) (本朝經驗)：시호(柴
胡)5.0〜7.0 반하(半夏)5.0 황금(黃芩)3.0 대
조(大棗)3.0 인삼(人蔘)2.0〜3.0 감초(甘草)1.5
〜2.0 생강(生姜)3.0〜4.0 괄루인(括樓仁)3.0
황련(黃連)1.5
〔해(咳), 기침으로 인한 흉통(胸痛), 건성늑
막염(乾性肋膜炎)의 명약(名藥)〕

시호가룡골모려탕(柴胡加龍骨牡蠣湯) (상한론) (傷
寒論)：시호(柴胡)4.0〜5.0 반하(半夏)4.0 복
령(茯苓)2.0〜3.0 계지(桂枝)2.0〜3.0 대조(大
棗)2.0〜2.5 인삼(人蔘)2.0〜2.5 용골(龍骨)2.0
〜2.5 모려(牡蠣)2.0〜2.5 생강(生姜)2.0〜3.0
대황(大黃)1.0(황금(黃芩)2.5〜2.5 감초(甘草)
2.0)
〔정신불안(精神不安), 동계(動悸), 불면(不眠)
을 수반하는 고혈압(高血壓)의 수반증상(隨伴
症狀), 신경증(神經症)〕

시호계지건강탕(柴胡桂枝乾姜湯) (상한론) (傷寒
論)：시호(柴胡)5.0〜6.0 계지(桂枝)3.0 과려
근(瓜呂根)3.0〜4.0 황금(黃芩)3.0 모려(牡蠣)
3.0 건강(乾姜)2.0 감초(甘草)2.0
〔두한(頭汗), 구갈(口渴), 이장열(弛張熱) 등
의 표증(表證), 가벼운 흉협고만(胸脇苦滿),
복동(腹動)이 목표. 허약체질개선약 (虛弱體質
改善藥)〕

시호계지탕(柴胡桂枝湯) (상한론·금궤요약) (傷寒
論·金匱要略)：시호(柴胡)5.0 반하(半夏)4.0
계지(桂枝)2.0〜3.0 작약(芍藥)2.0〜3.0 황금
(黃芩)2.0 인삼(人蔘)2.0 대조(大棗)2.0 감초
(甘草)1.5〜2.0 건생강(乾生姜)1.0
〔소시호탕증(小柴胡湯證)에 표증(表證)을겸(兼)
함. 복통(腹痛)을 수반하는 위장염(胃腸炎),미
열(微熱), 한기(寒気), 구역질이 있는 감모(感
冒)〕

시호지길탕(柴胡枳桔湯) (온요) (蘊要)：시호(柴胡
), 반하(半夏)各4.0 황금(黃芩), 길경과려인각
(桔梗爪呂仁各3.0 지실(枳實), 감초각(甘草各

2.0
〔구고(口苦), 심하경통(心下硬痛),협하경만(脇
下硬滿), 왕래한열(往來寒熱), 해수단기(咳嗽
短気)〕

시호청간탕(柴胡淸肝湯) (일관당방)一貫堂方)：시
호(柴胡)2.0 당귀(當歸)1.5 작약(芍藥)1.5 천궁
(川芎)1.5 지황(地黃)1.5 황련(黃連)1.5 황금(黃
芩)1.5 황백(黃柏)1.5 산치자(山梔子)1.5 연고
(連翹)1.5 길경(桔梗)1.5 우방자(牛蒡子)1.5괄
루근(樓根)1.5 박하엽(薄荷葉)1.5 감초(甘草)
1.5
〔선병질(腺病質)로서 격한 기침, 인후통 (咽喉
痛)의 완해(緩解), 신경증(神經症), 감증(疳症)〕

신비탕(神秘湯) (외대비요) (外臺秘要)：마황 (麻
黃)3.0〜5.0 행인(杏仁)4.0 후박(厚朴)3.0 진
피(陳皮)2.5〜3.0 감초(甘草)2 0 시호(柴胡)
2.0〜4.0 시소엽(柴蘇葉)1.5〜3.0
【복력(腹力)이 강(弱)하고 객담(喀痰)이 적으
며, 호흡곤란(呼吸困難)을 호소하는 기관지천
식(気管支喘息)폐기종(肺気腫)

신이청폐탕(辛夷靑肺湯) 〈외과정종(外科正宗)〉：
신이(辛夷)2.0〜3.0 지모(知母)3.0 백합(百合)
3.0 황금(黃芩)3.0 산치자(山梔子)1.5〜3.0 맥
문동(麥門冬)5.0〜6.0 석고(石膏)5.0〜6.0 승
마(升麻)1.0〜1.5 비파엽(枇杷葉)1.0〜3.0
〔코가 막히다. 만성비염(慢性鼻炎), 축농증〕

십미좌산(十味剉散) 〈이간방(易簡方)〉 ： 백출(白
朮), 복령(茯苓), 당귀(當歸), 천궁(川芎), 숙
지황(熟地黃), 작약각(芍藥各)3.0 황기(黃耆),
육계(肉桂), 대조각(大棗各)2.0 방풍(防風)4.0
백천부자(白川附子)1.0 건강(乾姜)1.0
〔관절류우머티, 근육류우머티, 사십견(四十肩),
오십완(五十腕) 각기〕

십미패독신(十味敗毒散) 〈화강청주(華岡靑洲)：시
호(柴胡)2.0〜3.0 앵피(札皮)2.0〜3.0 길경(桔
梗)2.0〜3.0 천궁(川芎)2.0〜3.0 복령(茯苓)2.
0〜4.0 독활(獨活)1.5〜3.0 방풍(防風)1.5〜3.
0 감초(甘草)1.0〜1.5 생강(生姜)1.0〜3.0 형
개(荊芥)1.0〜1.5 〈연교(連翹)2.0〜3.0

〔화농성피부질환(化膿性皮膚疾患), 무좀, 두드러기, 급성습진(急性湿疹)〕

십전대보탕(十全大補湯)〈화제국방〉〉: 인삼(人蔘) 2.5~3.0 황기(黄耆) 2.5~3.0 출(朮) 3.0 복령(茯苓) 3.0 당귀(當歸) 3.0 작약(芍薬) 3.0 지황(地黄) 3.0 천궁(川芎) 3.0 계지(桂枝) 3.0 감초(甘草) 1.5

〔병후(病後)의 체력저하(体力低下), 피로권태(疲労倦怠), 식욕부진(食欲不振), **침**한수족냉(寝汗手足冷), 빈혈(貧血)〕

ㅇ

안중산(安中散)〈화제국방(和剤局方)〉: 계피(桂枝) 3.0~5.0 연호색(延胡索) 3.0~4.0 모려(牡蠣) 3.0~4.0 회향(茴香) 1.5~2.0 축사(縮砂) 1.0~2.0 감초(甘草) 1.0~2.0 양강(良姜) 0.5~1.0 복령(茯苓) 5.0

〔허증(虚證)의 위통(胃痛), 복만복통(腹満腹痛)〕

양백산(楊柏散)〈천전가방(浅田家方)〉: 양매피(楊梅皮) 2.0 황백(黄柏) 2.0 대산초(大山椒) 1.0

〔염모 타박(捻摸 打撲)〕

억간산(抑肝散)〈소아직결(小児直訣)〉: 당귀(當歸) 3.0 조등균(釣藤鈎) 3.0 천궁(川芎) 3.0 출(朮) 4.0 복령(茯苓) 4.0 시호(柴胡) 2.0 감초(甘草) 1.5

〔허약체질로서 신경이 항고(亢高)하는 신경증, 불면증, 소아야체, 소아감증〕

억간산가진피반하(抑肝散加陳皮半夏)〈본조경험방(本朝経験方)〉: 당귀(當歸) 3.0 조등균(釣藤鈎) 3.0 천궁(川芎) 3.0 출(朮) 4.0 복령(茯苓) 4.0 시호(柴胡) 2.0 감초(甘草) 1.5 진피(陳皮) 3.0 반하(半夏) 5.0

〔억간산증(抑肝散症)으로서 좌제방(左臍傍)에서 심하부(心下部)에 걸쳐 동계(動悸)가 심하고 항진(亢進)하는 경우의 간, 신경쇠약, 혈도증, 뇌출혈(癎, 神経衰弱, 血道症, 脳出血)〕

의이인탕(薏苡仁湯)〈명의지장(明醫指掌)〉: 마황 (麻黄) 4.0 당(當) 4.0 출(朮) 4.0 의이인(薏苡仁) 8.0~10.0 계지(桂枝) 3.0 작약(芍薬) 3.0 감초(甘草) 2.0

〔관절(関節)류우머티의 아급성기(亜急性期) 및 만성기(慢性期)에 들어간 경우〕

여신탕(女神湯)〈별명안영탕(別名安栄湯)〉〈전전가방(浅田家方)〉: 당귀(當歸) 3.0~4.0 천궁(川芎) 3.0 출(朮) 3.0 향부자(香附子) 3.0~4.0 계지(桂枝) 2.0~3.0 황금(黄芩) 2.0~4.0 인삼(人蔘) 1.5~2.0 빈랑자(檳榔子) 2.0~4.0 황련(黄連) 1.0~2.0 목향(木香) 1.0~2.0 정자(丁字) 0.5~1.0 감초(甘草) 1.0~1.5〈대황(大黄) 0.5~1.0〉

〔역상(逆上)과 현훈(眩暈)에 혈증(血証)을 수반한 증상(症状)〕

연년반하탕(延年半夏湯)〈외대비요(外臺秘要)〉: 반하(半夏) 4.0~5.0 시호(柴胡) 2.0~3.0 토별갑(土別甲) 3.0~4.0 길경(桔梗) 3.0 빈랑자(檳榔子) 3.0 인삼(人蔘) 0.8~2.0 건생강(乾生姜) 1.0~2.0 지실(枳實) 1.0~2.0 오수유(呉茱萸) 0.5~1.0

〔명치에 저항감(抵抗感)이 있고 견응(肩凝), 족냉(足冷)하는 경우의 만성위염(慢性胃炎), 늑간신경통(肋間神経痛)〕

영감강미신하인탕(苓甘姜味辛夏仁湯)〈금궤요약(金匱要略)〉: 복령(茯苓) 4.0 감초(甘草) 오미자(五味子), 건강(乾姜), 세신(細辛), 행인각(杏仁各) 3.0 반하(半夏) 5.0

〔담음부종(痰飲浮腫)의 경우〕

영강출감탕(苓姜朮甘湯)〈금궤요약(金匱要略)〉: 복령(茯苓) 6.0 건강(乾姜) 3.0 출(朮) 3.0 감초(甘草) 2.0

〔허리에 냉과 통증이 있고 요량다(尿量多), 이한(裏寒)을 목표로 하며, 요하(腰下)가 심하게 냉(冷)·중(重)하고 요(尿)는 물모양으로 묽고 다량〕

영계감조탕(苓桂甘棗湯)〈상한론·금궤요약(傷寒論·金匱要略)〉: 복령(茯苓) 6.0 계지(桂枝) 4.0 대조(大棗) 4.0 감초(甘草) 2.0

〔동계(動悸)가 있고, 신경이 항고(亢高)하는

것]

영계출감탕(苓桂朮甘湯)〈상한론·금궤요약(傷寒論·金匱要略)〉：복령(茯苓) 6.0 계지(桂枝) 4.0 출(朮) 3.0 감초(甘草) 2.0　·금궤요약 〔위내정수(胃内停水)에 의한 수증(水證), 현훈(眩暈)과 신체동요감(身体動揺感) 및 심계항진(心悸亢進)을 목표]

오령산(五苓散)〈상한론·금궤요약(傷寒論·金匱要略)〉：택사(澤瀉) 5.0~6.0 저령(猪苓) 3.0~4.5 출(朮) 3.0~4.5 계지(桂枝) 2.0~3.0 복령(茯苓) 3.0~4.5 〔구갈(口渇), 요량소(尿量少), 구역질, 구토, 복통, 경통(頸痛), 부종(浮腫) 등 위내정수(胃内停水)가 원인인 제증상(諸症状)]

오림산(五淋散)〈화제국방(和剤局方)〉：복령(茯苓) 5.0~6.0 당귀(當歸) 3.0 황금(黄芩) 3.0 감초(甘草) 3.0 작약(芍薬) 2.0 산치자(山梔子) 2.0〈지황(地黄) 3.0 택사(澤瀉) 3.0 목통(木通) 3.0 활석(滑石) 3.0 차전자(車前子) 3.0〉 〔빈뇨(頻尿) 배뇨통(排尿痛) 잔뇨감(残尿感)]

오물해독산(五物解毒散)〈본조경험(本朝経験)〉：천궁(川芎) 5.0 금은화(金銀花) 2.0 십약(十薬) 2.0~3.0 대황(大黄) 1.0 형개(荊芥) 1.5 〔낫기 힘든 습진(湿疹)이나 선천매독(先天梅毒)의 해독제(解毒剤)]

오수유탕(呉茱萸湯)〈상한론·금궤요약(傷寒論·金匱要略)〉：오수유(呉茱萸) 3.0~4.0 인삼(人蔘) 2.0~3.0 대조(大棗) 3.0~4.0 생강(生姜) 4.0~6.0 〔음허증(陰虚證)으로 명치가 팽만(膨満)하고 수족(手足)이 냉(冷)하는 경우의 두통(頭痛), 구역질, 딸국질, 전간(癲癇)]

오약순기산(烏薬順気散)〈화제국방(和剤局方)〉：오약(烏薬), 진피각(陳皮各) 5.0 백강단(白彊蛋), 건강각(乾姜各) 1.5 마황(麻黄), 천궁(川芎), 길경(桔梗), 백지(白芷), 지각(枳殻), 대조각(大棗各) 3.0 감초(甘草), 건강각(乾姜各) 1.0 〔신체통(身体痛), 관절통(関節痛), 마비(麻痺)]

오적산(五積散)〈화제국방(和剤局方)〉：복령(茯苓) 2.0 출(朮) 3.0~4.0 진피(陳皮) 2.0 반하(半夏) 2.0 당귀(當歸) 1.5~2.0 작약(芍薬) 1.0~2.0 천궁(川芎) 1.0~2.0 후박(厚朴) 1.0~2.0 백지(白芷) 1.0~2.0 지각(枳殻)〈실(実)〉 1.0~2.0 길경(桔梗) 1.0~2.0 건생강(乾生姜) 1.0~2.0 계지(桂枝) 1.0~2.0 마황(麻黄)(1.0~2.0 대조(大棗) 2.0 감초(甘草) 1.0~2.0〈향부자(香附子) 1.0 〔한냉이나 습기에 의어 일어나는 병에 쓰인다. 빈혈기로 상반신은 열, 하반신은 냉하는 위장염, 신경통, 월경통, 요통, 냉증]

오호탕(五虎湯)〈만병회춘(萬病回春)〉：마황(麻黄) 4.0 행인(杏仁) 4.0 감초(甘草) 2.0 석고(石膏) 10.0 상백피(桑白皮) 2.0~3.0 〔기침, 기관지천식]

온경탕(温経湯)〈금궤요약(金匱要略)〉：반하(半夏) 3.0~5.0 맥문동(麥門冬) 3.0~10.0 당귀(當歸) 2.0~3.0 천궁(川芎) 2.0 작약(芍薬) 2.0 인삼(人蔘) 2.0 계지(桂枝) 2.0 아교(阿膠) 2.0 모단피(牡丹皮) 2.0 감초(甘草) 2.0 건생강(乾生姜) 1.0〈생강(生姜) 1.0~2.0〉 오수유(呉茱萸) 1.0~3.0 〔허증(虚證)의 부인(婦人)으로 냉증(冷症)의 경우. 수장번열(手掌煩熱), 신구건조(唇口乾燥)]

온담탕(温胆湯)〈삼인방·천금방(三因方·千金方)〉：반하(半夏) 4.0~6.0 복령(茯苓) 4.0~6.0 생강(生姜) 3.0〈건생강(乾生姜) 1.0~2.0〉 진피(陳皮) 2.0~3.0 죽여(竹筎) 2.0~3.0 지실(枳実) 1.0~2.0 감초(甘草) 1.0~2.0〈황련(黄連) 1.0 산조인(酸棗仁) 3.0 대조(大棗) 2.0〉 〔허번불면(虚煩不眠), 심계항진증(心悸亢進症), 기울증(気鬱症)]

온청음(温清飲)〈만병회춘(萬病回春)〉：당귀(當歸) 3.0~4.0 지황(地黄) 3.0~4.0 작약(芍薬) 3.0~4.0 천궁(川芎) 3.0~4.0 황련(黄連) 1.5~2.0 황령(黄芩) 1.5~3.0 산치자(山梔子) 1.5~2.0 황백(黄柏) 1.5~2.0 〔빈혈저명(貧血著明) 혹은 요통부종(腰痛浮腫)을 수반한다]

용담사간탕(龍胆瀉肝湯)〈설씨십육종（薛氏十六種）〉: 당귀(當歸) 5.0 지황(地黃) 5.0 목통(木通) 5.0 황금(黃芩) 3.0 택사(澤瀉) 3.0 차전자(車前子) 3.0 용담(龍胆) 1.0~1.5 산치자(山梔子) 1.0~1.5 감초(甘草) 1.0~1.5
〔실증(実証), 하복부근육(下腹部筋肉이 긴장하는 경향이 있는 경우의 배뇨통(排尿痛), 잔뇨감(殘尿感), 요탁(尿濁), 대하(帶下)〕

우슬산(牛膝散)〈부인량방(婦人良方)〉: 우슬(牛膝) 3.0 계지(桂枝) 3.0 작약(芍藥) 3.0 도인(桃仁) 3.0 당귀(當歸) 3.0 모단피(牡丹皮) 3.0 연호색(延胡索) 3.0 목향(木香) 1.0
〔경혈(経血)이 적은 경우의 생리통(生理痛)〕

우차신기환(牛車腎気丸)〈제생방(濟生方)〉: 지황(地黃) 5.0~6.0 산수유(山茱萸) 3.0 산약(山薬) 3.0 택사(澤瀉) 3.0 복령(茯苓) 3.0 모단피(牡丹皮) 3.0 계지(桂枝) 1.0 가공부자(加工附子) 0.5~1.0 우슬(牛膝) 2.0~3.0 차전자(車前子) 2.0~3.0
피로하기 쉽고, 사지냉(四肢冷), 요량감소(尿量減少) 또는 다뇨(多尿), 때로 구갈(口渴) 이 있는 경우의 요통(腰痛), 배뇨곤란(排尿困難), 부종(浮腫), 신허(腎虚)〕

월비가반하탕(越婢加半夏湯)〈금궤요약(金匱要略)〉: 마황(麻黃) 6.0 석고(石膏) 8.0 대조(大棗) 4.0 감초(甘草) 2.0 반하(半夏) 8.0 건강(乾姜) 1.0
〔해천상기(咳喘上気), 천식(喘息), 급성기관지염(急性気管支炎)〕

월비가출탕(越婢加尤湯)〈금궤요약(金匱要略)〉: 마황(麻黃) 6.0 석고(石膏) 8.0 대조(大棗) 4.0~ 감초(甘草) 2.0 백출(白尤) 4.0 건강(乾姜) 1.0
〔소변불리(小便不利), 부종(浮腫), 실증(実証)의 급만성신염(急慢性腎炎)〕

위령탕(胃苓湯)〈만병회춘(萬病回春)〉: 창출(蒼尤) 2.5~3.0 후박(厚朴) 2.5~3.0 진피(陳皮) 2.5~3.0 저령(猪苓) 2.5~3.0 택사(澤瀉) 2.5~3.0 작약(芍藥) 2.5~3.0 백출(白尤) 2.5~3.0 복령(茯苓) 2.5~3.0 계지(桂枝) 2.0~2.5 대조(大棗) 1.5~3.0 건생강(乾生姜) 1.5~2.0 감초(甘草) 1.0~2.0 축사(縮砂) 2.0 황련(黃連) 2.0 〈작약(芍藥), 축사(縮砂), 황련(黃連)이 없는 경우도 가(可)〉
〔복통하리(腹痛下痢), 요리감소(尿利減少), 구갈(口渴)〕

위풍탕(胃風湯)〈화제국방(和剤局方)〉: 당귀(當歸) 2.5~3.0 작약(芍藥) 3.0 천궁(川芎) 2.5~3.0 인삼(人蔘) 3.0 백출(白尤) 3.0 복령(茯苓) 3.0~4.0 계지(桂枝) 2.0~3.0 율(栗) 2.0~3.0
〔허증(虛証)의 점액혈변(粘液血便), 측복만통(側腹満痛)〕

육군자탕(六君子湯)〈만병회춘(萬病回春)〉: 인삼(人蔘) 2.0~4.0 출(尤) 3.0~4.0 복령(茯苓) 3.0~4.0 반하(半夏) 3.0~4.0 진피(陳皮) 2.0~4.0 대조(大棗) 2.0 감초(甘草) 1.0~1.5 생강(生姜) 1.0~2.0
〔사군자탕증(四君子湯證)으로 위액분비(胃液分泌)가 과다(過多)하지만 사군자탕증(四君子湯證)보다는 쇠약(衰弱)이 심(甚)하지 않다. 만성병(慢性病)의 위염(胃炎), 위(胃)아토니, 위하수(胃下垂), 소화불량(消化不良), 식욕부진(食欲不振), 위병(胃病), 구토(嘔吐)〕

육미환(六味丸) 소아직결(小児直結): 지황(地黃) 5.0~6.0 산수유(山茱萸) 3.0 산약(山薬) 3.0 택사(澤瀉) 3.0 복령(茯苓) 3.0 모단피(牡丹皮) 3.0
〔팔미환증(八味丸證)에 준(準)하며, 그러나 음증(陰證)으로 결정하기가 어려우며, 부자(附子)가 쓰이지 않는 경우에 처방(処方)된다. 피로하기 쉽고, 요량감소(尿量減少) 또는 다뇨(多尿) 때로는 갈증(渴症)이 있는 부종(浮腫), 가려움 배뇨곤란(排尿困難), 소아야뇨증 만성신염 (小児夜尿症 慢性腎炎)〕

윤장탕(潤腸湯)〈만병회춘(萬病回春)〉: 당귀(當歸) 3.0 숙지황(熟地黃) 3.0 건지황(乾地黃) 3.0 마자인(麻子仁) 2.0 도인(桃仁) 2.0 행인(杏仁) 2.0 지실(枳實) 0.5~2.0 황금(黃芩) 2.0 후박(厚朴) 2.0 대황(大黃) 1.0~3.0 감초(甘草) 1.0~1.5
〔허증(虛證)의 변비(便秘) 특히 노인(老人) 의

변비(便秘)〕

을자탕(乙字湯)〈원남양(原南陽)〉: 당귀(當歸) 4.0~6.0 시호(柴胡) 4.0~6.0 황금(黃芩) 3.0 감초(甘草) 2.0~3.0 승마(升麻) 1.0~2.0 대황(大黃) 0.5~1.5〈대황(大黃)이 없는 경우도 가(可)〉
〔치질환(痔疾患)〕

응종산(應鍾散)(別名)별명: 궁황산(芎黃散)): 대황(大黃) 1.0 천궁(川芎) 2.0
〔변비(便秘)에 수반되는 역상(逆上), 견응(肩凝)〕

이격탕가미(利膈湯加味)〈물오약실방함(勿誤藥室方函)〉: 반하(半夏) 8.0 건강(乾姜), 감초각(甘草各) 3.0 산치자(山梔子) 2.0 백천부자(白川附子) 1.0
〔식도협착증(食道狹窄症)〕

이진탕(二陳湯)〈화제국방〉: 반하(半夏) 5.0~7.0 복령(茯苓) 3.5~5.0 진피(陳皮) 3.5~4.0 생강(生姜) 2.0~3.0 감초(甘草) 1.0~2.0
〔위내정수(胃内停水)로 인해 악심(惡心) 구토(嘔吐)하는 것〕

이출탕(二尤湯)〈만병회춘(萬病回春)〉: 백출(白尤) 1.5~2.5 복령(茯苓) 1.5~2.5 진피(陳皮) 1.5~2.5 천남성(天南星) 1.5~2.5 향부자(香附子) 1.5~2.5 황금(黃芩) 1.5~2.5 위령산(威靈仙) 1.5~2.5 유활(羌活) 1.5~2.5 반하(半夏) 2.0~4.0 창출(蒼尤) 1.5~3.0 감초(甘草) 1.0~1.5 건생강(乾生姜) 0.6~1.0
〔허상(虛狀)을 띤 수독성체질(水毒性体質)의오십견(五十肩)〕

인삼양영탕(人蔘養栄湯)〈화제국방(和劑局方)〉: 인삼(人蔘) 3.0 당귀(當歸) 4.0 작약(芍藥) 2.0~4.0 지황(地黃) 4.0 출(尤) 4.0 복령(茯苓) 4.0 계지(桂枝) 2.5 황기(黃耆) 1.5~2.5 진피(陳皮) 2.0~2.5 원지(遠志) 1.5~2.0 오미자(五味子) 1.0~1.5 감초(甘草) 1.0~1.5
〔병후(病後)의 체력저하(体力低下), 피로권태(疲勞倦怠), 식욕부진(食欲不振), 도한(盜汗), 수족냉(手足冷), 빈혈(貧血)〕

인삼탕(人蔘湯)〈별명(別名): 이중환(理中丸)〉〈상한론·금궤요약(傷寒論·金匱要略)〉: 인삼(人蔘) 3.0 감초(甘草) 3.0 출(尤) 3.0 건강(乾姜) 2.0~3.0
〔수족(手足)이 냉(冷)하기 쉽고, 요량(尿量)이 많은 위장허약(胃腸虛弱), 위(胃) 아토니, 위통(胃痛), 구토(嘔吐), 하리(下痢)〕

인진호탕(茵芸蒿湯)〈상한론·금궤요약(傷寒論·金匱要略)〉: 인진호(茵芸蒿) 4.0~6.0 산치자(山梔子) 2.0~3.0 대황(大黃) 0.8~2.0
〔구갈(口渴)이 있고 요량소(尿量少), 변비(便秘), 이(裏)에 울혈(鬱熱)이 있으며, 번민(煩悶)하고, 혹은 황달(黃疸)을 발(發)하는 것〕

인진오령산(茵芸五苓散)〈금궤요약(金匱要略)〉: 택사(澤瀉) 4.5~6.0 복령(茯苓) 3.0~4.5 저령(猪苓) 3.0~4.5 출(尤) 3.0~4.5 계지(桂枝) 2.0~3.0 인진호(茵芸蒿) 3.0~4.0
〔구갈(口渴), 요리감소(尿利減少)가 있는 경우의 카탈 성황달(性黃疸), 부종(浮腫)〕

입효산(立効散)〈중방규거(衆方規矩)〉: 세신(細辛) 1.5~2.0 승마(升麻) 1.5~2.0 방풍(防風) 2.0~3.0 감초(甘草) 1.5~2.0 용담(龍胆) 1.0~1.5
〔발치후(拔齒後)의 동통(疼痛), 치통(齒痛)〕

ㅈ

자고채탕(鷗鷗菜湯)〈촬요방함(撮要方函)〉: 해인초(海人草) 3.0~5.0 대황(大黃) 1.0~1.5 감초(甘草) 1.0~1.5
〔회충구제(蛔虫驅除)〕

자근모려탕(紫根牡蠣湯)〈미려신서(黴癘新書)〉: 당귀(當歸) 5.0 작약(芍藥), 천궁(川芎), 자근각(紫根各) 3.0 대황(大黃), 인동각(忍冬各) 1.5 승마(升麻), 황기각(黃耆各) 2. 모려(牡蠣) 4.0 감초(甘草) 1.0
〔악성종양(惡性腫瘍), 피부병(皮膚病)〕

자신명월탕(滋腎明月湯)〈만병회춘(萬病回春)〉: 당귀(當歸), 천궁(川芎), 건지황(乾地黃), 작약각(芍藥各) 4.0 길경(桔梗), 인삼(人蔘), 산치자

(山梔子), 백지(白芷), 만형자(蔓荊子), 국화(菊花), 감초각(甘草各) 2.0 등심각(燈心各) 1.0

〔안통(眼痛), 안청피로(眼睛疲労)〕

자신통이탕(滋腎通耳湯)〈만병회준(萬病回春)〉 : 당귀(當歸), 천궁(芎藭), 작약(芍藥), 지모(知母), 건지황(乾地黃), 황백(黃柏), 황금(黃芩) 시호(柴胡), 백지(白芷), 향부부각(香附付各) 3.0

〔이명(耳鳴), 현훈(眩暈) 등 저명(著明)한 것〕

작약감초부자탕(芍藥甘草附子湯)〈상한론(傷寒論)〉 : 작약(芍藥), 감초각(甘草各) 3.0 포부자(炮附子) 0.3

〔작약감초탕증(芍藥甘湯證)으로 허한(虛寒)을 띤 것〕

자운고(紫雲膏)〈화강청주(華岡靑洲)〉: 호마유(胡麻油) 1000.0 밀랍(300.0～400.0) 돈지(豚脂) 20.～30.0 당귀(當歸) 60.0～100.0 자근(紫根) 100.0～120.0

〔추위로 손발이 튼 데, 동상(凍傷), 티눈, 땀띠, 진무른 데, 외상(外傷), 헌 데〕

자음강화탕(滋陰降火湯)〈만병회춘(萬病回春)〉 : 당귀(當歸) 2.5 작약(芍藥) 2.5 지황(地黃) 2.5 천문동(天門冬) 2.5 맥문동(麥門冬) 2.5 진피(陳皮) 2.5 출(朮) 3.0 지모(知母) 1.5 황백(黃柏) 1.5 감초(甘草) 1.5〈대조(大棗) 1.0 생강(生姜) 1.0〉

〔인후(咽喉)에 윤기(潤氣)가 없고 담(痰)이 나오지 않으면서 괴롭게 기침이 나오는 것〕

자음지보탕(滋陰至宝湯)〈만병회춘(萬病回春)〉 : 당귀(當歸) 2.0～3.0 작약(芍藥) 2.0～3.0 출(朮) 2.0～3.0 복령(茯苓) 2.0～3.0 진피(陳皮) 2.0～3.0 시호(柴胡) 1.0～3.0 지모(知母) 2.0～3.0 향부자(香附子) 2.0～3.0 지골피(地骨皮) 2.0～3.0 맥문동(麥門冬) 2.0～3.0 패모(貝母) 1.0～2.0 박하엽(薄荷葉) 1.0 감초(甘草) 1.0

〔허약(虛弱)한 사람의 만성(慢性)기침, 담(痰)〕

자혈윤장탕(滋血潤腸湯)〈의학통지(医学統旨)〉 : 당귀(當歸) 4.0 지황(地黃) 4.0 도인(桃仁) 4.0 작약(芍藥) 3.0 지실(枳實) 2.0～3.0 해(韭) 2.0～3.0 대황(大黃) 1.0～3.0 홍화(紅花) 1.0

〔신체허약(身体虛弱)한 사람의 변비(便秘), 역상 견응(逆上 肩凝)〕

작감황신부탕(芍甘黃辛附湯)〈길익남애(吉益南涯)〉 : 작약(芍藥), 감초각(甘草各) 4.0 세신(細辛) 2.5 대황(大黃), 백천부자각(白川附子各) 1.0

〔요통(腰痛), 좌골신경통(坐骨神経痛), 신석(腎石)〕

작약감초탕(芍藥甘草湯)〈상한론(傷寒論)〉 : 작약(芍藥) 3.0～6.0 감초(甘草) 3.0～6.0

〔급격(急激)하게 일어나는 근육의 경련을 수반하는 동통(疼痛)〕

저당탕(抵当湯)〈상한론·금궤요약(傷寒論·金匱要略)〉 : 수질(水蛭) 0.6 맹충(虻虫) 0.6 도인(桃仁) 0.6 대황(大黃) 3.0

〔어혈(瘀血), 하복팽만(下腹膨満), 소변자리(小便自利), 혈도증(血道症), 야뇨증(夜尿症), 노이로제〕

저령탕(猪苓湯)〈상한론(傷寒論)〉 : 저령(猪苓) 3.0 복령(茯苓) 3.0 활석(滑石) 3.0 택사(澤瀉) 3.0 아교(阿膠) 3.0

〔요량(尿量)이 감소(減少)되고, 배뇨통(排尿痛) 심번불면(心煩不眠)의 것〕

저령탕합사물탕(猪苓湯合四物湯) : 당귀(當歸) 3.0～4.0 작약(芍藥) 3.0～4.0 천궁(川芎) 3.0～4.0 지황(地黃) 3.0～4.0 저령(猪苓) 3.0 복령(茯苓) 3.0 활석(滑石) 3.0 택사(澤瀉) 3.0 아교(阿膠) 3.0

〔피부가 고조(枯燥)하고 색택(色澤)이 나쁜 체질로서 위장장애(胃腸障碍)가 없는 사람의 배뇨곤란(排尿困難), 잔뇨감(残尿感), 배뇨 이상(排尿異常)〕

전씨백출산(銭氏白尤散)〈소아직결(小児直訣)〉 : 출(朮) 4.0 복령(茯苓) 4.0 갈근(葛根) 4.0 인삼(人蔘) 3.0 목향(木香) 1.0 곽향(藿香) 1.0 감초(甘草) 1.0

〔진액(津液)이 말라 갈(渴)을 발(發)하여 구토(嘔吐)하는 것. 소아(小児)의 소화불량(消化不良), 감모시(感冒時)의 구토(嘔吐), 하리(下痢)〕

절충음(折衝飲)〈산론(産論)〉 : 모단피(牡丹皮) 3.0 천궁(川芎) 3.0 작약(芍藥) 3.0 계지(桂枝) 3.0 도

인(桃仁) 4.0~5.0 당귀(當歸) 4.0~5.0 연호색(延胡索) 2.0~2.5 우슬(牛膝) 2.0~2.5 홍화(紅花) 1.0~1.5

〔어혈(瘀血)로 인한 부인(婦人)의 복통(腹痛)을 수반하는 증상(症狀)〕

정계음(定悸飮)〈다기력창(多紀櫟窓)〉: 복령(茯苓) 4.0 계지(桂枝), 모려 각(牡蠣各) 3.0 백출(白朮), 감초(甘草), 오수유(吳茱萸), 이근피각(李根皮各) 2.0

〔히스테리, 발작성심계항진(発作性心悸亢進)〕

정부탕(净腑湯)〈만병회춘(萬病回春)〉: 시호(柴胡), 반하(半夏), 복령각(茯苓各) 3.0 택사(澤瀉), 백출각(白朮各) 2.0 산릉(山稜), 아술(莪述), 산사자각(山査子各) 1.5 인삼(人蔘), 황련(黃連), 건생강(乾生姜), 대조(大棗), 감초각(甘草各) 1.0

〔심하(心下)나 복부(腹部)가 단단하고 긴장하며 한열왕래(寒熱往来)하는 것. 급·만성복막염(急·慢性腹膜炎), 소아비감증(小児脾疳症), 소화불량증(消化不良症)〕

정향시체탕(丁香柿蒂湯)〈수세보원(壽世保元)〉: 시체(柿蒂) 3.0 계지(桂枝) 3.0 반하(半夏) 3.0 진피(陳皮) 3.0 정자(丁字), 양강(良姜), 목향(木香), 침향(沈香), 회향(茴香), 곽향(藿香), 후박(厚朴), 축사(縮砂), 감초(甘草), 유향각(乳香各) 1.0

〔체질(体質)이 허약한 경우의 딸꾹질〕

조등산(釣藤散)〈본사방(本事方)〉: 조등균(釣藤鈎) 굴피(橘皮), 반하(半夏), 맥문동(麥門冬), 복령각(茯苓各) 3.0 인삼(人蔘), 방풍(防風), 국화각(菊花各) 2.0 감초(甘草) 1.0 건생강(乾生姜) 1.0 석고(石膏) 5.0~7.0

〔허증(虚証)의 기상충(気上衝)이 격(激)한 것으로서 견응(肩凝), 평명(平鳴), 현훈(眩暈), 두통(頭痛), 안구결막충혈(眼球結膜充血) 등의 신경증상(神経症状)을 호소하는 것〕

조위승기탕(調胃承気湯)〈상한론(傷寒論)〉: 대황(大黃) 2.0~2.5 망초(芒硝) 1.0 감초(甘草) 1.0

〔위장(胃腸)의 기능(機能)을 조정(調整)하고,

변비(便秘)에 쓰인다〕

좌돌고(左突膏)〈화강청주(華岡青洲)〉: 역청(瀝青) 800.0 황랍(黃蠟) 220.0 돈지(豚脂) 58.0 호마유(胡麻油) 1000.0

〔화농성(化膿性)의 종기, 외용(外用)〕

죽여온담탕(竹筍温膽湯)〈만병회춘(萬病回春)〉: 시호(柴胡) 3.0~5.0 죽여(竹筍) 3.0 복령(茯苓) 3.0 맥문동(麥門冬) 3.0~4.0 생강(生姜) 3.0~5.0 반하(半夏) 3.0~5.0 향부자(香附子) 2.0 길경 桔梗) 2.0~3.0 진피(陳皮) 2.0~3.0 지실(枳家) 1.0~2.0 황련(黃連) 1.0~2.0 감초(甘草) 1.0 인삼(人蔘) 1.0~2.0

〔발열(発熱), 불면(不眠), 번조(煩燥)하고 담(痰)이 많은 것〕

죽엽석고탕(竹葉石膏湯)〈상한론(傷寒論)〉: 죽엽(竹葉), 인삼(人蔘), 감초각(甘草各) 2.0 석고(石膏) 16.0 맥문동(麥門冬) 10.0 현미(玄米) 7.0 반하(半夏) 8.0

〔기역(気逆), 구갈(口渴), 유감(流感), 당뇨병(糖尿病), 폐염(肺炎), 심장천식(心臓喘息)〕

중황고(中黃膏)〈화강청주(華岡青洲)〉: 호마유(胡麻油) 1,000mℓ 황랍(黃蠟) 380 우금(宇金) 40 황백(黃柏) 20

〔급성화농성피부질환(急性化膿性皮膚疾患)의 초기(初期), 타신(打身), 염좌(捻挫)〕

증안일방(蒸眼一方): 백반(白礬) 2.0 감초(甘草) 2.0 황련(黃連) 2.0 황백(黃柏) 2.0 홍화(紅花) 2.0

〔진무른 눈에 온습포(温湿布)〕

지축이진탕(枳縮二陳湯)〈만병회춘(萬病回春)〉: 지실(枳実), 축사(縮砂), 반하(半夏), 진피(陳皮), 향부자각(香附子各) 3.0 후박(厚朴), 소회향(小茴香), 연호색각(延胡索各) 2.5 목향(木香), 초두구(草頭芸), 건강각(乾姜各) 2.0 감초(甘草) 1.0

〔담음성(痰飲性)의 요배통(腰背痛), 흘역(吃逆), 구토(嘔吐)〕

진교유활탕(秦芁羌活湯)〈중방규구(衆方規矩)〉: 진교(秦芁) 3.0 유활(羌活) 5.0 황기(黃耆) 3.0 방풍(防風) 2.0 승마(升麻) 1.5 감초(甘草) 1.5 마

황(麻黃)1.5 시호(柴胡)1.5 고본(藁本)0.5 세신(細辛)0.5 홍화(紅花)0.5

〔가려움이 있는 치질(痔疾)〕

진교방풍탕(秦芃防風湯)〈난실비장(蘭室秘藏 : 진교(秦芃)2.0 택사(澤瀉)2.0 진피(陳皮)2.0시호(柴胡)2.0 방풍(防風)2.0 당귀(當歸)3.0 출(朮)3.0 감초(甘草)1.0 황백(黃柏)1.0 승마(升麻)1.0 대황(大黃)1.0 도인(桃仁)3.0 홍화(紅花)1.0

〔치핵(痔核)으로 배변통(排便痛)이 있는 것)〕

진무탕(真武湯)〈상한론(傷寒論)〉：복령(茯苓), 작약각(3.0 백출(白朮)2.0 포부자(炮附子)0.3 건강(乾姜)1.0

〔발열(発熱), 심하계(心下悸), 현훈(眩暈), 복통(腹痛), 요리감소(尿利減少), 하리(下痢), 사지침중(四肢沈重)〕

ㅊ

청량음(清凉飲)〈만병회춘(萬病回春)〉：치자(梔子), 연교(連翹), 황금(黃芸), 방풍(防風), 당귀(當歸), 지황(地黃), 감초각(甘草各)2.0 길경(桔梗)4.0 지각(枳殼), 황련(黃連), 박하(薄荷), 백지(白芸), 등심(燈心), 세다각(細茶各)1.0

〔실열(実熱)로 인한 편도염(扁桃炎)으로 발적종창동통(発赤腫脹疼痛)이 있는 것〕

청상방풍탕(清上防風湯)萬병회춘(萬病回春)〉：형개(荊芥)1.0~1.5 황련(黃連)1.0~1.5 박하엽(薄荷葉)1.0~1.5 지실(枳実)1.0~1.5 감초(甘草)1.0~1.5 산치자(山梔子)1.5~3.0 천궁(川芎)2.0~3.0 황금(黃芩)2.0~3.0 연교(連翹)2.0~3.0 백지(白芷)2.0~3.0 길경(桔梗)2.0~3.0 방풍(防風)2.0~3.0

〔안면(顔面)에 울체(鬱滯)된 열(熱)을 발산청해(発散清解)시키는 것으로서 충혈성(充血性) 여드름, 두부습진(頭部湿疹), 눈의 충혈(充血)〕

청상견통탕(清上蠲痛湯)〈수세보원(壽世保元)〉：맥문동(麥門冬)2.5~6.0 황금(黃芸)3.0~5.0유활(羌活)2.5~3.0 독활(獨活)2.5~3.0 방풍(防風)2.5~3.0 출(朮)2.5~3.0 당귀(當歸)2.5~3.0 천궁(川芎)2.5~3.0 백지(白芷)2.5~3.0만형자(蔓荊子)1.5~2.0 세신(細辛)1.0 감초(甘草)1.0 〈고본(藁本)1.5 국화(菊花)1.5~2.0 생강(生姜)3.0〉

〔일체의 두통(頭痛), 안면통(顔面痛)〕

청서익기탕(清暑益気湯)〈의학육요(医学六要)〉：인삼(人蔘)3.0~3.5 출(朮)3.0~3.5 맥문동(麥門冬)3.0~3.5 당귀(當歸)3.0 황기(黃耆)3.0진피(陳皮)2.0~3.0 오미자(呉味子)1.0~2.0 황백(黃柏)1.0~2.0 감초(甘草)1.0~2.0

〔더위 먹은 데, 식욕부진(食欲不振), 하리(下痢), 전신권태(全身倦怠), 여름을 타서 야위는 것〕

청습화담탕(清湿化痰湯)〈수세보원(壽世保元)〉：천남성(天南星)3.0 황금(黃芩)3.0 생강(生姜)3.0 반하(半夏)4.0 복령(茯苓)4.0 진피(陳皮)2.0~3.0 유활(羌活)1.5 백지(白芷)1.5 백개자(白芥子)1.5 감초(甘草)1.0~1.5 출(朮)4.0

〔등에 한냉(寒冷)을 느끼는 것의 신경통(神経痛), 관절통(関節痛), 근육통, 위(胃) 아토니증(症)〕

청심연자음(清心連子飲)〈화제국방(和剤局方)〉：연육(蓮肉)4.0 맥문동(麥門冬)4.0 복령(茯苓)4.0 인삼(人蔘)3.0 차전자(車前子)3.0 황금(黃芩)3.0 황기(黃耆)2.0 지골피(地骨皮)2.0 감초(甘草)1.5~2.0

〔전신권태감(全身倦怠感), 구설갈(口舌渇), 요삽(尿澁)〕

청열보기탕(清熱補気湯)〈증치준승(證治準繩)〉：인삼(人蔘), 백출(白朮), 맥문동(麥門冬), 복령(茯苓), 당귀(當歸), 작약각(芍薬各)3.0 승마(升麻), 오미자(五味子), 현삼(玄蔘), 감초각(甘草各)1.0

〔구내염(口内炎)으로 구설건조(口舌乾燥) 혹은 발열구갈(発熱口渇)〕

청열보혈탕(清熱補血湯)〈증치준승(證治準繩)〉:
당귀(當歸), 천궁(川芎) 작약(芍藥), 숙지황
각(熟地黃各) 3.5 현삼(玄蔘), 지모(知母), 오
미자(五味子), 황백(黃柏), 맥문동(麥門冬), 시
호(柴胡), 모단피각(牡丹皮各) 1.5
〔구내염(口內炎)으로 체권소식(体倦少食), 일모
(日暮)경에 증오(增悪)되고 혹은 목삽열통 (目
澁熱痛)하는 것〕

청폐탕(清肺湯)〈만병회춘(萬病回春)〉: 황금 (黄
芩) 2.0 길경(桔梗) 2.0 상백피(桑白皮) 2.0 행인
(杏仁) 2.0 산치자(山梔子) 2.0 천문동(天門冬)
2.0 패모(貝母) 2.0 진피(陳皮) 2.0 대조(大棗)
2.0 죽여(竹筎) 2.0 복령(茯苓) 3.0 당귀(當歸)
3.0 맥문동(麥門冬) 3.0 오미자(五味子) 0.5~2.0
생강(生姜) 0.5~2.0〈또는 건생강(乾生姜) 1.0〉
감초(甘草) 1.0~1.5
〔담(痰)이 끈끈하고 담(痰)이 나올 때까지 기
침이 계속 되는 것〕

천궁다조산(川芎茶調散)〈화제국방(和劑局方)〉:
백지(白芷) 2.0 유활(羌活) 2.0 형개(荊芥) 2.0방
풍(防風) 2.0 박하엽(薄荷葉) 2.0 감초(甘草) 1.5
세다(細茶) 1.5 천궁(川芎) 3.0 향부자(香附子)
4.0
〔감모(感冒), 혈도증(血道症), 두통(頭痛)〕

천금계명산(千金鷄鳴散)〈천금방(千金方)〉: 대황
(大黄) 2.0 도인(桃仁) 5.0 당귀(當歸) 5.0
〔타박종(打撲腫)과 통증(痛症)〕

천금내탁산(千金內托散)〈천금방(千金方)〉: 당귀
(當歸), 계지각(桂枝各) 4.0 인삼(人蔘), 천궁
(川芎), 후박(厚朴), 방풍(防風), 감초(甘草)
백지(白芷), 길경각(桔梗各) 2.0 황기(黃耆) 2.0
〔허증(虛証)의 궤양(潰瘍)으로 분비(分秘)가 멎
기 어렵고 새살돋는 것이 좋지않은 것〕

천사군자탕(喘四君子湯)〈만병회춘(萬病回春)〉:
인삼(人蔘), 감초각(甘草各) 3.0 복령(茯苓), 진
피(陳皮), 후박(厚朴), 축사(縮砂), 자소자(紫
蘇子), 상백피(桑白皮), 대조각(大棗各) 2.0 당
귀(當歸) 2.5 백출(白朮) 4.0 침향(沈香), 목향각
(木香各) 1.5 건강(乾姜) 1.0

〔호흡단촉(呼吸短促), 천식(喘息)〕

치타박일방(治打撲一方)〈향천수암(香川修庵)〉:
천궁(川芎) 3.0 박속(撲樕) 3.0 천골(川骨) 3.0계
지(桂枝) 3.0 감초(甘草) 1.5 정향(1.0~1.5 대
황(大黄) 1.0~1.5
〔타박(打撲)으로 인한 종기 및 통증(痛症)〕

칠물강하탕(七物降下湯)〈수금탕(修琴堂)〉: 당귀
(當歸) 3.0~4.0 작약(芍藥) 3.0~4.0 천궁(川
芎) 3.0~4.0 지황(地黄) 3.0~4.0 조등(釣藤)
3.0~4.0 황기(黃耆) 2.0~3.0 황백(黃柏) 2.0
〔신체허약(身体虛弱) 경향이 있는 고혈압(高血
壓)에 수반되는 역상(逆上), 견응(肩凝), 이명
(耳鳴)〕

E

탁리소독음(托裏消毒飮)〈외과정종(外科正宗)〉:
인삼(人蔘), 천궁(川芎), 작약(芍藥), 황기(黃
耆), 당귀(當歸), 백출(白朮), 복령(茯苓), 길
경각(桔梗各) 3.0 백지(白芷), 금은화(金銀花),
감초(甘草), 각자각(皂角刺各) 2.0
〔일체(一切)의 화농증(化膿症)〕

택사탕(澤瀉湯)〈금궤요약(金匱要略)〉: 택사 (澤
瀉) 5.0 백출(白朮) 2.0
〔심하지음성(心下支飮性)의 현훈(眩暈)이 심한
것〕

통도산(通導散)〈만병회춘(萬病回春)〉:病回春)〉:
당귀(當歸) 3.0 대황(大黄) 3.0 망초(芒硝) 3.0~
4.0 지실(枳実) 2.0~3.0 후박(厚朴) 2.0 진피
(陳皮) 2.0 목통(木通) 2.0 홍화(紅花) 2.0 소목
(蘇木) 2.0 감초(甘草) 2.0
〔하복부(下腹部)에 압통(壓痛)이 있고,변비(便
秘) 잘하는 것의 월경불순, 갱년기장애, 고혈
압의 수반증상(隨伴症状)〕

ㅍ

팔미대하방(八味帶下方)〈명가방선(名家方選)〉:산

귀래 (山歸來)1.0 당귀 (当帰), 천궁 (川芎), 복통 (木通), 복령각 (茯苓各)3.0 진피 (陳皮), 금은화각 (金銀花各)2.0 대황 (大黃)1.0~2.0

〔농성악취성의 대하〕

팔미소요산 (八味消遥散) 〈화제국방 (和剤局方)〉: 당귀 (当帰), 작약 (芍薬), 시호 (柴胡), 백출 (白朮) 복령각 (茯苓各)3.0 생강 (生姜)2.0 박하엽 (薄荷葉)1.0 감초 (甘草)1.5

〔냉증, 허약체질, 월경불순, 갱년기장애, 혈도증 (소요산과 같음)〕

팔미지황환 (八味地黄丸) 〈금궤요약 (金匱要略)〉: 지황 (地黄)5.0~6.0 산수유 (山茱芫)3.0 산약 (山薬)3.0 택사 (沢瀉)3.0 복령 (茯苓)3.0 모단피 (牡丹皮)3.0 계지 (桂枝)1.0 가공부자 (加工附子)0.5~1.0

〔피로권태 감이 강하고, 위장이 튼튼한 신장질환 구갈, 요통 등이 있는 것〕

평위산 (平胃散) 〈화제국방 (和剤局方)〉: 출 (朮)4.0 후박 (厚朴)3.0 진피 (陳皮)3.0 대조 (大棗)2.0 감초 (甘草)1.0 전생강 (乾生姜)0.5~1.0

〔약간 실증으로 위에 숙식과 수정체, 소화장애를 초래하여 심하부불쾌, 비만을 호소하는 것〕

ㅎ

해로산 (解労散) 〈양승 (楊升)〉: 시호 (柴胡)6.0 별갑 (別甲), 지실각 (枳実各)2.0 작약 (芍薬)4.0 감초 (甘草)3.0 복령 (茯苓), 대조각 (大棗各)3.0 건강 (乾姜)1.0

〔복부종괴, 배부에 견인통 혹은 발열, 위궤양, 담석증, 결핵성복막염〕

행소산 (杏蘇散) 〈직지방 (直指方)〉: 자소엽 (紫蘇葉)3.0 오미자 (五味子)2.0 대복피 (大腹皮)2.0 오매 (烏梅)2.0 행인 (杏仁)2.0 진피 (陳皮)1.0 마황1.0 상백피 (桑白皮)1.0 아교 (阿膠)1.0 감초 (甘草)1.0 자원 (紫苑)1.0

〔해, 담, 천수부종〕

행습보기양혈탕 (行湿補気養血湯) 〈만병회춘 (萬病回春)〉: 인삼 (人蔘), 백출 (白朮), 복령 (茯苓),

당귀 (当帰), 작약 (芍薬), 천궁각 (川芎各)3.0 목통 (木通), 진피 (陳皮), 후박 (厚朴), 대복피 (大腹皮), 나포자 (蘿蔔子), 해금사 (海金砂), 소엽 (蘇葉), 대조각 (大棗各)2.5 감초 (甘草), 목향 (木香), 건강각 (乾姜各)1.0

〔기혈허약, 고장, 복만, 복수, 부종〕

향사양위탕 (香砂養胃湯) 〈만병회춘 (萬病回春)〉: 백출 (白朮)3.0 복령 (茯苓)3.0 창출 (蒼朮)2.0 후박 (厚朴)2.0 진피 (陳皮)2.0 향부자 (香附子)2.0 백두구 (白豆蔲)2.0 인삼 (人蔘)2.0 목향 (木香)1.5 축사 (縮砂)1.5 감초 (甘草)1.5 대조 (大棗)1.5 건생강 (乾生姜)1.0

〔위장허약자의 식욕부진〕

향사육군자탕 (香砂六君子湯) 〈내과적요 (内科摘要)〉 인삼 (人蔘)3.0~4.0 출 (朮)3.0~4.0 복령 (茯苓)3.0~4.0 반하 (半夏)3.0~4.0 진피 (陳皮)2.0 향부자 (香附子)2.0 대조 (大棗)1.5~2.0 생강 (生姜)3.0~4.0 감초 (甘草)1.0 축사 (縮砂)1.0~2.0 곽향 (藿香)1.0~2.0

〔명치가 심하게 막히고 기울증상이 있는 위아토니증, 소화불량증, 위산과다증〕

향사평위산 (香砂平胃散) 〈만병회춘 (萬病回春)〉: 출 (朮)4.0~6.0 후박 (厚朴)3.0~4.5 진피 (陳皮)3.0~4.5 감초 (甘草)1.0~1.5 축사 (縮砂)1.5~2 2.0 향부자 (香附子)2.0~4.0 생강 (生姜)2.0~3. 대조 (大棗)2.0~3.0 곽향 (藿香)1.0

〔위가 답답한 경향이 있는 식욕부진, 위아토니〕

향성파적환 (響声破笛丸) 〈만병회춘 (萬病回春)〉: 연교 (連翹)2.5 길경 (桔梗)2.5 감초 (甘草)2.5 대황 (大黃)1.0 축사 (縮砂)1.0 천궁 (川芎)1.0 가지 (訶子)1.0 아산약 (阿山薬)2.0 박하엽 (薄荷葉)4.0 (대황이 없는 경우도 可)

〔쉰 목소리, 인후불쾌〕

향소산 (香蘇散) 〈화제국방 (和剤局方)〉: 향부자 (香附子)3.5~6.0 자소엽 (紫蘇葉)1.0~2.0 진피 (陳皮)2.0~3.0 감초 (甘草)1.0~1.5 건생강 (乾生姜)1.0~2.0

〔위장허약으로 신경질인 사람의 감기의 초기, 혈도증, 히스테리〕

형개연교탕(荊芥連翹湯)〈일관당(一貫堂)〉: 당귀
(当帰)1.5 작약(芍薬)1.5 천궁(川芎)1.5 지황
(地黄)1.5 황연(黄連)1.5 황금(黄芩)1.5 황백
(黄柏)1.5 산치자(山梔子)1.5 연교(連翹)1.5 형
개(荊芥)1.5 방풍(防風)1.5 박하엽(薄荷葉)1.5
지각(枳殼)〈실〉1.5 ～2.5 감초(甘草)1.0～1.5
백지(白芷)1.5～2.5 길경(桔梗)1.5～2.5 시호
(柴胡)1.5～2.5(지황, 황련, 황백, 박하엽이 없
는 경우도 가(可)〉

〔체질적으로 거무스레하고 수족바닥에 유한이
많으며, 맥, 복 모두 긴장이 있는 것을 목표로
하고 축농증, 중이염, 청년기선병질개선〕

형방패독산(荊防敗毒散)〈만병회춘(萬病回春)〉:형
개(荊芥)1.5～2.0 방풍(防風)1.5～2.0 유활(羗
活)1.5 독활(独活)1.5～2.0 시호(柴胡)1.5～2.0
박하엽(薄荷葉)1.5～2.0 연교(連翹)1.5～2.0 길
경(桔梗)1.5～2.0 지각(枳殼)1.5～2.0 천궁(川
芎)1.5～2.0 전호(前胡)1.5～2.0 금은화(金銀
花)1.5～2.0 감초(甘草)1.0～1.5 건생강(乾生
姜)1.0

〔급성 화농성피부질환의 초기〕

화식양비탕(化食養脾湯)〈증치대환(證治大還)〉:인
삼(人蔘)4.0 출(朮)4.0 복령(茯苓)4.0 반하(半
夏)4.0 진피(陳皮)2.0 대조(大棗)2.0 신국(新
麴)2.0 맥아(麦芽)2.0 산사자(山査子)2.0 축사
(縮砂)1.5 건생강(乾生姜)1.0 감초(甘草)1.0

〔위장약으로 식욕부진, 명치가 막히고 피로하
기 쉽고, 빈혈성으로 수족이 냉하기 쉬운 위염
위아토니, 소화불량〕

황금탕(黄芩湯)〈상한론(傷寒論)〉: 황금(黄芩)4.0
감초(甘草)3.0 작약(芍薬)3.0 대조(大棗)4.0

〔실증인 사람의 하리, 구토 혹은 발열, 혹은 복
통〕

황기건중탕(黄耆建中湯)〈금궤요약(金匱要略)〉:
계지(桂枝)3.0～4.0 생강(生姜)3.0～4.0대조(大
棗)3.0～4.0 작약(芍薬)6.0 감초(甘草)2.0～3.0
황기(黄耆)3.0～4.0 (교이 20.0)

〔허약체질의 피로성질환, 도한〕

황련아교탕(黄連阿膠湯)〈상한론(傷寒論)〉: 황련
(黄連)3.0～4.0 작약(芍薬)2.0～2.5 황금(黄芩)
2.0 아교(阿膠)3.0 난황(卵黄) 1개

〔심중번, 번조, 불면증〕

황련탕(黄連湯)〈상한론(傷寒論)〉: 황련(黄連)3.0
감초(甘草)3.0 건강(乾姜)1.0～3.0 인삼(人蔘)
2.0～3.0 계지(桂枝)3.0 대조(大棗)3.0   반하
(半夏)5.0～6.0

〔흉혈위한, 복통구토, 심번〕

황련해독탕(黄連解毒湯)〈외대비요(外臺秘要)〉:황
련(黄連)1.5～2.0 황백(黄柏)1.5～3.0 황금(黄
芩)3.0 산치자(山梔子)2.0～3.0

〔대열번조, 건조구갈, 천만, 심번〕

황해산(黄解散)〈길익남애(吉益南涯)〉: 황련(黄連)
3.0 황금(黄芩), 황백각(黄柏各)2.0 산치자(山
梔子)1.0

〔객혈, 토혈, 비혈〕

후박생강반하인삼감초탕(厚朴生姜半夏人蔘甘草湯)
〈상한론(傷寒論)〉: 후박(厚朴)3.0 생강(生姜)
2.0～3.0 반하(半夏)4.0 인삼(人蔘)1.5～2.0감
초(甘草)2.0～2.5

〔발한후, 하리후, 개복수술후의 허증의 복창만〕

상용방제(常用方劑)의 분류

1 보양지제(補養之劑): 육미지황환(六味地黄丸)
삼령백출산(参苓白朮散) 사군자탕(四君子湯) 사
물탕(四物湯) 보중익기탕(補中益気湯) 인삼양
영탕(人参養栄湯) 십전대보탕(十全大補湯) 귀비
탕(帰脾湯) 청서익기탕(清署益気湯) 계비탕(啓
脾湯) 전씨백출산(全氏白尤散) 위풍탕(胃風湯)
향사육군자탕(香砂六君子湯) 자감초탕(炙甘草湯)
감맥대조탕(甘麦大棗湯) 팔미지황환(八味地黄
丸) 산조인탕(酸棗仁湯) 가미귀비탕(加味帰脾湯)

2 발표지제(発表之劑): 마황탕(麻黄湯)   계지탕
(桂枝湯) 소청룡탕(小青竜湯) 갈근탕(葛根湯)
마황부자세신탕(麻黄附子細辛湯) 승마갈근탕(升
麻葛根湯) 천궁다조산(川芎茶調散) 형방패독산
(荊防敗毒散) 마행의감탕(麻杏薏甘湯)   계지가
작약탕(桂枝加芍薬湯) 마행감석탕(麻杏甘石湯)

삼소음 (参蘇飲) 독활갈근탕 (独活葛根湯) 향소산 (香蘇散)

3 표리지제 (表裏之剤) : 대자호탕 (大柴胡湯) 방풍통성산 (防風通聖散) 갈근황련탕탕 (葛根黄連湯湯) 금탕 (芩湯) 오적산 (五積散) 삼소음 (参蘇飲) 향소산 (香蘇散) 청상방풍탕 (清上防風湯)

4 공리지제 (攻裏之剤) : 사하 (瀉下) 소승기탕 (小承気湯) 조위승기탕 (調胃承気湯) 도핵승기탕 (桃核承気湯) 마자인환 (麻子仁丸)

5 화해지제 (和解之剤) : 소서호탕 (小柴胡湯) 황련탕 (黄連湯) 황금탕 (黄芩湯) 작약감초탕 (芍薬甘草湯) 온담탕 (温胆湯) 소요산 (逍遙散) 황련아교탕 (黄連阿膠湯) 곽향정기산 (藿香正気散) 가미소요산 (加味逍遥散) 가미온담탕 (加味温胆湯) 죽여온담탕 (竹茹温胆湯) 사역산 (四逆散) 반하사심탕 (半夏瀉心湯)

6 이기지제 (理気之剤) : 보중익기탕 (補中益気湯) 소자강기탕 (蘇子降気湯) 반하후박탕 (半夏厚朴湯) 신비탕 (神秘湯) 정향시체탕 (丁香柿蒂湯) 조등산 (釣藤散) 계명산 (啓明散)가복령 (加茯苓) 안중산 (安中散) 연년반하탕 (延年半夏湯)

7 이혈지제 (理血之剤) : 사물탕 (四物湯) 귀비탕 (帰脾湯) 가마귀비탕 (加麻帰脾湯) 인삼양영탕 (人参養栄湯) 도핵승기탕 (桃核承気湯) 당귀작약산 (当帰芍薬散) 계지복령환 (桂枝茯苓丸) 온경탕 (温経湯) 궁귀조혈음 (芎帰調血飲) 여신탕 (女神湯) 절충음 (折衝飲) 궁귀교예탕 (芎帰膠艾湯) 소경활혈탕 (疎経活血湯)

8 거풍지제 (祛風之剤) : 독활탕 (独活湯) 위풍탕 (胃風湯) 천궁다조산 (川芎茶調散)

9 거한지제 (祛寒之剤) : (온리 (温裏)・회양 (回陽)) 사역산 (四逆散) 오수유탕 (呉茱萸湯) 진무탕 (真武湯) 소건중탕 (小建中湯) 계지인삼탕 (桂枝人参湯) 황기건중탕 (黄耆建中湯) 당귀건중탕 (当帰建中湯) 당귀 사역탕 (当帰四逆湯) 진무탕 (真武湯) 당귀사역 가오수유생 강탕 (当帰四逆加呉茱萸生姜湯)

10 청서지제 (清暑之剤) : 청서익기탕 (清暑益気湯)

오령산 (五苓散) 백호가인삼탕 (白虎加人参湯)곽향정기산 (藿香正気散)

11 이습지제 (利湿之剤) : 오령산 (五苓散) 저령탕 (猪苓湯) 소반하가복령탕 (小半夏加茯苓湯) 방기황기탕 (防己黄耆湯) 맥문동탕 (麦門冬湯) 인진호탕 (茵蔯蒿湯) 인진오령산 (茵蔯五苓散) 복령음 (茯苓飲) 영계출감탕 (苓桂尤甘湯) 오림산 (五淋散) 평위산 (平胃散)

12 윤조지제 (潤燥之剤) : 자감초탕 (炙甘草湯) 맥문동탕 (麦門冬湯) 윤장탕 (潤腸湯) 당귀음자 (当帰飲子) 소풍산 (消風散) 청열보혈탕 (清熱補血湯) 행소산 (杏蘇散)

13 사화지제 (瀉火之剤) : 황련해독탕 (黄連解毒湯) 반하사심탕 (半夏瀉心湯) 백호탕 (白虎湯) 죽엽석고탕 (竹葉石膏湯) 청심련자음 (清心蓮子飲)자음강화탕 (滋陰降火湯) 양격산 (涼膈散) 시호청간탕 (柴胡清肝湯) 형개련교탕 (荊芥連翹湯) 용담사간탕 (竜胆瀉肝湯) 청상방풍탕 (清上防風湯) 정부탕 (浄附湯) 세간명목탕 (洗肝明目湯) 억간산 가반하진피 (抑肝散加半夏陳皮)청열보기탕 (清熱補気湯) 치자고탕 (梔子鼓湯) 삼황사심탕 (三黄瀉心湯) 사백산 (瀉白散)

14 제담지제 (除痰之剤) : 이진탕 (二陳湯) 영계출감탕 (苓桂尤甘湯) 청폐탕 (清肺湯) 반하백출천마탕 (半夏白尤天麻湯) 지축이진탕 (枳縮二陳湯) 청습화담탕 (清湿化痰湯) 과려지실탕 (瓜呂枳実湯) 이격탕 (利膈湯) 영감강미신 (苓甘姜味辛) 하인탕 (夏仁湯)

15 소도지제 (消導之剤) : 평위산 (平胃散) 분소탕 (分消湯) 곽향정기산 (藿香正気散) 불환금정기산 (不換金正気散) 인삼양위탕 (人参養胃湯) 향사양위탕 (香砂養胃湯)

16 중화해독탕 (中和解毒之剤) : 탁리소독음 (托裏消毒飲) 내탁산 (内托散) 팔미대 하방 (八味帯下方) 치두창일방 (治頭瘡一方) 을자탕 (乙字湯) 의이인탕 (薏苡仁湯) 〈율무〉

한국 · 중국의 민간요법

제 1 장. 어린이의 병

급성비인두(急性鼻咽頭) 카타르

열을 내리게 하는데 (1) **지렁이**…어린이의 열을 내리게 하는데는 발바닥 중간에 바르면 잘 듣게 됩니다.

(2) **범의귀(虎耳草)**…이 풀의 잎 4~5장을 달여 먹으면 좋고, 여기에 지렁이를 1마리 정도 넣으면 더욱 좋습니다.

(3) **토란**…이것을 으깬 것에 소금을 조금 넣은 다음 밀가루를 섞어서 반죽으로 만든 것을 종이에 발라 발바닥에 붙여줍니다.

반죽이 마를 때 바꾸어 바르는 일을 4~5번 실시하는 동안 열이 대개 내리게 됩니다.

그리고 어린이의 열을 내리게 하는데는 되도록 얼음을 사용하지 않도록 해야 합니다.

소화불량에 (1) **달걀**…1개의 흰자에 물 2홉 5작 정도 넣어 잘 휘저으면서 끓인 다음 거어즈로 걸러 그 즙에 설탕을 넣은 것을 젖 대신 3~4시간 간격으로 먹으면 효력이 있습니다.

(2) **감꽃(柿花)**…검게 태운 것을 가루로 만들어 하루에 3~4회 조금씩 먹으면 효력이 있습니다.

코가 막힐 때 (1) **습포(濕布)**…더운물에 적신 수건 2~3장 겹친 것을 콧등에 3~4분간 습포하면 콧구멍이 트이게 됩니다.

(2) **파의 흰뿌리**…흰뿌리의 껍질을 벗긴 것을 콧등에 발라 두어도 콧구멍이 트이게 됩니다.

목구멍(咽喉)이 아플 때 (1) **엽차와 소금의 양치질**…엽차에 소금을 적당히 넣은 것으로 자주 양치질을 하면 효력이 있습니다.

(2) **율무(薏苡仁) · 질경이(車前草) · 감초(甘草)** …다섯 알갱이 정도 율무는 껍질이 달려 있는 채로 으깬 것에 질경이와 감초를 조금 섞은 다음 3홉의 물에 달여 1홉반 정도 되도록 해서 하루에 3회 정도 복용하면 효력이 있습니다.

그리고 이것은 백일해(百日咳)에도 잘 듣습니다.

(3) **목이 쉴 때**…연뿌리 으깬 즙에 설탕을 조금 넣어서 먹으면 효력이 있습니다.

기관지염(氣管支炎 : 기관지 카타르)

기침을 그치게 하는데 (1) **매인(梅仁)**…매실 또는 매간(梅干)을 쪼개어 보면 흰 색깔의 인(仁)이 있는데, 큰 것은 7~8개, 작은 것은 10개 정도를 꺼내어 적당한 양의 흑설탕을 섞은 다음 물 1홉 속에 넣어 약한 불로써 끓인다.

이렇게 해서 맑은 물엿과 같은 것으로 만들어 기침이 나올 때마다 찻숟가락 1스푼 정도씩 복용하면 효력이 있습니다.

(2) **무채와 물엿**…물엿에 무채를 섞은 것을 그대로 먹거나, 더운물에 녹여 먹으면 기침이 멈추게 됩니다.

(3) **금귤(金橘)**…잘 익은 금귤을 설탕과 함께 달여 먹으면 효과가 있습니다.

또 갓난아이에게는 금귤과 설탕을 달인 즙을 먹이면 됩니다.

(4) **사과즙**…사과즙을 내어 먹여도 효력이 있습니다.

(5) **배즙**…배를 껍질 채로 태워 연해졌을 때 잘게 썬 것으로 즙을 내어 복용하면 효력이 있습니다.

(6) **가지의 꼭지에 붙은 꽃받침**…이것을 그늘에 말려 달여 먹으면 잘 듣게 됩니다.

(7) **머위(蕗)**…머위의 장다리(꽃줄기)를 그늘

에 말려 놓고 기침이 날 때마다 씹어 먹으면 기침이 그치게 됩니다.

(8) **말린 청어 알**…이것을 검게 태워 오블라토에 싸서 먹으면 대개의 기침은 2~3회로써 그치게 됩니다.

그러나 이것은 갓난아이에게는 도리어 나쁩니다.

(9) **호박씨**…호박씨 3작에 설탕을 조금 넣은 다음 2홉의 물에 달여 1홉 정도 만든 것을 잠자기 전에 먹으면 효력이 있습니다.

(10) **제네가 뿌리**…약방에 있는 제네가 뿌리를 뜨거운 물에 풀어서 먹으면 좋습니다.

이것은 의사들이 곧잘 사용하는 기침약인 것입니다.

| 가래(痰)를 멈추게 하는 일 | (1) **여우콩(개녹곽)**…콩깍지 속에 들어 있는 씨를 달여서 먹으면 효력이 있습니다.

(2) **누른 쥐참외**…뿌리를 말려서 가루로 만든 것을 찻숟가락 1스푼 정도 준비한 것에 5~6cm씩 자른 대껍질을 물 1홉5작과 달여 1홉이 되도록 끓인 다음 하루에 3번씩 복용합니다.

(3) **굴껍질**…말린 굴껍질을 달여 먹으면 효력이 있습니다.

폐렴(肺炎)

| 기관지 폐렴(氣管支肺炎) | 폐렴에 겨자니(芥子泥)를 바르면 놀랍게도 잘 낫게 됩니다.

이때 주의할 일은 보통의 습포와 같이 가슴 전체를 발라 주는 것이 아니라 폐렴에 걸려 있는 부위에만 발라야 합니다.

겨자니는 겨자가루에 소량의 물을 부어 진득진득할 정도로 으깨어 한지에 발라 사용합니다.

겨자니를 사용할 때 피부가 약한 사람이나 너무 강한 사람들에게는 겨자습포를 사용하는 것이 안전합니다.

약 1홉의 더운물(섭씨 70~80℃)에 서양겨자를 찻숟가락 7~8스푼 정도 타고, 여기에 거어즈 등을 적셔 사용하면 됩니다.

| 크루우프성 폐렴(진성폐렴) | 우선 첫째 절대 안정을 지켜야 합니다.

즉, 대소변까지도 주의를 하여 몸을 함부로 일으켜서는 좋지 못합니다.

치료방법은 대개 카타르성 폐렴과 같습니다.

순조로운 크루우프성 폐렴이면 일정한 시기를 경과하여 열이 내리게 되므로 경자니의 습포는 할 필요가 없습니다.

다만 심장의 쇠약만을 막도록 하는 한편 절대안정을 지키는 것이 좋습니다.

늑막염(肋膜炎)

| 가슴에 물이 괴었을 때 | (1) **석산(曼珠沙華)의 둥근 뿌리와 피마자**…석산의 둥근 뿌리를 강판으로 곱게 갈아 이것과 같은 분량의 피마자를 으깨어 섞은 것을 종이에 발라서 양쪽 발바닥에 바른 다음 붕대를 감아 놓습니다.

(2) **까치수영(호장근)**…뿌리를 달여서 복용하면 효력이 있습니다.

(3) **활유(괄태충)**…1cm 정도로 잘라 설탕에 절이거나 오블라토에 싸서 먹으면 됩니다. 2~3일 계속하면 가슴에 괸 물이 빠지게 됩니다.

(4) **배꼽**…누구의 것이라도 상관 없습니다. 되도록 묵은 것을 이용하여 3홉의 물에 달여 5작 정도 되게 하여 설탕을 탄 다음 3번으로 나누어 하룻동안 먹으면 효력이 있으며, 배꼽은 여러번 사용할 수 있습니다.

(5) **민물게**…날것을 으깨어 천에 싸아 즙을 낸 것을 정종잔 1잔 정도씩 2~3일 건너 복용하는

일을 1달 동안 계속하면 효력을 보게 됩니다.

〔까치수영〕   〔민물게〕

물이 괴지 않는 늑막염 │(1) **호사(縞蛇)**…많이 먹으면 거슬러 올라가게 되므로 증소(蒸燒)하여 가루로 만든 것을 귀이개 10개 정도 하루에 1회씩 먹으면 효력이 나타납니다.

또는 껍질을 벗긴 것을 말려서 1회에 3cm 정도씩 잘라 하루에 2회씩 5일간 계속하는 것도 좋습니다.

이것은 물이 괴이는 습성늑막염에도 유효합니다.

(2) **소철(蘇鐵)의 열매**…1개를 빻아 2홉의 물에 달여 1홉이 되게 하여 복용하면 몸에 힘이 붙게 됩니다.

(3) **질경이(車前草)의 잎**…7~8장의 잎을 소금물로 잘 씻은 다음 즙을 내어 먹으면 효력이 있습니다.

그리고 겨울철에는 그늘에 말린 것을 달여서 먹으면 됩니다.

이것은 오래 계속하지 않으면 효력이 나타나지 않습니다.

(4) **흰 매화꽃**…꽃잎을 그늘에 말린 것 한 주먹에 그 절반 정도의 감초를 넣어 끓인 것을 차 대신 복용하면 효력이 있습니다.

(5) **작약(芍藥)의 뿌리**…10돈(匁)정도에 감초를 조금 섞은 다음 1홉5작의 물에 달여 7작이 되도록 한 것을 아침과 저녁 2회씩 복용하는 일을 5일간 계속하면 효력이 나타납니다.

백일해(百日咳)

기침을 순하게 하는 약 │(1) **양귀비열매 껍질과 질경이**…약방에서 구할 수 있는 양귀비열매 껍질 2돈반에 질경이 1홉반을 물에 달여 반이 되도록 해서 복용합니다.

2살 이하는 5일분, 4살 이하는 3일분, 7살 이하는 2일분, 15살 이하는 1일분으로 해서 이용합니다. 이것을 보름 정도 계속하면 대개 낫게 됩니다.

만일 이렇게 해서 보름 동안에 낫지 않으면 이를 중지해야 합니다.

(2) **흰 무씨**…흰 무씨를 살짝 볶아 가루로 내어 복용하면 좋습니다.

(3) **호박씨와 흑설탕**…호박씨 15개를 부드럽게 빻아 1홉의 물이 7작 정도 되도록 달인 것에 정종잔 1잔 정도의 물엿을 타서 복용합니다.

(5) **배(梨)와 무**…각각 같은 분량으로 부드럽게 갈아 흑설탕을 조금 섞은 것을 하룻동안에 차 대신 1잔씩 복용합니다.

그리고 갓난아이라면 배의 즙만을 먹여도 됩니다.

(6) **선인장(仙人掌)**…이것을 으깨어 매일 식후 작은 술잔 반잔 정도씩 복용하면 3~4일 만에 깨끗이 낫게 됩니다.

(7) **검은콩과 각설탕**…검은콩 5작에 각설탕을 조금 섞은 것을 5홉의 물에 달여 1홉이 되도록 해서 기침이 날 때마다 복용하면 효과가 있습니다.

(8) **솜대(분족)**…뿌리에 가까운 곳 30cm 정도를 잘라 가운데를 약한 불에 쬐면 양쪽 자른 구멍으로부터 기름이 나오게 됩니다. 이것을 작

은 술잔 1잔씩 하루에 3회 복용하면 효과가 있습니다.

(9) **활유(괄태충)**…1마리를 판자 위에 올려 놓고 사발로 덮어 하룻동안 두면 똥이 빠지게 됩니다.

이것에 각설탕 5돈 정도 넣고, 2홉의 물을 1홉반 정도 되도록 달여서 하루 3회 나누어 복용합니다.

대개 일주일 전후로 해서 기침이 멈추게 됩니다.

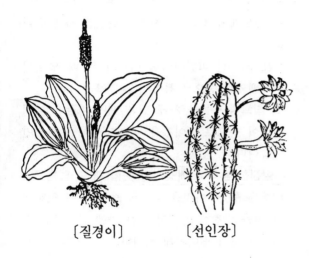

〔질경이〕　　〔선인장〕

(10) **벼메뚜기**…10마리 정도를 달여 먹으면 효력이 있습니다.

(11) **금귤**…금귤을 엿으로 만들어 먹으면 좋습니다.

(12) **배(梨)의 증소(蒸燒)**…배를 증소하여 보통 어린이에게는 그대로 갓난아이에게는 즙을 먹이면 됩니다.

(13) **백남천(白南天)의 열매와, 검은 콩**…각각 10개 정도를 1홉의 물에 달여 여러번 나누어 복용합니다.

(14) **기타**…맥문동(麥門冬)의 둥근 뿌리, 머위의 잎이나 꽃 또는 뿌리와 꽃다지의 씨를 함께 달여 복용하면 효력이 있습니다.

디프테리아(Diphtheria)

| 목구멍을 트이게 하는 약 | (1) **마늘**…마늘의 뿌리를 으깨어 짜서 그 즙을 10방울 정도 먹으면 목구멍이 트이는 특효법입니다.

(2) **솜대(분죽)**…뿌리 가까이를 30cm 정도 잘라 불에 태우면, 기름이 나오게 됩니다.

그 기름을 5~6방울 복용하면 효력이 있습니다.

(3) **범부채(射干)**…뿌리를 으깨어 짜서 그 즙을 복용하면 효력이 매우 좋습니다.

(4) **상추**…잎사귀를 잘 주물러서 그 즙을 마시면 좋습니다.

(5) **고추잠자리**…2~3마리를 검게 태워 가루를 낸 것을 먹으면 효력이 있습니다.

〔범부채〕

(6) **담배의 진**…더운물에 녹여 목구멍 깊은 곳에 바르면 유효합니다.

이때 주의할 것은 삼키지 않도록 이내 뱉아야 합니다.

(7) **두더지의 증소(蒸燒)**…두더지를 도자기제의 항아리에 밀봉시켜 찐 것에 2g 정도의 벌꿀을 섞어서 입안에 발라 놓으면 잘 듣게 됩니다.

(8) **달래(산달래)**…뿌리를 도자기제의 솥에 넣

어 찐 것을 가루로 내어 입 속으로 불어 넣으면 효력이 있습니다.

(9) **활유(蛞蝓 : 괄태충)** … 생것으로 오블라토에 싸서 먹거나, 증소(蒸燒)한 것을 분말로 만들어 환부에 불어 넣으면 효력이 있습니다.

(10) **당아욱(鐵葵)** … 꽃을 말려 5돈씩 달여 먹으면 효력이 있습니다.

〔당아욱〕

홍역(紅疫) 또는 마진(痲診)

| 기침을 그치게 하는데 | (1) **금귤(金橘)** … 열매를 달인 즙을 먹으면 효력이 있고 또 설탕에 절여 삶아 먹어도 좋습니다.

(2) **무와 생강즙** … 무즙과 생강즙을 1 : 3의 비율로 섞은 것에 설탕을 조금 넣은 다음 더운물 4의 비율로 넣어 4회 나누어 먹으면 효력이 있습니다.

(3) **연뿌리와 귤껍질과 현미스프** … 기침이 심할 때는 연뿌리와 귤껍질을 달여 그 즙을 현미스프에 섞어 먹으면 효력이 있습니다.

| 열이 높아서 고생을 할 때 | **말의 발톱** … 말굽을 끼울 때 깎아 낸 발톱을 부드럽게 빻은 것 1돈(匁)을 물 1홉에 넣어 달여 그 즙을 10살 이상이면 2잔 정도, 20살 이하면 3잔 정도 복용하면 됩니다.

이렇게 하면 밤에 열이 매우 높아졌어도 이튿날에는 시원스럽게 내려갑니다.

| 발진이 속으로 들어가 나오지 않을 때 | (1) **대하(大蝦)의 껍질** … 이것을 달여 복용하면 발진이 겉으로 나오게 됩니다.

(2) **무즙 · 묵은 생강 · 소금 · 설탕** … 무즙 한 숟가락에 묵은 생강즙 한 방울을 섞은 다음 소금과 설탕을 조금씩 넣고, 여기에 4~5배 정도 물로 묽게 한 것을 1~2살의 젖먹이 아이의 1회분으로 해서 3회 복용시키면 발진을 하게 됩니다.

또 5~6살 어린이라면 이것의 두 배, 열살이면 4배의 분량으로 복용시킵니다.

(3) **찹쌀죽** … 몸을 차게 했을 때나 바람을 쐬어 발진이 속으로 들어갔을 때는 찹쌀죽을 먹으면 좋습니다.

| 발진한 흔적이 깨끗하지 못할 때 | **얼음구약나물(蒟蒻)** … 이것을 더운물 속에 넣어 연하게 한 것을 발진한 흔적이 있는 곳에 문지르면 딱지가 깨끗이 떨어지게 됩니다.

그러나 이 구약나물을 먹어서는 안 됩니다.

(1) **무소의 뿔(烏牢角) 발진을 촉진시켜 가볍게 치료토록 하는 약** … 옛부터 전해 내려오는 마진의 묘약으로써 홍역에 걸릴 우려가 있을 때는 이것을 깎아 달여 먹으면 발한(發汗)을 하는 동시에 피부의 모세혈관을 넓혀 발진을 촉진 시킵니다.

(2) **비파(枇杷)의 열매** … 비파의 잎이나 열매를 달여 먹으면 홍역을 가볍게 치를 수 있습니다.

그리고 잎을 이용하여 목욕을 하는 것도 한 가지 좋은 방법이 됩니다.

(3) **오랑캐꽃의 뿌리** … 2돈 또는 3돈 정도의 뿌리를 달여 그 즙을 복용하면 이 병에 걸려도 가볍게 치료할 수 있습니다.

유행성 이하선염(流行性耳下腺炎)

(1) **무 채**…무채를 천에 쌓아 아픈 곳에 대어 차게 하면 가라앉게 됩니다.

(2) **올리브기름**…올리브기름 2~3방울을 귓속에 떨어뜨린 다음, 솜으로 마개를 해 놓으면 아픈 귀가 가라앉게 됩니다.

성홍열(猩紅熱)

(1) **매초(梅酢)**…한 컵의 더운물에 정종잔 1잔 정도의 매초를 타고 여기에 설탕을 넣어 식혀서 복용하면 초기에는 매우 효력이 있습니다.

이때 매초는 흰매초가 좋습니다. 흰매초라고 함은 매실을 소금에 절일 때 아직 차조기(紫蘇)의 잎을 넣기 전의 즙인 것입니다.

(2) **창출(蒼木)**…꽃과 뿌리를 말린 것을 달여 먹으면 효력이 있습니다.

(3) **검나리(패모:貝母)**…심한 열이 날 때 뿌리를 달여 먹으면 효력이 있습니다.

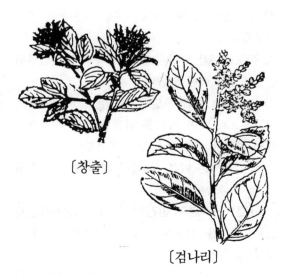

〔창출〕

〔검나리〕

뇌막염(腦膜炎)

(1) 한마디로 뇌막염이라고 하지만 그 종류는 다양하며, 어린이의 병에 있어서 가장 위험한 것입니다.

(2) 크게 손꼽을 수 있는 것에는 결핵성 뇌막염·화농성 뇌막염·장액성(漿液性) 뇌막염·연독성(鉛毒性) 뇌막염 등이 있습니다.

(3) **웅담(곰의 쓸개)**…손톱만한 크기의 웅담을 짙게 갈아 하루에 2~3회씩 복용하면 이상할 정도로 잘 낫게 됩니다.

(4) **범의귀(虎耳草)**…잎 10장 정도를 준비하여 소금에 절여 씻은 다음 잘 으깨어 즙을 낸 것을 입안에 떨어뜨리면 뇌막염으로 경련을 일으킬 때 특효를 나타냅니다.

〔범의귀〕

(5) **꽈리의 뿌리와 잇꽃**…꽈리 뿌리를 잘게 자른 것에 잇꽃을 조금 넣어 달여서 즙을 내어 복용하면 특효를 나타냅니다.

급성뇌염(急性腦炎)

(1) **콩(大豆)**…그대로를 입에 넣고 씹은 다음

그 숨(息)을 어린이의 목구멍에 세게 불어 넣
으면 효과가 있습니다.

(2) **범의귀(虎耳草)**…잎 1장을 소금물에 주물
러 씻은 다음 즙을 내어 입안에 넣어 줍니다.

(3) **꽈리의 뿌리와 잇꽃**…뿌리를 잘게 자른 것
에 잇꽃을 조금 넣고 한 컵 정도의 더운물을
부어 휘저은 다음 그 즙을 복용하면 효력이 있
습니다.

〔잇꽃〕

유아 소화불량증(乳兒消化不良症)

(1) **토마토즙**…적당한 시간을 정하여 먹습니
다.

(2) **질경이 잎**…그늘에서 말린 잎을 달여서 복
용합니다.

(3) **쓴풀(당약)**…달인 즙에 설탕을 조금 타서
먹으면 효과가 있습니다.

(4) **초결명과 이질풀(현지초)**…함께 달여 먹으
면 효력이 있습니다.

위장(胃腸) 카타르

| 위(胃) 카타르의 민간약 | (1) **무즙**…3돈
(匁) 정도를 아침, 저녁 식후에 먹으면 특효가
있습니다.

또 무씨 10알 정도를 잘 씹어 먹는 것도 효
력이 있습니다.

(2) **용담(龍膽)**…날것의 잎 또는 뿌리를 달여
먹으면 잘 듣게 됩니다.

〔용담〕   〔민들레〕

(3) **황련(黃蓮)**…1돈을 물 2홉으로 달여 하루
에 2~3회 공복시에 나누어 복용합니다.

(4) **사프란의 수술**…여러 개를 더운물에 적셔
복용합니다.

(5) **창포(菖蒲) 뿌리**…달여서 복용하면 만성위
장병에도 효력이 있습니다.

(6) **민들레의 뿌리**…말린 것 5돈을 3홉의 물로
써 2홉으로 달여 이것을 이틀간 사용할 것으로
해서 하루에 여러번 나누어 복용합니다.

이 민들레는 이른 봄 꽃이 피기 전에 채취하
는 것이 좋습니다.

| 장(腸) 카타르의 민간약 | (1) **이질풀(현지
초)**…이것을 이용하면 급성의 초기에는 쉽게
낫게 됩니다.

그늘에 말린 것 5돈을 1홉5작의 물로써 달여
3분의 1 정도로 줄여 식힌 것을 1회에 복용합

니다.

이리하여 2일 정도 복용하면 즉각 낫게 되는 특효약입니다.

〔달래〕

(2) 쓴풀(당약 : 堂藥)…5~6개를 3홉의 물에 넣어 달인 것을 1일분으로 하여 복용합니다. 이것은 위 카타르의 경우에도 좋습니다.

(3) 달래(산달래)…간장에 달여 먹으면 설사가 멈추게 됩니다.

〔주의〕 이상은 주로 4~5세 이상의 어린이에게 잘 듣는 것이며, 분량은 4~5세 환자는 4분의 1. 7~8세 환자는 3분의 2. 12~13세 환자는 2분의 1이 적당합니다.

역리(疫痢)

(1) 여뀌…잎을 주물러 그 생즙을 반 컵 정도씩 시간마다 2~3회 복용하면 효력을 보게 됩니다.

(2) 매육(梅肉) 엑스…청매(靑梅)를 으깨어 사기칠한 냄비를 이용하여 약한 불로써 여러 시간 달이면 진득진득한 즙이 됩니다.

여기에 소량의 설탕을 섞어 산미를 약하게 해서 식후마다 두 숟가락씩 복용하면 효력이

있습니다.

(3) 이질풀(현지초)…피마자기름으로 설사를 시킨 다음 이질풀 5돈을 달여서 하루에 4~5회 나누어 복용합니다.

(4) 마늘…마늘을 으깨어 콩만한 크기로한 다음 오블라토에 쌓아 한 번에 2개씩 하루에 여러번 복용합니다.

이것은 초기에 잘 듣게 되며, 예방약으로도 효력이 있습니다.

(5) 겨자탕(芥子湯)…양동이에 가득히 더운물을 담아 놓은 것에 서양겨자를 네 숟가락 정도 넣은 것을 이용하여 좌욕(坐浴)을 하면 효력이 있습니다.

(6) 올리브…열매를 짠 즙을 숟가락 2~3개 정도씩 복용하면 효력이 있습니다.

〔올리브〕

(7) 맨드라미잎…붉은색 맨드라미 잎을 달여서 복용하면 효력이 있습니다.

(8) 납작털피(참새피)…줄기·잎·씨를 합해서 달여 복용하면 효력이 있습니다.

(9) 황기(黃耆)…뿌리와 열매를 달여 하루에 3회 복용합니다.

(10) 물총새…항아리에 넣어 까맣게 태워 가루로 낸 것을 한 숟가락씩 복용하면, 검은 대변이 나오게 되는데 이러면 낫게 됩니다.

(11) **종다리를 검게 태운 것**…하루에 한 마리씩 도자기에 넣어 밀봉하여 태운 것을 가루로 만들어 하루에 3회씩 복용합니다.

(12) **비파(枇杷)의 잎**…그늘에서 말린 것을 달여 아침, 저녁 2회 복용합니다. 너무 많이 복용하면 좋지 않습니다.

〔황기〕   〔비파〕

아구창(鵝口瘡)

(1) **초결명**…중국산 초결명의 잎을 질게 달여 이것을 소독저에 탈지면을 감은 것에 묻혀 환부에 바르거나, 입안을 종종 깨끗이 닦아 주면 효력이 있습니다.

(2) **붕사(硼砂) 글리세린**…20%로 묽게한 글리세린을 하루에 여러번 붓끝을 이용하여 입안을 바르면 잘 듣게 됩니다.

이것은 끈기 있게 계속 실행해야 하며, 동시에 과산화수소나 0.5%의 과망간산칼륨액 또는 1~3%의 질산은수 등을 거즈에 적셔 입안을 가끔 씻어 주어야 합니다.

그리고 이 약은 어두운 곳에 저장해야 하고, 사용할 때마다 새로운 거즈를 이용하는 것이 좋습니다.

유아각기(乳兒脚氣)

젖을 먹이기 전의 유아에게 다음의 달인 약을 먹여 주면 좋습니다.

(1) **별꽃**…줄기나 잎을 달여 조금씩 섞어서 먹으면 됩니다.

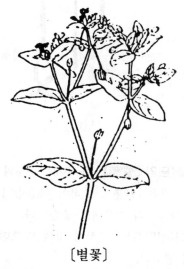

〔별꽃〕

(2) **파초(芭蕉)**…줄기, 뿌리 또는 잎을 달여 먹습니다.

(3) **빈추나무**…달여서 복용합니다.

(4) **질경이 잎**…하루에 5돈씩 달여서 복용합니다.

(5) **무씨**…하루에 1돈씩 달여서 복용합니다.

(6) **치자나무 열매**…적은 양을 달여 복용하면 효력이 있습니다.

(7) **이질풀(玄之草)과 팥**…이질풀은 위장병의 특효약이며, 이것을 달인 즙에 다시 팥을 넣어 삶은 즙을 복용하면 효과가 있습니다.

(8) **이질풀·초결명·팥**…이질풀 5돈과 중국산 초결명 7돈을 7돈의 물에 달여 6홉으로 달인 즙에 팥 1홉 삶은 것을 하룻동안에 복용하면 됩니다.

그리고 이질풀을 초결명을 달인 즙에 다시 3

홉의 물과 함께 달여 2홉으로 만들어 차대신 복용하면 효력이 있습니다.

변통이 심할 경우는 팥의 분량을 줄여야 합니다.

(9) 탱자나무…탱자나무 잎을 그늘에 말린 것 3돈을 3홉의 물에 달여 2홉으로 만들어 하룻동안에 나누어 복용합니다.

(10) 엉겅퀴…날것의 뿌리는 10돈, 그늘에 말린 뿌리는 5돈에 감초를 조금 넣어 달인 것을 차대신 복용하면 특효가 있습니다.

또 엉겅퀴의 뿌리를 짜서 그 즙을 다리에 발라도 효력이 있습니다.

(11) 반하(끼무릇 : 半夏)…둥근 뿌리 1~3돈을 물에 달여 여기에 생강을 넣어 복용하면 특효가 있습니다.

제 2 장. 소화기(消化器)의 병

복통(腹痛)

복통이라고 하면 그 원인에 여러 가지가 있는데, 중요한 것을 들면 다음과 같습니다.

배 전체에 통증이 있을 때 (1) 변비…통증이 불규칙적이며, 배를 눌러 보아도 어느 곳이 아픈지를 모를 정도이며 경과도 매우 느립니다.

따라서 때때로 아플 때는 언제나 변비가 있지 않을까 하여 주의하는 것이 좋습니다.

(2) 장 카타르…이것은 설사를 동반한 급성일 때 많으며 특히 변비 전후 또는 용변중에 심하게 일어납니다.

(3) 맹장염(盲腸炎)…주로 복막염을 동반할 때 일어나기 쉽고, 오른쪽 아랫배를 누르면 아프다. 또한 복부에 물이 괴는 느낌이 생길 뿐 아

니라 높은 열이 나는 경우가 많습니다.

(4) 납중독(鉛中毒)…배우의 직업을 가진 사람들이 백분(白粉)을 많이 사용하는 사람에게서 걸리는 일이 많으며, 때로는 손발이나 허리가 굽어지기 쉽고, 연독성치간염(鉛毒性齒艱炎)을 일으켜 잇몸이 검게 되는 일이 생깁니다.

(5) 장폐색(腸閉塞)…복막염 또는 수술 후에 돌발하는 경우가 많습니다.

(6) 척수로(脊髓癆)…송곳으로 찌르는 통증이 있으며, 무릎의 건반사(腱反射)가 없어지고, 동공(瞳孔 : 눈동자)의 수축이 되지 않습니다.

(7) 결핵성 복막염…다른 결핵성에 이어 일어나며, 식욕부진·발열을 동반합니다.

명치가 아플 때 (1) 충양돌기염(蟲樣突起炎) …이 병이 시작할 때 일어나기 쉬우며, 급성일 때는 높은 열이납니다.

(2) 위궤양(胃潰瘍)…때때로 밤중 또는 식후에 통증을 일으킵니다. 이 통증은 어깨 쪽까지 미칠 때가 있고, 위의 뒤쪽인 등뼈가 아플 때도 있습니다.

(3) 위암(胃癌)…위가 꽉 찬 기분이 들며 때때로 불규칙적인 통증이 생깁니다.

구토가 생길 때는 커피 같은 물질이 나오곤 합니다.

(4) 담석증(膽石症)…갑자기 심한 통증을 일으키며 때때로 누런 색깔의 구토를 합니다.

오른쪽 옆배가 아플 때 (1) 담석증…심한 통증이 급히 일어나는 경우가 많으며 명치가 아플 때도 많습니다.

(2) 신석증(腎石症)…때때로 밤중에 갑자기 송곳으로 찌르는 통증이 생깁니다.

자주 소변이 마렵게 되며 경열오한(輕熱惡寒)을 일으키기도 합니다.

왼쪽 옆배가 아플 때 (1) 협심증(狹心症)… 갑자기 심장부로부터 왼쪽 아랫배에 걸쳐 또는 왼쪽 어깨 쪽까지 심한 통증을 느끼게 되

며, 얼굴이 창백해지고, 손발이 차져서 때로는 피부가 보라색으로 되어 실신하게 됩니다.

(2) **만성 충양돌기염(慢性虫樣突起炎)**…보통 때는 명치로부터 배 전체에 통증을 느끼나 만성의 충양돌기염에서는 왼쪽 배까지 아플 때가 있습니다.

| 오른쪽 아랫배가 아플 때 | (1) **충양돌기염**…실제 통증 부분은 오른쪽 아랫배이지만 명치가 아프거나 왼쪽 옆배 또는 배 전체에 통증을 느끼게 되어도 배를 눌러 볼 때는 언제나 오른쪽 아랫배가 아프게 됩니다.

(2) **나팔관 농양(喇叭管膿瘍)**…대개는 임독성의 전염에 의해서 일어나며 허리 전체에 통증을 느낄 때도 있으나 오른쪽 아랫배가 아프게 됩니다.

그리고 대개는 백대하(白帶下)와 열을 동반하는 경우가 많습니다.

(3) **월경 곤란(月經困難)**…때로는 송곳으로 찌르는 통증이 있기도 하고 약간 아프기도 합니다.

(4) **방광 결석(膀胱結石)**…소변을 배설한 후에 아플 때가 많으며, 때로는 고환(睾丸)·귀두(龜頭)·항문(肛門)까지 아플 때가 있습니다.

| 왼쪽 아랫배가 아플 때 | (1) **자궁외 임신**…월경 곤란·난소 낭종(卵巢囊腫) 등에도 왼쪽 아랫배가 아프게 되나 대개는 자궁외 임신때 아픈 일이 많습니다.

(2) **복통의 요법**…앞에서 설명한 바와 같이 복통의 원인이 되는 것에는 여러 가지 있으므로 이 원인을 조사하여 근본부터 치료하는 것이 지름길이 됩니다.

구토(嘔吐)

구토가 있을 때는 남천(南天)의 잎을 2~3장

또는 열매를 2~3알갱이 입에 넣고 씹어 그 즙을 먹으면 구토가 그치게 됩니다.

〔남천〕

토혈(吐血)
〔각혈 또는 폐결핵의 난 참조〕

(1) **마늘**…강판에 갈아 먹거나 구워서 먹으면 토혈이 그치게 됩니다.

(2) **천문동(天門冬 : 부지깽나물)**…이 덩이 뿌리를 달여서 복용하면 낫게 됩니다.

(3) **곶감**…검게 태운 것을 더운물에 풀어서 복용하면 토혈이 그치게 됩니다.

(4) **다시마**…삶아서 그 즙을 마시면 그치게 됩니다.

(5) **파래**…가루로 만들어 더운물에 타서 복용하면 효력이 있습니다.

(6) **마타리**…땅속줄기를 달여서 그 즙을 복용합니다.

(7) **무화과(無花果)**…날것 채로 먹으면 토혈이 그치게 됩니다.

변비(便秘)

(1) **쓴풀(당약)**…마른 잎을 달인 즙을 찻잔 1잔 정도씩 하루에 3회 복용합니다.

(2) **오수유(吳茱萸)**…열매를 달여 복용하면 두통이 없어지고 또 변비가 없어집니다.

(3) **소루쟁이(참소루쟁이)**…풀 전체를 달여 복용하면 변비가 낫게 됩니다.

〔오수유〕

(4) **들장미**…그늘에 말린 열매를 빻아 잠자기 전에 조금씩 복용하면 이튿날부터 변통을 하게 됩니다.

(5) **아스파라거스**…싹을 삶아 복용하면 낫게 됩니다.

(6) **복수초**…뿌리를 삶아 먹으면 낫게 됩니다.

(7) **국수**…잠자기 전에 소량의 유채(油菜)의 기름을 쳐서 먹으면 변통을 하게 됩니다.

(8) **다시마즙**…다시마차를 매일 아침 1~2컵씩 복용하면 변통을 하게 될 뿐 아니라 몸이 튼튼해집니다.

(9) **날것의 오이**…이것에 간장을 타서 먹으면 효력이 있습니다.

(10) **국화꽃**…누런 국화꽃잎을 참깨에 절여 놓고 변비가 있을 때 그 액체를 2~3방울씩 복용하면 효력이 있습니다.

(11) **물엿과 달걀**…잘 휘저어 먹으면 효력이 있습니다.

(12) **민들레씨**…달여서 복용합니다.

(13) **초결명**…6돈의 종자를 4홉의 물에 짙게 달여 복용하면 이튿날부터 반드시 변통이 있게 됩니다.

(14) **대추**…잘 익은 열매를 쪄서 건조시키고 이것을 1~2돈 정도씩 달여 매일 여러번 복용하면 효력이 있습니다.

(15) **삼(麻)**…말린 열매를 달여 먹으면 변통을 하게 되며, 다량 복용해서는 좋지 않습니다.

(16) **댑싸리(地膚子)**…그늘에서 말린 열매를 달여 복용하면 잘 낫게 됩니다.

(17) **시금치**…줄기나 잎을 생식하면 차차 변통을 하게 됩니다.

설사(泄瀉)

(1) **납작털피(참새피)**…전체의 잎을 달여서 복용하면 놀랄 정도로 설사가 잘 멈추게 됩니다.

(2) **무화과(無花果)**…그늘에서 말린 잎을 달여 그 즙을 복용하면 설사가 멈추게 됩니다.

또 과일을 날것으로 먹어도 효력이 있습니다.

(3) **제비붓꽃**…땅속줄기를 그늘에서 말려 이것을 달인 즙을 복용하면 설사가 멈추게 됩니다.

(4) **이질풀(玄之草)**…이 풀의 열매나 꽃을 그늘에서 말린 것 5돈(匁)을 1홉반의 물에 달여 반으로 만들어 하루에 3회 복용하면 쉽게 설사가 멈추게 됩니다.

(5) **산마**…이 뿌리를 산약(山藥)이라고도 하는데, 말린 것을 가루로 만들어 복용하면 설사가 멈추게 됩니다.

(6) **삼백초(三白草)**…잎이나 줄기를 그늘에서 말린 것을 달여 하루에 3~4회 복용하면 잘 낫게 됩니다.

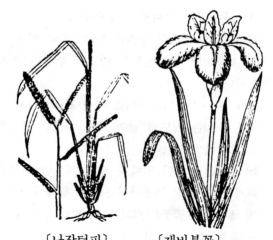

〔납작털피〕　　〔제비붓꽃〕

(7) **질경이(車前草)**…잎이나 줄기를 달여 복용
하면 잘 낫게 됩니다.

(8) **초결명(草決明)**…열매를 달여 복용하면 낫
게 되나 너무 짙게 해서 복용하면 설사가 심해
지는 경우도 있습니다.

〔이질풀〕

(9) **흰매초(梅酢)**…가끔 1~2잔씩 복용하면 효
력이 있으며, 흰매초라는 것은 차조기(紫蘇)를
넣기 전의 매초를 말하는 것입니다.

급성위(急性胃) 카타르

(1) **이질풀(玄之草)**…이 열매나 잎을 그늘에서
말린 것 5돈(匁)을 1홉반의 물에 달여 3분의 1
정도 되도록 해서 1회에 복용하는 일을 3~4번
계속하면 특효입니다.

〔산마〕

〔초결명〕

(2) **쓴풀(당약)**…그늘에 말린 것 5돈(匁)을 1홉
반의 물에 달여 3분의 1 정도로 줄여서 1회에
복용하면 효력이 있으며, 이것을 2~3회 계속하
는 것이 좋습니다.

(3) **민들레**…꽃이 피기 전의 뿌리를 그늘에 말
려 잘 썰은 것 3돈(匁)을 1홉반의 물에 달여
반으로 줄인 것을 하루에 여러번 복용하면 효
력이 있습니다.

(4) **용담(龍膽)**…뿌리나 날것의 잎을 1회에 1
푼(分)~2푼(分) 정도 달여 복용하면 위장이
건전해집니다.

(5) **무 채즙**…하루 3회에 3작(勺)씩 식후에 복
용하면 특효가 있습니다.

(6) **제비붓꽃**…뿌리를 달여서 복용하면 위(胃)
에 괴어 있는 나쁜 물질이 토해 나오거나 설사
로 배설됩니다.

만성위(慢性胃) 카타르

(1) **쓴풀(당약)**…그늘에 말린 잎 5돈(匁)을 3홉의 물에 달여 2홉으로 만들어 하루에 3회 복용합니다.

(2) **창포(菖蒲)**…뿌리를 말려서 달여 복용하면 효력이 있습니다.

(3) **갯상추**…그늘에서 말린 것 5돈(匁)을 3홉의 물에 30분 동안 달여 아침, 저녁 식후 2시간에 나누어 복용합니다.

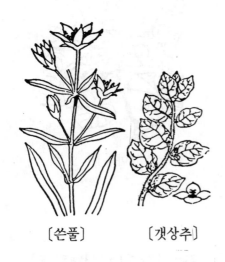

〔쓴풀〕　　　〔갯상추〕

(4) **엉겅퀴**…뿌리를 그늘에 말려서 달여 하루에 2~3회 복용합니다.

(5) **황련(黃蓮)**…1돈(匁)을 2홉의 물에 달여 공복시에 하루 2~3회씩 복용하면 좋습니다.

(6) **반하(半夏)**…둥근 뿌리를 건조시킨 것을 달여서 복용하면 만성병에도 효력이 있습니다.

(7) **사프란**…암술 여러 개를 그릇에 담아 더운 물에 담가 두었다가 그 즙을 때때로 복용하면 효력이 있습니다.

(8) **인삼(人蔘)**…뿌리를 달여 복용하면 식욕이 나고, 건위제로도 효력이 있습니다.

(9) **수세미**…줄기를 잘라 그 자른 구멍으로 나오는 물을 복용하면 복통에 효력이 있습니다.

　하루에 1홉을 3~4회 나누어 복용하거나 또

는 열매를 달여 복용하면 구미건위제(苦味健胃劑)로써 특효를 나타냅니다.

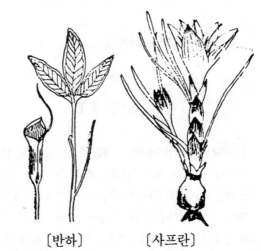

〔반하〕　　　〔사프란〕

(10) **창출(蒼朮)**…뿌리를 채집하여 건조한 것을 복용하면 건위건장제로써 효력이 있습니다.

위궤양(胃潰瘍)

〔엄나무〕

(1) **번행초(蕃杏 : 갯상추)**…그늘에 말린 것 5돈(匁)을 3홉의 물로써 30분 동안 달여 하루에 2회씩 식후 2시간마다 복용하면 효력이 있습니다.

(2) **엄나무(楤木)**…뿌리를 자른 것 5돈(戈) 정도를 하루의 양으로 해서 달여 공복시에 여러 번 나누어 복용하면 대개의 위장병에 특효가 있습니다.

특히 위궤양에 효험이 있습니다.

위암(胃癌)

(1) **애기똥풀(까치다리 : 白屈菜)**…날것의 잎 5푼(分) 정도를 찧어 알코올에 담가 놓은 것(백굴채팅크)을 하루에 여러번 5~6방울씩 복용하거나, 이 나무의 잎을 그늘에 말린 것 1돈(戈)을 2홉의 물로 달여 1홉반으로 줄인 것을 하루 양으로 해서 하루에 3회 복용합니다.

이 식물은 유독성이 있으므로 분량에 주의를 해야 합니다.

(2) **순채(蓴菜)**…잎이나 줄기 5돈(戈)을 하루의 분량으로 해서 달여 3회로 나누어 복용하면 효험이 있습니다.

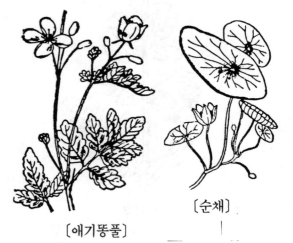

〔애기똥풀〕　　〔순채〕

(3) **엄나무(楤木)**…뿌리 껍질을 그늘에 말린 것 5돈(戈)을 2홉의 물로 달여 1홉으로 줄인 것을 하루 3회 나누어 복용하면 초기에는 특효를 나타냅니다.

(3) **마름(蔓)의 열매**…껍질 채로 물에 넣어 약한 불로 오랫동안 달여 짙은 즙을 하루에 3회씩 식사 전에 복용하면 특효를 나타냅니다.

(4) **가지의 꼭지**…그늘에서 말린 것을 검게 태워 가루로 만들고, 이것을 찻숟가락 2~3스푼씩 식후에 복용하거나, 가지의 꼭지를 달여서 복용하면 효험이 있습니다.

〔마름〕

유문협착증(幽門狹窄症)

이 병은 주로 위궤양(胃潰瘍)·위암(胃癌) 등에 의해서 발생되는 일이므로 이 원인을 제거하려면 위장의 건전을 도모할 필요가 있는 것입니다.

(1) **엄나무(楤木)**…이 뿌리껍질을 그늘에 말린 것 5돈(戈)을 2홉의 물에 달여 1홉이 되도록 줄여 하루에 3회 복용합니다.

(2) **율무(薏苡仁)**…의이인씨 4돈(戈)과 이질풀(玄之草) 5돈(戈)을 2홉의 물에 달여 1홉이 되도록 줄여 하루에 3회 복용합니다.

(3) **사미평위산(四味平胃散)**…옛부터 많이 이용해 온 위장의 묘약으로 진피(陳皮)·창출(蒼朮)·후박(厚朴) 등을 같은 양에 감초를 조금

씩 가하여 분말로 만든 것을 위가 아플 때마다 복용하면 잘 듣게 됩니다.

위산과다증(胃酸過多症)

위산중화약(胃酸中和藥)   (1) 무즙…무즙에 소금이나 간장을 탄 것에 짙은 엽차를 가하여 2~3잔씩 복용합니다.

(2) 검은 참깨…검은 참깨에 소금을 넣어서 볶은 다음 밥에 끼얹어 먹으면 효력이 있습니다.

가슴이 쬐고 구토기가 있을 때의 약   (1) 가다랭이를 말린 것…가슴이 쬐일 때는 가다랭이를 말린 것을 입에 물고서 침을 삼키면 좋아집니다.

(2) 다시마…이것을 입에 물고 있는 것도 한 가지 방법이 되는 것입니다.

(3) 달걀껍질…이것을 태워 가루로 낸 것을 복용해도 가슴이 쬐는 것이 낫게 됩니다.

(4) 적회(赤灰)…구토기(嘔吐氣)가 있을 때는 부엌 바닥에 있는 적토(赤土)를 물에 섞어서 그 위에 맑게 괸 물을 마시면 낫게 됩니다.

(5) 후추나무와 뽕나무 잎…이것을 달여 복용하면 효험이 있습니다.

(6) 쇠고둥(赤螺)…희게 태운 분말을 복용하면 효험이 있습니다.

(7) 접골목(接骨木)…뿌리와 껍질을 달여 복용하면 효험이 있습니다.

(8) 털가침박달…술을 과음했을 때나, 위에서 점액을 토하는 사람에 있어서는 이 식물의 열매를 매일 아침 1~2개씩 복용하면 낫게 됩니다.

(9) 남천(南天)의 잎…소금에 절여 그 즙을 작은 술잔 3분의 1 정도 복용하면 특효를 나타냅니다.

반대로 구토기를 멈추게 하려면 3~4장의 잎

을 입으로 씹어 그 즙을 마시면 효험이 있습니다.

〔접골목〕

위산결핍증(胃酸缺乏症)

(1) 무즙…아침, 저녁 식후에 무즙을 먹으면 효험이 있습니다.

(2) 민들레…민들레 뿌리 말린 것을 3~4돈 (戔)을 3홉의 물에 달여 2홉으로 만든 것을 하루에 5~6회 나누어 복용하면 효력이 있습니다.

(3) 이질풀…5돈(戔) 정도를 1홉반의 물에 달여 3분의 1로 줄인 것을 복용하면 효력이 있습니다.

(4) 벌꿀과 무즙…벌꿀 1홉에 같은 양의 무즙을 가하여 따뜻하게 해서 복용하면 효험이 있습니다.

(5) 사프란…암술 여러 개를 컵에 넣은 다음 더운물을 부어 놓고서 복용하면 효험이 있습니다.

위확장증(胃擴張症)

(1) **접골목(接骨木)의 뿌리** … 껍질을 벗긴 것을 그늘에 말리고, 이것을 달여 복용하면 유음(溜飮)에도 효험이 있습니다.

(2) **머위** … 꽃이나 잎, 줄기를 달여서 차 대신 복용하면 효험이 있습니다.

(3) **후추나무의 열매** … 8~9개를 매일 아침 일어났을 때 더운물에 담그어 복용합니다.

(4) **후추나무와 뽕나무의 잎** … 2가지를 달여서 복용하면 위확장증에 효험이 있습니다.

(5) **솔잎** … 세 끼의 식사 후에 5~6개씩 입에 물어 씹고서 그 즙을 삼키면 효험이 있습니다.
솔잎은 깊은 산중의 적송(赤松)이 좋습니다.

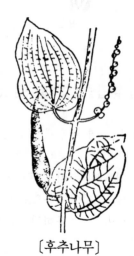

〔후추나무〕

(6) **쇠고둥** … 희게 태워 그 분말을 복용하면 효험이 있습니다.

(7) **굴(牡蠣)** … 껍질을 태워 분말로 한 것 1돈(匁)을 하루에 3회씩 복용해도 좋습니다.

(8) **갯상추** … 잎을 건조하여 하루에 약 5돈(匁)을 물 3홉으로 30분 정도 달여 식사중 2회 복용하면 극히 유효합니다.

위하수증(胃下垂症)

(1) **이질풀(玄之草)** … 5돈(匁) 정도를 달여 3~

4일 계속해서 복용합니다.

(2) **활염수(活塩水)** … 활염수를 식전, 식후 30분을 지나서 복용하면 효험이 있습니다.

(3) **초결명** … 5돈(匁)을 4홉의 물에 달여 3홉으로 줄여 하루에 차 대신 복용하면 됩니다.

위(胃) 아토니증(症)

(1) **위산과다성(胃酸過多性)일 때** … 산짐승고기·새의 고기·송아지 고기를 구은 것, 지방이 적은 물고기회 등은 좋으나 통조림 건물(乾物)·저린 것·뱀장어와 같은 지방이 많은 것은 먹는 것이 좋지 않습니다.

(2) **산(酸)이 감소되었을 때** … 쌀밥을 주식으로 하고, 이것에 달걀 또는 가벼운 물고기 등을 조금씩 부식해서 먹도록 하고, 될 수 있는 데까지 육류를 피하는 한편 식물성의 음식을 주식으로 하는 것이 좋습니다.

(3) **음료(飮料)는 제한한다** … 이 병에 있어서는 위의 운동을 왕성하게 한다는 뜻으로 소량의 주정음료(酒精飮料)와 향료(香料) 등을 이용하는 것이 좋으나, 모든 음료를 1회에 200g(1홉) 정도로 제한하고, 하루의 총량을 1500g(약 7홉)보다 많이 사용해서는 안 됩니다.

(4) **변비(便秘)가 있을 때** … 될 수 있는 데까지 설사제는 사용하지 말고, 배·복숭아·사과 등을 먹고서 변통시키는 것이 좋습니다.

(5) **죽은 금물** … 쌀을 죽으로 해서 이용하는 것은 좋지 못하며, 밥을 잘 씹어 먹는 것이 좋습니다.

(6) **적은 양을 여러번 나누어서** … 분량은 1회에 소량씩 하루에 여러번 나누어 먹는 것이 좋습니다. 콩 종류는 껍질을 벗겨 분말로 해서 스프에 섞어 풀(湖) 모양으로 해서 이용하며, 우유는 좋지 않습니다.

(7) **식후의 안정**···더욱이 식사후는 안정해야 하고, 1~2시간 동안은 엎드려 눕거나 또는 오른쪽 옆으로 누워 있는 것이 좋습니다. 결코 급히 서둘지 말아야 하며, 본래 체질병이므로 위만을 낫게 했다고 해도 낫는 것이 아니므로 평소부터 조심하여 체질개선을 해 나갈 필요가 있습니다.

(8) **이학적요법(理學的療法)**

○ **안마법(按摩法)**···손으로 윗부분을 왼쪽에서부터 오른쪽으로 안마한 다음, 배꼽둘레 및 큰 창자에 따라 안마하면 효험이 있습니다.

○ **전기요법**

○ **수치요법(水治療法)**···냉수마찰을 하거나 물을 위에 일정한 세기로 해서 흐르게 하거나, 냉엄법(冷罨法)을 실시하는 것이 좋습니다.

위경련(胃痙攣)

(1) **박하정(薄荷精)**···이것은 박하와 알코올을 혼합한 것이며, 더운물에 적셨다가 짜 놓은 수건에 박하정을 3~4방울 떨어뜨린 다음 명치둘레에 대어 놓으면 좋습니다.

(2) **겨자니(芥子泥)**···겨자 가루에 밀가루를 섞어 으깬 다음 창호지에 5cm 정도의 두께로 늘여 놓은 다음 종이를 접어 겨자니가 직접 피부에 닿지 않도록 명치 위에 바릅니다.

이것을 5분간 정도에서 벗기지 않으면 붉게 부어 오르는 경우가 있습니다.

(3) **마늘**···으깬 즙을 약 2작(勺)씩 복용하면 좋습니다.

(4) **황벽(黃拍)**···이 나무의 껍질이나 열매를 가루로 한 것 1돈(匁)을 1홉반의 물에 달여 1홉으로 줄여 식후에 드시면 됩니다.

이렇게 하면 고통이 줄어들 뿐 아니라 차차 완치하게 됩니다.

(5) **달걀껍질**···바삭바삭할 정도로 태운 다음 막자사발로 으깨어 가루로 해서 복용하면 효력이 있습니다.

(6) **매실주(梅實酒)**···작은 잔 2개 정도 마시면 효력이 있습니다.

급성장(急性腸) 카타르

(1) **이질풀(玄之草)**···열매나 잎을 그늘에 말린 것 5돈(匁)을 1홉5작의 물에 달여 5작으로 줄인 것을 식혀서 1회에 돈복(頓服)하며 이런 일을 2~3회에 계속해서 복용하면 반드시 낫게 됩니다.

(2) **달래**···잎을 간장에 달여 먹으면 장 카타르도 낫게 되고 또 설사도 멈추게 됩니다.

(3) **무즙**···이것에 1홉의 벌꿀을 섞어 따뜻하게 해서 복용하면 효험이 있습니다.

(4) **작약(芍藥)**···뿌리를 말려 물에 달여 하루 3회 정도 복용하면 효험이 있습니다.

(5) **부추**···뿌리를 강판으로 갈아 손가락 정도의 크기로 둥글게 한 것에 설탕을 칠한 다음 2개씩 복용하면 설사도 그치게 되고 효험도 있게 됩니다.

만성장(慢性腸) 카타르

(1) **이질풀(玄之草)**···이 풀의 잎이나 줄기를 그늘에 말린 것을 잘게 썰어 한 주먹을 담아 놓은 것에 쑨풀(當茱) 5~6가지를 자른 것을 가한 다음 3홉의 물에 달여 2홉으로 만든 것을 하루 3회 식후 1시간 이내에 복용합니다.

오랫동안 지속적으로 하면 효험이 있습니다.

(2) **토근(吐根)**···뿌리부분을 말려 달여서 복용합니다. 수렴제(收斂劑)로도 효험이 있습니다.

(3) **황련(黃蓮)**…뿌리를 말려 2홉의 물에 달여 하루 3회, 식후에 복용하면 효험이 있습니다.

(4) **생매(生梅)**…한 되의 상등품 소주에 흰 설탕 500돈(匁)을 섞어 놓고 이것을 이용하면 효험이 있습니다.

(5) **뽕나무(桑)**…뿌리 약 10돈(匁)에 새로이 돋은 대뿌리 8푼(分) 정도를 섞어 물 3홉에 달여 1홉이 되도록 하여 하루에 3회로 나누어 복용합니다.

술에 의해 창자가 상한 사람에게는 특효를 나타냅니다.

〔쑥풀〕

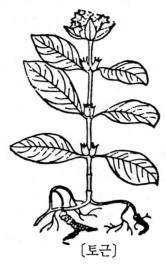

〔토근〕

(6) **쑥풀**…물 3홉에 5~6개를 넣어 2홉이 되도록 달여, 이것을 하루에 식후 1시간 이내에 복용합니다.

(7) **흰매초(梅酢)**…차조기(紫蘇)를 넣기 전의 매초를 2잔 정도씩 복용하면 설사가 그치게 됩니다.

(8) **마늘**…알갱이 2~3개를 으깬 것에 달걀 2개를 섞어서 삶은 것을 복용하면 효험이 있습니다.

(9) **무화과(無花果)**…잎을 말려 달여서 복용하면 효험이 있습니다.

〔주의〕 이것들은 다 급성 장 카타르에도 효험이 있습니다.

십이지장궤양(十二指腸潰瘍)

초결명과 흰 꽃 이질풀…초결명의 열매 5돈(匁)과 흰 꽃 이질풀 5돈을 물 4홉에 달여 3홉으로 줄인 것을 하루 3회 식전에 복용하면, 위궤양에도 효험이 있습니다.

맹장염(盲腸炎 : 蟲樣突起炎)

(1) **별꽃**…잎이나 줄기를 달여서 복용하면 통증이 그치게 됩니다.

또한 잎은 절여서 먹어도 좋습니다.

(2) **토란**…껍질을 벗긴 다음 강판에 갈은 것에 같은 양의 밀가루와 소량의 생강을 섞어 맹장 부분에 두껍게 바릅니다.

바르는 일은 하루 두 번씩 갈아 주면 됩니다.

(3) **무즙**…무즙을 소량의 생강과 섞어 천에 발라 맹장 부분에 붙이면 효력이 있습니다.

(4) **초결명**…열매를 짙게 달여 복용하면 중환자도 효험을 보게 됩니다.

카타르성 황달(黃疸)

(1) **식이요법(食餌療法)**…주로 함수탄소가 많이 함유된 음식물을 먹는 것이 좋습니다.

즉, 죽·갈탕(葛湯)·야채즙 등이 좋고, 지방이나 단백질이 많이 함유된 음식물은 피하는 것이 좋습니다.

그리고 달걀의 노른자·우유·버터 등은 먹어도 상관 없으나, 극히 소량을 섭취하는 것이 좋습니다.

마시는 것은 많이 섭취 할수록 좋고, 변비를 일으키지 않도록 주의해야 합니다.

(2) **유효한 멜쳐·리온씨 요법**…이것은 하루에 1회 아침 일찍 십이지장 속에 30%의 황산마그네슘액을 주입시키는 방법으로써 담석증(膽石症)에 좋으나 황달에도 효험이 있는 요법입니다.

(3) **몸이 가려울 때는 갱조개즙**…바다에서 잡은 것은 듣지 않고, 냇가나 늪에서 잡은 것 3되를 5되의 물에 2~3번 달여 그 즙을 여러번 몸에 바르는 것이 좋습니다.

또 갱조개 2되 정도를 2되의 물에 넣어 1시간 정도 삶은 국물을 간장을 쳐서 맛을 내어 마시는 것도 좋습니다.

(4) **쑥**…이것도 갱조개와 같은 방법으로 달여서 복용하면 효험이 있습니다.

(5) **생강즙**…더운물에 타서 몸을 닦으면 효험이 있습니다.

(6) **알코올**…이것으로 몸을 닦으면 가려운 것이 낫게 됩니다.

(7) **우렁이**…이것을 삶은 즙을 마시면 효험이 있습니다.

(8) **철분(鐵粉)과 감주(甘酒)**…쇠의 가루(톱날을 세울 때 떨어진 가루도 좋음)를 천주머니에 싸아 감주에 넣어서 끓인 것을 마시면 효험이 있습니다.

(9) **초결명**…달여서 마시면 효험이 있습니다.

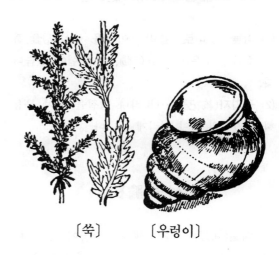

〔쑥〕   〔우렁이〕

(10) **사철쑥의 열매**…2돈(匁)을 2홉의 물에 달여 1홉으로 줄여 그 즙을 하루에 3회 나누어 복용하는 일을 계속하면 10일 정도로해서 낫게 됩니다.

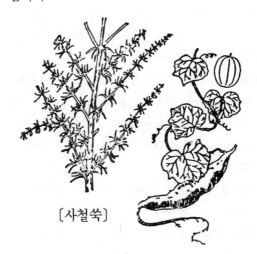

〔사철쑥〕

〔노랑하눌타리〕

(11) **노랑하눌타리(흰꽃하눌수박)**…뿌리 10돈을 2홉의 물에 달여 1홉으로 줄여서 하루에 3회로 나누어 복용합니다.

(12) **갈대의 뿌리**…말린 것을 달여 복용하면 특효가 있습니다.

간경변증(肝硬變症)

(1) **마늘·토마토·호박**…이것을 상식(常食)하면 소화를 도우며, 이뇨(利尿)에 효험이 있습니다.

(2) **구기자(枸杞子)**…뿌리나 껍질을 달여 복용하면 간장의 열이 내리게 됩니다.

담석증(膽石症)

(1) **매실(梅實)·엽차·생강**…소금에 절인 매실 1개(큰 것)에 생강즙을 조금 넣은 다음 간장으로 간을 맞추고 더운 엽차에 타서 한 사발씩 마십니다.

(2) **겨자니(芥子泥)와 열습포**…맹렬한 통증이 있을 때는 아랫배에 겨자니를 바릅니다. 그 다음에는 수건을 더운물에 적셨다가 이것을 짠 다음 겨자니를 떼어내고 명치로부터 아랫배 전체에 걸쳐 대어 줍니다.

이때 열습포를 심장부분에 해서는 안됩니다.

(3) **무즙**…담석증에는 무즙이 유효합니다. 즉 담석증에 걸려 있는 사람이 무즙을 복용하면 담즙(膽汁)과 작용하여 딱딱한 담즙을 녹이게 됩니다.

(4) **삼백초(三白草)**…잎이나 줄기를 달여서 복용하면 효험이 있습니다.

(5) **무화과(無花果)**…이 열매를 먹으면 효험이 있습니다.

(6) **대추나무·제비붓꽃**…뿌리나 줄기를 말려서 복용하거나, 잘 익은 대추의 열매를 먹으면 효험이 있습니다.

만성 복막염(慢性腹膜炎)

(1) **초결명**…종자 4돈(匁)에 흰 꽃 이질풀 5돈을 4홉의 물에 달여 2홉 반으로 줄여 차 대신 수시로 복용하면 효험이 있습니다.

만일 설사를 할 때는 양귀비열매껍질 5돈을 가하여 함께 달여 복용하면 반드시 그치게 됩니다.

(2) **난초(卵酢)의 요법**…난초를 이용하여 2~3일만에 효험을 보고서, 일주일간 위독한 환자도 낮은 환자가 많았다는 이야기가 있습니다.

난초는 달걀을 컵에 넣은 다음 그 속에 식초를 담아 놓고 한 달쯤 되면 껍질이 녹게 되는데, 이것을 잘 휘저어 하루 2~3회씩 복용하면 효험이 있습니다.

만일 껍질이 잘 녹지 않을 때는 껍질을 건져내어 버리면 됩니다.

(3) **무채**…무를 채로 하여 말린 것을 달여 복용하면 복부 부은 것이 가라앉게 됩니다.

또는 파초의 뿌리를 달여 복용해도 효험이 있습니다.

복수(服水) 또는 창만(脹滿)

차풀(갯차·며느리감나물)…어린 잎사귀를 간장에 절여 그 즙을 복용하면 효험이 있습니다.

회충(蛔虫)

(1) **마늘**…마늘을 고추냉이(山葵:산규)와 함께 으깨어 오블라토(한 알을 1회분으로 해서)에 싸서 삼킵니다.

회충에 감염되기 쉬운 시골 어린이에 있어서

매일 저녁 식사 전에 먹으면 매우 효과가 있습니다.

〔차풀〕

(2) **초결명**···열매를 볶아 5돈(匁) 정도를 4홉의 물에 달여 짙은 색깔이 나도록 해서 차 대신 복용하면 효험이 있습니다.

(3) **삼백초(三白草)**···날것의 삼백초를 달여 오전과 오후 식사 사이에 2번 복용하면 좋고 그늘에 말린 것을 이용해도 됩니다.

(4) **여뀌**···잎이나 줄기를 그늘에 말린 다음 달여서 복용하면 회충이 잘 빠지게 됩니다.

(5) **해인초(海人草)**···이것은 바닷속에서 나는 식물이며, 이 풀을 말린 것 5돈(匁)을 1홉의 물에 달여 반홉이 되도록 해서, 하루 3번 식전에 복용하면 회충이 잘 빠지게 됩니다.

요충(蟯虫)

(1) **마늘**···불에 구워서 먹어도 좋고 또는 달여서 즙을 복용해도 좋습니다.

(2) **꽈리**···빨갛게 익은 날것 채로 열매를 먹어도 좋고, 또 열매를 짜서 그 즙을 먹으면 요충이 잘 빠지게 됩니다.

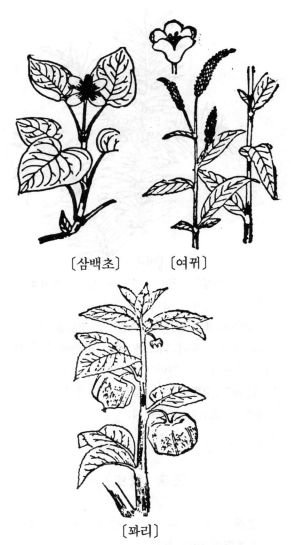

〔삼백초〕   〔여뀌〕

〔꽈리〕

(3) **쓴풀(當藥)**···줄기나 잎을 그늘에 말린 것을 달여 복용하면 효험이 있습니다.

(4) **쑥**···그늘에서 말린 것을 달여 복용하면 요충이 빠지게 됩니다.

촌충 (寸虫)

(1) **비자(榧)**···열매를 볶은 다음 다시 껍질이 붙어 있는 것을 벗기고 하루에 3~4작(勺)씩 복용하면 효험이 있습니다. 이렇게 해서 한 되쯤 복용하면 촌충은 거의 다 빠지게 됩니다.

〔비자〕

(2) **석류(柘榴)**…뿌리 껍질을 달여 복용하면
촌충이 잘 빠지게 됩니다.
(3) **해인초(海人草)**…건조한 것 5돈을 1홉의
물에 달여 반홉이 되도록 해서 하루에 3회 식
전에 복용하면 효험이 있습니다.
(4) **범의귀(虎耳草)**…날잎을 주물러서 그 즙을
복용하면 효험이 있습니다.

편충 (鞭虫)

(1) **쓴풀**…날것이나 말린 것이나 달여서 복용
하면 효험이 있습니다.
(2) **꽈리**…잘 익은 열매의 즙을 짜서 하루에
술잔 한 잔씩 복용하면 효험이 있습니다.
(3) **무**…즙을 내어 고추냉이(산규)와 섞어서 저
녁밥과 함께 매일 한 번씩 먹으면 예방도 됩니다.
(4) **비자나무열매**…매일 2~3회씩 여러 알갱이
를 먹으면 효험이 있습니다.

십이지장충(十二指腸虫)

(1) **비자나무(榧)**…열매를 날것인 채로 매일

복용하거나 비자기름을 매일 한 숟가락씩 복용
하면 효험이 있습니다.
(2) **호두(胡桃)**…열매를 날것인 채로 매일 공
복시에 계속해서 복용하면 효험이 있습니다.

〔석류〕   〔편충〕

제 3 장. 호흡기의 병

감기 (感氣)

(1) **토생강(土生薑)**…이것을 2~3개 으깨어 즙
을 낸 다음 거어즈에 적셔 목둘레에 습포를 하
면 효험이 있습니다.
(2) **마늘**…이것을 상식(常食)하고 있으면 감기
에 잘 걸리지 않습니다.
(3) **범의귀(虎耳草)**…잎사귀 4~5장을 달여서
복용하면 효험이 있습니다.
(4) **도깨비부채씨**…잎과 줄기를 함께 달여 하
루에 3회 정도 복용하면 효험이 있습니다.
(5) **귤껍질**…그늘에 말린 것을 달인 것에 설탕
을 타, 조석으로 복용하면 효험이 있다.

〔호두〕

(6) **파(葱)**…뿌리의 흰 부분을 잘게 썰어 더운물에 타서 복용하면 효험이 있습니다.

(7) **쓴풀**…달여서 복용하면 효험이 있습니다.

(8) **배(梨)**…약한 불에 태운 다음 즙을 짜서 더운물 대신 복용하면 효험이 있습니다.

(9) **매실(梅實)과 생강을 불에 태운 것**…묽은 매실을 검게 태운 것과 같은 양의 생강을 태운 것을 함께 섞어 더운물에 타서 복용하면 효험이 있습니다.

(10) **달걀술**…정종 1홉 정도를 끓여서 알코올 성분을 없앤 다음 그 속에 달걀 한 개를 깨어 넣어 잘 섞어서 복용합니다.

(11) **무씨**…볶아서 가루로 만든 것을 작은 숟가락 3스푼 정도씩 따뜻한 물이나 따뜻한 설탕물에 타서 복용하면 효험이 있습니다.

인후(咽喉) 카타르

(1) **서향나무(瑞香)**…흰 꽃을 더운물에 담가 놓은 다음 이것으로 양치질을 하면 효험이 있습니다.

(2) **무화과(無花果)**…열매를 날것으로 먹으면 통증이 없어지고 효험이 있습니다.

(3) **도라지(枯梗)**…줄기를 물에 끓여서 그 즙으로 양치질을 하면 효험이 있습니다.

(4) **매실(梅實)**…불에 검게 태운 다음 더운물에 넣어 그 즙을 마시면 효험이 있습니다.

(5) **검은콩**…물에 달여 복용하면 목이 쉰 것이 낫게 됩니다.

(6) **달걀**…달걀탕(鷄卵湯)으로 해서 그 속에 생강즙을 2~3방울 타서 복용하면 기침이 나는 것이 이내 멈추게 됩니다.

(7) **귤**…귤을 검게 태워 가루로 만든 것을 하루에 3회씩 4~5일 동안 계속 복용하면 효험이 있습니다.

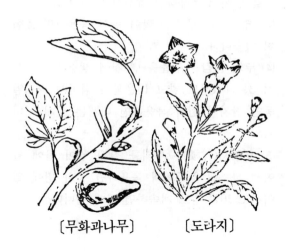

〔무화과나무〕   〔도라지〕

기성 기관지염(氣性氣管支炎)

(1) **남천(南天)**…열매를 그늘에서 말려 검게 태운 것을 흰설탕에 으깨어 더운물에 타서 복용하면 효험이 있습니다.

(2) **구기자(枸杞子)**…잎을 달여 복용하면 효험이 있습니다.

(3) **송진(松脂)**…하루에 2~3회씩 물에 타서 복용하면 효험이 있습니다.

(4) **연뿌리**…마디부분을 으깨어 더운물에 타서

복용하면 기침이 멈추게 됩니다.

또는 매초(梅酢)나 설탕을 섞어서 복용하면 더욱 좋습니다.

(5) **금귤(金橘)** … 금귤을 설탕에 조려서 복용하면 효험이 있습니다.

만성 기관지염(慢性氣管支炎)

(1) **귤** … 껍질을 숯불에 태워 복용하거나 삶아서 말린 껍질을 달여 설탕을 섞어서 아침, 저녁으로 식전에 복용하면 기침이 멈추게 됩니다.

(2) **향부자(香附子 : 갯뿌리방동사니)** … 말린 줄기를 달여서 복용하면 효험이 있습니다.

(3) **쑥** … 잎과 줄기를 달여 항시 복용하면 효험이 있습니다.

(4) **무와 생강** … 무즙을 낸 것에 생강즙을 섞어 컵 3분의 1정도 넣고 더운물에 섞어서 3~4일 동안 잠자기 전에 복용하면 대개는 낫게 됩니다.

(5) **도라지(桔梗)** … 뿌리를 잘게 썰어 물에 달여서 하루에 2~3회씩 복용하면 중한 병에 있어서도 10일 정도 계속하면 낫게 됩니다.

부패성 기관지염(腐敗性氣管支炎)

진해약(鎭咳藥)   (1) **금귤(金橘)** … 잘 익은 것 15개 정도를 2홉의 물과 설탕에 달여 1홉으로 줄여서 복용하면 효험이 있습니다.

(2) **행인(杏仁)** … 행인은 한약에서나 양약에서 많이 사용하는 것으로 살구의 핵 속의 인(仁)을 말하는 것입니다.

이것을 달여서 복용하면 효력이 있습니다.

(3) **인삼즙** … 아침, 저녁 정종잔 1잔씩 복용하면 효험이 있습니다.

가래를 멈추게 하는 약   (1) **연꽃잎** … 잘게 썬 연꽃잎에 가다랭이를 말린 가루를 넣고 간을 맞추어 달여 복용하면 가래가 멈추게 됩니다.

(2) **노랑쥐참외** … 뿌리를 말려 가루로 낸 것 찻숟가락 1스푼과 대나무껍질을 5cm 정도로 자른 것을 1홉반의 물에 달여 1홉으로 줄여서 하루에 3회 나누어 복용하면 특효를 나타냅니다.

(3) **대나무** … 잎을 달여서 복용하면 효험이 있으며, 또 달인 물에 까치수영(호장근)이나 감초를 섞어서 복용하면 더욱 효험이 있습니다.

(4) **참빗나무(산벚나무·벚나무)** … 아직 잘 익지 않은 열매를 날것으로 먹어도 좋고, 또 으깨어 설탕을 섞어 더운물에 타서 복용하면 효험이 있습니다. 그러나 종류가 다른 벗나무 열매는 효험이 없습니다.

천식 (喘息)
〔기관지 천식〕

(1) **도라지(桔梗)** … 뿌리 2돈(匁)과 행인(杏仁)의 씨 15개를 빻아 이것에 감초 1돈을 넣고, 물 1홉으로 하여 반홉이 되도록 달입니다.

따로 제네가 1돈을 더운물에 적셔 즙을 낸 것과 함께 하루 3회 식전에 복용하면 효험이 있습니다.

(2) **율무(薏苡仁)** … 율무 10돈에 질경이 열매 3돈, 양귀비열매껍질 3돈을 섞은 것을 3홉의 물로 달여 2홉이 되도록 줄여서 하루에 3회 나누어 복용하면 효험이 있습니다.

율무는 기침을 멈추게 하는데, 효험이 있는데 그 속에는 17%의 단백질이 함유되어 있어서 자양분이 됩니다.

〔율무〕

그루우프성 폐렴(肺炎)

(1) **우렁이** … 6~7개를 빻아 속 살기를 내어 천에 싸서 즙을 냅니다.

이 즙에 포도주를 조금씩 넣어 하루에 2회씩 마시면 효험이 있습니다.

(2) **토현삼(土玄參)** … 2돈을 부드럽게 빻아 2홉의 물에 넣어 1홉이 되도록 달여 하루에 3회 식후에 복용합니다.

심한 기침이 날 때는 하루에 4돈을 이용해도 아무런 부작용이 없습니다.

(3) **뱀장어** … 산 채로 병 속에 넣은 다음 마개를 하고서 불에 찝니다. 그러면 병 안에 뱀장어 즙이 나오게 되는데, 이것을 복용하면 특효가 있습니다.

그리고 날것의 생피를 복용해도 효험이 있습니다.

(4) **잉어의 생피** … 이것은 폐렴의 민간약으로 해서 옛부터 많이 이용한 것입니다.

싱싱한 잉어를 소금물로 잘 씻은 다음 그 대가리를 자르고 생피를 받아서 복용합니다.

다른 잡종의 잉어는 효력이 없으며, 이 생피

를 하루에 한 번씩 정종잔으로 반 정도씩 복용하면 대개의 환자는 원기가 회복됩니다.

또한 포도주를 섞어서 복용해도 효험이 있습니다.

(5) **독미나리** … 못가나 늪가에 나는 풀이며, 땅속줄기를 달여 복용하면 효험이 있습니다.

폐첨(肺尖) 카타르

(1) **흰색 집오리의 분말** … 흰색 집오리를 밀폐하여 태운 것을 가루로 만들어 찻숟가락 1스푼씩을 아침, 저녁에 복용하면 효험이 있습니다.

(2) **닭** … 닭의 폐(허파)를 밀폐하여 태운 것을 가루로 만들어 귀이개 5개씩 하루에 3회 복용합니다.

(3) **납가새(蒺藜)** … 열매를 달여 복용하면 효험이 있습니다.

(4) **꽃다지(鷄腸草)** … 이 풀을 그늘에 말려 달여 먹으면 효험이 있습니다.

(5) **천문동(天門冬)** … 바닷가에 나는 풀이며 뿌리를 달여 복용하면 특효가 있습니다.

폐결핵(肺結核)

(1) **질경이(車前草)** … 잎사귀 5~6장씩을 약한 불에 달여 복용하면 효험이 있습니다.

(2) **꿀풀(夏枯草)** … 그늘에 말린 것을 하루에 3돈씩 1홉의 물에 달여 7작(勺)으로 줄여 하루에 3회 복용하면 효험이 있습니다.

(3) **모과나무(木瓜 : 모개나무)** … 익은 열매를 잘게 썰어 달여서 복용하면 특효가 있습니다.

늑막염(肋膜炎)

(1) **상륙(商陸 : 장녹)** … 뿌리를 햇빛에 바랜 다음 달여서 복용하면 효험이 있습니다.

〔독미나리〕   〔납가새〕

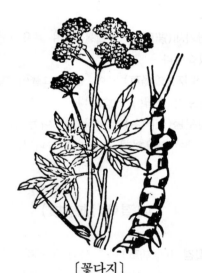

〔꽃다지〕

(2) **엽란(葉蘭)** … 잎을 달여서 복용하면 효험이 있습니다.

(3) **만년청(萬年靑)** … 뿌리를 즙으로 내어 식초를 섞어서 으깨어 발바닥에 바르면 효험이 있습니다.

(4) **산수유(山茱萸)** … 잎 또는 열매에 감초를 섞어서 달여서 복용하면 효험이 있습니다.

(5) **쥐똥나무(싸리버들)와 뱀장어 대가리** … 쥐똥나무의 잎 10돈에 뱀장어의 대가리 1개를 넣

어 달여서 복용하면 효험이 있습니다.

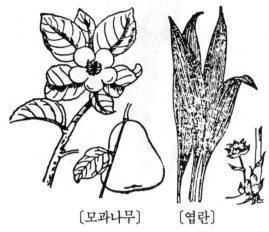

〔모과나무〕   〔엽란〕

(6) **호사(縞蛇)** … 껍질을 벗긴 것을 말려 3cm 정도씩 자른 다음 불에 구워서 일주일간 정도 복용하면 쉬이 낫게 됩니다.

(7) **질경이(車前草)** … 잎사귀 7~8장을 소금에 주물러 그 즙을 복용하거나, 겨울철이면 그늘에 말려 달여서 오랫동안 복용하면 효험이 있습니다.

(8) **괄태충(활유 : 토와)** … 5~6cm쯤 되는 것은 그대로, 큰 것은 잘라서 설탕에 절이거나 오브라아트에 싸서 복용합니다.

2~3일 계속하면 물이 빠져서 낫게 됩니다.

(9) **석산(曼珠沙華)과 피마자** … 석산의 둥근 뿌리를 으깬 것에 피마자 으깬 것을 반반 섞어 종이에 바른 다음 이것을 발바닥에 대어 놓으면 소변의 양이 많아지는 한편 가슴에 괸 물이 줄어집니다.

이렇게 오래 계속하면 특효가 있습니다.

(10) **돌게** … 돌게를 으깨어 그 즙을 2~3일 마다 정종잔 한 잔 정도씩 계속 한 달 정도 복용하면 효험을 나타냅니다.

기침·가래·식은땀 등이 없어지며, 임신부는 복용해서는 안 됩니다.

(11) **선인장** … 말려서 잘게 썰은 것이나, 으깬 것

20돈(匁) 정도를 2홉의 물에 달여 1홉으로 줄여서 하루 3회 복용하면 효험이 있습니다.

⑿ **소철의 열매**…1개를 빻아 3홉의 물로 달여 아침, 저녁 2회씩 4~5일 계속하면 효험이 나타나기 시작합니다. 이 소철의 열매를 가루로 빻아 팔고 있는 것이 있으므로 이것의 숟가락에 선인장 20돈과 소량의 감초를 섞어서 3홉의 물에 달여 1홉으로 줄인 것을 하루에 3회 복용하면 더욱 효험이 있습니다.

⒀ **종려(棕櫚)**…열매를 달여서 복용하면 효험이 있습니다.

갑작스런 효험은 나타나지 않으나 오래 계속하면 유효합니다.

⒁ **밤벌레(栗虫)**…하루에 3마리씩 불에 태워 복용하면 효험이 있습니다.

⒂ **흰 매화(白梅)**…흰 매화꽃의 꽃잎을 그늘에 말린 것 한 주먹에 소량의 감초를 넣어 달여서 차 대신 복용하면 건성늑막염(乾性肋膜炎)에 특효가 있습니다.

⒃ **남천성(南天星)**…뿌리를 즙으로 만들어 천에 발라 가슴에 대어 줍니다.

5분이 지나면 떼는데, 이 일을 여러번 계속하면 건성늑막염에 유효합니다.

이것은 유독식물이기 때문에 취급상 주의해야 합니다.

⒄ **바위상추(岩苣苔)**…어린 잎을 간장에 절여 먹으면 유효하며, 폐병에도 효험이 있습니다.

제 4 장. 순환기(循環器) 및 운동기(運動器)의 병

심장내막염(心臟內膜炎)

⑴ 디기탈리스(Digitalis)의 잎과 육계피(肉桂皮)

…디기탈리스를 꽃이 피어 있는 동안에 채집하여 그늘에 말린 것 2돈에 육계피 1돈을 가한 다음 3홉의 더운물에 적셔 놓고 4~5시간 지난 후 1회에 반홉씩 하루에 3~4회 복용하면 효험이 있습니다.

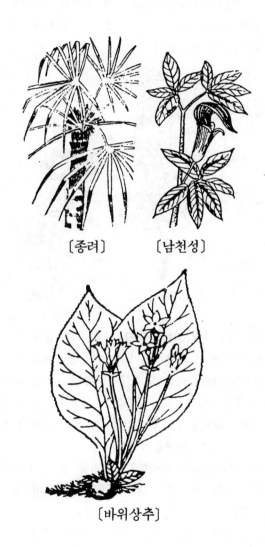

〔종려〕　　〔남천성〕

〔바위상추〕

⑵ **복수초(福壽草)**…복수초의 뿌리를 그늘에 말려 1돈을 달여 하루에 3회 나누어서 복용합니다.

통풍(痛風)
〔요산성 관절염(尿酸性關節炎)〕

(1) **털기름나물(제주방풍)** … 어린 풀의 잎을 말려서 달여 먹으면 효험이 있습니다.

(2) **현삼(玄蔘)** … 뿌리를 달여서 복용하면 효험이 있으며, 이것을 복용하는 동안에 차를 마시는 것은 좋지 않습니다.

(3) **개다래나무(木天蓼)** … 한 주먹의 열매를 3홉의 물에 달여 2홉으로 줄여서 하루에 여러 번 나누어 복용합니다.

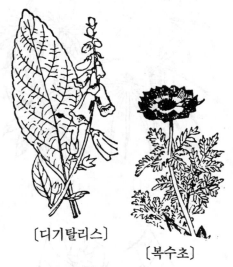

〔디기탈리스〕

〔복수초〕

(4) **명감나무(청미래덩굴)** … 뿌리를 달여 하루에 3회 정도 복용하면 효험이 있습니다.

(5) **익모초(益母草)와 인동(忍冬)** … 이 풀 각각을 6돈~8돈 정도를 2홉의 물에 약한 불로 달여(약 2시간 정도), 이것을 2일분으로 해서 하루에 3회로 나누어 복용합니다.

(6) **백선(白鮮 : 자라풀)** … 뿌리를 달여 복용하면 통풍(痛風)이나 황달(黃疸)에 효험이 있습니다.

그리고 통풍의 발작시에 복용하면 통증도 곧 가라앉습니다.

(7) **시금치** … 많이 먹는 것이 통풍 예방에 좋습니다.

(8) **덩굴광대수염(馬蹄草 : 병꽃풀)·고추나물(小連翹)·맥문동(麥門冬)** … 덩굴광대수염의 잎을 그늘에 말린 것에 고추나물과 맥문동의 둥

근 뿌리를 넣고 달여서 복용하면 효험이 있습니다.

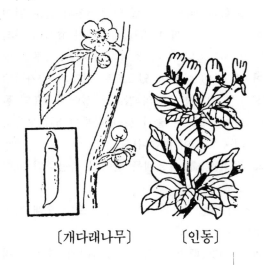

〔개다래나무〕   〔인동〕

(9) **석와(石萵)** … 달여서 복용하거나 또는 이것으로 온욕(溫浴)을 하면 효과가 있습니다.

(10) **감탕나무(끈제기나무)의 진** … 이 나무에서 나오는 끈적끈적한 진을 은단 열개 정도의 크기로 만든 것에 설탕을 뿌려 1회에 5개씩 매일 3회 복용하면 효험이 있습니다.

(11) **미꾸라지** … 이것을 으깬 것에 흑설탕을 섞어 바르면 효험이 있습니다.

급성관절(急性關節) 루머티스

(1) **수영(酸模)** … 수영의 뿌리 50돈(匁)에 파뿌리 5개와 치자나무 열매 3개를 가하여 빻아서 가루로 만든 것에 다시 달걀 3개와 밀가루를 조금 넣어 으깬 다음 종이에 발라 관절염 환부에 대어 줍니다.

(2) **월계수(月桂樹) 열매** … 이것을 빻은 것에 참기름을 섞고 으깨어 아픈 관절부분에 발라 줍니다.

또 그늘에서 말린 열매 10개 정도를 2홉의 물에 달여 반으로 줄인 것을 정종잔 2잔씩 하루에 3회 복용하면 효험이 있습니다.

열매가 없을 때는 날것의 잎 15장을 같은 방법으로 달여 복용하면 효험이 있습니다.

〔수영〕

(3) **황벽나무(黃蘗)**…이 나무의 속껍질을 가루로 만들어 식초와 함께 으깨어 아픈 관절부위에 발라 줍니다.

(4) **나팔꽃**…열매 또는 잎·줄기를 1돈(匁)을 달여 1회에 그중 3분의 1씩 복용하면 효험이 있습니다.

(5) **만년청(萬年靑)**…잎이나 줄기 또는 뿌리를 잘 달여 그 즙을 아픈 곳에 바릅니다.

(6) **소철**…잎과 열매를 함께 1회에 2~3돈(匁)씩 달여 복용합니다.

(7) **치자나무**…열매를 식초에 타서 으깨고, 이것에 밀가루와 달걀 흰자를 섞어 아픈 곳에 바릅니다.

(8) **마(산마)**…줄기·잎·뿌리 등 어느 것이나 다 이용되는데, 이것을 잘 으깨어 즙을 낸 것을 환부에 발라 주면 곧 통증이 멈추게 됩니다.

(9) **해바라기**…꽃·잎·줄기를 함께 말려 달여서 복용하면 열이 내려 효험이 있습니다.

(10) **마늘**…마늘을 으깨어 그 액즙을 종이에 발라 환부에 대어 주면 효험이 있습니다.

(11) **미나리(芹)**…미나리를 평소에 식용으로 하고 있으면 효험이 나타납니다.

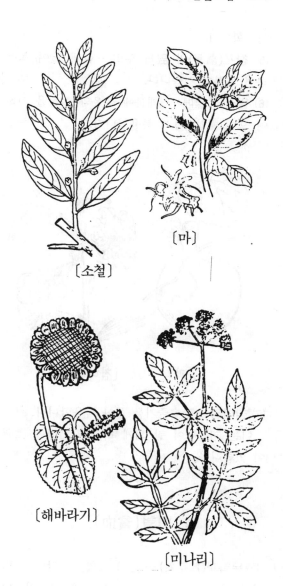

〔소철〕 〔마〕 〔해바라기〕 〔미나리〕

각기(脚氣)

(1) **이질풀(玄之草)**…이것을 달인 물에 팥을 삶아 먹으면 효험이 있습니다.

(2) **동과(冬瓜)**…씨를 삶아서 복용하면 효험이 있습니다.

(3) **겨(糠)**…겨를 달여 간장을 쳐서 하루에 3회씩 마시면 효험이 있습니다.

(4) **우렁이**…살기를 검게 태워 가루로 만들어

복용합니다.

⑸ **창포(菖蒲)의 잎과 뿌리**… 함께 달여 복용
하면 효험이 있습니다.

⑹ **밀감의 열매**… 1개분에 우유와 설탕을 가하
여 으깨 매일 1개씩 복용합니다.

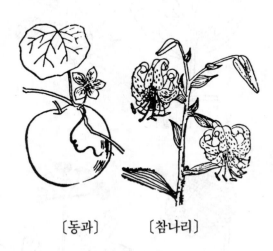

〔동과〕   〔참나리〕

⑺ **참나리**… 땅속줄기를 삶아 복용합니다.
　이는 피돌림이 잘 되게 하고 각기병에 효험
이 있습니다.

빈혈(貧血)

⑴ **무화과(無花果)**… 잎 1돈(匁)을 달여서 먹
거나 열매 상태로 그냥 먹으면 효험이 있습니
다.

⑵ **키나(Kina)**… 껍질 7푼(分) 정도를 달여 하
루에 3회 복용합니다.

⑶ **양딸기**… 양딸기를 복용하면 효험이 있습니
다.
　즉 양딸기에는 철분이 다량 함유되어 있습니
다.

⑷ **황벽나무(黃蘗)**… 속껍질 1돈씩 달여 복용
합니다.

⑸ **인삼**… 1회에 1돈 정도씩 달여 복용하면 유

효합니다.

⑹ **상추**… 상추의 잎을 날것인 채로 먹으면 빈
혈 증상에 효험이 있습니다.

⑺ **시금치**… 시금치를 상식(常食)을 하면 효험
이 있습니다.

⑻ **민들레**… 풀 전체를 1회에 2돈(匁)씩 달여
복용하면 효험이 있습니다.

⑼ **당귀(當歸)**… 달여서 복용해도 좋고, 말려서
가루로 내어 1회에 2돈씩 복용해도 유효합니
다.

〔양딸기〕

제 5 장. 비뇨기(泌尿器)의 병

급성신장염(急性腎臟炎)

⑴ **접골목(接骨木)**… 접골목의 껍질을 벗기면
흰 목질부(木質部)와 푸른 목질부가 있습니다.
　이것을 채집하여 2홉의 물에 7분 동안 적셔
둔 다음 1홉반의 물에 달여 1회에 복용합니다.
　그리고 찌꺼기는 다시 달여서 복용해도 좋습
니다.

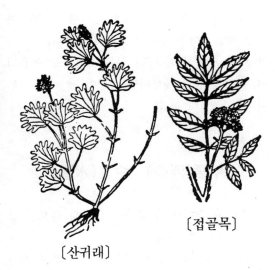

〔접골목〕

〔산귀래〕

(2) **산귀래(山歸來)·토복령(土伏苓)**…줄기 5돈과 택사(澤瀉)의 뿌리 1돈을 물 3홉에 달여 2홉으로 줄여서 차 대신 복용하면 효험이 있습니다.

(3) **옥수수**…열매나 수염을 달여서 한 그릇씩 매일 3~4회 복용하면 이뇨(利尿)의 효과를 나타냅니다.

(4) **비파(枇杷)**…잎을 그늘에 말린 것 4~5장씩을 2홉의 물에 달여 복용합니다.

(5) **꿀풀(夏枯草)**…잎·줄기를 달여서 복용하면 효험이 있습니다.

(6) **명하(茗荷)의 뿌리**…이것 또는 구기자의 뿌리를 달여 복용하면 효험이 있습니다.

위축신(萎縮腎)

(1) **삼백초(三白草)**…잎이나 줄기를 그늘에서 말린 것 5돈(匁)을 1홉반의 물에 달여 1홉이 되도록 해서 하루에 3회 복용합니다.

그리고 10살의 어린이는 1돈의 삼백초를 1홉반의 물에 달여 1홉이 되도록 해서 하루에 3회 나누어 복용하고, 5살의 어린이는 그 반의 양을 복용하면 됩니다.

(2) **감(柿)**…꼭지 5~6개를 달여 오전과 오후 각각 2회로 일주일 정도 복용하면 좋습니다.

그러나 밤에는 복용하지 않는 것이 좋습니다.

(3) **비자나무(榧)**…열매를 불에 구워 2돈(匁)씩 먹으면 효험이 있습니다.

요독증(尿毒症)

(1) **사철쑥**…하루에 7돈(匁)씩 물에 달여 복용하면 좋습니다.

(2) **갈대(芸)의 뿌리**…하루에 6~10돈(匁)씩 달여 조금씩 나누어 복용합니다.

(3) **명감나무(土茯苓)**…잎과 뿌리를 하루에 6~10돈(匁)씩 5홉의 물에 달여 여러번 복용합니다.

(3) **파초(芭蕉)**…하루에 4~6돈을 달여 복용합니다.

(4) **보리·다시마**…2~3푼(分)을 물에 달여 복용합니다.

(5) **무즙**…날것인 채로 먹으면 효험이 있습니다.

신우염(腎盂炎)

(1) **초결명(草決明)**…종자 7돈(匁)에 붉나무(오배자나무)의 잎 5돈을 합해서 3홉의 물에 달여 2홉으로 줄여 하루에 4번 나누어 복용하면 특효를 나타냅니다.

(2) **기타**…신장염의 민간요법 난을 참고하면 됩니다.

방광(膀胱) 카타르

(1) **청등(방기 : 防己)**⋯가을철 피안(彼岸)에 채집하여 줄기나 뿌리의 껍질을 벗겨 말린 것에 감초를 조금씩 넣어 하루에 1돈 3푼(分)〜1돈 8푼 정도까지를 약한 불로 달여 복용합니다.

　이것을 통해 소화가 잘 되고 소변이 많이 나오게 되므로 특효가 있습니다.

　그리고 임질에도 효과가 있습니다.

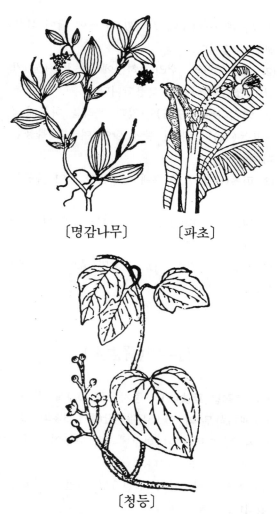

〔명감나무〕　　〔파초〕

〔청등〕

(2) **한삼 덩굴(葎草)**⋯숲속에 나는 가시가 있는 풀인데, 임질병으로 생긴 방광 카타르에 있어서 소변에 농(膿)이나 피가 섞여 나올 때나 소변이 잘 나오지 않을 때, 풀의 뿌리로 즙을

낸 것 2홉 정도에 식초 2작(勺) 정도 넣어 한 컵씩 매일 3회 복용하면 효험이 있습니다.

(3) **떡쑥**⋯이 풀의 어린 잎은 식용으로 이용되며, 이것을 달여 복용하면 소변이 잘 나오게 됩니다.

부종(浮腫)・수종(水腫)

(1) **안정과 숙수**⋯이 증상에서 가장 중요한 일은 절대 안정인 것입니다.

　신장성 부종(腎臟性浮腫)에는 그 밖에 식이요법을 잘 지켜야 하고, 심장성 부종(心臟性浮腫)에는 안정과 약제요법을 하는 것이 좋습니다.

　또한 충분한 수면을 취하도록 해야 합니다.

(2) **식이요법(食餌療法)**⋯먼저 식염(食塩)을 제한해야 합니다.

(3) **이학적 요법(理學的療法)**⋯가벼울 때는 안정만으로도 낫게 되지만 손발의 마사지는 매우 효력이 있습니다.

(4) **기타**⋯목욕・전기욕・온엄법 등을 적절히 실시하는 것이 좋습니다. 병에 따라 신중히 실시하지 않으면 도리어 몸이 쇠약해져 나빠지는 경우도 있습니다.

제 6 장. 뇌(腦)・신경(神輸)의 병

뇌충혈(腦充血)

(1) **댕댕이 덩굴(木防己)**⋯뿌리의 굵은 부분, 잘 말린 것 한 주먹을 2홉의 물에 달여 1홉으로 줄여서 하루에 3회 복용합니다.

(2) **땅 두릅나물(土當歸·獨活)**…뿌리를 봄의 피안(彼岸) 전에 캐내어 껍질을 벗겨 하룻동안 물에 적셔 놓은 다음 말려서 달여 복용합니다. 머리에 피가 올랐을 때 효험이 있습니다.

(3) **방풍(防風)의 뿌리**…1돈을 달여 하루 분으로 해서 3회씩 나누어 복용합니다.

(4) **겨자니(芥子泥)**…발바닥에 겨자니를 바르고 유담뽀로써 하반신을 덥혀도 일시적인 효과가 있습니다.

(5) **솔잎**…푸른 솔잎을 매일 즙을 내어 복용하면 효험이 있습니다.

(6) **콩**…콩을 삶아 엿처럼 되도록 해서 복용합니다. 언어 장애의 경우에 효험이 있습니다.

(7) **겨자가루와 식초**…겨자가루 5돈을 1홉의 식초에 녹여 이것을 1홉의 물에 넣고 반홉이 되도록 달여, 그 즙을 뺨이나 턱밑에 바르면 언어 장애의 경우 효험이 있습니다.

〔한삼덩굴〕　　〔떡쑥〕

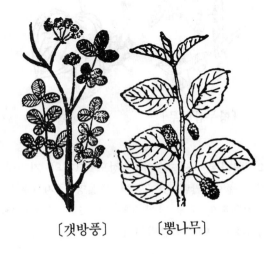

〔갯방풍〕　　〔뽕나무〕

뇌일혈(腦溢血)

(1) **갯방풍**…줄기·잎·뿌리를 달여서 복용하기를 오래 계속하면 효험이 있습니다.

(2) **개다래나무(木天蓼)**…잘 익어 떨어진 열매를 주어 더운물을 끼얹은 다음 햇빛에 말려 놓고 이것을 달여서 복용하면 효험이 있습니다.

(3) **말굽버섯**…매화나무의 늙은 것에 생긴 것이 더욱 좋으며 잘게 썰어 1회에 10돈(匁)씩 달여서 한 달 동안 계속하면 효험이 있습니다.

(4) **뽕나무 뿌리와 감초**…뽕나무 뿌리에 약간의 감초를 넣고 달여서 복용하면 효험이 있습니다.

(8) **땅 두릅나무(土當歸·獨活)**…뿌리를 봄의 피안(彼岸) 때 채집해서 하룻동안(24시간) 물에 적셔 둔 다음 다시 하룻밤 물에 적셔 햇빛에 말립니다.

이것을 달여서 복용하면 반신 불수에 특효가 있습니다.

(9) **종려나무(棕)의 털**…5돈 정도를 4홉의 물에 달여 3홉이 되도록 해서 하루에 3회로 나누어 복용하면 효험이 있습니다.

삼차신경통(三叉神經痛)

(1) **댕댕이 덩굴(木防己)**…뿌리의 굵은 것을 잘 말려 한 주먹에 물 2홉으로 달여 1홉이 되

도록 해서 하루에 3회를 식간(食間)에 복용합
니다.

이것은 일반적인 신경통에도 잘 듣게 됩니
다.

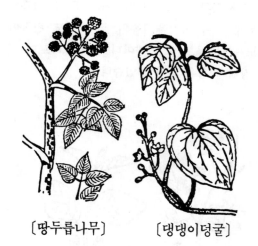

〔땅두릅나무〕   〔댕댕이덩굴〕

(2) 뽕나무…새끼손가락 정도 크기의 가지를
잘게 썰어 말린 것 7돈에 초결명 종자 6돈을
넣어 4홉의 물에 달여 3홉이 되도록 해서 하루
에 3회 식후에 복용합니다.

두통(頭痛)

(1) 무 채…이것으로 이마 부분을 식히면 일시
적이나마 두통이 낫게 됩니다.

또 이것으로 머리 전체를 식히거나 콧속에
무즙을 2~3방울 떨어뜨리면 효과가 있습니다.

(2) 어름 덩굴(木通)…줄기를 그늘에 말려 복
용하면 두통이 낫게 됩니다.

(3) 땅 두릅나무(土當歸)…뿌리를 봄의 피안
(彼岸) 때 채취하여 겉껍질을 달여서 복용합니
다.

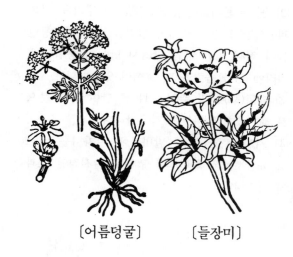

〔어름덩굴〕   〔들장미〕

(4) 수세미의 물…머리에 바르면 효험이 있습
니다.

(5) 사과의 즙…이것도 머리에 바르면 효험이
있습니다.

(6) 들장미…열매 6개 정도를 물 2홉에 달여 1
홉반으로 줄여 3회로 나누어 복용하면 보통의
두통은 낫게 됩니다.

(7) 천남성(天南星)…뿌리를 으깨어 종이나 천
에 발라 발바닥에 대어 놓으면 효험이 있습니
다.

(8) 소금에 절인 매실(梅實)…관자놀이에 껍질
을 벗긴 것(살기)을 발라 놓으면 효험이 있습
니다.

(9) 천궁(川芎)…이 식물의 뿌리·잎·줄기 등
의 1돈~3돈 정도를 달여 차 대신 복용하면 특
효를 나타냅니다.

전간(癲癎 : 지랄병)

(1) 범의귀(虎耳草)…적당한 양의 싱싱한 잎을
소금에 주물러 그 즙을 복용하면 효험이 있습
니다.

(2) 작약(芍藥)…말린 뿌리 2돈에 감초를 조금

넣고 3홉의 물로 달여 나누어 복용하면 효험이 있습니다.

(3) **만년청(萬年靑)** … 뿌리를 잘게 썰어 물에 달여서 나누어 복용합니다.

(4) **참으아리(大蓼)** … 꽃과 잎 4돈을 1홉의 물에 달여 반홉이 되도록 해서 하루에 3회 나누어 복용합니다.

이것을 오랫동안 계속해서 복용해야 효험이 있고, 분량을 너무 많이 하면 도리어 해가 되는 경우가 있으므로 주의해야 합니다.

(5) **당귀(當歸)** … 적당한 양의 뿌리를 달여 아침, 저녁으로 2회 복용하면 효험이 있습니다.

(6) **쥐오줌풀(纈草)** … 뿌리를 그늘에 말린 것 1 돈반을 1홉의 물에 달여 반으로 줄여 하루에 3회 나누어 복용합니다.

이것도 분량을 많이 하면 도리어 해가 됩니다.

(7) **황벽나무(黃蘗)** … 나무의 속 껍질 1돈을 1홉의 물에 달여 반으로 줄여서 하룻동안 복용하면 효험이 있습니다.

〔작약〕   〔쥐오줌풀〕

(1) **개구리연(萍蓬草)** … 못 또는 늪에 나며 연꽃과 비슷한 식물입니다.

이 뿌리를 가을철에 채취해서 말리고 달여서 복용하면 특효입니다.

〔개구리연〕   〔석창포〕

(2) **초결명** … 씨를 살짝 볶은 다음 달여서 매일 차 대신 복용하면 변통이 좋아지고 식욕도 나며, 신경쇠약증에도 효험이 있습니다.

(3) **쥐오줌풀** … 뿌리를 그늘에 말려 오랫동안 달여서 식전에 복용하면 효험이 있습니다.

그리고 1회 분량은 1돈 정도입니다.

(4) **석창포(石菖蒲)** … 뿌리나 잎을 그늘에서 말려 4돈을 6홉의 물에 달여 3홉으로 줄여서 하루에 3회 나누어 복용합니다.

(5) **하수오(何首烏)** … 뿌리를 가루로 내어 하루에 1돈씩 술에 타서 복용합니다.

(6) **율무씨(薏苡草)** … 열매를 하루에 4돈~10돈씩 적당한 물에 달여 복용하면 소변도 잘 나오게 되고 신경쇠약증에도 효험이 있습니다.

(7) **대추** … 그늘에 말린 것 4돈을 감초와 함께 달여 식전에 복용합니다.

특히 불면증에 효험이 있습니다.

신경쇠약증(神經衰弱症)   히스테리(Hysterie)

(1) **쥐오줌풀**…뿌리를 하루에 1돈반씩 물에 달여 복용하고 분량을 많이 해서는 도리어 해가 됩니다.

(2) **장뇌(樟腦)**…조금씩 복용하면 발작의 예방이 됩니다.

(3) **참으아리**…꽃과 잎 4돈을 1홉의 물에 달여 하루에 3회로 나누어 복용합니다.

(4) **석창포(石菖蒲)**…뿌리나 줄기를 그늘에 말린 것 4돈을 물 6홉에 달여 3홉으로 줄여서 하루에 3회 2일분으로해서 복용합니다.

(5) **초결명(草決明)**…씨를 살짝 볶아서 물에 달여 차 대신 복용하면 효험이 있습니다.

(6) **대추**…하루에 1~4돈 정도에 감초를 약간 섞어 약한 불로 달여 하루에 3회 복용합니다.

(7) **개구리연(萍蓬草)**…가을부터 겨울에 걸쳐 땅속 줄기를 채집하여 말린 것을 하루에 여러 번 달여서 복용하면 효험이 있습니다.

(8) **율무(薏苡)**…열매를 하루에 4~10돈 정도를 약한 불에 달여 3회로 나누어 복용합니다.

불면증(不眠症)

(1) **오랑캐꽃**…뿌리를 달여서 복용합니다.

(2) **염교(辨韭)**…상식(常食)을 하면 좋습니다.

(3) **생파**…뿌리의 흰부분을 5~6cm 정도 잘라 부식물로써 식용을 하면 좋습니다.

(4) **마늘**…즙을 내어 냄새를 맡으면 잠이 오게 됩니다.

(5) **상추**…씨 5~6개를 물 2홉 정도에 달여서 복용하면 효험이 있습니다.

(7) **양파**…익혀서 먹으면 효험이 있습니다.

또는 즙을 내어 그 냄새를 맡아도 잠이 오게 됩니다.

(8) **치자나무(梔子)**…열매를 1회에 3푼(分)~1돈 정도 가루로 내어 복용하면 효험이 있습니

다.

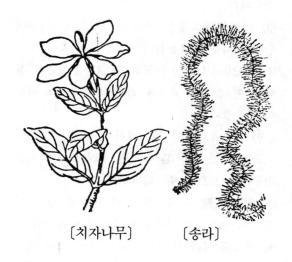

〔치자나무〕　　〔송라〕

(9) **호박**…삶아서 적당히 먹으면 좋습니다.

(10) **개구리연(萍蓬草)**…땅속줄기를 달여서 복용하면 효험이 있습니다.

(11) **대추**…10개 정도를 넣어 달여서 식전 30분에 복용하면 효험이 있습니다. 초를 조금 넣어 달여서 식전 30분에 복용하면 효험이 있습니다.

(12) **복령(茯苓)**…그늘에 말려서 하루에 3돈 정도를 물에 달여 나누어 복용하면 효험이 있습니다.

(13) **음양곽**…줄기와 잎을 그늘에서 말려 달여서 복용합니다.

이 경우 흰색과 엷은 황색의 꽃이 피는 음양곽을 이용하면 유효합니다.

(14) **연뿌리와 쑥**…같은 양의 연뿌리와 쑥을 달여서 복용합니다.

(15) **꽃양귀비**…수면제의 약으로 이용됩니다.

(16) **삼씨(麻實)**…말린 것 3돈을 물 2홉에 달여 하루에 3회 식간(食間)에 복용하면 3일 정도로 해서 효험이 나타납니다.

(17) **시금치**…이것을 상식(常食)을 하면 좋습니다.

결막염(結膜炎)

(1) **곡정초(穀精草)** … 잎 또는 줄기를 그늘에 말려서 달인 다음 그 즙으로 눈을 씻으면 효험이 있습니다.

(2) **사랑의 젖(乳)** … 사람의 젖 2~3방울을 눈 안에 떨어뜨리면 효험이 있습니다.

　그리고 우유를 이용해도 좋습니다.

(3) **매자나무** … 매자나무 속껍질을 하룻동안 물에 적셔둔 다음 그물을 이용하여 눈을 씻으면 효험이 있습니다.

　또 잎을 달여 그 즙을 이용해도 효험이 있습니다.

으깬 것에 생강즙을 넣고 또 밀가루와 소금을 섞어 으깬 것을 종이에 3스푼(分)정도의 두께로 발라 이것을 턱 밑에 대고 마르면 다시 교체해서 대 주도록 합니다.

(3) **토란 또는 수선(水仙)의 둥근뿌리** … 앞에서 설명한 대로 해서 대어 주면 효험이 있습니다.

(4) **쑥과 질경이** … 2가지 다 그늘에서 말린 것 2돈식에 감초를 조금 넣은 다음 2홉의 물에 달여 반으로 줄여서 하룻동안 조금씩 나누어 먹으면 효험이 있습니다.

(5) **봉숭아** … 씨를 잘게 빻아 회에 5푼(分)씩 하루에 2회 2홉의 물에 달여 복용하면 효험이 있습니다.

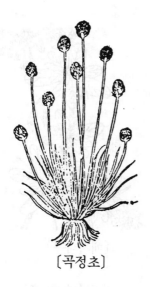

〔곡정초〕

〔봉숭아〕

(4) **소금물** … 세숫대야에 물을 담아 놓은 것에 소금물을 타고 그 물로써 눈을 씻으면 효험이 있습니다.

편도선염(扁桃腺炎)

(1) **달걀과 매초(梅草)** … 달걀의 노른자에 매초 2~3 방울 넣어 휘저은 다음 마시면 효험이 있습니다.

(2) **토란과 생강·밀가루** … 토란 껍질을 벗겨

부어서 아플 때 (1) **서향나무(瑞香)** … 흰 꽃을 더운물에 담그어 두었다가 그 물을 식혀서 양치질을 하면 효험이 있습니다.

(2) **석류나무** … 석류의 열매 1개에 잎사귀 한 주먹을 넣어 2홉의 물에 달여 양치질을 하면 효험이 있습니다.

〔서향나무〕

제7장. 눈·코·귀·목구멍의 병

트라코마(Trachoma)

이 병을 가정에서 치료하기는 곤란하며, 어떤 사정에 의해서 당장 의사의 치료를 받기가 곤란할 때는 우선 붕산수(硼酸水)를 만들어 눈을 습포(濕布)하는 것이 좋습니다.

(1) **질경이(車前草)** … 줄기나 잎을 그늘에 말린 것 4~5장을 1홉의 물에 설탕을 약간 섞은 것에 넣어 달이고 물에 거어즈를 적셔 습포를 합니다.

(2) **매자나무(小蘗)** … 의 나무껍질의 속껍질만 물에 담그어 놓고 그 물을 이용하여 눈을 씻으면 효력이 있습니다.

또는 그 가지잎을 달여서 그 물을 이용하여 씻어도 효력이 있습니다.

안검맥립증(眼瞼麥立症)
〔속칭 : 다래기〕

질경이잎을 불에 태워 다래기가 난 곳에 발라

놓으면 하룻밤 사이에 농이 나와 낫게 됩니다.

한번에 잘 낫지 않을 때는 2~3회 계속해서 실시하면 잘 낫게 됩니다.

각막염(角膜炎)
〔눈동자가 흐려 눈물이 나는 병〕

매자나무의 겉껍질을 벗겨 속껍질을 따로 절취하여 이틀 동안 물에 적셔 놓고 그 물로써 눈을 씻으면 효험이 있습니다.

또는 그 잎을 그늘에 말려 달인 즙을 이용해서 눈을 씻어도 효험이 있습니다.

〔매자나무〕

녹내장(綠內障)

(1) **꿀풀(夏故草)** … 잎과 줄기 또는 뿌리를 잘게 빻은 것 5~6돈을 3홉의 물에 달여 2홉으로 줄여서 이것을 3회로 나누어 복용하면 유효합니다.

(2) **백내장(白內障)과 흑내장(黑內障)에 대해서** … 녹내장과 비슷한 것에는 백내장·흑내장이 있으며, 백내장은 혈족결혼 등의 유전에 의해서 나타나는 경우가 많으며, 대개는 40세 이상인 사람에게 많이 걸리게 됩니다.

초기에는 낫는 일도 있으나 유전에 의한 것이나 눈알에 흰 구름과 같은 것이 끼었을 때는 이미 때가 늦은 것입니다.

(3) **녹내장이 나아가면 흑내장이 된다**…녹내장이 진행되면 흑내장으로 되는데, 겉으로 보아서는 별다른 탈이 없는 것같이 보이나 물체를 전연 볼 수 없는 병입니다.

이 병이 발전될 때는 근치의 희망이 없게 됩니다.

제8장. 이(齒)·구강(口腔)의 병
〔잇몸이 부어 오르는 병〕

(1) **도포약(塗布藥)을 만드는 방법과 요법**…도포약은 묽은 요오드팅크와 글리세린을 같은 양 즉 양쪽 다같이 1g 정도씩 섞어서 잇몸에 바릅니다.

이 경우 물로써 양치질을 잘 하고 잇몸을 솜으로 잘 닦아 침을 없앤다음 2번 정도 바릅니다.

(2) **양치질의 약**
① 붕산 3·0
② 과산화수소 5·0
③ 과망간산칼리 1·0
(다시 10배로 묽게해서 사용한다)
〔주의〕
① 많은 양을 가끔 사용하는 것보다 적은 양으로 자주 사용한다.
② 약물을 입안에 오래토록 머물고 있도록 해서 양치질을 하도록 한다.
③ 밤에 양치질을 하는 것이 더욱 효험있다.

지치난생(智齒難生)
〔사랑이가 날 때 잇몸에 아픈 병〕

(1) **쑥**…날것의 쑥잎을 이 사이에 끼워 무는 일을 때때로 바꾸고 이를 계속하면 효험이 있습니다.

그리고 그늘에 말린 잎도 효험이 있고, 파뿌리의 흰부분을 물어도 좋습니다.

(2) **수선(水仙)**…수선의 뿌리와 질경이를 으깨어 뺨에 바르면 효험이 있습니다.

(3) **정향(丁香)**…정향의 꽃잎을 달여서 복용하면 잇몸이 부은 것이 빠지고 아픈 것이 낫게 됩니다.

〔정향〕

제9장. 부인병(婦人病)

유방(乳房)의 질환

(1) **애기똥풀(白屈葉·까치다리·젖풀)**…이것을 빻아 으깨면 누른즙이 나오는데, 이 즙을 천에 발라 유방의 아픈 곳에 대어 놓으면 효험이 있습니다.

(2) **엉겅퀴**…잎사귀에 달걀 흰자를 섞어 으깬 것을 3~4회 갈아 바르면 낫게 됩니다.

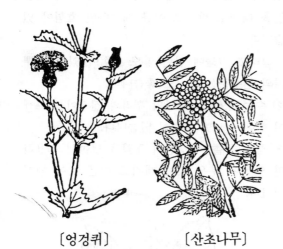

[엉겅퀴]   [산초나무]

(3) **황벽**…속껍질을 3등분으로 하여 그 하나는
잘 태우고 다른 하나는 약간 태우고 또 나머지
는 날것 채로 해서 여기에 식초를 섞어 으깨어
발라 놓으면 잘 낫게 됩니다.

(4) **산초나무(분지나무)**…열매를 가루로 낸 것
에 식초를 섞어 으깨어 바릅니다.

[댑싸리]

[연삼백초 가지 나리수선]

(5) **가지**…검게 태워 가루로 낸 것을 바르면
효험이 있습니다.

(6) **삼백초(三白草)**…뿌리를 으깬 다음 밥과
함께 다시 으깨어 바르면 효험이 있습니다.

(7) **댑싸리(地膚子·비싸리)**…열매를 달여서

복용하면 효험이 있습니다.

(8) **수선**…뿌리를 으깨어 종이에 바른 다음 환
부에 대어 주면 효험이 있습니다.

(9) **연잎(蓮葉)**…검게 태운 것을 더운물에 타
서 복용하면 이상스럽게도 잘 낫게 됩니다.

유암(乳癌)

(1) **미꾸라지와 흑설탕**…미꾸라지를 으깬 것에
흑설탕을 잘 섞어 천에 발라서 내어 놓으면 효
험이 있습니다.

(2) **잠자리**…검게 태운 가루를 식초로 으깨어
환부에 발라 놓으면 효험이 있습니다.

월경이상(月經異常)

(1) **까치수영(虎杖 : 호장근)**…뿌리를 말려 잘
게 썰어 1홉의 물에 달여 반홉이 되도록 해서
복용하면 월경이 그치게 되어 낫게 됩니다.

[쇠무릅]   [목향]

(2) **쇠무릅**…땅속 줄기를 말려 잘게 썰어서 달
여 복용하면 월경은 그치게 되고 낫게 됩니다.

(3) **목향(牡荊)**…잎·줄기·씨를 말려서 달여
복용하면 월경의 불통에 효험이 있습니다.

(4) **꽈리(酸漿)**…뿌리를 말려 잘게 썬 것을

물에 달여 복용하면 월경의 불통에 효험이 있습니다.

(5) **개나리**…열매를 말려서 복용하면 월경이 통하게 됩니다.

(6) **마편초(馬鞭草)**…줄기나 잎을 그늘에 말려 잘게 썰은 것을 1회에 5푼(分)~1돈 6푼을 1홉의 물에 달여 반으로 줄여서 복용하면 자궁병이 낫게 되고 월경이 통하게 됩니다.

(7) **큰새박(王瓜：왕과)**…뿌리를 말려 잘게 썰어서 달여 먹으면 월경이 통합니다.

(8) **팽나무(朴樹榎)**…껍질을 잘게 썰은 것 2돈을 2홉의 물에 달여 3회로 나누어 복용하면 월경이 잘 통하게 됩니다.

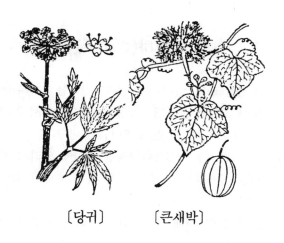

〔당귀〕   〔큰새박〕

(9) **향부자(香付子：갯뿌리방동사니)**…땅속줄기나 뿌리를 말려서 잘게 썰어 2홉의 물에 달여서 1홉이 되도록 하여 복용하면 월경의 불순이 낫게 됩니다.

(10) **당귀(當歸)**…뿌리를 말려 잘게 썰어서 1돈 6푼에서 4돈까지를 3홉의 물에 달여 반으로 줄여서 하루에 3회 복용하면 월경 불순에 효험이 있습니다.

(11) **매자기(荊三枝)**…잎과 줄기를 그늘에서 말려 달여서 복용하면 월경 불순에 효험이 있습니다.

(12) **꼭두서니(茜草)**…열매를 먹으면 월경 불순에 효험이 있습니다.

〔꼭두서니〕   〔익모초〕

(13) **익모초(益母草)**…잎·줄기·뿌리·열매를 함께 달여서 복용하면 월경 불순에 효험이 있습니다.

(14) **사프란(크로카스)**…꽃잎 안에 있는 암술대를 더운물에 담그어 두었다가 그 물을 복용하면 효험이 있습니다.

(15) **산로자(山櫨字)**…열매를 그늘에서 말려 달여서 먹으면 효험이 있습니다.

(16) **산수유(山茱萸)**…이 열매를 말려서 달여 먹으면 월경과다가 낫게 됩니다.

(17) **질경이(車前子)**…줄기나 잎을 그늘에 말린 것 2~7돈을 3홉의 물에 달여 반으로 줄여서 복용하면 월경과다가 낫게 됩니다.

(18) **바늘꽃(柳葉菜)**…전체의 풀을 그늘에 말려 달여서 복용하면 월경과다에 효험이 있습니다.

(19) **범부채(射干)**…뿌리를 말려 달여서 복용합니다.

(20) **골무꽃**…5월쯤 되어서 뿌리를 말려 1~3돈을 달여서 복용하면 월경불순 그 밖의 부인병에 효험이 있습니다.

다.

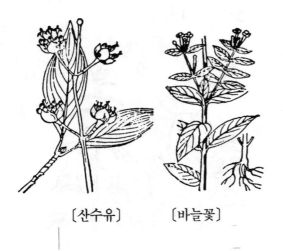

〔산수유〕　　　〔바늘꽃〕

(21) **마타리꽃**···뿌리를 달여서 먹으면 월경이 곤란할 때 효험이 있습니다.

(22) **띠(삐비)**···줄기와 잎을 달여 복용하면 효험이 있습니다.

(23) **양하(襄荷)**···월경이 있을때 허리가 아프게 되면 양하를 달여서 복용하면 낫게 됩니다.

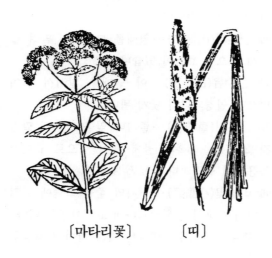

〔마타리꽃〕　　　〔띠〕

(24) **연꽃의 열매**···달여서 복용하면 월경통에 효험이 있습니다.

(25) **측백나무(側柏)**···잎을 달여서 복용하면 월경이 있을 때 생기는 요통(腰痛)이 낫게 됩니

〔측백나무〕　　　〔갯버들〕

백대하(白帶下)

(1) **삼(麻)의 열매**···한 주먹 정도를 약탄관에 넣어 3홉의 물로 달여 2홉이 되도록 해서 2~3 회 나누어 복용하면 효험이 있습니다.

(2) **석류나무**···석류나무꽃을 그늘에 말려서 이 것을 목욕탕에 넣어 목욕을 하면 효험이 있습니다.

(3) **연꽃의 열매**···달여서 복용하면 효험이 있습니다.

(4) **괭이밥(酸車草)**···잎을 이용하여 요탕(要湯)에 사용하면 효험이 있습니다.

(5) **갯버들**···나무껍질을 달여서 복용합니다. 이 것은 피가 부패되는 것을 막으며, 짙게 하는 효력이 있습니다. 백대하를 비롯 월경과다·설사·적리에도 효험이 있습니다.

자궁출혈(子宮出血)

(1) **황벽나무**···의 줄기의 속껍질을 1홉의 물에

반이 되도록 달여 복용하면 효험이 있습니다.

〔황벽나무〕

(2) **석류(柘榴)**…꽃을 그늘에 말려 요탕(要湯)으로 사용하면 효험이 있습니다.

(3) **향부자(香附子)**…뿌리 2돈 정도에 무잎 또는 줄기를 그늘에 말린것 10돈을 넣어 4홉의 물로 달여 반으로 줄여서 하루 3회 나누어 복용합니다.

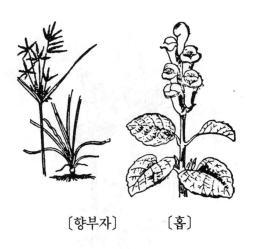

〔향부자〕　　〔홉〕

(4) **사프란(크록가스)**…순(蓴) 40∼50줄기를 컵에 담은 다음 열탕(더운물)을 부어 달인 물을 복용합니다.

(5) **홉(hop)**…이 풀의 열매를 달여서 복용하면 좋습니다. 이 홉의 식물은 맥주에 쓴맛을 나게 하는 원료로 쓰이는 것입니다.

외음부염(外陰部炎)

(1) **국화**…모(苗) 또는 뿌리·잎을 달인 물로서 씻거나 또는 습포(찜질)를 하면 효험이 있습니다.

(2) **삼배초**…잎·줄기를 달인 물로써 씻거나 또는 복용을 겸하면 효험이 있습니다.

(3) **우엉**…달인 물로 씻으면 효험이 있습니다.

(4) **마늘**…잘게 썰어 달인 물로 씻으면 효험이 있습니다.

외음부소양증(外陰部搔痒症)

(1) **갯미나리(蛇床子 : 갯사상자)**…씨를 달여 복용하면 강장제(強壯劑)가 되고, 부인의 외음부의 가려움이나 요통(腰痛)이 낫게 됩니다.

음부의 속이 부어서 아플 때는 이 씨를 빻아 흰 가루로 낸 것을 조그마한 환으로 만들어 삽입시키면 효력이 있습니다.

(2) **쇠무릅(우슬 : 牛膝)**…뿌리를 달여서 그 물로써 씻으면 가려움이 낫게 됩니다.

(3) **소루쟁이(羊蹄)**…뿌리를 빻아 즙을 내어서 바르면 가려움이 낫게 됩니다.

(4) **장뇌(樟腦)와 명반(明礬)**…잘게 가루로 내어 섞어 봉지에 넣어서 삽입시켜 놓으면 가려움이 없어집니다.

질염(膣炎)

(1) **석류(柘榴)**…꽃을 이용하여 목욕을 하면 염증에 효험이 있습니다.

(2) **솔잎**…좌욕(坐浴)을 할 때 탕속에 넣어서
이용하면 효험이 있습니다.

(3) **인동(忍冬)**…잎을 탕속에 넣어 온욕요법
(溫浴療法)을 하면 효험이 있습니다.

(4) **괭이밥(酸車草)**…잎을 이용해서 요탕을 하
면 효험이 있습니다.

질경련(膣痙攣)

(1) **외음부질환의 요법을 그대로 이용해도 효험**
이 있습니다.

(2) **갯상추**…그늘에 말린것 3돈을 이질풀(현지
초)3돈, 초결명종자 5돈, 감초 1돈을 넣고 이것
을 5홉의 물에 달여 3홉으로 줄여서 하루에 여
러번 복용하면 효험이 있습니다.

　또는 이들의 약초를 이용하여 요탕(腰湯)으
로 사용해도 유효합니다.

만성자궁내막염(慢性子宮內膜炎)

(1) **사프란(크로커스)**…심(蕊)을 40～50개 정
도 천주머니에 담은 다음 열탕(熱湯)속에 그
즙을 낸 것을 하루에 3회 나누어 복용하면 효
험이 있습니다.

(2) **꿀풀**…잎·줄기 또는 꽃을 한 주먹정도 따
서 이것을 3홉의 물에 달여 1홉이 되도록 해서
하룻동안 나누어 복용하면 효험이 있습니다.

(3) **뽕나무**…뿌리를 그대로 잘게 썰어 달여서
복용하면 효험이 있습니다.

(4) **이질풀(현지초)**…이것에 꿀풀을 조금 섞어
달여서 가끔 복용하면 효험이 있습니다.

(5) **삼나무(杉)**…날잎을 달여서 복용하면 효험
이 있습니다.

〔꿀풀〕

(6) **말린무잎**…솥에 넣어 끓여서 그 즙으로 요
탕(腰湯)을 하면 효험이 있습니다.

(7) **흰 무궁화**…꽃잎을 달여서 복용하면 효험
이 있습니다.

(8) **구약나물(蒟蒻)**…더운 열기로 삶아서 아랫
배를 덮으면 특효가 있습니다.

(9) **노랑쥐참외**…뿌리를 달여서 복용하면 효험
이 있습니다.

〔반들전호〕

나팔관염(喇叭管炎)

(1) **활염수(活塩水)**…2~3배의 활염수로 습포(찜질)를 하면 만성인 것에는 유효합니다.
(2) **반들전호**…만성의 경우 뿌리를 달여서 복용하면 효험이 있습니다.

난소낭종(卵巢囊腫)

우약(芋藥)…환부에 우약을 발라 놓으면 효험이 있습니다.

이 우약은 토란의 껍질을 벗긴 것을 으깨어 이것에 약 1할에 해당되는 생강즙과 토란과 같은 양의 밀가루를 섞어서 다시 으깨어 사용합니다.

즉 이것을 천에 1cm 정도의 두께로 발라 환부에 대어 줍니다.

이 우약이 말라 붙을 정도가 될 때는 다시 갈아 주어야 하고, 갈아줄 때는 1되의 더운물에 20돈의 생강즙을 섞어서 환부를 덮으면 효력이 있습니다.

토란은 될수 있는 대로 두껍게 껍질을 벗기도록 해야 합니다.

불임증(不姙症)

(1) **털분지**…달여서 복용하면 효험이 있습니다.
(2) **대잎둥글레(黃精)**…뿌리를 달여서 복용하면 강정제(强精劑)로 해서 효험이 있습니다.
(3) **영신초(瓜子金 : 애기풀)**…뿌리를 달여서 복용하면 효험이 있습니다.
(4) **국화**…국화의 모종을 달여서 그 물로 씻거

나 습포를 하면 효험이 있습니다.
(5) **삼백초(三白草)**…잎·줄기를 달여 그 물로 하루에 2~3회 씻고 또 복용을 하면 효험이 있습니다.
(6) **수국차**…어린잎을 주물러 짜서 나온 즙을 더운물에 타서 복용하면 좋은 강장제(强壯劑)가 됩니다.

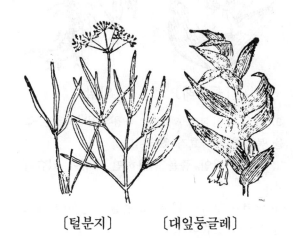

〔털분지〕　　〔대잎둥글레〕

〔영신초〕　　〔수국차〕

(7) **둥글레(黃精)**…땅속줄기를 달여서 복용하면 효험이 있습니다.
(8) **사프란(크록커스)**…달인즙을 상복(常服)을

하면 효험이 있습니다.

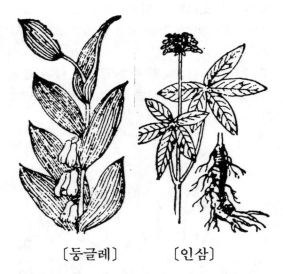

〔둥글레〕　　　〔인삼〕

(9) **인삼**…인삼의 엑스를 복용하거나 달인 즙을 복용하면 특효가 있습니다.

(10) **마늘**…달인 즙을 복용하면 효험이 있습니다.

(11) **우엉**…뿌리를 달여 그 즙을 이용하여 씻으면 효험이 있습니다.

불감증(不感症)

(1) **인삼**…인삼 1돈, 하수오(何首烏) 1돈, 당귀(當歸) 1돈, 말린 생강 1돈, 지황(地黃) 1돈을 2홉반의 물에 달여 1홉반이 되도록 해서 하루 3회 3일간 나누어 복용하면 매우 유효합니다.

단 이것을 복용할 동안에는 술·담배·커피 등을 삼가하는 것이 좋습니다.

(2) **사프란(크록커스)**…암술대를 달여서 복용하면 좋고, 오랫동안 계속해야 합니다.

(3) **키나**…껍질을 소량 달여서 복용하면 잘 듣게 됩니다. 이것 역시 복용하는 동안은 술·담배·커피 등을 삼가하는 것이 좋습니다.

(4) **마늘**…또는 양파나 부추(정구지)등을 상식(常食)하는 것이 좋습니다.

그리고 마늘은 잿불에 묻어 살짝 구워서 하루에 3통씩 먹는것이 좋습니다.

제 10 장. 피부병(皮膚病)

습진(濕疹)
〔부스럼·태독(胎毒)〕

(1) **복숭아(桃)**…잎을 주물러 즙을 낸 것으로 약탕(藥湯)으로 사용하거나 꽃이나 씨를 달여서 바르면 효험이 있습니다.

(2) **대황(大黃)**…뿌리부분을 무채와 같은 모양으로 만든것에 식초를 조금 쳐서 국부에 바르면 효험이 있습니다.

〔대황〕

(3) **무**…가려울때 무를 바퀴모양으로 잘라 마찰하면 효험이 있습니다.

(4) **나팔꽃**…잎과 종자를 한번 삶은 다음 이것을 잘 으깨어 환부에 발라 놓습니다.

(5) **벌꿀과 아연화말(亞鉛華末)**…벌꿀 5~6돈에 아연화말을 조금 넣어 잘 으깬 것을 환부에 바르면 효험이 있습니다.

붕대는 할 필요없고, 하루에 2회씩 바르는 일

을 3~4일 계속하면 대개는 낫게 됩니다.

(6) 범의귀(虎耳草)와 아연화말(亞鉛華末)···범의귀의 날 잎을 짠 즙에 아연화말을 넣어 진득진득하게 만든것을 바르면 1~2일 동안에 낫게 됩니다.

(7) 접골목(接骨木)···어린 잎을 달인 물을 이용하여 자주 씻어주면 효험이 있습니다.

(8) 삼나무(杉)···잎을 달여 그 즙을 이용하여 자주 씻어주면 효력이 있습니다.

(9) 까마중(龍葵)···열매를 으깨어 부은 곳에 발라두면 효험이 있습니다.

〔까마중〕

(10) 식나무(넓적나무)···잎을 말려서 가루로 낸 것을 참깨기름으로 으깨어 환부에 바르면 잘 낫게 됩니다.

그리고 잎을 불로 살짝 태워서 발라 놓으면 효력이 있으며 통증도 낫게 됩니다.

옴(疥癬 : 개선)

(1) 종려나무(棕櫚)···뿌리부분을 약탕(藥湯)으로 만들어 자주 씻어주면 효력이 있습니다.

(2) 배풍등(蜀羊泉·白英)···배풍등의 열매·잎·줄기를 달인 즙으로 씻어주면 효험이 있습니다.

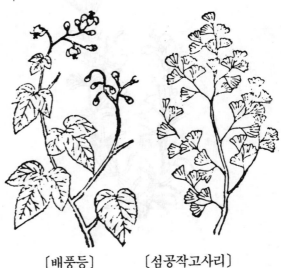

〔배풍등〕   〔섬공작고사리〕

(3) 수영(酸模 : 괴승애)···뿌리를 으깬 것 5돈과 유황(硫黃) 2돈을 썩은 것에 식초를 3작 정도 넣어서 다시 으깨어 목욕을 한 다음 가려운 곳에 문질러 주면 효험이 있습니다.

하루에 2~3번 되풀이 하면 2~3일 동안에 완쾌됩니다.

(4) 애기똥풀(白屈茶)···줄기로부터 나오는 누런 즙을 바르면 효험이 있습니다.

(5) 섬공작고사리(石長生)···달여서 즙으로 낸 것을 옴이 있는 부분에 씻어주면 효험이 있습니다.

(6) 괭이밥(酢漿草 : 괴승애)···잎·줄기를 주물러 즙을 내어서 바르면 유효합니다.

(7) 백냥금···잎을 주물러 바르며 대개의 옴은 다 낫게 됩니다.

(8) 지란(芝蘭)···뿌리를 가루로 내어 참기름에 으깨어 바르면 효험이 있습니다.

(9) 분꽃···날잎을 짜서 나온 즙을 바르거나 씻거나 하는 일을 되풀이 하면 효험이 있습니다.

(10) 물때···벼를 베고 남은 포기에 끼어 있는 누른 색깔의 한 물때를 바르면 효험이 있습니다.

〔백냥금〕

완선(頑癬)
〔버짐·음부의 습진〕

(1) **삼백초(三白草)**… 들에 나는 풀이며, 이 잎을 잘 주물러 그 즙을 바르면 효험이 있습니다.

(2) **애기똥풀(白屈茶)**… 들에 나는 풀이며, 이 잎이나 줄기를 주물러 그 즙을 바르면 효험이 있습니다.

(3) **참깨**… 흰깨나 검은깨나 다 좋습니다.

입에 넣어 잘 씹은 것을 바르면 효험이 있습니다.

(4) **박락회(博落廻)**… 잎·줄기에서 나오는 액즙을 바르면 버짐이 낫게 됩니다.

(5) **소루쟁이(羊歸)**… 뿌리의 액즙을 바르면 버짐·옴·종기 등이 잘 낫게 됩니다.

(6) **쇠비름**… 줄기·잎의 생즙을 바르면 버짐·옴·무좀 등이 잘 낫게 됩니다.

(7) **누린내풀(구렁내풀)**… 잎·줄기·뿌리를 달여 그 물을 이용하여 씻으면 효험이 있습니다.

(8) **피막이풀**… 줄기나 잎을 짜서 나온 즙으로 씻으면 잘 낫게 됩니다.

(10) **말곰취(갯머위)**… 잎을 날것 채로 으깨어 바르면 효험이 있습니다.

(11) **날것의 미꾸라지**를 문질러 주면 효험이 있습니다.

(12) **제비꽃**… 소금에 절여서 주무르면 즙이 나오는데, 이것을 바르면 효험이 있습니다.

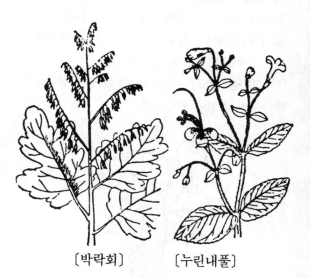
〔박락회〕   〔누린내풀〕

(13) **할미꽃의 잎**을 주물러 즙을 내어서 바르면 버짐이 낫게 됩니다.

(14) **중대가리풀(땅꽈리)**… 잎을 달여서 씻으면 버짐이 낫게 됩니다.

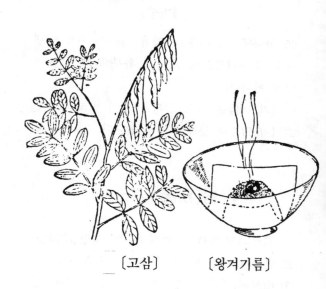
〔고삼〕   〔왕겨기름〕

⒂ **왕겨기름**…창호지를 밥그릇 주둥이에 팽팽하게 바르고 왕겨를 올려 놓은 다음 그 위에 숯불을 피워 놓으면 기름이 종이를 통해서 밥그릇에 괴게 됩니다. 이것을 글리세린과 섞어서 바르면 잘 낫게 됩니다.

전풍(澱瘋 : 어루러기)

⑴ **중대가리풀(땅꽈리)**…잎을 달여서 즙을 환부에 바르면 잘 듣게 됩니다.

이것은 옴이나 버짐에도 유효합니다.

〔중대가리풀〕

⑵ **명아주(黎 : 능쟁이)**…날잎을 짜서 그 즙을 발라도 유효합니다.

⑶ **소루쟁이**…뿌리를 으깬 것에 식초를 섞어서 하루에 3~4회씩 5일동안 계속 문질러 바르면 대개는 낫게 됩니다.

⑷ **여뀌잎과 가지의 꼭지**…함께 짜서 그 즙을 바르면 효험이 있습니다.

한진(汗診 : 땀띠)

⑴ **층층이꽃(층꽃)**…잎을 달여 씻으면 낫게

됩니다.

〔층층이꽃〕

⑵ **복숭아**…잎을 욕탕에 넣어 목욕을 하면 효험이 있습니다.

⑶ **노랑쥐참외**…뿌리를 말려서 가루로 내어 달여서 복용하면 효험이 있습니다.

⑷ **나팔꽃**…잎을 소금으로 주물러 그 즙을 5~6회 계속 바르면 잘 낫게 됩니다.

⑸ **가지**…가지를 자른 곳으로 문질러 바르면 효험이 있습니다.

⑹ **나리**…뿌리를 으깨어 바르면 잘 낫게 됩니다.

두드러기(蕁麻疹)

⑴ **지네**…기름을 짜서 바르면 효험이 있습니다.

⑵ **흰향나무(檜木)**…잎을 달인 즙으로 환부에 바르면 한층 더 효과가 있습니다.

또는 술을 발라서 효험을 보는 경우도 있습니다.

⑶ **초결명(草決明)**…종자를 달여 차 대신 복용하면 효험이 있습니다.

⑷ **쓴풀**…달여서 복용하는 일을 계속하면 효

험이 있습니다.

여드름(面疱)

(1) **칠엽수**…껍질을 달인 즙으로 얼굴을 바르면 효험이 있습니다.

〔칠엽수〕

(2) **버드나무**…잎을 달여서 그 물을 이용하여 얼굴을 씻으면 효험이 있습니다.

〔새삼〕   〔상사화〕

(3) **새삼(菟糸子)**…잎과 줄기를 짠 즙으로 얼굴에 바르면 효험이 있습니다.

(4) **상사화(想思花)**…뿌리를 으깨어 그 즙액을 문질러 바르면 효험이 있습니다.

(5) **복숭아**…잎을 달인 즙으로 얼굴을 씻으면 효험이 있습니다.

또는 복숭아 꽃잎을 으깨어 얼굴에 발라도 효험이 있습니다.

(6) **팥**…꽃을 으깨어 바르면 잘 듣게 됩니다.

(7) **귤**…즙을 내어 탈지면에 적셔 얼굴에 문질러 바르면 효험이 있습니다.

못(胼胝)과 티눈

(1) **무화과(無花果)**…열매를 잘랐을 때 나오는 젖과 같은 액즙을 바르면 잘 낫게 됩니다.

(2) **은행나무**…잎을 검게 태운 것을 밥에 섞어 발라 둡니다.

(3) **유자나무**…종자를 검게 태운 것을 밥과 함께 으깨어 바르면 유효합니다.

(4) **소금에 절인 연어**…대가리 부분을 검게 태운 것을 쌀겨(糠) 및 물과 함께 으깨어 바르면 효험이 있습니다.

〔고추〕

(6) **고추**…검게 태운 것을 가루로 만들어 밥에 으깨어 바르면 효험이 있습니다.

(7) **가지**…자른 곳을 이용하여 여러번 문질러 바르면 저절로 낫게 됩니다.

(8) **담쟁이덩굴**…잎을 찧어 즙을 내어서 바르거나, 잎을 대고서 붕대로 해 놓으면 효험이 있습니다.

(9) **벌(蜂)**…알을 으깨어 바르면 이내 낫게 됩니다.

면정(面庭 : 얼굴의 부스럼)

(1) **고추잠자리**…검게 태운 것을 가루로 내어 밥에 으깨어 부스럼에 발라 놓습니다.

(2) **지렁이**…여러 마리를 접시 위에 올려 놓고 흑설탕을 뿌려 놓으면 녹아서 접시에 괴게 됩니다. 이 즙을 부스럼에 바르면 농(膿)이 빠져 낫게 됩니다.

(3) **미꾸라지**…뼈를 추려낸 다음 펴서 껍질쪽을 부스럼에 발라 놓습니다.

(4) **바다에서 나는 굴**…으깨어 부스럼에 발라 놓으면 농이 잘 나오게 되어 효험이 있습니다.

(5) **가지**…연한 잎 2~3장을 잘 주물러 이것을 부스럼에 발라 둡니다.

(6) **질경이(車前草)**…잎을 약한 불에 그을려 연하게 된 것을 발라 놓으면 농이 쉬이 빠져 나오게 됩니다.

(7) **삼백초(三白草)**…2~3장의 잎을 소금에 주물러 물로 잘 씻은 다음 부스럼에 발라 둡니다.

또는 15장 정도 그늘에 말린 잎을 달여서 그 물을 복용하면 효험이 있습니다.

(8) **개구리자리(石龍芮)**…잎·줄기 등을 이용하여 즙을 내어 부은 부분에 으깨어 바르면 효험이 있습니다.

(9) **현삼(玄參)**…뿌리를 말려 달여서 복용하면 효험이 있습니다.

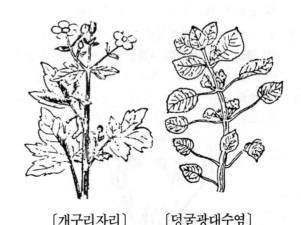

〔개구리자리〕　　〔덩굴광대수염〕

(10) **마타리**…잎이나 줄기를 달여 복용하면 유효합니다.

(11) **하수오(何首烏)**…뿌리를 달여서 복용하면 효험이 있습니다.

(12) **용담(龍膽)**…뿌리를 빻아 즙을 내어 복용하면 특효가 있습니다.

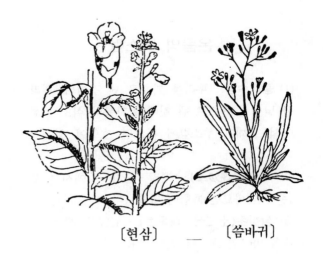

〔현삼〕　　　〔씀바귀〕

(13) **덩굴광대수염(馬蹄草)**…날잎을 불에 그을려 설탕을 섞어서 잘 으깨어 바르면 잘 듣게 됩니다.

뿌리 대신 줄기 잎을 그늘에 말려 달인 즙을

발라도 효험이 있습니다.

⒁ **씀바귀(黃瓜菜)**…잎이나 줄기를 자르면 흰 즙이 나오는데 이것을 바르면 유효합니다.

⒂ **개장구채(麥藍菜 : 들장구채·말랭이나물)** …날잎 또는 줄기나 뿌리를 빻아 으깬 것을 천에 발라 환부에 대어 주면 통증이 없어져 낫게 됩니다.

〔개장구채〕

온몸의 부스럼

⑴ **광대수염**…뿌리를 가루로 낸 것이나, 뿌리를 달여서 즙으로 낸 것에 밀가루와 식초를 섞어서 으깨어 부스럼에 바르면 효험이 있습니다.

⑵ **석산(曼珠沙華)**…뿌리·줄기·잎에서 나오는 즙을 바르면 효험이 있습니다.

⑶ **삼칠초(土三七 : 해독초)**…날잎을 짜서 그 즙을 바르면 효험이 있습니다.

⑷ **삼나무(杉)**…잎을 달여서 나온 즙을 때때로 씻어주면 잘 낫게 됩니다.

⑸ **일엽아재비(다시마고사리)**…잎을 검게 태운 것을 부은 곳에 바르면 효험이 있습니다.

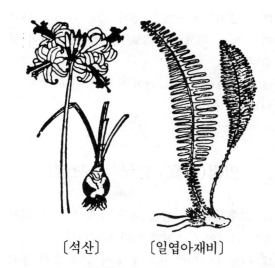

〔석산〕　　〔일엽아재비〕

⑹ **개장구채(麥藍菜 : 들장구채)**…종자를 달여서 복용하면 악창(惡瘡)이나 부은 곳이 낫게 됩니다.

⑺ **더덕(羊乳)**…줄기에서 나오는 흰 즙을 부은 곳에 바르면 효험이 있습니다.

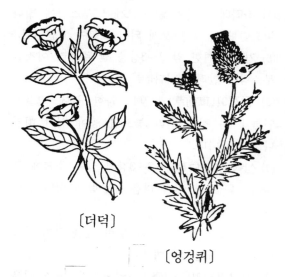

〔더덕〕

〔엉겅퀴〕

⑻ **벌꿀과 아연화(亞鉛華)**…벌꿀 5~6돈에 아연화말(末)을 조금 넣어 잘 섞은 다음 환부에 발라 둡니다.

붕대를 하지 않고 하루에 2회 바르는 일을 3~4일 계속하면 완치 됩니다.

(9) **엉겅퀴**⋯잎을 으깨어 부은 곳에 바르면 특
효가 있습니다.

(10) **조개풀**⋯줄기와 잎을 말린 것을 달여서 즙
을 내어 환부를 씻어주면 효력이 있습니다.

(12) **미나리아제비(毛莨)**⋯날잎을 주물러서 즙
을 내어 바르면 효험이 있습니다.

(12) **기린초**⋯잎을 불에 그을려 연하게 된 것을
환부에 바르면 효험이 있습니다.

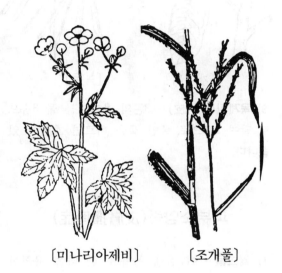

[미나리아제비]   [조개풀]

[기린초]

(13) **미국형계(荆芥)**⋯잎을 그늘에 말려서 달여

먹으면 태독(胎毒)에 효험이 있습니다.

(14) **옥잠화(紫萼)**⋯뿌리를 으깨어 술에 타서 복
용하면 효험이 있습니다.

(15) **금좁쌀풀(돌좁쌀풀·좀가지꽃)**⋯잎과 줄기
를 말려 가루로 해서 환부에 바르면 효험이 있
습니다.

전염농포진(傳染膿疱診)
〔얼굴에 생기는 급성 피부염〕

(1) **범의귀(虎耳草)**⋯잎을 주물러 나온 즙을
백분에 녹여서 바릅니다.

(2) **감자**⋯잘 으깨어 바르면 효험이 있습니다.

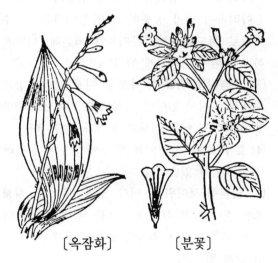

[옥잠화]   [분꽃]

(3) **분꽃**⋯잎을 날것 채로 주물러 즙을 낸 것
을 바르면 특효가 있습니다.

(4) **수영(酸模)**⋯뿌리 3푼(分)에 유황화 2푼을
섞어 으깨어 목욕한 뒤에 문질러 바릅니다.

(5) **별꽃(繁樓)**⋯당귀·작약·대황(大黃)을 같
은 양으로 섞은 것에 감초를 조금 넣어 가루로
만든 것을 별꽃즙으로 으깨어 바르면 낫게 됩
니다.

액취(腋臭 : 겨드랑 냄새)

(1) **뜸의 응용**…겨드랑 밑의 털을 깎은 다음 알코올로써 잘 닦습니다.

다음 1주간 동안은 백분(白粉)만 발라 주는데, 이 동안 어느 장소에 검은 점이 생기게 되므로 그 곳에 쌀알갱이 정도 크기의 뜸을 1주일 동안 실시합니다. 1회의 뜸은 3~5개 정도로 하는 것이 적당합니다.

(2) **흰참깨의 응용**…흰참깨를 5작(勺) 정도 잘 으깬 것을 천주머니에 넣어 둡니다.

또 다른 그릇에는 5작(勺)의 술을 담고 여기에는 소금을 조금 넣어 둡니다.

그리고 앞의 참깨를 이 술에 섞습니다.

이리하여 술이 충분히 스며 들어가면 이 주머니로 겨드랑 밑을 문지르면 되는데, 이렇게 하면 효험이 나타나게 됩니다.

(3) **소명반(燒明礬)**…이것을 이용하는 처방에 대해서는 이미 설명한 사실도 있으나 소명반만을 사용해도 어느 정도의 효과가 있습니다.

(4) **호두(胡桃)**…열매를 빻아서 환부에 문질러 주면 효험이 있습니다.

(5) **말곰쥐(갯머위)**…어린 잎을 여러장 쪄서 으깬 것에 달걀 흰자와 식초를 넣어 휘저은 다음 이것을 천이나 종이에 발라 환부에 오래 두면 낫게 됩니다.

(6) **침향나무(楮)**…둥치나 가지의 껍질을 벗겨 그늘에 말린 것 한주먹 정도를 달여 매일 10분간 정도 무릎 아래를 엄법(罨法)하면 쉬이 낫게 됩니다.

(7) **녹두**…가루로 낸 것에 식초를 넣어 으깬 것을 겨드랑 밑에 바르면 효험이 있습니다.

이것은 주근깨에도 효험이 있습니다.

(8) **귤**…즙을 내어 겨드랑 밑에 조금씩 바르면 효험이 있습니다.

이것은 오래 계속해야 효력이 있습니다.

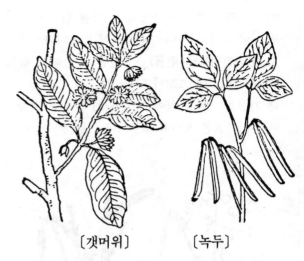

〔갯머위〕　　　〔녹두〕

(9) **육계피(肉桂皮)**…3돈의 육계피를 물 3홉으로 달여 2홉으로 줄인 물을 바르면 효험이 있습니다.

피부소양증(皮膚搔痒症)

(1) **쌀뜨물**…이 물에 목욕을 한 다음 유황화(硫黃華)를 참기름으로 으깨어 바르면 효험이 있습니다.

(2) **찹쌀가루**…이 찹쌀가루에 메밀가루·개구리밥·인동(忍冬)·감초 등을 가루로 내어 섞어서 가려운 부분에 바르면 효험이 있습니다.

(3) **차조기(紫蘇)**…잎을 그늘에 말려 가루로 낸 것을 참기름과 함께 으깨어 바르면 특효가 있습니다.

동상(凍傷)

(1) **생강**…생강이나 고추와 같은 것을 잘게 썰어 천주머니에 넣은 다음 욕탕에 넣고서 목욕하는 방법이 있습니다.

(2) **쥐참외**···종자나 열매를 술에 담그어 하룻동안 둔 다음 이것을 바르면 효험이 있습니다.

(3) **가지**···뿌리를 잘게 썰어 달여서 그 즙으로 환부를 씻은 다음 백급(白笈)이라고 하는 약을 가루로 내어 그 위에 뿌려 놓습니다.

(4) **표고버섯**···달인 즙을 거어즈에 적셔 이것으로 환부에 찜질을 하면 효험이 있습니다.

(5) **말곰취(갯머위)**···날잎을 주물러 바르면 효험이 있습니다.

또는 검게 태운 것을 밥에 으깨어 바르거나 날잎을 불에 데워서 대어 놓아도 효험이 있습니다.

(6) **치자나무(梔子)**···열매를 으깨어 그 즙을 바르면 효험이 있습니다.

손발이 트는 데

(1) **맥문동(麥門冬)**···뿌리를 건조시켜 가루를 낸 것을 글리세린과 섞어 으깨어 손발이 튼 곳에 바르면 효험이 있습니다.

〔보춘화〕

(2) **보춘화(보춘란 : 報春蘭)**···뿌리를 말려 가루로 낸 것에 글리세린을 섞어 으깨어 손발이 튼 곳에 바르면 효험이 있습니다.

(3) **자란(紫蘭)**···뿌리의 겉껍질을 밥에 으깬 것을 말려서 가루로 내어 글리세린과 으깨어 바르면 효험이 있습니다.

(4) **정화난초(약난초)**···둥근뿌리를 말려 가루로 낸 것을 물이나 글리세린으로 으깨어 바르면 손발이 트는데 효험이 있습니다.

털이(毛蝨)

(1) **담배**···물에 담그어 즙을 낸 것으로 씻으면 없어지게 됩니다.

(2) **제충국(除虫菊)**···건조한 제충국의 꽃을 주물러 가루를 낸 것을 뿌리면 효험이 있습니다.

(3) **고추**···달여서 낸 즙을 천에 적셔 씻으면 효험이 있습니다.

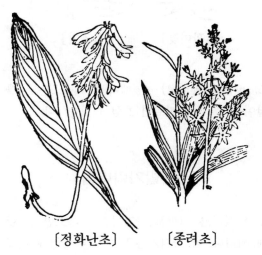

〔정화난초〕　　　〔종려초〕

(4) **석유**···석유 만으로도 좋으나 이것을 올리브기름을 반반 섞은 것으로 씻으면 효험이 있습니다.

씻은 뒤 2~3시간 지난 뒤 천에 식초를 적셔 다시 씻은 다음 말리고서 목욕을 하면 효험이 있습니다.

(5) **종려초**···뿌리를 말려 가루로 만든 것을 뿌려 놓으면 효험이 있습니다.

백선(白癬)
〔마른 버짐·진버짐〕

(1) **할미꽃**…뿌리·줄기·꽃을 달여 그 즙을 바르면 효험이 있습니다.
(2) **차조기(紫蘇)**…잎을 주무러 바르는 일을 계속하면 효험이 있습니다.

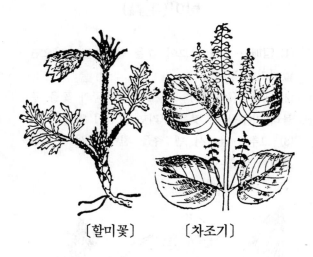

〔할미꽃〕   〔차조기〕

(3) **배풍등(蜀羊泉)**…열매나 줄기 또는 잎을 달여서 그 즙을 바르면 효험이 있습니다.

무좀(발가락버짐)

(1) **왕겨기름**…(糠油)왕겨기름을 바르면 잘 낫게 됩니다. 이 왕겨기름을 만드는 방법에 대해서는 버짐 난에 설명해 놓았습니다.
(2) **석류(柘榴)**…나무 껍질을 벗겨 잘게 썰어 즙을 낸 것으로 바르면 이상할 정도로 잘 낫게 됩니다.
(3) **초결명(草決明)**…종자를 빻아 진득진득하게 으깬 것으로 환부에 자주 바르면 효험이 있습니다.
(4) **광대수염(繡斷)**…꽃·잎·줄기를 알코올 속

에 10일동안 담그어 두었다가 그 즙에 유채(油菜) 기름을 반반 섞어서 환부에 바르면 효험이 있습니다.

제11장. 외과(外科)

창상(創傷 : 상처)

(1) **부추**…잎에 소금을 조금 넣어 주물러 상처에 대고서 붕대를 해 놓으면 지혈도 되고 통증도 없어집니다.
(2) **소철(蘇鐵)의 잎**…1장을 검게 태운 것을 가루로 내어 밥에 으깬 다음 상처에 바르면 잘 낫게 됩니다.
(3) **쑥**…잎이나 줄기를 주물러 그 즙을 바르면 효험이 있습니다.
(4) **오미자(五味子)**…날잎을 주물러 바르면 효험이 있습니다.

탈구(脫臼)
〔뼈의 관절이 벗어나는 병〕

(1) **황벽나무**…나무껍질을 가루로 내어 식초를 이용하여 으깬 것을 바르면 효험이 있습니다.
(2) **수선(水仙)**…뿌리를 으깨어 식초를 섞어서 환부에 바르면 효험이 있습니다.
(3) **산초(山椒)**…가루로 낸 것에 밀가루와 식초를 섞어서 고약으로 만든 것을 바르면 효험이 있습니다.

골절(骨折)

(1) **자귀나무(合歡木)**…겉껍질을 버리고 속껍

질을 빻은 것 20돈과 겨자가루 5돈을 섞은 것에 술 5작을 넣어 으깬 것을 천으로 걸러 즙을 낸 다음 이것을 복용하면 효험이 있습니다.

또 껍질을 달인 즙으로 엄법(罨法)을 하면 더욱 효험이 있습니다.

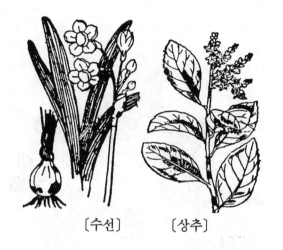

〔수선〕   〔상추〕

(2) **상추**···열매를 살짝 볶은 것을 빻아 가루로 낸 것 2~3돈을 정종에 타서 복용하면 효험이 있습니다.

또 2~3일 계속해야 합니다.

(3) **접골목(接骨木)**···잎·줄기 또는 꽃에 말린 오징어 껍질의 가루를 조금 넣고 식초로 으깨어 고약으로 만들어서 환부에 바르면 효험이 있습니다.

하루에 2회 정도 새것으로 갈아 발라야 하고, 접골목은 그늘에서 말린 것도 상관 없습니다.

혈관종(血管腫)
〔피부의 곳곳에 연하게 부어오르는 병〕

(1) **오미자(五味子)**···열매를 달여서 복용하면 피를 맑게 하고 또 보혈(補血)의 효과를 나타

냅니다.

〔오미자〕

(2) **해송(海松)**···어린 잎을 달여서 차 대신 복용하면 피를 맑게 하는데 효험이 있습니다.

(3) **푸른 소나무잎**···2~3개 입에 넣고 씹어 그 즙을 복용하면 혈액을 맑게 하는데 효험이 있고 또 예방에도 좋습니다.

치질(痴疾)의 요법

(1) **삼백초(三白草)**···날것을 잘 으깨어 오블라토에 싸서 복용합니다.

1회의 분량은 1돈 이하로 하고, 하루에 3회 식사 중간에 복용하는 일을 20일 이상 계속하면 효험이 나타납니다.

그늘에 말린 것은 20돈에 물 5홉을 넣어 달여서 3홉으로 줄여 1회에 1홉 정도씩 하루에 3회 복용합니다.

또는 삼백초잎을 불에 그을려 주무른 다음 환부에 바르면 효험이 있습니다.

단 때때로 출혈하는 일이 있으므로 주의가 필요합니다.

(2) **무화과(無花果)**···잎이나 줄기를 꺾을 때 나오는 흰 즙을 탈지면에 적셔 환부에 대어 주

면 효험이 있습니다.

또는 열매를 먹는 것도 좋고, 잎을 말려서 달여 요탕(腰湯)으로 이용해도 효험이 있습니다.

⑶ **날것의 연뿌리** … 잘 으깬 즙 1잔에 매초(梅酢) 3방울 정도 넣어서 하루에 3회 복용하면 효험이 있습니다.

⑷ **마늘** … 잘게 자른 것을 약한 불에 그을려 환부에 바르면 효험이 있습니다.

⑸ **만년청(萬年靑)** … 붉은 열매를 검게 구워서 참기름에 으깬 것을 탈지면에 적셔 환부에 바르면 효험이 있습니다.

⑹ **괭이밥** … 달인 즙으로 환부를 씻으면 특효가 있습니다.

또는 날것을 으깨어 그 즙을 발라도 효험이 있습니다.

⑺ **맨드라미** … 줄기와 잎을 그늘에 말린 다음 달여서 복용하면 효험이 있습니다.

〔괭이밥〕　　〔맨드라미〕

⑻ **부처꽃(千屈榮)** … 그늘에 말린 것을 달여 그 즙을 복용하면 출혈치(出血痔)에 특효가 있습니다.

⑼ **질경이(車前草)** … 물에 젖은 창호지로 잘 싸서 불에 넣어 증소(蒸燒)를 한 것을 참기름으로 으깨어 환부에 바르면 효험이 있습니다.

⑽ **소루쟁이(羊歸)** … 풀 전체를 말린 것을 달

여 복용하면 치질이 낫게 됩니다.

⑾ **꽈리(酸漿)** … 잎줄기와 뿌리를 함께 달여서 그 즙으로 씻으면 효험이 있습니다.

⑿ **식나무(桃樂瑚樹)** … 날잎을 불에 데워서 환부에 대어 놓으면 통증이 없어집니다.

⒀ **뱀딸기** … 열매를 따서 병에 담아 놓으면 갈색의 즙이 생깁니다. 이 즙을 바르면 통증이 낫게 됩니다.

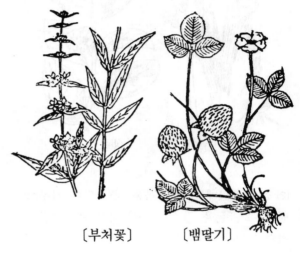

〔부처꽃〕　　〔뱀딸기〕

제12장. 성병(性病)

임질(淋疾)

⑴ **뱀밥** … 풀전체를 달여서 복용하면 효험이 있습니다.

⑵ **으름덩굴** … 잎이나 가지를 달여서 복용하면 효험이 있습니다.

⑶ **한삼덩굴(葎草)** … 풀전체를 달여서 복용하면 효험이 있습니다.

⑷ **털여뀌(芸草)** … 잎이나 줄기를 달여서 복용하면 임질이 잘 낫게 됩니다.

〔뱀밥〕   〔털여귀〕

(5) **고비(何脊)**…달인 즙을 복용하면 요통(腰痛)에 잘 듣게 됩니다.

(6) **천대오약(天台烏藥)**…뿌리를 달여서 복용하면 잘 듣게 됩니다.

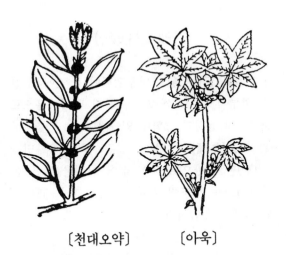

〔천대오약〕   〔아욱〕

(7) **쇠비름(馬齒草)**…잎·줄기를 말려서 복용하면 이뇨제(利尿劑)로써 임질을 가볍게 해주는 효험이 있습니다.

(8) **아욱(冬葵)**…열매를 달여서 복용하면 효력이 있습니다.

(9) **파초(芭蕉)**…뿌리·잎 또는 열매를 6돈 달여 하루에 2～3회씩 복용합니다.

(10) **꿀풀(夏枯草)**…풀과 열매를 그늘에서 말린

것 8돈을 달여서 하루에 복용하면 효험이 있습니다.

(11) **오이**…줄기 10돈 정도에 감초를 조금 넣어 물에 달여서 복용하면 효험이 있습니다.

(12) **옥수수**…열매 1홉 정도를 달여서 매일 복용하면 효험이 있습니다.

즉, 설탕을 조금 넣어 매일 2～3회 복용하면 됩니다.

(13) **삼백초(三白草)**…잎을 그늘에 말린 것 3돈 정도를 달여 하루에 여러 번 복용하면 효험이 있습니다.

(14) **뽕나무**…뿌리를 잘게 썰어 이것을 달여서 매일 식전에 하루 3회씩 복용하면 효험이 있습니다.

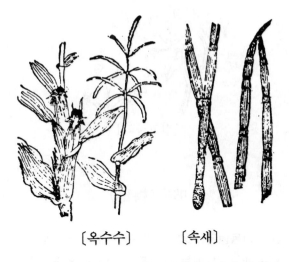

〔옥수수〕   〔속새〕

(15) **치자나무**…열매를 달여서 복용하면 효험이 있습니다.

(16) **속새(木賊)**…잎 또는 줄기를 열탕(熱湯)에 적신 다음 말린 것을 달여서 복용합니다.

(17) **청각채**…달인 즙을 반 컵씩 이용하면 효험이 있습니다.

(18) **비파(枇杷)**…5～6장의 잎을 물 1홉반에 넣어 약 30분 정도 달여 그 즙을 복용하면 효험이 있습니다.

(19) **아마(亞麻)**…열매를 달여서 복용하면 효험

이 있습니다.

⑳ 버드나무…뿌리 10돈씩 달여 매일 복용하면 효험이 있습니다.

㉑ 가지…잎을 그늘에 말린 것 10돈을 달여서 복용하면 효험이 있습니다.

㉒ 실고사리(海金砂)…잎을 달여서 복용하면 이뇨(利尿)와 임질에 효력이 있습니다.

㉓ 염주…뿌리를 빻아서 나온 즙 또는 짙게 달인 즙을 복용하면 효험이 있습니다.

〔실고사리〕

매독(梅毒)

⑴ 인동덩굴(忍冬)…꽃·잎·줄기를 말려서 달여 먹으면 매독에는 물론 이뇨제도 될 뿐만 아니라 임질에도 효력이 있습니다.

⑵ 쓴풀(當葉)…하루에 1돈반 정도 물에 달여서 2~3회 나누어 복용하면 효험이 있습니다.

⑶ 고추나물…검게 태운 것을 헌 곳에 바르면 효험이 있습니다.

⑷ 호두(胡桃)…핵(核)속에 들어 있는 인(仁)을 빻아 3홉의 물에 달여 1홉으로 줄여서 하루에 3회로 나누어 복용하면 효험이 있습니다.

〔인동덩굴〕

⑸ 삼백초(三白草)…날것의 잎 10돈 정도를 잘 으깨어 그 즙에 설탕을 넣어서 복용해도 좋습니다.

⑹ 다시마…날것이나 익혀서 먹으면 좋습니다.

⑺ 들장미…뿌리를 달여서 복용하면 효험이 있습니다.

⑻ 보리…껍질채로 짙게 달여서 복용하면 좋습니다.

⑼ 개독활(어수리)…잎과 줄기 5돈을 3홉의 물에 달여 2홉으로 줄여서 하루에 3회 나누어 먹으면 효험이 있습니다.

⑽ 산귀래(山歸來)…뿌리의 겉껍질을 벗겨 말린 것을 하루에 10돈씩 복용하면 효험이 있습니다.

가래톳(橫痃)

⑴ 으름덩굴(木通)…나무껍질이나 열매 껍질을 하루에 1~3돈씩 2홉의 물에 달여 1홉으로 줄여서 복용하면 효험이 있습니다.

⑵ 부들(香蒲)…이삭에 달린 꽃가루와 명반(明礬)을 반반으로 해서 섞어 이것을 작은 숟가락 1스푼 정도씩 술에 탄 다음 환부에 바르면 효과가 있습니다.

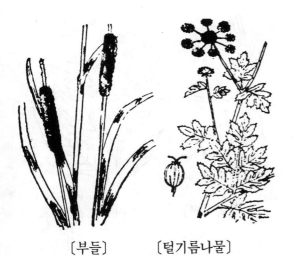

〔부들〕   〔털기름나물〕

(3) **쥐엄나무**…깍지를 말려 달여서 복용하면 선기독이 없어집니다.

또는 으깨어 천에 발라 환부에 대어 놓으면 좋습니다.

(4) **토란**…껍질을 벗긴 다음 으깬 것에 생강즙과 밀가루를 같은 분량으로 섞고 또 순무를 불에 구은 것과 벌꿀을 넣어 으깬 것을 천에 두껍게 발라 고약으로 해서 환부에 대어 놓으면 효력이 있습니다.

(5) **삼백초(三白草)**…삼백초 잎과 달팽이 한 마리를 으깬 것을 바르면 독이 빠져 나오게 됩니다.

(6) **황벽나무(黃蘗)**…줄기의 속껍질을 검게 태운 것과 살짝 태운 것과 날것 채로를 같은 분량으로 섞은 다음 식초에 으깨어 환부에 바릅니다.

그리고 마르기 전에 교체해서 바릅니다.

(7) **황기(黃芪)와 털기름나물(제주방풍)**…황기의 어린 뿌리를 부수어 바깥 껍질을 벗긴 다음 그 속껍질 5돈에 털기름나물의 잎·줄기를 5돈을 넣어 물 3홉으로 달여서 2홉이 되도록 하여 5회로 나누어 복용합니다.

이것은 매독에도 효험이 있습니다.

고환염(睾丸炎)
〔부고환염〕

(1) **쇠비름**…잎을 으깨어 즙을 내어서 바르면 고환이 부어오른 것에 효험이 있습니다.

(2) **이질풀(현지초)**…잎·줄기·뿌리를 달여 복용하면 효험이 있습니다.

(3) **마편초(馬鞭草)**…잎·줄기를 찧어 고환을 싸 놓으면 통증이 없어집니다.

(4) **파**…뿌리의 흰부분을 태우고 뜨거운 동안에 천에 싸서 고환에 바르면 효험이 있습니다.

(5) **양귀비**…가루를 식초로 으깨어 천에 바른 다음 고환을 싸 놓으면 부은 것이 빠지게 됩니다.

(6) **산초(山椒)**…열매 또는 잎을 찧어 천주머니에 넣고서 고환에 대어 놓으면 효험이 있습니다.

(7) **부추(韭)**…잎을 짠 즙을 하루에 1컵씩 복용하면 고환이 부은 것이 가라앉게 됩니다.

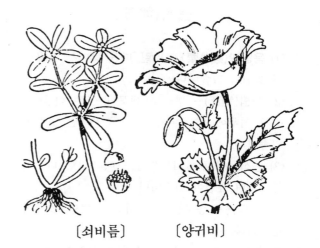

〔쇠비름〕   〔양귀비〕

〔산초〕

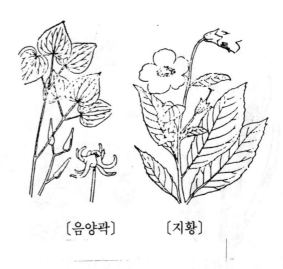

〔음양곽〕   〔지황〕

유정(遺精)

(1) **실개감(鬼糸子)** … 7돈 정도를 물 2홉에 달여 나누어서 복용하면 효험이 있습니다.
(2) **질경이(車前草)** … 7돈 정도를 5홉의 물에 달여 3호홉으로 줄여 한 입에 여러번 복용하면 효험이 있습니다.

음위(陰萎)

(1) **음양곽(婬羊藿)** … 말린 다음 달여서 복용하면 효험이 있습니다.
(2) **지황(地黃)** … 뿌리를 깨끗이 씻은 다음 말려서 하루에 약 1돈씩 달여 복용하면 효험이 있습니다.
(3) **인삼** … 하루에 1돈씩을 달여 3회로 나누어 복용하면 효험이 있습니다.
(4) **갯당근** … 종자를 달여서 복용하면 효험이 있습니다.
(5) **메꽃** … 잎 · 줄기 · 뿌리를 하루에 7돈씩 물 3홉에 달여 나누어서 복용하면 효험이 있습니다.

(6) **도라지(桔梗)** … 뿌리를 하루에 1~2돈씩 물 3홉에 달여 3회로 나누어 복용하면 효험이 있습니다.
(7) **오수유(吳茱萸)** … 열매를 말려서 달여 먹으면 효험이 있습니다.
(8) **산수유(山茱萸)** … 성숙한 열매의 씨를 버리고 과육(果肉)만을 말려서 달여 먹으면 효험이 있습니다.

〔갯당근〕   〔메꽃〕

제13장. 전염병(傳染病)

장티푸스

집에서 간호 (1) 일단 장티푸스라고 하는 것이 알려졌을 때는 물론 의사의 명령을 받아 병원으로 가서 충분한 치료를 받는 것이 무엇보다 중요한 일입니다.

(2) 그러나 아직 똑똑히 알지 못할 때나 장티푸스가 유행되고 있을 때 설사를 하거나 오한이 생기게 될 경우는 그 예방법으로써 또는 일상생활의 간호로써 다음과 같은 일을 하는 것이 좋습니다.

○ 우선 환자의 배설물에 석회나 재를 뿌리고 신문지 등에 잘 싸서 파리나 쥐가 가까이 닿지 않도록 합니다.

○ 생활염(生活塩)을 컵 1~2잔씩 마시도록 합니다.

이것은 전염병에 걸릴 염려가 있을 때는 매우 유효한 것입니다.

또 활염수 뿐만 아니라 흰매초(白梅酢) 등을 이용해도 좋습니다.

특히 장티푸스에서 낫게 될 시기나 그 밖의 보균자로서 병에 낫었다고 해도 배속에는 아직 균이 남아 있는 경우가 많으므로 매우 좋은 일이 됩니다.

○ 병이 나아가는 환자에 음식물을 많이 먹게 하는 것은 좋지 못합니다.

잘못하여 과식을 하게 되면 애써서 나은 것이 수포로 돌아갈 염려가 생기게 됩니다.

민간요법 (1) 매육(梅肉) 엑스 … 장티푸스의 우려가 있을 때는 피마자기름으로 설사를 시킨 다음 콩알 정도의 매육 엑스를 더운물에 타서 2~3회 복용하면 하열(下熱)이 되는 동시에 병세는 약해집니다.

그리고 이 매육 엑스를 계속 복용시키는 것은 매우 유효한 것이며, 제조법에 대해서 이 책의 앞쪽에 설명되어 있습니다.

(2) 흰매초(白梅酢) … 매실을 소금에 절이고 정종잔 1잔씩 복용하면 매육 엑스와 같은 효력을 나타냅니다.

(3) 이질풀(현지초) … 그늘에 말린 것을 피마자기름으로 설사를 시킨 다음 복용하면 매우 좋습니다.

용량은 1회에 7돈을 2홉의 물로써 3분 정도 달인 다음 식혀서 복용합니다.

파라티푸스

(1) 매육(梅肉) 엑스 … 이것은 잘 듣는 민간약이므로 파라티푸스의 우려가 있을 때나 병에서 나아갈 때는 복용하는 것이 매우 좋습니다.

(2) 흰매초(白梅酢) … 사용하는 법은 앞에서 설명한 것과 같습니다.

(3) 이질풀(현지초) … 이것도 사용하는 법이 앞에서 설명한 것과 같습니다.

이 병으로써 사망하는 경우는 절대 없으므로 예후(予後)의 간호에 충분한 주의가 필요한 것입니다.

적리(赤痢)

(1) 이질풀 … 피마자기름으로 설사를 시킨 다음 이질풀을 달여서 먹는데, 용량은 그늘에 말린 것 7돈을 3홉의 물에 달여 1홉으로 줄여서 한꺼번에 복용하고, 따로 7돈을 같은 방법으로 달여 3시간 마다 3회로 나누어 복용하면 유효합니다.

이것은 적리의 우려가 있을 동안에 복용하면

특히 유효합니다.

(2) **매육 엑스**…이것도 매우 효험이 있으며, 만일 이것이 없는 경우에는 흰매초(白梅酢)를 이용해도 좋습니다.

요법에 대해서는 장티푸스의 난을 참조하시기 바랍니다.

(3) **짚신나물(龍芸草)**…전체의 풀을 달여 복용하면 설사가 심할 경우 적리 등에서는 매우 효험이 있습니다.

〔짚신나물〕   〔납작털피〕

(4) **초결명(草決明)**…1회에 10돈의 잎 또는 종자를 5홉의 물에 달여 2홉으로 줄여서 하룻동안에 복용하면 특효를 나타냅니다.

(5) **황기(黃己)**…뿌리와 열매를 달여 복용합니다.

(6) **질경이**…그늘에 말린 잎을 달여서 복용하면 효험이 있습니다.

(7) **납작털피(참새피·납작피)**…줄기나 열매를 함께 달여서 복용하면 효험이 있습니다.

그늘에 말린 것 5돈을 2홉의 물에 달여 반으로 줄여서 1회에 복용하면 효험이 있습니다.

(8) **냉이**…뿌리와 잎을 검게 태운 것을 복용하면 효험이 있습니다.

그리고 그늘에서 말린 것 전체를 달여 먹어도 효험이 있습니다.

(9) **바늘꽃(柳葉藥)**…그늘에 말린 것을 달여서 복용하면 효험이 있습니다.

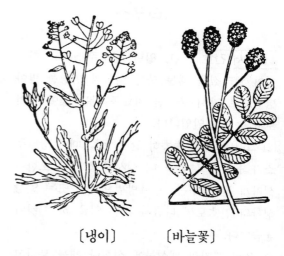

〔냉이〕   〔바늘꽃〕

(10) **수박풀(地楡)**…뿌리를 그늘에서 말려 달여서 복용하면 효력이 있습니다.

설사나 복통이 심한 적리의 의심이 있을 때는 특효를 나타냅니다.

(11) **마늘**…통채로 구워서 먹으면 효험이 있으며, 이것은 예방제(豫防劑)로써도 좋고, 또 의심이 있을때 복용하면 효험이 있습니다.

유행성감기(流行性感氣)

(1) **민족두리풀(細帝)**…뿌리를 달여 복용하면 열을 내리는데 효험이 있습니다.

그리고 두통을 가라앉히는데도 특효가 있습니다.

(2) **도깨비바늘**…적당한 양을 달여서 복용하면 열이 내려서 효험을 나타냅니다.

(3) **오렌지**…액즙을 짜서 그것에 흰설탕을 섞어 더운물에 타서 복용하면 효험이 있습니다.

(4) **초결명**…초결명 씨를 짙게 달여 복용하면 힘살의 통증이 없어지고 위장을 다스리는데도 효험이 있습니다.

(5) **작약(芍藥)**…꽃잎 3~4장에 생강 반조각과

밀감껍질 1개분과 함께 3홉의 물에 넣어 달여 2홉으로 줄여서 하루에 3회로 나누어 복용하면 효험이 있습니다.

〔민족두리풀〕   〔도깨비바늘〕

(6) **파의 흰뿌리**…죽에 파의 흰 뿌리를 넣어 익히고 이것에 약간의 식초를 타서 복용하면 땀이 나와 특효를 나타냅니다.
(7) **조름나물**…잎을 그늘에 말려 달여서 복용하면 해열에 특효를 나타냅니다.

〔조름나물〕

말라리아

(1) **수국(紫陽花)**…잎을 그늘에 말려서 적당히 달여 먹으면 특효를 나타냅니다.
(2) **질경이**…줄기를 색깔이 나타날때까지 달여 하루에 3회로 나누어 복용합니다.
(3) **키나**…해열제로써 이용될 뿐만 아니라 강장(强壯)·건위(健胃)에도 특효가 있습니다.
　껍질을 3홉의 물에 달여 2홉이 되도록 줄여서 하루에 여러번 나누어 복용합니다.
(4) **누린장나무**…잎을 한번 데쳐 물에 적셔 두고서 간장을 쳐서 먹으면 효험이 있습니다.
(5) **익모초(益母草)**…그늘에 말린 잎을 술5작·물 3홉 속에 약 2돈을 넣어 2홉으로 달여서 하루에 3회로 나누어 복용합니다.
(6) **칠엽수(七葉樹)**…이것은 키나의 대용으로 해서 이용하는 것이며 달여서 복용하면 말라리아의 해열에 특효가 있습니다.

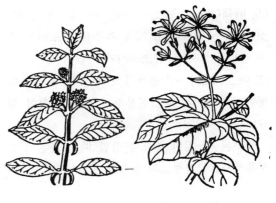

〔키나〕   〔누린장나무〕

[익모초]

콜레라

(1) **기력이 매우 쇠약해졌을 때** … 환자를 절대 안정시켜야 함은 물론 알코올 음료를 조금 대주는 것도 무방합니다.

그 밖의 간호나 소독법은 장티푸스의 경우와 같습니다.

(2) **매육(梅肉) 엑스** … 매육 엑스를 복용하는 것이 매우 좋습니다. 매육 엑스를 제조하는 법은 장티푸스 난을 참조하시기 바랍니다.

(3) **매초(梅酢)** … 정종잔 1잔 정도의 매초에 따뜻한 물 2잔을 넣어 복용하면 많은 효험이 있습니다.

매초는 흰 것이 좋으나 급할 때는 붉은 것을 사용해도 어느 정도의 효험이 있습니다.

단독(丹毒)

(1) **무** … 날것의 잎을 잘으깨어 환부에 발라주면 특효를 나타냅니다.

발라 놓은 곳이 마를 때는 몇번이고 바꾸어

발라 주어야 합니다.

(2) **늪에서 나는 게** … 부드럽게 으깨어 환부에 발라 주면 극히 유효합니다.

(3) **꿩의 비름(景天草)** … 종자를 그늘에 말려 두고 필요할 경우 한주먹 달여 하루에 3회로 나누어 복용합니다.

또 종자를 빻아 밥에 으깨어 고약에 3홉의 물을 넣어 2홉이 되도록 해서 바르면 효험이 있습니다.

(4) **개구리밥** … 떡 찧듯이 찧어서 환부에 바르면 효력이 있습니다.

(5) **물이끼** … 개구리밥과 같이 찧어서 환부에 바르면 효험이 있습니다.

부록Ⅲ. 지압요법

지압요법 (指壓療法)

지압요법이라고 하면, 쉽게 말해서 손가락으로 사람의 외표(外表)에 압력을 주어 몸의 균형을 정상화 시키는 치료법이다. 모름지기 인류가 이 지구상에 생존하기 시작한 때 부터 이런 요법 즉 손가락에 의한 치유방법을 의식하고 있었던 걸로 생각한다.

예를들면 몸의 어떤부분이나 나른해지거나 갑자기 저리거나 또는 쓸데없이 자꾸만 졸음이 오고, 또한 멍울이져 통증을 느껴질 때 자신이 모르는 사이에 손이 가는 버릇이다.

이러한 상태일 때 우리는 곧 잘 만지거나 눌러 보고, 또는 비비고 두들겨 보며 그 고통을 풀려고 한다.

이와같이 인간이 타고나면서 가지고 나온 본능적 조작이 지압요법에 대한 시작이 아닌가 생각된다.

그래서 이 손가락 즉 수지(手指)의 본능적 조작을 과학적으로 규명하고, 긴 세월에 걸쳐 연마되며 응병치료의 체험을 통하여 체계를 세운 것이 현재의 지압요법이라 하겠다.

그런데 내가 이 지압요법을 시작하게 된 직접적인 동기는 어머님의 병환때문이었다.

어머님은 일찍이 내가 일곱살 때, 어쩌다 다발성 관절 류마치스에 걸리시어 그 통증에 몹시 괴로와 하셨다.

당시 두메산골 작은 마을에 살고 있는 우리는 병원이나 의사의 왕진 따위는 엄두도 못 낼 형편인데다 어머님의 아파 하심은 차마 그냥 바라보고만 있을 수가 없었다.

어떻게 하면 어머님의 고통을 덜어 드릴까, 하고 우리 형제는 골몰했었다. 그래서 속수무책 중에 효성을 다하느라고 한 것이 이 손질이었다.

우리 형제는 서로 번갈아가며 어머님이 아파 하시는 부분을 만지고 두들기고 비비며 주물렀다.

어느새 어머님도

"여기는 이렇게……저기는 저렇게"하고 우리에게 지시하셨고, 그런대로 차츰차츰 풀리시는걸 알 수 있었다.

이렇게 해서 어머님의 병환이 기적적으로 완쾌 하신걸 지금도 생각하면 새삼스러운 감격으로 마음이 흐뭇하다.

우리 형제의 정성어린 솜씨가 빨랐기 때문에 병을 더 악화시키지 않고, 조기치유를 할 수가 있었던 것이다. 자식이 어머니를 공경하는 마음, 어머니가 자식을 아끼고 사랑하는 애정이 서로 상통하여 이룩되는 이 감격을 지금도 나로 하여금,

"지압의 마음도 어머님 마음"

이란 좌우명을 걸고 나의 일생을 걸어 왔다.

지압요법은 첫째가 되는 의학도 아니요 둘째, 셋째가 되는 의학도 아닌, 다만 근본의 의술이요. 우리 인간에게 가장 적절한 본능 요법으로 우선 병의 예방을 목적으로 하고 있다.

현재의 의료제도에서는 지압의 치료효과를 중요시 하지 않고 있음은 기정사실이라 하겠다.

인간 본연의 건강을 지키고 고치는 근본적인 솜씨(지압)를 잊어버리고 물질적인 의학에만 의지하는 대증요법(對症療法) 즉 약의 남용을 초래 시키고, 인간이 타고 나며 갖고 있는 자연유능(自然癒能)을 퇴화 시키는 현상이 매우 유감스럽게 생각하지 않을 수 없다.

중국의 한방이나 서구의 의술에만 의존하여 인간 본연에 의한 민간요법은 아랑곳 없이 외면 당하고 만 것이다.

그러나 이 자연요법은 그늘에서나마 끈질기게 자라왔다.

한약이나 양약을 구하기에 벅찬 가난한 사람들이 그리고 이러한 자연의 섭리를 추구하는 극소의 연구가들로 하여금 차츰 체계를 세우고 실험을 쌓다가 이제 전 세계의 주목을 끌기 시작한데도 불구하고, 여태 안마나 맛사지 정도의 범위를 벗어나질 못하여 전문 지압사의 수효가 제한받고 있는 현상이다.

그러나 최근 일본의 나미고시가

"스스로 할 수 있는 3분간 지압"

이란 책이 출판되자, 일반에게 지압력의 인식이 넓혀지고 차츰 그 효력이 양성적으로 입용되어 지압의 애호자가 밀물처럼 불어나고 있는 사실은 극히 다행한 일이다.

실제 우리의 주변엔, 부합된 좋은 존재물이 얼마든지 있으나 이런 걸 인식하려 들지 않고, 남의 것에만 신경을 돌리는 결점이 있음을 명심해야 할 것이다.

옛부터 중국전래의 한방이 받아들여 졌고, 한약, 침, 안마 등이 성행되어 왔는데, 이 보급상은 한방의 본가인 중국과 똑같은 보급도를 보였으며 이조말엽에 들여온 서양의 의학과 양약도 똑 같은 실정상을 보여주고 있다.

여기서 주목을 끌지 않을 수 없는건 유럽에서 들어온 맛사지술이다. 이 맛사지에 대해서는 좀 뒤에 설명할 것으로 하고, 우선 지압요법의 개설을 앞 세울 필요가 있다.

지압요법은 고래의 유술(柔術)활법이나 구미의 각종 정체(整體)치료술로 발달된 것이라고 일부의 견해가 있는 모양인데, 이것은 어느 유파(流派)가 지압이라 칭하여 충격적인 압법(壓法) 또는 교정법(矯正法)등을 쓰는 걸 보아 지압의 일종이라고 속단하는 건 데, 이런 수기법(手技法)은 지압요법과 별개의 것이란 것을 강조해 둔다.

각종 수기(各種手技)에 따른 치료법(治療法)

수기(MANIPULATION)로써 가장 오래전부터 전해지고 있는 안마와 맛사지는 원래 고대 인도에서 발상된 것이라고 알려져 있다.

1. 안마

안마는 중국의 도인안교(導引按矯 : 일종의 체조요법으로 몸의 관절을 움직이게 하고 근육을 풀게 한다)의 술법으로 발달되어 우리나라에 넘어 온 것이다.

안(按)은 "밀다" 마(摩)는 "만진다"의 뜻으로 주무르고, 문지르고, 두들기고, 흔드는 수기법(手技法)이다.

이렇게 해서, 몸의 중추로부터 말초까지 원심성(遠心性)에 의한 방식의 시술(施術)인 것이다.

이러한 종류의 수기로 하여금 자극을 일으키게 하여 혈액순환을 잘 되게 하고, 피부나 근육을 정상화 시켜 피로의 회복을 목적으로 하는것이 안마인 것이다.

2. 맛사지

맛사지는 고대 인도로 부터 이집트, 희랍을 경유하여 유럽에서 발달한 것이다.

히포크라테스(HIPPOCRATES, 460~370 B·C)가

"의학을 배우는 사람은 온갖 학문을 배우고 연구하지 않으면 안되지만 우선 수거의 치료술을 체득해야 한다."

라고 역설한 것이 맛사지의 발달에 연결되었다고 볼 수 있다.

희랍어의 "밀다"의 말이 현재의 프랑스어인 맛사지란 어원이라고도 한다.

고대 희랍어나 로마의 원형 경기장에서 맹활약을 한 투사(GLADIATOR)들도 시합의 전후에 굉장한 맛사지를 했었다고 한다.

그후 독일, 스웨덴, 프랑스에서 학리적으로 연구를 해 왔으나 1834년에 스웨덴의 스톡홀름에서 비로써 맛사지 학교가 처음으로 설립되고 체육향상의 목적으로 체육맛사지(GYMNASTIC MASSAGE)가 성행 되어 스웨덴식 맛사지 하면 유명했었다. 후에 미국에서 물리요법(PHYSICALTHERAPY)과 함께 스웨덴식 맛사지는 더욱 발달했다.

우리나라에 이 맛사지가 들어 온 건 얼마되지 않았다. 주무르고, 두들기고, 비벼대는 수기는 안마와 다를바 없지만 맛사지는 말초로부터 중추로 서술을 하는 것이다.

서양에서는 피부에 오일을 바르는 오일맛사지가 있다. 오일에 의해서 피부표면이 미끄럽게 될 때까지 부드럽게 손가락을 조작하고, 피부를 마찰하며 체온이 오르고 근육속의 혈액과 임파가 유통의 촉진을 일으켜 신진대사가 왕성해져서 피로물질을 제거시켜 건강을 촉진 시킨다.

오일맛사지는 습식(濕式)이라 하고 파우다에 의한 맛사지는 건식이라고 해서 탈크맛사지(TALCU MASSAGE)라고도 한다.

현재 우리나라에서 하고 있는 맛사지는 안마와 종합된 절충식 맛사지로 발전하고 있는 시술이 있다. 안마·맛사지는 주로 피로회복과 건강증진을 도모하기 위해서 사용하는 수기법인 것이다.

이외에 수기에 의한 치료법. 말하자면 독립된 수기요법(MANIPULATIVE·THERAPY)이라고 해서 미국에서 발달한 오스테오파씨(OSTEOPATHPY)와 카이로프락틱(CHIROPRACTIC)이 있다.

3. 오스테오파씨

오스테오파씨란 정골의(整骨醫)의 뜻인데 어원은 오스테오(OSTEO) 즉 뼈란 뜻이고, 파씨(PATHY)는 병리라는 뜻으로 되어 있다.

1874년에 미국의 의사 스틸(A·T·STILL)이 창설한 치료법으로 몸의 골격이 어긋나는건 근육, 혈액, 임파, 신경, 내장 같은 것에 이상을 일으킨 것이다라는 설로써 약물요법, 외과치료와 더불어 골격의 이상을 손에 의해서 교정한다.

4. 카이로 프락틱

카이로프락틱은 척추교정법이라고 하는 말인데, 희랍어 카이로(CHIRO)는 "손"의 뜻이고 프락틱(PRACTIC)은 "행한다"란 뜻이다.

이것은 1895년에 미국인 팔머(D·D·PALMER)가 창안한 요법으로 모든 병은 척추골의 어긋남에서 발생한다는 설에 기초를 둔 것으로써 척추골이 아탈구(亞脫臼)를 일으키면 추간공(椎間孔)이 늘어져 신경근을 압박해서 그 신경이 지배하는 몸의 기관이 기능을 장해하고 병의 원인이 되므로, 이 어긋난 추골을 수기에 의하여 교정하고, 정상으로 만드는 수기법이다. 이 요법에 특수한 조리대(ADTUSTMENT·TABLE)를 사용한다. 또 척추골의 전단에는 렌트겐사진으로 여러 가지 각도에서 추골의 상태를 촬영하여 면밀하게 조사한다.

5. 지압

이상과 같은 요법에 대하여 지압요법은 우리의 독특한 기법으로써 안마·맛사지처럼 주무르고, 두들기지 않고, 피부의 표면만 자극하는데 그치지도 않고 또 그저 꾹꾹 미는것 만도 아닌 서서히 압력을 가해서 근육의 피로 물질을 제거 시키고, 근육을 정상화 시키며 몸의 균형을 유지시켜 준다. 손가락에 의한 압력의 조작변화에 풍부한 기법으로써 여러 가지의 압법, 압가감(壓加減) 등, 또 압력의 속도도 몸의 상태에 응하여 천천히 또 어떤 경우엔 리드미컬하게 조작하여 중추로 말초에 원심성 방식을 행하는 것이다. 카이로프락틱처럼 척추골을 조정하는 방식의 충격법과 지압의 압법과는 전혀 별개의 것이다. 또 지압은 약물 등 외과치료에 따른 기구류를 사용하거나 손에 의한 골격의 교정법은 쓰지 않는다.

지압요법(指壓療法)의 특징(特徵)

1. 치료

온몸에 한 번, 두 번 누르는 지압조작이 곧 진단이 되고, 몸의 상태에 맞는 치료를 할 수가 있게 된다.

숙련된 지압사의 손가락은 촉각으로 몸의 이상(피부·근육의 상태가 거칠다·탄력이 없다·굳었다·열이 있다·차다 등) 즉, 혈액 순환이나 임파의 정체(停滯) 내분비의 이상 골격의 비정상, 신경의 압박 같은 것으로 오는 몸의 불균형을 정확히 파악하고 근본적으로 치료를 한다.

2. 기계기구·약물류의 불필요

손가락 외에는 기계나 기구, 또는 약물 같은 것이 필요하지 않다. 그리고 어디서 언제라도 쉽게 손 쓸 수 있다.

3. 불쾌감이나 부작용이 없다.

몸이 굳어진 상태라 해도 지압을 받으면 불쾌한 진통이 아니라, 쾌통을 느끼며 기분이 시원하고 약이나 주사에 따른 부작용이나 기타 수기에 의한 후유증이 일지 않는다.

4. 어떤 연령에도 적절한 치료

젖먹이로부터 고령자에 이르기까지 체질에 맞는 치료를 할 수가 있다. 어린이는 조기에 체질을 개선하게 되고, 청년층은 성인병의 예방이 되며 중·노년층은 노화방지가 되어 건강 장수의 길이 트인다.

5. 저항력을 길러 병의 예방이 된다.

지압을 받게 되서 자기의 피로 한도를 알 수가 있고, 건강의 측정기가 된다. 정기적인 지압을 받으면 전신의 피부 근육의 유연성(柔軟性)을 유지하고, 세포조직의 부활력과 몸의 자위기구(自衛機構)를 형성하여 저항력의 증가와 질병의 예방이 된다.

6. 서로 호흡의 일치

시술자와 피술자가 표리 일체로 되어 호흡을 맞추며, 고치려는 신념과 신뢰감이 일체가 되어 끈기를 갖는 것이 가장 효력을 발휘하는 지름길이며 요령이다.

부처님의 가르침 속에 "졸탁동시(卒啄同時)"라는 말이 있다. 예전에 어미닭이 병아리를 부화하기 위해 알을 품고 열을 주어 이제 막 껍질을 뚫고 밖으로 나오려는 순간 병아리는 안에서 어미닭은 밖에서 같은 장소를 서로 쪼았다고 한다. 어미닭은 신중하게 약하지도 강하지도 않게 병아리에게 상처를 입히지 않도록 껍질을 쪼아서 탄생한다라는 뜻이다.

지압의 치료를 하는 사람, 받는 사람이 서로 호흡을 맞추어 일체가 되어야 한다는 것을 재강조하고 싶다.

7. 전신을 지압한다.

예를들어 머리가 아파도 허리가 아파도 그 부분만 지압 하는게 아니라, 전신을 지압하는 게 더 한층 치료의 효과를 가져온다.

부분적인 지압만으로는 일시적으로 치료되었다 뿐인 대응요법으로 끝낼 경우가 있으므로 전신조작을 행하여 특히, 증상에 맞는 부분을 중점으로 행하므로써 근본적인 치료가 가능한 것이다.

치료

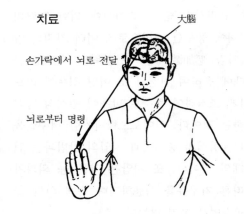

大腦

손가락에서 뇌로 전달

뇌로부터 명령

1. 수지의 기법(手指의 技法)

(누르는법 · 사용법)

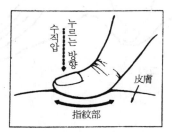

그림 3-1 무지압

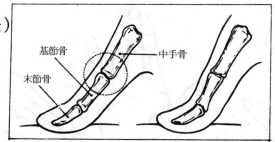

× 중수골과 기절골과의 사이의 관절을 곧게 한 채 누르면, 무지의 밑 굽이 아파 건초염 같은 것을 일으키는 원인이 된다.

○ 중수골과 기절골과의 사이를 좀 굽히 듯해서 이곳에 일단 힘을 받쳐서 말절골에 압력을 가한다.

그림 1 바른 무지의 압법

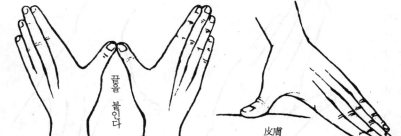

그림 4-1 양손무지압

그림 3-2 한손무지압

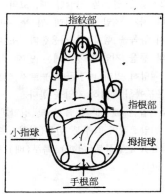

그림 2 手指 · 手掌의 體表에 대는 各部分

무지압에 대하여.

무지압 조작은 지압의 주체여서, 한손 무지압은 양손 무지의 바깥 앞끝을 八자모양으로 가지런히 붙여서 하는 양손 무지압과 양손의 무지를 겹쳐 누르는 양손 무지압이 있다. 전경부(앞 목 부분)는 꼭 한손 무지압으로 행하여야 한다.

또 유아의 경우, 전체에 한손 무지압을 할 때가 있다. 보통 때는 八자형의 양손 무지압을 행하나 집중가압을 할 경우는 중복무지압을 행한다.

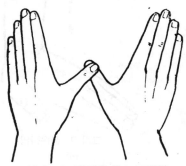

그림 5-1 겹치기 양손 무지압

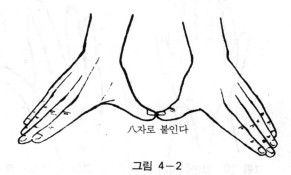

그림 4-2

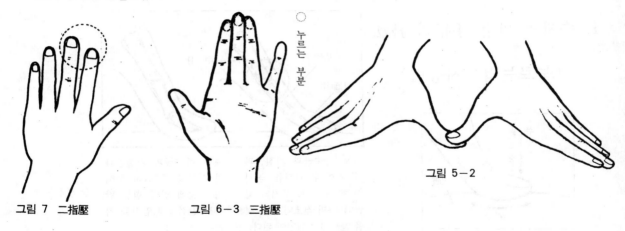

그림 7   二指壓   그림 6-3   三指壓   그림 5-2

2지압 3지압에 대해서

2지압은 얼굴을 지압할 때, 코의 양쪽
이나 자기 지압조작 아래 위 눈 두덩과
코의 양쪽을 행할 때 사용한다. 또 어린
이의 등을 지압할 경우에는 인지(人指)
를 적당히 벌려 배추골을 누르지 않도록
지문부에서 적당히 가압을 한다.

3지압은 배부분의 촉진 및 장압과 자
기 지압조작의 목부분 섬유(관자), 흉부
(가슴), 견갑상부(어깨), 복부(배) 등에
사용한다.

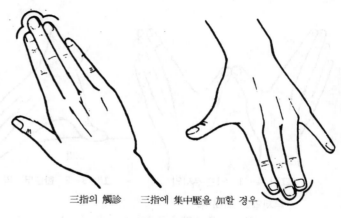

三指의 觸診   三指에 集中壓을 加할 경우

그림 6-1,   2   三指壓

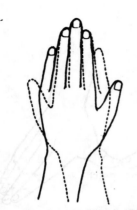

그림 10   양손겹치기 장압

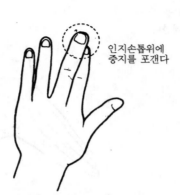

인지손톱위에
중지를 포갠다

그림 8   겹치기 두지압

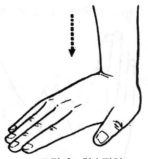

그림 9   한손장압

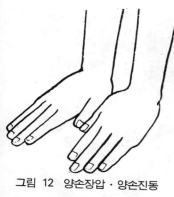

그림 12 양손장압·양손진동

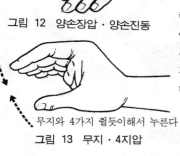

무지와 4가지 쥘듯이해서 누른다

그림 13 무지·4지압

무지 4지압에 대해서

양손 중복장압은 배부 끝 맺음, 복부진동압 때 행한다.

무지, 4지압은

무지와 네 손가락으로 쥐듯이 누른다.

이 때 무지와 네 손가락에 있는 좌우의 압력이 평균으로 되도록 누른다. 횡경부(엽목), 후경부(뒷목), 배복근(밑배) 때 행한다.

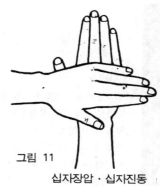

그림 11

십자장압·십자진동

장압에 대해서

손바닥 전체로 압력을 집중하여 행한다.

한손장압은 횡와배부(橫臥背部 : 가로누운 자세의 등부분) 장압 및 밀어 내리는 복부에 행한다. 양손장압은 배부 끝 마침과 복부장압, 진동압(振動壓), 안구장압(眼球掌壓) 좌위지압(坐位指壓)의 측두부(側頭部)에 행한다.

※ 전진 조작의 순서는, 왼쪽으로 가로눕혀서(左橫臥)시작한다. 이것은 제1점목의 좌선경부의 1점목으로써 시작하기 위한 때문인데, 이곳엔 경동맥동이 있으며 경동맥소체라는 특수한 신경조직체와 함께 미주신경이 경동맥에 따르고 있다.

이 부위는 압(壓)조작에 의해서 혈압의 조절및 심장작용의 활동을 억제하는 중요한 지압점 이므로 자세와 함께 압(壓)가감에 조심하지 않으면 안된다.

2. 지압(指壓)의 자세(姿勢)

2 左橫臥 橫頸部 1点目

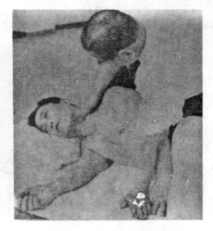

1 左橫臥 左前頸部 1点目

견갑상부 및 배부지압은 체중을 더해서 서서히 압력을 가하는 것인데, 비틀거리거나 해서 충격을 주는 압력을 저질러서는 안된다 척추의 장압을 할 때도 마찬가지다. 또 특히 배부가 응결 되어 있다고 해서 굽힌 손가락의 관절이나 굽힌금치의 모서리로 눌려져서는 안된다. 배부 근육의 응고는 가느다란 것이 몇 겹씩 겹쳐 있어서 복잡한 응고모양을 형성하고 있으므로 갑자기 강하게 압력을 가해도 곧 풀리는 것이 아니다. 무지압에 의한 정성어린 조작에 따라 서서히 풀리는 법이다. 지압조작의 자세가 비뚤어지면 압력의 힘도 비뚤어져서 정확한 지압점에 댈 수가 없어진다. 피술자의 자세도 올바르게 호응해야 하는 것이다.

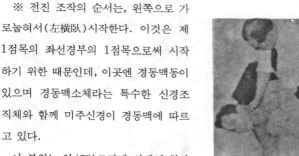

4 右下腿三里의 指壓   3 右膝關節部의 指壓

3. 두부(頭部)의 지압법(指壓法)

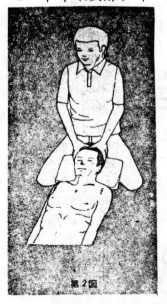

第2図

〈자세〉

피술자는 천정을 향하여 똑바로 눕는다. 시술자는 피술자의 머리쪽을 향하여 정좌를 한다. (1도) 시술자는 자기의 무릎을 벼개 끝에 대고 양손을 똑바로 가볍게 무릎위에 얹는다. 이러한 자세로 시술자는 우선 심호흡을 몇번해서 몸과 마음을 통일시킨다.

5 右足背部의 指壓

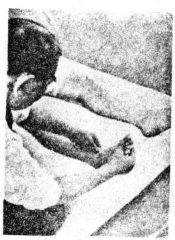

6 右內集의 指壓

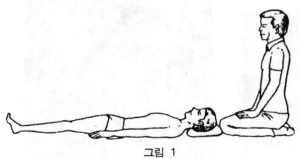

그림 1

〈제2조작〉

오른손을 가볍게 오른쪽 머리 꼭대기로 얹고, 좌무지로 뇌천에서 왼쪽 옆으로 3점씩 이마까지 여섯 번 왕복하고 1회 누른다. (제3도)

〈제3조작〉

왼손을 가볍게 왼쪽 머리 위에 얹고 우무지로 뇌천에서 오른쪽으로 3점씩, 이마까지 여섯 번 1회 누른다. (제4도)

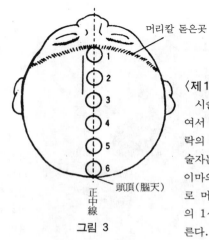

머리칼 돋은곳

正中線

頭頂(腦天)

그림 3

〈제1조작〉

시술자는 양손의 무지끝을 붙여서 팔자(八)로 벌린다. 손가락의 전체가 W형이 되도록. 피술자는 정중선(머리의 중심부터 이마의 중심까지 금 그은 선)으로 머리꼭대기 뇌천까지 제3도의 1~6까지 6점을 세 번에 누른다. (P91~2도)

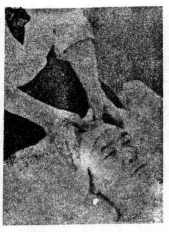

正中線머리칼 돋아난 곳 1点目

〈제4조작〉
　제1조작과 같은 곳단 1~6을 1회
만 누른다. (제5도)

〈제5조작〉
　뇌천에서 부터 양손의 무리로 좌우
동시에 3점씩 누른다.
　이마까지 여섯 번에 1회. (제5도)

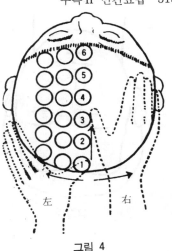

그림 4

〈제6조작〉
　제1조작과 같은 곳. 단, 6점목을 천
천히 압력을 주며 약 5초 누르고 서서
히 압력을 빼며 조용히 손을 땐다.
(제3도)

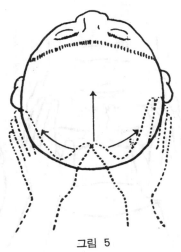

그림 5

4. 안면(顏面)의 지압법(指壓法)

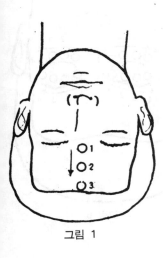

그림 1

〈제1조작〉
　시술자는 피술자
의 머리 맡에서 허
리를 들어 무릎을
세운다. 양손 무지
로 이마의 정중선을
눈섭 사이로부터 이
마까지 3점 3회 누
른다. (제1도)

〈자세〉
　두부의 지압법 자세와 같다.

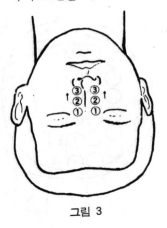

그림 3

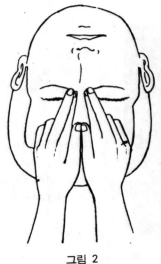

〈제2조작〉

시술자는 허리를 내려 정좌를 한다.

제2도와 같이 인지의 손톱 밑부분 위에 종지의 끝을 중복시켜 눈구석(內眼角)의 좀 밑으로 코의 뼈 좌우 양쪽을 동시에 코의 양쪽 줄기까지 3점 1회 누른다. 이때 코허리가 가려지지 않도록 조심해야 한다.

그림 2

〈제4조작〉

시술자는 오른손을 가볍게 피술자의 이마에 얹고, 왼편의 눈꺼풀 밑을 오른손 4점 1회 왼편 눈 위를 4점 1회, 이마를 3점 1회 누른다. (제6~7~8도)

안와지압 제4~5조작인 경우에 안구를 직접 누르지 않도록 조심할 것.

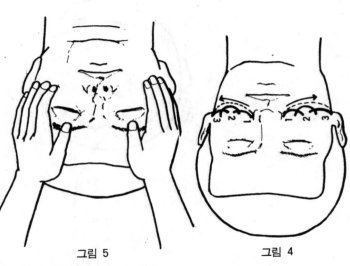

그림 5   그림 4

〈제3조작〉

무지를 제외한 4가지의 끝을 가지런하게 (제5도) 관대뼈를 스쳐서 귀 밑까지 좌우 동시에 3점 1회 누른다. (제4~5도)

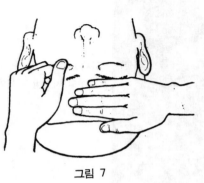

그림 7

〈제5조작〉

오른편 눈꺼풀 밑과 위를 제4조작과 같은 요령으로 누른다.

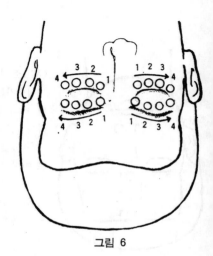

그림 6

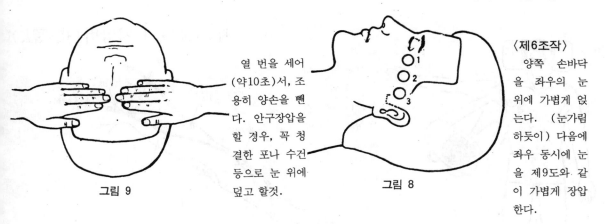

열 번을 세어 (약10초)서, 조용히 양손을 뺀다. 안구장압을 할 경우, 꼭 청결한 포나 수건 등으로 눈 위에 덮고 할것.

그림 9

그림 8

〈제6조작〉
양쪽 손바닥을 좌우의 눈 위에 가볍게 얹는다. (눈가림 하듯이) 다음에 좌우 동시에 눈을 제9도와 같이 가볍게 장압한다.

顏面 筋肉(表情筋)

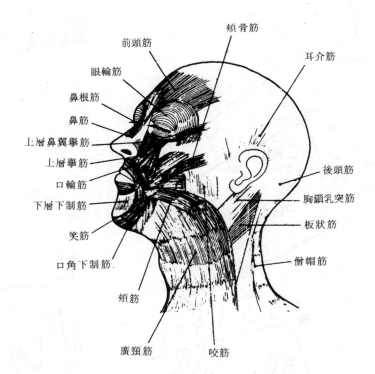

前頭筋
頰骨筋
耳介筋
眼輪筋
鼻根筋
鼻筋
上層鼻翼擧筋
上層擧筋
口輪筋
下層下制筋
笑筋
口角下制筋
頰筋
廣頸筋
咬筋
後頭筋
胸鎖乳突筋
板狀筋
僧帽筋

5. 상지(上肢)의 지압법(指壓法)

〈자세〉
시술자는 피술자(똑바로 누운)의 왼쪽 겨드랑(左腋萵部)을 향해 정좌한다. (제1도)

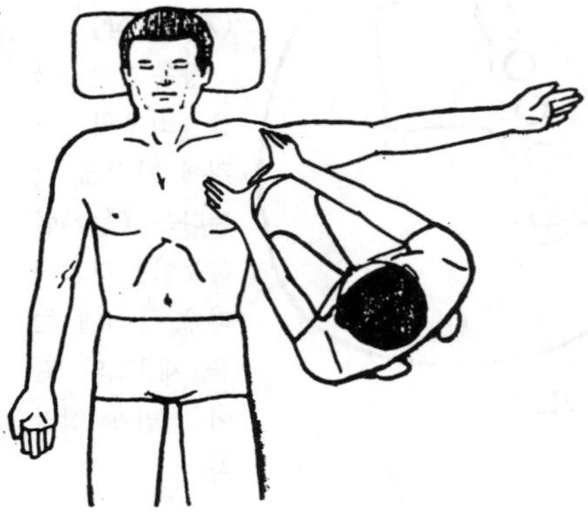

三角筋
上腕二頭筋
梁橈骨神經
腋萵神經
橈骨神經
上腕三頭筋
肘頭
尺骨骨頭

그림 1

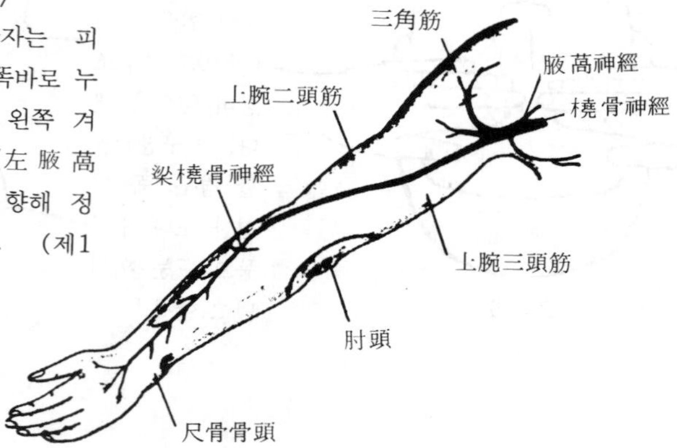

〈제1조작〉
왼쪽 겨드랑이 양손 무지를 중복시켜 1점 3회 강하게 누른다. (제2~3도)

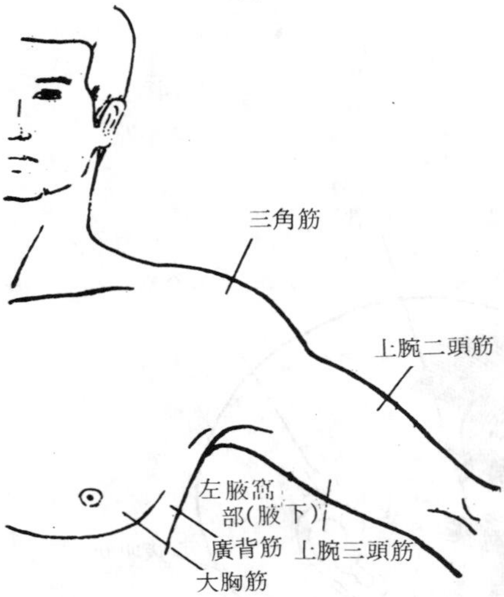

三角筋
上腕二頭筋
左腋萵部(腋下)
廣背筋 上腕三頭筋
大胸筋

그림 2

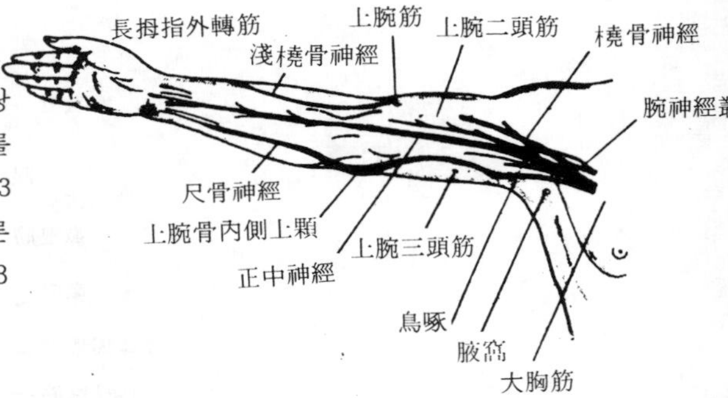

長拇指外轉筋
淺橈骨神經
上腕筋
上腕二頭筋
橈骨神經
腕神經叢
尺骨神經
上腕骨內側上顆
上腕三頭筋
正中神經
鳥啄
腋窩
大胸筋

〈제2조작〉
겨드랑에서 상완(팔)의 안쪽 팔꿈치까지 6점 3회 누른다. (제4도)

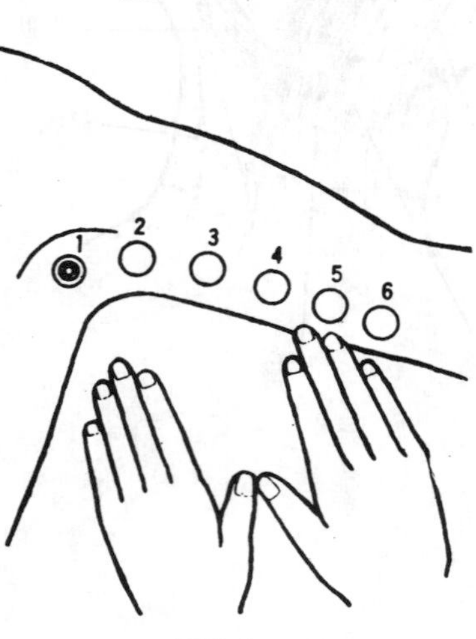

그림 3

1 2 3 4 5 6

그림 4

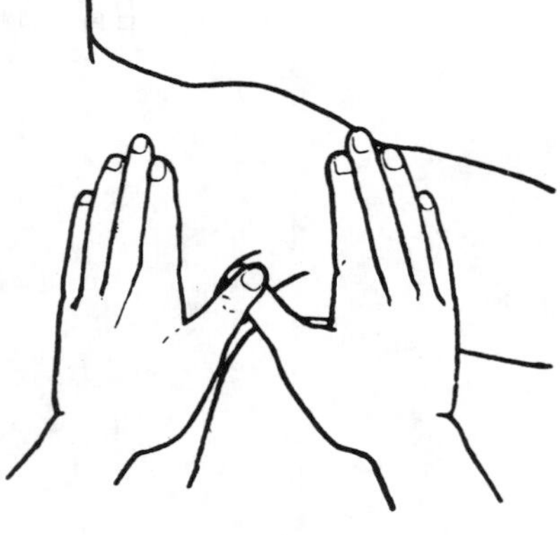

〈제4조작〉

　양손 무지는 八자로 벌린다. (제5도)

　자세는 제3조작과 같다.

A. 팔꿈치관절 소지측 1점목에서 손목까지 8점 1회.

B. 팔꿈치관절 정중선 2점목에서 팔목까지 8점 1회.

C. 팔꿈치관절 무지측 3점목에서 팔목까지 8점 1회.

　이상 제5～6도 참조

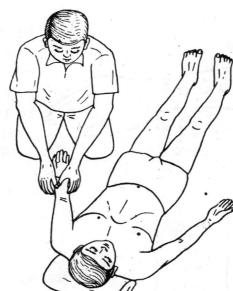

그림 5

〈제3조작〉

　팔꿈치의 관절의 안쪽(소지측)부터 바깥쪽(무지측)으로 3점 3회 누른다.

　자세는 제2조작 때보다 한발 뒤로 물러 앉고 피술자의 손바닥을 위로 향하게하여 시술자의 양 무릎사이에 놓고서 허리를 들고 한다.

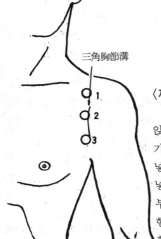

三角胸節溝

1
2
3

그림 7

〈제5조작〉

　시술자는 피술자의 오른쪽 어깨끝에 앉아 허리를 들어서 오른손의 4지를 가지런히 피술자의 어깨와 벼개 사이에 넣어(제7도), 왼손의 4지는 겨드랑에 넣는다. 피술자의 삼각흉부(가슴팍)의 부근부를 쇄골의 옆에서 겨드랑 밑으로 향하여 양손의 무지를 중복시켜 3점 3회에 누른다. (제8도)

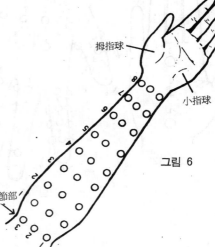

拇指球

小指球

關節部

그림 6

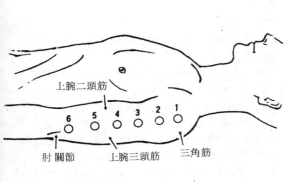

上腕二頭筋

6　5　4　3　2　1

肘 關節　上腕三頭筋　三角筋

그림 9

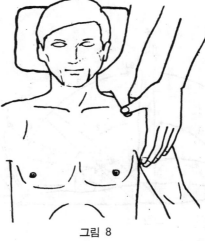

그림 8

〈제6조작〉

　피술자의 상완외측(오른 팔 바깥)에 향하여 시술자는 정좌를 한다. 다음에 양손 무지를 가지런히 삼각근의 중앙부에서 팔꿈치 관절까지 6점 3회 누른다. (제9도)

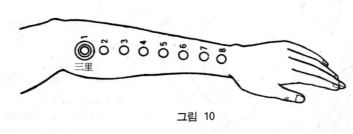

그림 10

〈제7조작〉

시술자는 제3조작과 같은 위치에 돌아간다. 그래서 피술자의 손을 시술자의 무릎 위에 얹는다. 양손 무지를 중복시켜 수삼리(제10도)를 1점 3회(그림의 세겹동그라미 부분)를 누른다.

그리고 그곳에서 양손 무지를 중복시킨채 손목까지 8점 3회 눌러간다.(제10도) 주(注), 아래 그림 속에있는 세겹의 동그라미 표시는 같은 장소를 3회 누르는 곳을 뜻한다.

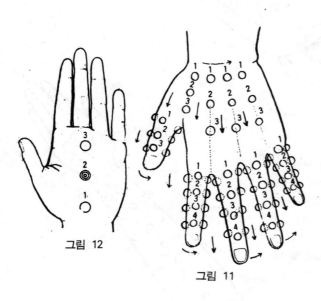

그림 12

그림 11

〈제8조작〉

손등(중지의 뼈 사이)을, 무지측으로 3점씩 4벌 1회 누른다. 처음의 2벌은 왼손 무지로 다음의 2벌은 오른쪽 무지로 누른다. (제11도)

〈제9조작〉

무지의 등은 밑뿌리에서 손끝 까지 3점 1회. 무지의 바깥쪽 안쪽을 동시에 3점 1회. 손가락에서 소지까지 바깥쪽과 안쪽을 동시에 4점씩 1회. (제11~12도)

무지 인지 중지는 왼손으로 약지 소지는 오른손으로 누른다.

〈제10조작〉

피술자의 손바닥을 벌리게 하여 그림의 1~3을 3점 3회 누른다. (제12도)

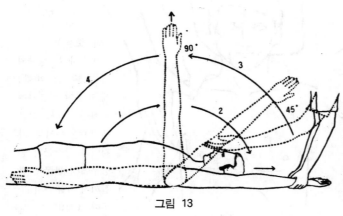

그림 13

〈제11조작〉

손바닥 2점목(제12도)에, 양손 무지를 중복시켜 3회 강압한다.

다음에 그대로 손을 들어 올리고 뒤로 젖혀, 시술자는 피술자의 손목을 쥔체 일어 선다. 그래서 피술자의 머리로 돌아 손을 들고 45도의 각도로 일단 중지 오른손으로 손목을 받치고 왼손으로 겨드랑에서 전완(앞 팔)으로 향해 흔들고서 피술자의 귀 밑까지 충분히 잡아당기고 거기서 90도 각도로 되돌려 그대로 툭 하니 앞쪽으로 놓아 버린다. (제13도)

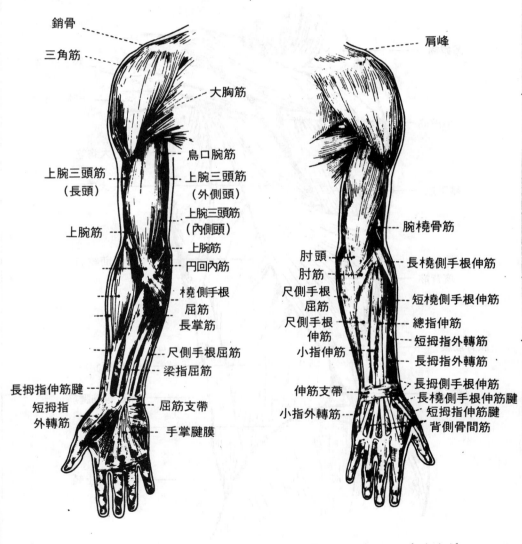

上肢의 筋肉

銷骨
三角筋
大胸筋
鳥口腕筋
上腕三頭筋
（長頭）
上腕三頭筋
（外側頭）
上腕三頭筋
（內側頭）
上腕筋
上腕筋
円回內筋
橈側手根
屈筋
長掌筋
尺側手根屈筋
梁指屈筋
長拇指伸筋腱
短拇指
外轉筋
屈筋支帶
手掌腱膜

右側，前面（屈側）

肩峰
腕橈骨筋
肘頭
肘筋
長橈側手根伸筋
尺側手根
屈筋
短橈側手根伸筋
尺側手根
伸筋
總指伸筋
小指伸筋
短拇指外轉筋
長拇指外轉筋
長拇側手根伸筋
伸筋支帶
長橈側手根伸筋腱
小指外轉筋
短拇指伸筋腱
背側骨間筋

左側，背面（伸側）

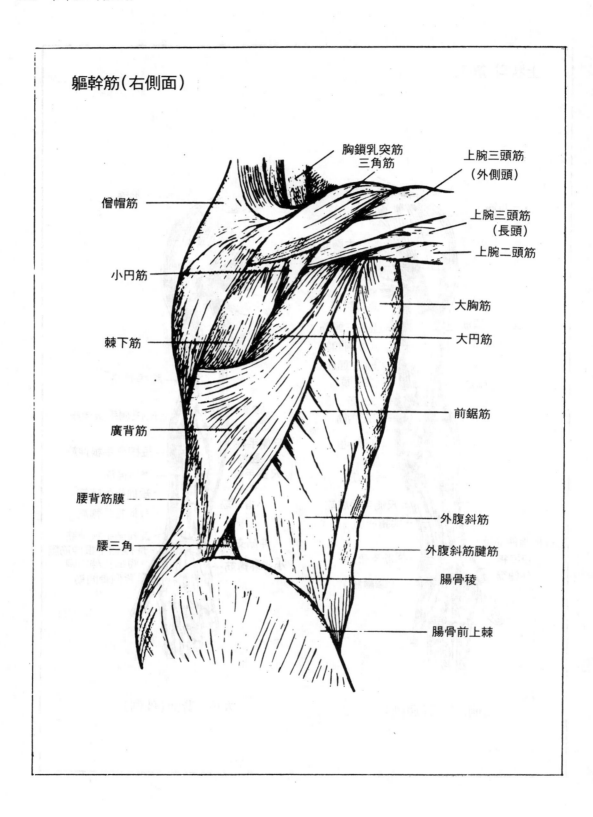

躯幹筋(右側面)

胸鎖乳突筋
三角筋

上腕三頭筋
（外側頭）

僧帽筋

上腕三頭筋
（長頭）

上腕二頭筋

小円筋

大胸筋

棘下筋

大円筋

前鋸筋

廣背筋

腰背筋膜

腰三角

外腹斜筋

外腹斜筋腱筋

腸骨稜

腸骨前上棘

6. 하지(下肢)의 지압법(指壓法)

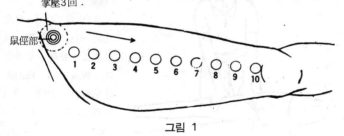

그림 1

〈제1조작〉

시술자는 피술자(똑바로 누운)의 왼쪽에 앉고, 오른쪽 무릎을 세워, 왼손을 피술자의 좌대퇴부(왼쪽 허벅지)의 위에 가볍게 댄다. (제1~2도)

〈제2조작〉

피술자의 장골 전상극 하부에서 대퇴 위를 무릎까지 10점 3회 누른다. (제1도)

〈제3조작〉

시술자는 제1~2조작의 자세대로 피술자의 하지를 그림 제3도처럼 꾸부려 대퇴의 밑뿌리에서 안쪽을 무릎까지 10점 3회 누른다. (제3도)

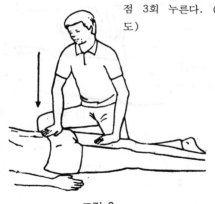

그림 2

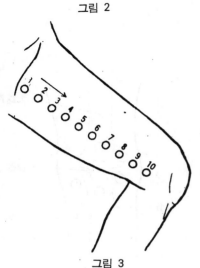

그림 3

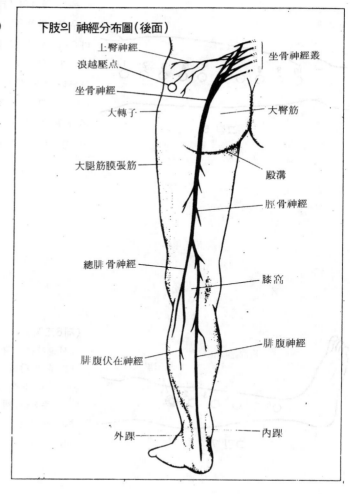

下肢의 神經分布圖(後面)

上臀神經
浪越壓点
坐骨神經
大轉子
大腿筋膜張筋
總腓骨神經
腓腹伏在神經
外踝

坐骨神經叢
大臀筋
殿溝
脛骨神經
膝窩
腓腹神經
內踝

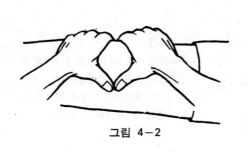

그림 4-2

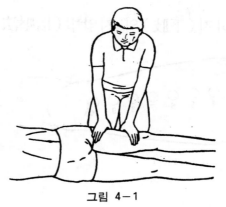

그림 4-1

〈제4조작〉

　제4도와 같이 시술자는 피술자의 옆, 대퇴부로 향해 정좌한다. 피술자의 대전자 하부에서 10점 3회 누른다. (제4~1~3~5도)

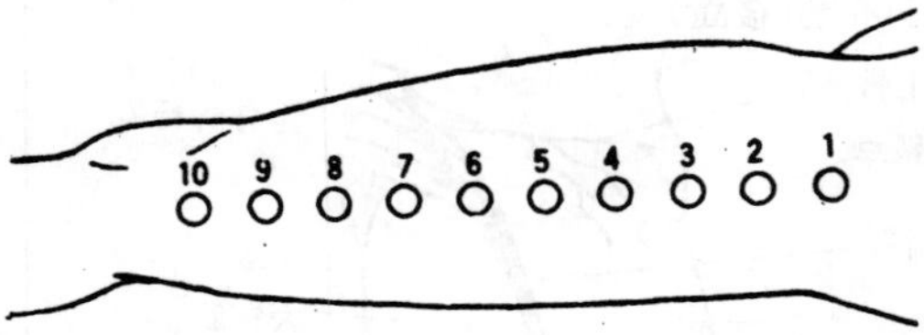

〈제5조작〉

　무릎 관절의 양쪽 지압

　우선 왼쪽을 밑에서 위로 다음에 오른쪽도 밑에서 위로 좌우를 서로 3점씩 3점 누른다. (제6도)

〔주의〕 무릎 관절의 주위의 지압을 할때 슬개골을 누르지 않도록 주의 할것.

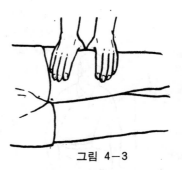

그림 4-3

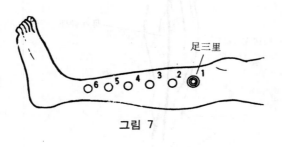

足三里

그림 7

〈제6조작〉

　시술자는 피술자의 하퇴부로 향하여 정좌한다. 다음에 피술자의 족삼리(제7도)를 양손 무지를 중복강압 3회.

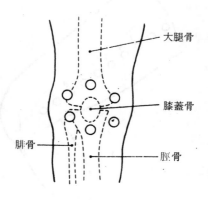

大腿骨

膝蓋骨

腓骨

脛骨

그림 6

그림 5

〈제10조작〉

　시술자는 오른손으로 피술자의 발목을 눌러 왼손으로 발가락의 제1지의 밑뿌리부터 3점 이상 제2지, 제3지, 제4지, 제5마디의 순서로 같은 밑뿌리로부터 3점 즉 5벌 1회에 누른다. (제9도)

　시술자는 무지와 인지로, 피술자의 발가락을 꼬집듯이 해서 누른다.

〈제11조작〉

　오른손에 발목을 누르고 왼쪽 손바닥을 피술자의 발가락 뿌리를 감싸듯해서 들고, 발가락의 관절운동을 전후로 10회. (제10도)

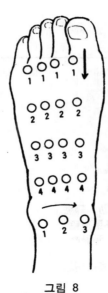

〈제7조작〉

　족삼리에서 발목까지 6점 3회. (제8도)

〈제8조작〉

　시술자는 피술자의 발뿌리를 향하여 정좌한다. 왼손으로 피술자의 발뿌리를 쥐고 오른쪽 무지로 발목을 바깥쪽에서 안쪽을 향하여 3점 3회 누른다. (제8도)

〈제9조작〉

　중족골간의 발뿌리에서 발목으로 향하여 무지 쪽으로 4점 1회 누른다. (제8도)

그림 8

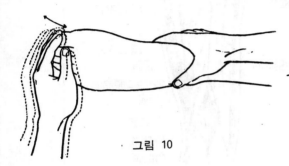

그림 10

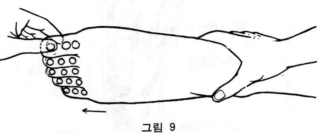

그림 9

〈제13조작〉

　시술자는 피술자의 발 앞에 정좌한다.

　다음에 피술자의 오른 발바닥을 시술자의 왼쪽 무릎에 대고, 양손으로, 왼쪽 발목을 들어 약 30센치정도, 들고가서 조용히 당겨 내린다. (제12도)

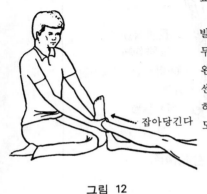

잡아당긴다

그림 12

〈제12조작〉

　오른손으로 발목을 누르고, 왼손을 발바닥에 대며, 발바닥의 근육과 아키레스건(腱)을 편다. (제11도)

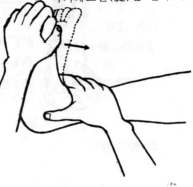

그림 11

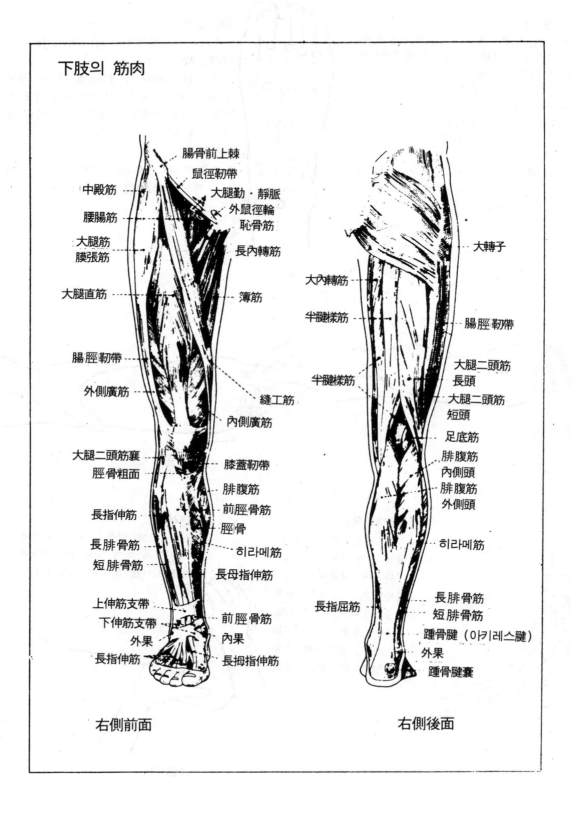

下肢의 筋肉

右側前面

右側後面

7. 후체부(後體部) 배부(背部)의 지압법(指壓法)

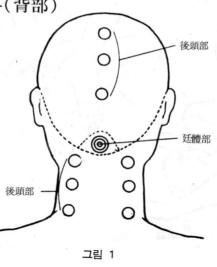

그림 1

〈제1조작〉

시술자는 왼쪽 무릎을 세우고, 피술자의 왼편옆으로 위치(제2도)한다. 피술자는 업드려 이마를 베개위에 얹는다. 우선 후두부를 3점 3회 누른다. (제1~2도)

〔주의〕 배부지압으로 피술자가 업드릴 때, 가슴에 베개를 놓거나, 팔을 들여 놓아선 안된다. 꼭 가슴을 다리에 부쳐 가슴과 다리에 간격이 없도록 조심할 것.

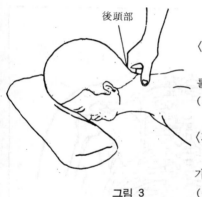

그림 3

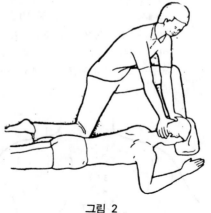

그림 2

〈제2조작〉

시술자는 양손 무지를 겹쳐서 목덜미를 연수에 향하여, 꼭 1점 3회 누른다. (제1도)

〈제3조작〉

시술자는 왼손을 피술자의 앞머리에 가볍게 얹고, 오른 손가락으로 후경부(뒷목)를 3점 3회 쥐 듯이 누른다. (제3~4도) 이때 무지와 4지가 평균하게 힘이 가도록 눌러야 한다.

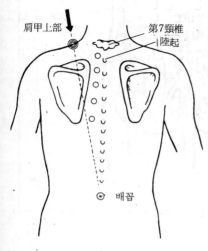

그림 5

〈제4조작〉

시술자는 피술자의 베개를 빼내고 피술자의 얼굴을 왼쪽으로 돌려 제6도와 같이 왼쪽 어깨, 왼쪽 반신(半身)에 위치하고 오른손을 자리에 부쳐 왼쪽 무지로 좌 견갑상부를 배꼽으로 향하여 1점 3회 누른다. (제5도)

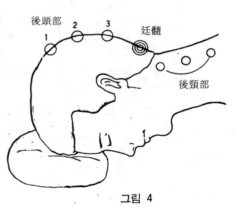

그림 4

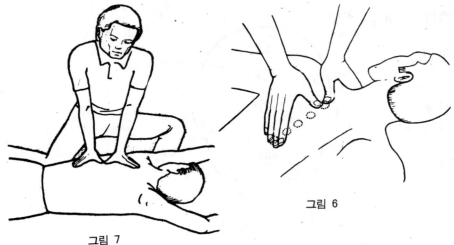

그림 7

그림 6

〈제5조작〉

시술자는 피술자의 왼편 겨드랑이에(제7) 왼쪽 무릎을 세우고, 피술자의 견갑간부(제5~6도)를 척추와 평행으로 5점 3회 누른다. 그러나, 배부의 지압(좌우후체부)을 할때 척추골을 누르지 않도록 주의한다.

〈제6조작〉

시술자는, 제5조작의 자세대로 하고 한 발 물러나 피술자의 머리쪽으로 손을 바꾼다. (제10도) 양손의 무지를 八자모양으로 해서 좌측 견갑간부 5점 목에서 허리까지 척추근을 10점 3회 누른다. 10점목은 강압 3회, 또 새로이 10점목에서부터 옆으로 향하여 장골능을 3점 3회 누른다. (제8~9~10도)

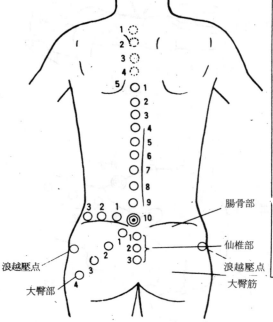

그림 8

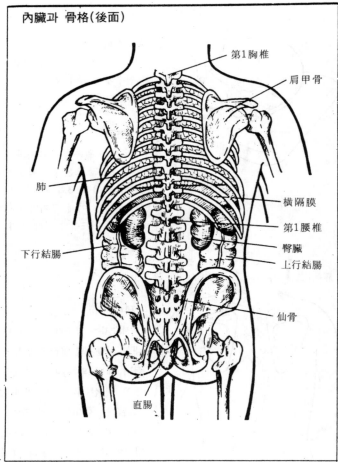

內臟과 骨格(後面)

第1胸椎
肩甲骨
肺
橫隔膜
第1腰椎
腎臟
上行結腸
下行結腸
仙骨
直腸

腸骨部
仙椎部
浪越壓点
大臀筋
浪越壓点
大臀部

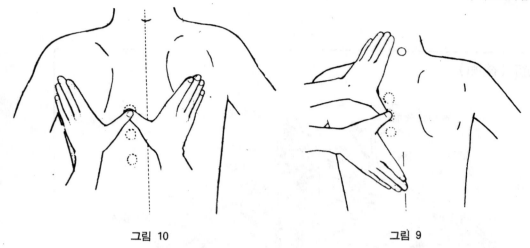

그림 10   그림 9

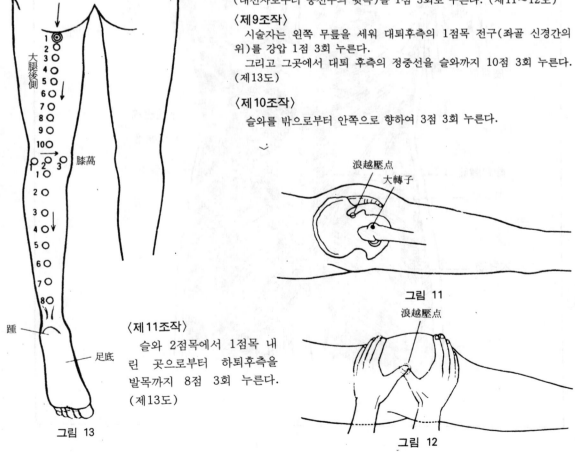

〈제7조작〉

시술자는 양손 무지를 나란히 선추부 3점 3회 따라서 선추 1점목에서 경사로 대전자에 향하여 대전부를 4점 3회 누른다. (제8도)

〈제8조작〉

시술자는 피술자의 옆에 정좌하고, 양손 무지를 겹쳐 나미고시압점(대전자로부터 중전부의 윗쪽)을 1점 3회로 누른다. (제11~12도)

〈제9조작〉

시술자는 왼쪽 무릎을 세워 대퇴후측의 1점목 전구(좌골 신경간의 위)를 강압 1점 3회 누른다.

그리고 그곳에서 대퇴 후측의 정중선을 슬와까지 10점 3회 누른다. (제13도)

〈제10조작〉

슬와를 밖으로부터 안쪽으로 향하여 3점 3회 누른다.

〈제11조작〉

슬와 2점목에서 1점목 내린 곳으로부터 하퇴후측을 발목까지 8점 3회 누른다. (제13도)

그림 13

그림 11

그림 12

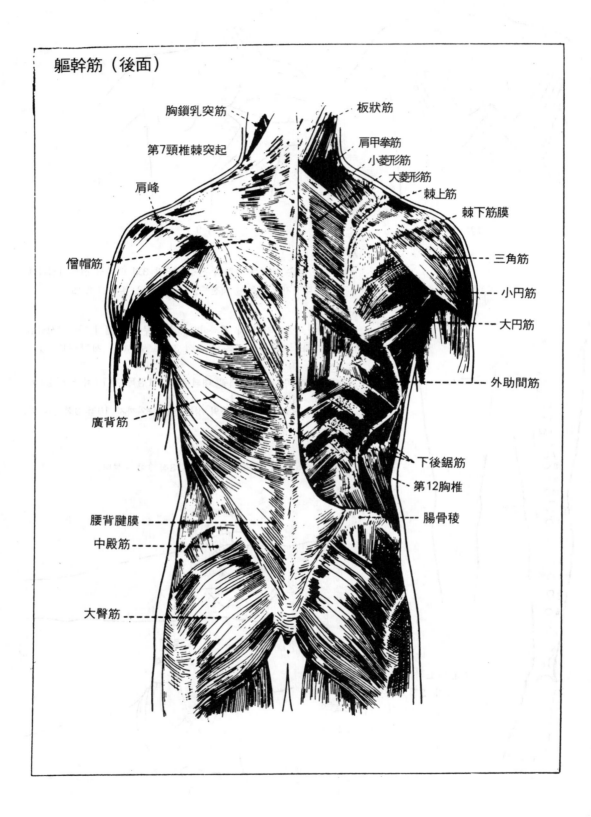

軀幹筋（後面）

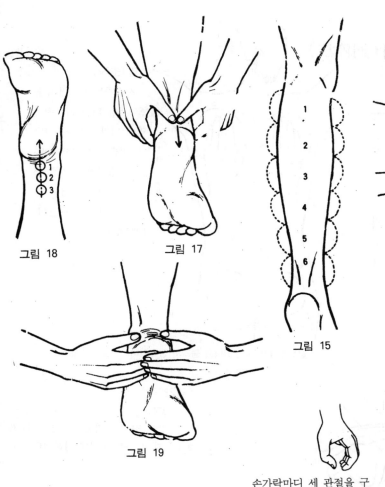

그림 18

그림 17

그림 15

그림 14

그림 19

손가락마디 세 관절을 구
부려서 쥐지않도록 할것.

무지와 사지를 젖혀서 쥐
는 모양으로해서 누른다.

그림 16

〈제12조작〉

　시술자는 피술자
의 하퇴부를 향하여
정좌하고 양손으로
배복근(장딴지)을
발목까지 쥐고 6점
3회(제14도～16
도). 배복근을 쥔다
해도 이때 손가락
관절을 구부려 쥐는
게 아니라, 무지와
4지를 제치듯해서
누른다.

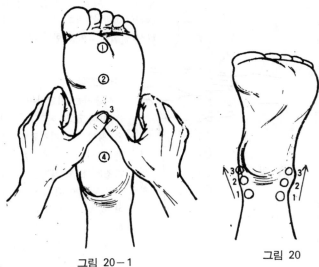

그림 20－1

그림 20

〈제13조작〉

　시술자는 피술자의 발목을 향하여 앉
고, 양손 무지로 아킬레스건을 뻗듯 3
회 누른다. (제17～18도) 다음에 양
쪽을 동시에 발목에서 발바닥으로 향하
여 3점 3회 누른다. (제19～20도)

〈제14조작〉

　시술자는 피술자의 발목으로 향하여
오른쪽 무릎을 세워 발바닥을 발가락의
밑등치 밑으로부터 뒤꿈치에 향하여 4
점 3회. 따라서 3점목(오목부)을 3점
3회 강압한다. (제21～1)

8. 척추(脊椎)의 조정법(調停法)

배부완성(背部 完成)

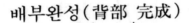

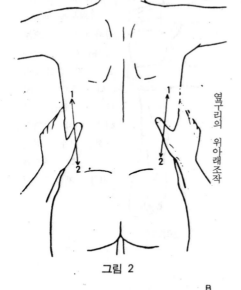

옆구리의 위아래조작

그림 2

肩甲部輪狀掌壓

臀部輪狀掌壓

화살표처럼 두 손바닥을 돌려서 장압한다.

그림 1

〈제1조작〉

　시술자는 오른편 무릎을 세워 피술자의 왼편 옆에 위치하고 양손바닥을 피술자의 어깨에 얹어 윤상장압을 좌로 3점 우로 3회 이어서 좌우 동시에 5회 누른다. (제1도)

〈제2조작〉

　시술자는 제1조작의 자세대로 한 발 물러 앉아 양손을 피술자의 옆구리(脇腹)에 대고 좌우 동시에 상하 10회 누른다. (제2도)

〈제3조작〉

　시술자는 또 한 발 뒤로 물러 앉아 양손을 전부(臀部)에 얹고서 윤장장압(輪狀掌壓)을 좌로 3회 우로 3회, 따라서 동시에 5회를 한다. (제1도)

横突起調整法

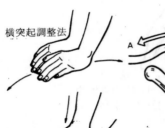

棘突起調整法

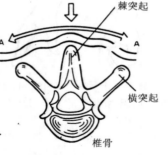

B

棘突起

横突起

椎骨

A = 横突起調整
B = 棘突起調整

〈제5조작〉

　시술자는 오른쪽 무릎을 세워 양손을 십자로 겹쳐서 극돌기조정(棘突起調整)을 6점 2회. (제4도)

〈제6조작〉

　시술자는 오른쪽 무릎을 세워 양손을 피술자의 척추의에 겹쳐 흉추상부로부터 선골까지 화살표시의 방향으로 쓸어 내리는데, 척추신경자격법을 3회. (제5도)

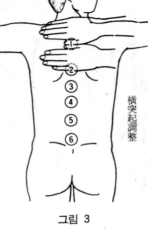

① ② ③ ④ ⑤ ⑥

横突起調整

그림 3

〈제4조작〉

　시술자는 피술자의 오른쪽 옆을 향해 앉고 허리를 들어 양손을 평행으로 가지런히 경추(頸椎)에서 요추(腰椎)까지 횡돌기조정(橫突起調整) 6점 1회 (제3도). 이때 결인 탄력을 주어 꿍꿍 밀지 않도록 조심해야 한다. 피술자의 숨을 뱉을 수 있게 조용히 꾹꾹 누른다.

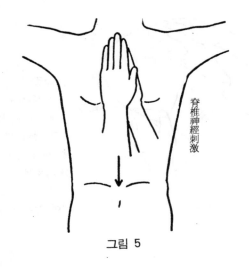

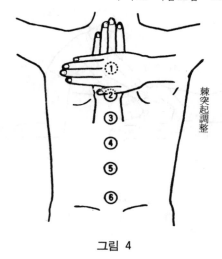

그림 5   그림 4

脊椎神經刺激

棘突起調整

9. 횡와지압법(橫臥指壓法)

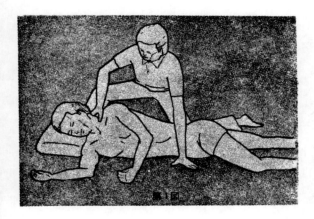

〈제1조작〉

피술자는 좌상횡와(左上橫臥)하고 시술자는 피술자의 등에 위치하여 오른 무릎을 세우고 왼손은 피술자의 앞에 부처 우무지로 전경부를 4점 3회 누른다. (제1~2도) 주 1회 누름 (약3초) 지나치게 힘을 주지 말것.

〈제2조직〉

시술자는 양손 무지를 부처서 피술자의 횡경부를 4점 3회. (제2~3도)

〈제3조작〉

시술자는 우무지를 피술자의 항와(項窩)에 대고 왼손을 이마에 댄다. (제4도) 그래서 우무지로 서서히 힘을 가하며 연수부를 1점 3회 누른다.

〈제4조작〉

시술자는 양손이 무지를 八자형으로 부처서 피술자의 후경부를 4점 3회 누른다. (제3도)

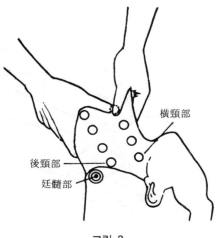

橫頸部

後頸部

廷髓部

그림 3

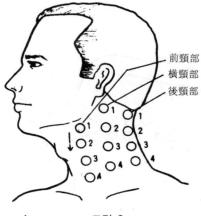

前頸部
橫頸部
後頸部

그림 2

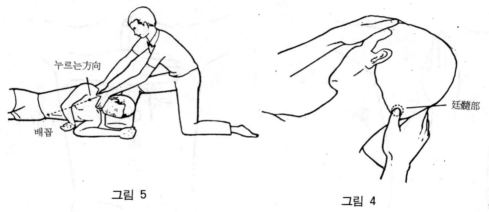

누르는方向

배꼽

그림 5

延髓部

그림 4

〈제5조작〉

좌횡와로부터 시술자는 피술자의 머리로 돌아 왼 무릎을 세워 양손 무지를 겹쳐서 견갑상 1점 3회 배꼽으로 향하여 누른다. (제5도)

〈제7조작〉

시술자는 오른 무릎을 세워 양 무지로 척추와 평행하여 견갑부 5점목으로부터 제5요추 좌측까지 10점 3회 10점목은 3회 강압한다. (제8도)

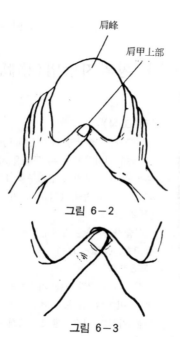

肩峰

肩甲上部

그림 6-2

그림 6-3

肩峰

肩甲上部

頭部

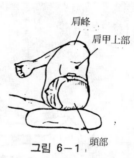

그림 6-1

〈제6조작〉

시술자는 피술자의 등쪽에 정좌하고 좌견갑간부 5점 3회 누른다. (제7~8도) 이때 양 무지는 견갑골과 척추 사이에 평행으로 일직선이 되도록 해서 누른다. 견갑골 또는 척추를 누르지 않도록 조심해야 한다.

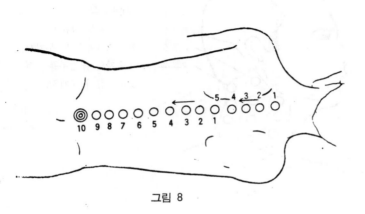

5 4 3 2 1

10 9 8 7 6 5 4 3 2 1

그림 8

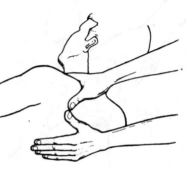

그림 7

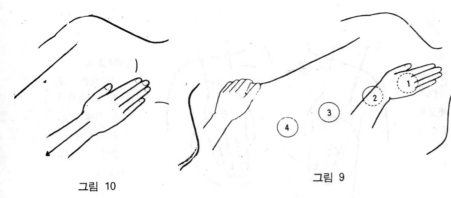

그림 10

그림 9

〈제8조작〉

시술자는 피술자의 좌측 척추근위를 오른손으로 장압 4점 2회. 왼손은 가볍게 피술자의 좌장골능 위에 얹는다. (제9도)

〈제9조작〉

우견갑간부에서 요부까지 척추근을 문질러 내리고 2회. (제10도)

10. 흉부(胸部)의 지압법(指壓法)

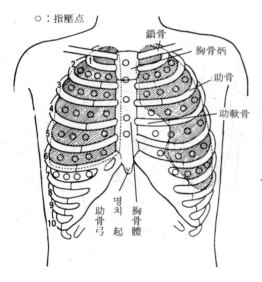

○ : 指壓点

鎖骨

胸骨炳

助骨

助軟骨

胸骨體

명치起

助骨弓

그림 1

〈제1조작〉

피술자는 똑바로 손발을 뻗은채 눕는다. 시술자는 피술자의 머리 가까이에 있어 오른손을 피술자의 오른쪽 가슴 위에 얹고 왼손 무지로 흉골상부의 좌측 골간을 좌외측에 4점 6벌 1회 조용히 누른다.

〔주의〕 폐첨(肺尖)이나 늑골 위에는 절대 눌러서는 안된다.

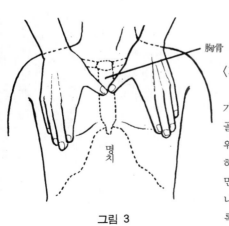

胸骨

명치

그림 3

〈제3조작〉

시술자는 양손 무지를 가지런하게 피술자의 흉골술 5점 3회 누른다. 위에서 부터 명치로 향하여 눌러 가는 것이지만 너무 강하게 누르거나 명치를 누르지 않도록. (제3도)

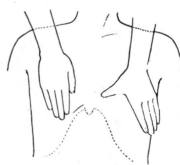

〈제2조작〉

다음으로 우측에도 제1조작과 같이 4점 6벌 1회. (제1~2도)

그림 2

〈제5조작〉

제4조작의 윤상장압이 끝난 양손을 가슴 위(쇄골우)까지 손이 미끄러 지 지않게 당기고 피술자에게 숨을 뱉도록 하여 유상부(乳上部) 근처까지 2회 누르고 올린다. (제5도)

〈제6조작〉

다음으로 유상부까지 눌러올린 양손을 가볍게 쇄골까지 끌고 양손을 좌우로 八자형으로 벌렸다가 손을뗀다.

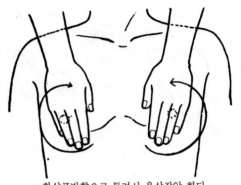

화살표방향으로 돌려서 윤상장압 한다.

그림 4

〈제4조작〉

시술자는 양손을 피술자의 가슴 위에 얹고 좌우 동시에 윤장장압 10회. (제4도)

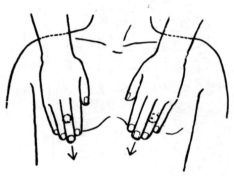

그림 5

정력증강 및 성기능강화법 ◎◎◎◎◎◎◎◎◎◎◎◎◎◎◎◎

섹스의 고민은 근원을 알고 고치자

- 임포텐쓰에는   ● 정력증강에는
- 조루를 고치려면   ● 불감증을 고치려면
- 성생활의 체위에 따른 지압과 애무지압

한 시대 전까지만해도 살짝기 귓속말로 그 섹스를 서로 이야기했고 섹스에 대한 고민을 혼자서 앓아 왔다. 그러나 요즘은 그렇지가 않다. 우주의 음양, 동물의 암수, 사람에게는 남성과 여성이 있으므로 이에 대한 당연성에 대한 문제를 터부(禁忌)해서는 안된다.

허지만 너무 성지식이 세상에 범람하면서 지금까지 대수롭지않는 섹스에 대한 문제에까지 파급되어 떠들썩하기 마련이다. 이는 종래에 비해서 성적인 이상, 불안을 호소하는 사람이 날로 늘어나고 있다는 사실이 앞서 말한 까닭이 아닐까.

그런데 그런 남성의 고민, 여성의 고민을 가진 사람들이란 거의가 의사를 찾는 일은 적고 책이나 TV에서 얻은 성지식에 의해서 점점 불안감을 더해간다고 하겠다. 그럼 이것이 성에 대한 충족감에서 살아야할 남성과 여성의 함정이라 아니할 수 없다.

지압에는 옛부터 섹스에 대한 지압점도 많고 성세포를 부활 강화해서 정력을 높이는 효과가 크다고 했다.

정력이 있는 사람은 사회적으로도 적극적이어서 모든 면에 성공한다고하고 있지만 이것도 정력제 같은 남용으로 일시적인 회복을 꾀하는 것은 쓸데없는 짓이다. 이때야말로 지압을 행해야 할 것이다.

지압을 계속하게 되므로서 섹스의 고민도 해소되며 신체의 충실을 기하게 되어서 남성답게 또는 여성답게 사회에서도 성공하게 된다면 얼마나 좋은 일이겠는가.

당연히 이 경우에도 곧 효과가 나타난다고는 할 수 없다. 조급하게 굴지말고 행하는 것이 그 급소이므로 매일 부부가 서로 지압을 해주는 것도 매우 좋은 방법이다.

더우기 섹스의 고민에는 정신적인 동요로 크게 영향을 끼친다. 매일 착실하게 자신을 갖고 행하는 것만이 그 묘안이다.

**임포텐쓰(발기불능 :
勃起不能)에는**

요즘 수년 사이에 남성의 성적불능 말하자면 임포텐쓰가 급증하고 있다. 어느 달리 임포텐쓰가 되는 병이 유행하는 것이 아니라 현대사회의 구성요소 속에 그 원인이 잠재되고 있다.

결국은 성에 관한 정보가 너무나 많고 본래라면 쓸데없는 성지식까지 지녀서 정신적 스트레이스까지 겹쳐서 심리적인 임포텐쓰까지 야기시키고 있다.

심리적 임포텐쓰를 고치려면 착실한 생활을 늘 유지하고 지정된 지압점을 매일 정성껏 되풀이 할것.

지압의 포인트

① 선골(仙骨) 3점

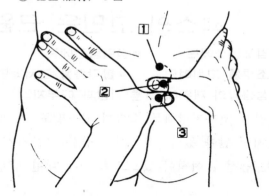

1을 겹치기 무지로 누르고, 끝나서도 아래 무지는 그대로 고정시켜서 그 밑에 있는 지압점을 취하기 위해서 가늠으로 해둔다.

② 안쪽 복사뼈의 뒷쪽

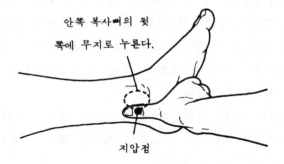

안쪽 복사뼈의 뒷쪽에 무지로 누른다.

지압점

무지의 한쪽이 안쪽 복사뼈가 있는 뒷쪽 가장자리에 접하도록 대면 제2관절이 그 지압점이 된다.

정상(正常)체위와 굴곡(屈曲)체위

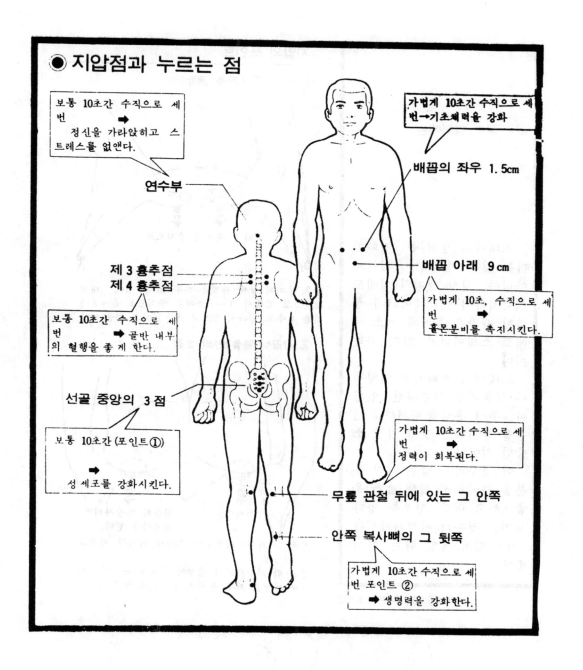

● 지압점과 누르는 점

보통 10초간 수직으로 세 번→ 정신을 가라앉히고 스트레스를 없앤다.

연수부

가볍게 10초간 수직으로 세 번→기초체력을 강화

배꼽의 좌우 1.5cm

제 3 흉추점
제 4 흉추점

배꼽 아래 9 cm

보통 10초간 수직으로 세 번 →골반 내부의 혈행을 좋게 한다.

가볍게 10초, 수직으로 세 번 → 홀몬분비를 촉지시킨다.

선골 중앙의 3 점

보통 10초간 (포인트①) → 성 세포를 강화시킨다.

가볍게 10초간 수직으로 세 번 → 정력이 회복된다.

무릎 관절 뒤에 있는 그 안쪽

안쪽 복사뼈의 그 뒷쪽

가볍게 10초간 수직으로 세 번 포인트 ② ➡ 생명력을 강화한다.

① 아내는 남편의 전부 (臀部) 윗부분을 장압하며 또 선골 (仙骨)을 자극시키고 사방으로 무찰 (撫打) 한다.
② 남편은 아내의 연수부를 장압한다.

정력 강화에는

　스테미너 (정력)를 강화한다는 것은 섹스에만 있는게 아니다. 일상 생활의 일에도 적극적이어서 스테미너가 풍부한 사람은 동시에 섹스 면에도 스테미너가 있게 마련이다.

　스테미너 강화에는 영양제나 약품에만 의존해선 안된다. 우선 온몸을 단련하고 건강을 유지하는 것이 가장 소중한 일이다.

　이 경우의 지압은 허리 부분을 자극해서 혈행(血行)을 좋게하고 내장 전부를 강화시키는 것부터 시작해야한다.

　끈기있게 매일 하는 것이 좋다.

지압의 포인트

① 제 1 ~ 제 4 요추 (腰椎)

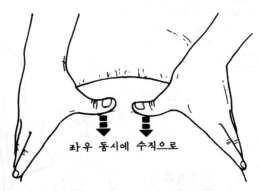

좌우 동시에 수직으로

양쪽 무지의 둘째 관절을 좌우의 지압점에 대고 보통으로 셈해서 1~5까지는 수직으로 6~8까지를 요추로 향해서 누르고 9~10하고 힘을 뺀다.

② 장골능(腸骨稜)의 3점

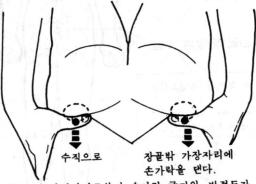

수직으로　　　장골밖 가장자리에 손가락을 댄다.

장골 위 가장자리로부터 손가락 굵기의 반정도가 그 지압점.
장골 밖 가장자리와 평행이 되도록 손가락을 대고 둘째 관절로 좌우 동시에 수직으로 누른다.

여성상위의 체위

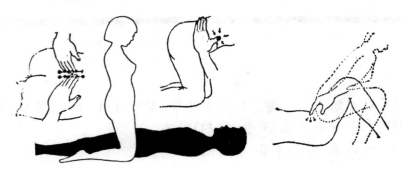

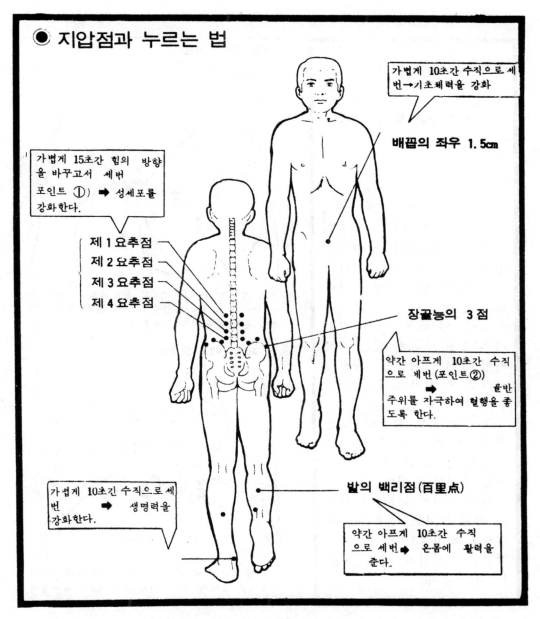

● 지압점과 누르는 법

가볍게 10초간 수직으로 세 번→기초체력을 강화

배꼽의 좌우 1.5cm

가볍게 15초간 힘의 방향을 바꾸고서 세번 포인트 ①) ➡ 성세포를 강화한다.

제1 요추점
제2 요추점
제3 요추점
제4 요추점

장골능의 3점

약간 아프게 10초간 수직으로 세번(포인트 ②) ➡ 골반 주위를 자극하여 혈행을 좋도록 한다.

가볍게 10초간 수직으로 세 번 ➡ 생명력을 강화한다.

발의 백리점(百里点)

약간 아프게 10초간 수직으로 세번 ➡ 온몸에 활력을 준다.

① 아내가 먼저 남편의 선골 3점을 자극시키며 이를 남편이 아내에게 똑같은 동작을 되풀이한다.
② 아내의 세계부를 움켜쥐듯하면서 무지를 허리부분에 대고 가볍게 전동시킨다. 서
③ 여성 상위의 자세이면서 아내가 남편에 등을 돌린 체위에서는 아내가 남편의 서계부를 자극시키는 것도 좋은 방법이다.

조루(早漏)를 고치려면

현대 사회에서는 성에 관한 사항이 어느 곳에서나눈에 띄어서 섹스 지식도 범람하고 있다.

그렇지만 너무 섹스 지식이 많으면 머리에 있는 지식만이 앞서게 되어서 육체가 따라갈 수 없어서 조루가 되는 경우가 있다.

조루는 섹스 경험이 낮은 사람에게 많고 너무 자신을 내세울 수 없게되면 임포텐쓰를 초래하고 만다.

이에 대처해나가려면 언제나 침착한 기분을 유지하여 성세포를 자극할 수 있는 지압점을 끈기있게 매일 누르는 것이 좋다.

지압의 포인트

① 선골의 3 점

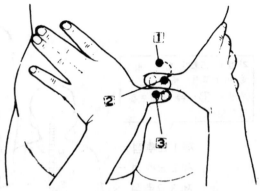

① 을 겹치기 무지로 누르고 끝내고서도 밑에 있는 무지는 그대로 고정하여서 그 밑에 있는 지압점을 취하기 위해 가늠해본다.

② 제 3, 제 4 요추점

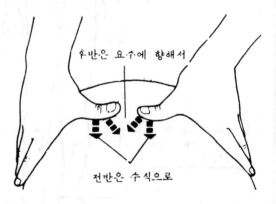

후반은 요추에 향해서

전반은 수직으로

양쪽 무지의 둘째 관절은 좌우의 지압점에 대고 보통으로 셈해서 1~5까지는 수직으로 6~8 끼지를 요추로 향해서 누르고 9~10하고 힘을 뺀다

옆으로 맞보는 체위

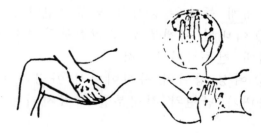

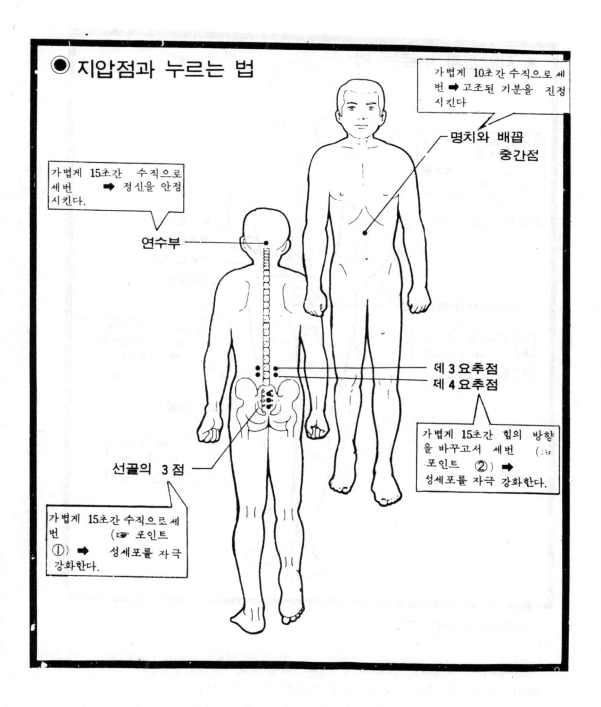

◉ 지압점과 누르는 법

① 남편은 아내의 전부(臀部)에 장압한다
② 아내는 남편의 배꼽 둘레를 무찰한다

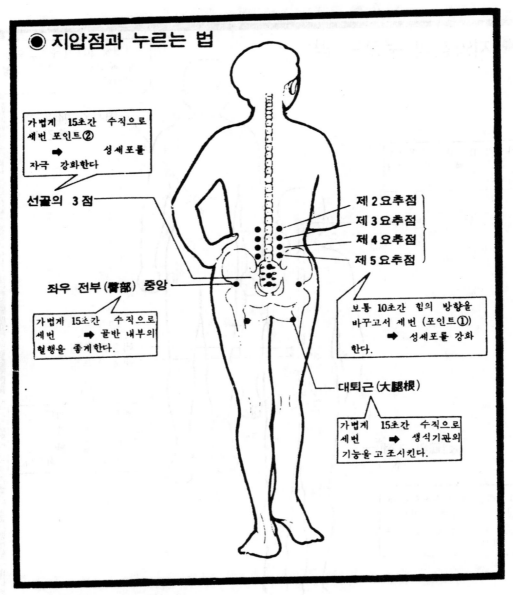

● 지압점과 누르는 법

가볍게 15초간 수직으로
세번 포인트② ➡ 성세포를
자극 강화한다

선골의 3점

제2요추점
제3요추점
제4요추점
제5요추점

좌우 전부(臀部) 중앙

가볍게 15초간 수직으로
세번 ➡ 골반 내부의
혈행을 좋게한다.

보통 10초간 힘의 방향을
바꾸고서 세번 (포인트①)
➡ 성세포를 강화
한다.

대퇴근(大腿根)

가볍게 15초간 수직으로
세번 ➡ 생식기관의
기능을 고조시킨다.

성감대의 애무지압

성행위시 부부가 전회로서 서로 성감대를 자극 애무하여 성생
활의 만족도를 높여 줌도 부부생활의 중요함이다.
이 애무자극에는 지압보다 더 좋은 방법이 없으니 쾌감지수(쾌
감의 크고 적은 것을 나타내는 지수 가 낮은 부분부터 높은 부
분까지 차례로 설명한다.

지압의 포인트

① 제 2 ~ 제 5 요추점

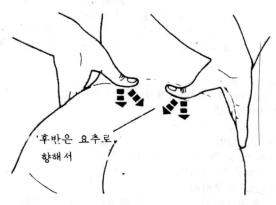

·후반은 요추로
향해서

양쪽 무지의 둘째 관절을 좌우의 지압점에 대고서 보통 셈해서 1~5 까지는 수직으로 6~8에서 요추로 향하여 누르고 9~10해서 힘을 뺀다.

② 선골 3점

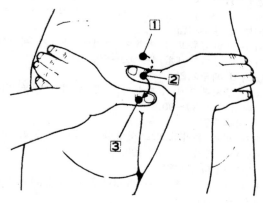

1을 겹치기 무지로 누르고 끝내고서도 밑에 있는 무지를 그대로 고정시켜서 다른 무지로 그 아랫쪽 지압점을 가늠해본다.

불감증(不感症)을 고치려면

불감증이란 성욕은 있어도 성교할 때 아무런 쾌감을 느낄 수 없는 것을 말한다. 이 원인으로서는 임신에 대한공포, 부부의 성지식에 대한부족, 성교할 때 상처나 염증이 있어서 아프게 되는 경우 남편의 성적 장애, 책에서 얻은 지식 같은 것으로 부풀었던 기대감에 대한 좌절 등을 들수가 있다.

아무튼 부부가 잘 의논하여 잘 협력하는 것이 중요하며 전문 의사에게 상담해보는 것도 한 방법이다.

적당한 운동을 행하고 수면이나 영양에도 세세한 배려가 바람직스럽다.

배후(背後) 체위

여기서는 역시 선골 3점을 그 지압의 포인트로 하는 지압법을 시행하는 것이 효과적이다.

성감대의 애무지압

성행위시 부부가 전회로서 서로 성감대를 자극 애무하여 성생활의 만족도를 높혀 줌도 부부생활의 중요함이다.

이 애무자극에는 지압보다 더 좋은 방법이 없으니 쾌감지수(쾌감의 크고 적은것을 나타내는 지수가 낮은 부분부터 높은 부분까지 차례로 설명한다.

등의 애무지압
포옹한 상대의 등을 손바닥으로 무찰한다음 무지복으로 꾹꾹 눌러준다. 쾌감지수 40∼50.

팔의 애무지압
무지압으로 앞 뒤쪽 근육을 교대로 주무르듯 지압한다. 쾌감지수 50∼60.

눈의 애무지압
상대의 눈을 감게하고 그 위에 사지복으로 3·4회 살그머니 누른다음 양쪽 눈 꼬리를 가볍게 눌러준다. 쾌감지수 55∼75.

겨드랑의 애무지압
상대를 포옹하면서 무지복으로 상대의 겨드랑 밑을 살그머니 눌러준다. 쾌감지수 60∼70.

목덜미의 애무지압
상대의 목덜미에 손가락을 대고 살살 문지르다가 눌러준다. 쾌감지수 60∼75.

허리의 애무지압
상대의 허리를 팔로 잡고 요추나 그 언저리를 사지로 눌러준다. 쾌감지수 66∼75.

회음(会陰)의 애무지압
항문과 성기 사이를 엄지손가락을 대고 살살 누르며 진동시켜준다. 쾌감지수 85∼90.

대퇴부의 애무지압
대퇴부는 바깥쪽보다 안쪽이 성기에 가깝기 때문에 더 예민하다. 손으로 대퇴부 안쪽 근육을 움켜쥐듯하며 누른다. 쾌감지수 80∼90.

아랫배의 애무지압
배꼽을 무지복으로 살짝살짝 누른 뒤에 아래로 내려가면서 치골 위를 손바닥으로 부드럽게 진동시켜준다. 쾌감지수 80∼90.

귀의 애무지압
둘째와 세째 손가락으로 귓밥을 살짝살짝 눌러 준다음 둘째 손가락을 귀구멍에 대고 리드미 컬하게 움직여준다. 쾌감지수 80∼90.

사타구니의 애무지압
상대의 사타구니를 넓게 벌린다음 손가락을 가지런히 해서 성기 가까이까지 눌러간다. 쾌감지수 85∼90.

발바닥의 애무지압
상대의 발바닥을 자기의 엄지 발가락으로 눌러주기도 하며 비벼준다. 쾌감지수 65∼75.

엉덩이의 애무지압
상대편 엉덩이를 손바닥으로 가볍게 문지른 뒤 사지복으로 눌러준다. 쾌감지수 65∼75.

발오금의 애무지압
상대의 무릎을 약간 구부리게하고 그 오금에 무지복을 대고 서서히 안팎을 눌러준다.

유방의 애무지압
여성의 몸에서 성기 다음으로 가장 쾌감지수가 높은 곳이다. 우선 손바닥으로 유방 전체를 덮는듯이 대고 가볍게 누르며 비빈다.

다음 젖꼭지에 손바닥을 올려놓고 가볍게 누르면서 동그라미 상태로 돌려준다. 쾌감지수 95∼100.

※ 사람에 따라서 성감을 느끼는 곳이 약간씩 다를 수 있다. 어떤 여성은 귓밥에 또 어떤 여성은 유방에 또 사타구니 등 가장 민감한 성감대를 가지고 있다.

그렇기 때문에 상대에 따라서 집중적으로 애무할 곳을 찾아 성생활의 만족도를 얻어야 할 것이다.

監 修 者 略 歷

慶熙大學校 漢醫科大學 漢方科 卒業
大韓漢醫師協會 中央代議員
大韓漢醫師協會 서울市代議員
大韓漢脉診學會 副會長
濟民漢醫院 院長

그림으로
풀이한 동 의 보 감

1999년 1월 10일 인쇄
1999년 1월 20일 발행

감수자 李   漩   淸
발행자 金   鍾   鎭
발행처 恩   光   社

등록날짜/1997년 1월 8일 제18-71호
주 소 : 서울시 중랑구 망우동 503-11호
전화/763-1258, 764-1258

※ 파본은 교환하여 드립니다.

정가   20,000원